南雍法律评论

南京大学法学院　主办

第二卷
（2025年）

当代中国出版社
Contemporary China Publishing House

图书在版编目（CIP）数据

南雍法律评论. 第二卷, 2025 年 / 南京大学法学院主办. -- 北京：当代中国出版社, 2025. 5. -- ISBN 978-7-5154-1574-1

Ⅰ. D90-53

中国国家版本馆 CIP 数据核字第 2025G4C273 号

出 版 人　蔡继辉
责任编辑　彭世帆
责任校对　贾云华　康　莹
印刷监制　刘艳平
封面设计　胡志成　李默涵
出版发行　当代中国出版社
地　　址　北京市地安门西大街旌勇里 8 号
网　　址　http://www.ddzg.net
邮政编码　100009
编 辑 部　(010) 66572156
市 场 部　(010) 66572281　66572157
印　　刷　中国电影出版社印刷厂
开　　本　710 毫米×1000 毫米　1/16
印　　张　24 印张　1 插页　373 千字
版　　次　2025 年 5 月第 1 版
印　　次　2025 年 5 月第 1 次印刷
定　　价　118.00 元

南雍法律评论 第二卷（2025年）
编 委 会

目　录
contents

论　文

论文

远程劳动者的权益保障：困境与出路*

The Protection of Rights and Interests of Teleworkers: Dilemmas and Solutions

王　竹　帅仁策**

摘　要：远程办公模式给劳动者权益保障带来了工时制度适用混乱、休息权易被侵犯、职业安全保障困难等诸多困境。应当明确，远程办公具体条件由用工双方协商一致方可生效。为防止用人单位采用特殊工时制规避加班时间计算，现阶段远程办公工时制度应以标准工时制为主，特殊工时制为辅，未来宜引入弹性工时制以适配远程办公的灵活性。现有劳动法律无法有效保障远程劳动者的休息权，立法应当明确离线权为劳动者的基本权利，并制定具体实施细则和监管机制。对于远程劳动者工伤认定困难、新型职业伤害涌现和工作环境安全检查困难等问题，应调整工伤认定标准，规定用工双方应在劳动合同中明确约定远程办公地点和工作时间，并将部分新型职业伤害纳入职业病目录。

关键词：远程办公；劳动者权益；工时制度；休息权；工伤认定

---

* 本文系“研究阐释党的二十大精神”国家社科基金重大项目“健全网络智能综合治理体系研究”（23ZDA085）阶段性成果。

** 王竹，法学博士，四川大学法学院教授、博士生导师，四川智慧社会智能治理重点实验室主任，数据安全防护与智能治理教育部重点实验室（四川大学）副主任。帅仁策，四川大学法学院民商法学专业博士研究生。

一、远程劳动者权益保障的困境检视

远程办公，是指利用远程办公系统在办公场所以外地点开展工作相关活动的工作模式。① 近年来，网络化技术和智能化技术的发展推动了远程办公模式的迅速普及，进而全面深刻地重塑了人们参与社会生产的方式。在数字技术的推动下，远程办公已成为现代工作模式的重要组成部分，尤其在人工智能技术日益普及的背景下，其应用范围和深度不断拓展。在我国，远程办公的发展可以分为两个阶段：一是数量提升时期。2020 年初，全球疫情导致许多企业生产经营停滞。为了在防止疫情传播的同时尽快复工复产，越来越多的企业选择采用远程办公的模式维持运营，这一时期的远程办公呈现出适用行业范围和工种类型极为广泛的特点。② 二是质量提升时期。2023 年以来，生成式人工智能技术的迅猛发展推动了远程办公相关技术的进步。人工智能技术在远程办公场景的深度运用，优化了远程办公的流程与效率，带来了更加高效、智能的工作方式。同时，各类远程办公产品间逐渐打通生态壁垒，极大地提升了远程协作办公的便捷性与精准度，从而推动了远程办公模式向更高层次的发展。经历上述发展阶段后，截至 2024 年 6 月，我国远程办公的用户规模已达 5 亿人，占我国网民整体的 45.4%。③

远程办公模式的广泛应用至少为劳动者的权益保障带来了如下困境：第一，远程办公对工作时间制度的冲击。远程办公模糊了劳动者的工作领域与私人生活领域，使得劳动者的工作时间难以得到准确计算，进而导致传统绩效考核方式失效、工作时间隐性延长等问题。④ 第二，远程劳动者的休息权保障问题。远程办公设备的广泛应用意味着劳动者可以“随时”接收用人单位的工作指

---

① 参见《网络安全标准实践指南—远程办公安全防护》第 2 章第 1 条。

② 参见田思路：《远程劳动的制度发展及法律适用》，载《法学》2020 年第 5 期，第 69 页。

③ 参见中国互联网络信息中心：《第 54 次中国互联网络发展状况统计报告》（2024 年 8 月），第 25—26 页。

④ 参见谢增毅：《远程工作的立法理念与制度建构》，载《中国法学》2021 年第 1 期，第 254 页。

令，且具备“随地”处理工作任务的客观条件，这种“随时随地待命”的工作状态容易加剧劳动者的疲劳感，进而严重影响劳动者的恢复和放松过程，阻碍劳动者休息权的实现。⑤ 第三，远程劳动者工伤认定标准困境。远程办公模式颠覆了传统用工形式，导致以工作时间、工作场所、工作原因（以下简称“三工”）为核心要素的我国现行工伤认定标准难以直接适用，远程劳动者工伤可能存在救济难题。⑥

党的二十大报告指出，应“完善劳动者权益保障制度，加强灵活就业和新就业形态劳动者权益保障”⑦。在推动远程办公发展的过程中，同样应当注重远程劳动者权益的法律保障。本文将以远程劳动者权益保障的三大困境为切入点，深度分析相关制度所面临的困境与问题，并有针对性地提出法律应对方案。

二、远程劳动者工时制度的规制框架

远程办公灵活与高效的特征在为用人单位带来便利的同时，也对我国现行基于物理空间和时间界限的工作时间制度提出了严峻挑战。积极发展远程办公，应当兼顾远程办公模式与工作时间制度的适配度。

（一）远程办公场景工时制度的适用困境

远程办公模式与工作时间制度的不适配主要体现在适用前提不明确、工作时间计量困难和延长工作时间难以认定等三个方面。

1. 远程办公的适用前提不明确

除了在签订劳动合同时就明确约定采用远程办公模式的用工双方之外，大

---

⑤ 参见葛家欣：《数字时代劳动者离线权保障：欧盟经验与中国路径》，载《北京航空航天大学学报（社会科学版）》2022 年第 5 期，第 96 页。

⑥ 参见周若涵：《远程工作人员职业伤害保障问题探究》，载《工会理论研究（上海工会管理职业学院学报）》2022 年第 3 期，第 26 页。

⑦ 习近平：《高举中国特色社会主义伟大旗帜 为全面建设社会主义现代化国家而团结奋斗——在中国共产党第二十次全国代表大会上的报告》，载《人民日报》2022 年 10 月 26 日，第 1 版。

多数远程办公模式的应用是在用人单位与劳动者订立劳动关系之后，在特定时间内采用远程办公模式，或者采用远程办公与办公室办公交替实行的混合办公模式。[⑧] 我国劳动法对于远程办公的具体实施方式缺少规定，导致实践中远程办公的适用前提不明确。有的法院指出，在用工双方并未在劳动合同中明确约定采用远程办公模式的情形下，实行远程办公模式应属于对劳动合同内容的实质变更。[⑨] 由此带来的实践问题是：实行远程办公模式是否需要用工双方协商一致，用人单位能否单方变更劳动者的工作模式？[⑩] 在特定条件下，劳动者是否有权利主张采取远程办公模式完成工作？[⑪] 此外，在未经用人单位同意情况下，劳动者的远程办公能否被用人单位认可？

上述均是远程办公模式适用实践中亟待解决的争议问题，涉及远程办公用工双方的权利义务分配，事关远程劳动者的权益保障。缺乏明确法律规定意味着用工双方在远程办公的适用上存在较大的自主空间，这既可能导致用人单位滥用管理权侵犯劳动者权益，也可能出现劳动者以远程办公为由逃避工作义务，进而影响用人单位的正常运营。因此，明确远程办公的适用前提，不仅是保障劳动者合法权益的需要，也是维护用人单位正常管理秩序、促进劳动关系和谐稳定的关键。

2. 远程办公工作时间计量困难

数字化技术对工作方式的深刻变革导致传统的工作时间计算方式难以适配。远程办公模式下，工作时间计量困难主要体现在如下三个方面：

第一，工作与生活界限模糊导致的工时计算难题。远程工作模式下，劳动者的工作时间和私人生活时间常常交织在一起，导致难以准确区分和计算工作

---

⑧ 参见王昫路、申星：《混合办公的快意与隐忧》，载《企业管理》2023 年第 4 期，第 30 页。

⑨ 参见江苏省苏州市吴江区人民法院（2015）吴江民初字第 0478 号民事判决书。

⑩ 参见北京市第一中级人民法院（2017）京 01 民申 215 号再审民事裁定书。在本案中，用人单位通过决议行为改变了远程劳动者的考勤和工作时间制度，但并未与劳动者协商。

⑪ 参见上海市第一中级人民法院（2021）沪 01 民终 1058 号民事判决书。在本案中，劳动者因为身体原因申请远程办公，被单位拒绝后自行采取远程办公方式上班，后被单位以旷工为由解除劳动合同。

时间。同时，用人单位劳务指挥权介入到劳动者的生活时间中，还可能侵犯劳动者的休息权。

第二，工作地点不固定引发的工作时间计量困境。远程办公打破了传统工作地点的限制，劳动者可以在任何地方进行工作。与办公室办公不同，这种工作地点的灵活性影响了劳动者的打卡、签到等考勤方式，进而给工作时间的计量带来了挑战。例如，有用人单位规定，远程劳动者需采用“钉钉”软件定位打卡考勤，同时应在工作日每天 20 点之前通过指定办公系统提交工作日报。[12] 还有单位规定，远程劳动者统一采取远程电话会议进行工作沟通，且每日需在“redmine”平台上更新工作进展。[13] 此外还存在 OA 系统的签入和签出[14]、群视频打卡[15]等考勤方式。对于用人单位来说，由于工作地点不在自己的经营场所，即使采取上述多种多样的考勤方式，也很难真正监控远程劳动者的实际工作时间。

第三，远程办公实践中还存在着介于工作时间和生活时间之外的其他碎片化时间难以被认定为工作时间的问题。该类碎片化时间又称“待命时间”和“第三类时间”，是指由于数字通信设备的瞬时性和便捷性，远程劳动者虽然没有实际提供劳动给付但是却保留提供劳动给付可能性的时间。[16]

3. 远程办公延长工作时间难以认定

远程办公模式下，存在劳动者延长工作时间难以认定的问题。远程办公中工作时间的弹性化虽有利于劳动者根据自身状况灵活安排工作时间，但也给工作时间的计算和工作时间的认定带来困难。有学者指出，相比一般劳动者，许多远程劳动者存在实际已加班但没有被认定为加班且未获得加班工资的情形。[17]

---

⑫ 参见上海市普陀区人民法院（2023）沪 0107 民初 12702 号民事判决书。

⑬ 参见北京市第一中级人民法院（2022）京 01 民终 8261 号民事判决书。

⑭ 参见安徽省合肥市中级人民法院（2021）皖 01 民终 3705 号民事判决书。

⑮ 参见湖北省武汉市东湖新技术开发区人民法院（2021）鄂 0192 民初 7341 号民事判决书。

⑯ 参见汤晓莹：《数字时代下劳动者离线权的证成与实现》，载《河南财经政法大学学报》2024 年第 2 期，第 62 页。

⑰ 参见谢增毅：《远程工作的立法理念与制度建构》，载《中国法学》2021 年第 1 期，第 254 页。

根据《劳动法》第 41 条，用人单位由于生产经营需要，经与工会和劳动者协商后可以延长工作时间。但问题在于，一方面，远程劳动者生活和工作界限模糊，与传统办公室办公模式不同，远程劳动者的上下班难以通过物理空间的变换作区分，传统的打卡、签到等考勤方式难以准确捕捉劳动者的加班情况，存在休息时间通过通信设备远程完成工作任务是否有权获得加班工资的问题。[18]另一方面，部分远程办公工作地点为劳动者家中，用人单位如何在不侵犯劳动者隐私的前提下有效监控并认定加班时间，成了一个亟待解决的监督难题。鉴于此，明确远程办公模式下劳动者加班时间认定的标准变得尤为迫切。

（二）我国现行工时制度的症结剖析

根据《劳动法》《国务院关于职工工作时间的规定》《关于企业实行不定时工作制和综合计算工时工作制的审批办法》等规定，我国现行工作时间制度主要包括标准工作时间、缩短工作时间、不定时工作时间、综合计算工作时间、计件工作时间和非全日制工作时间等 6 种，[19] 除了标准工作时间制度外，后 5 种工作时间被统称为特殊工作时间制度。面向远程办公模式，上述工作时间制度存在标准工作时间制度规定过于僵化、特殊工作时间制度规定过于模糊笼统等问题，导致工作时间制度整体施行效果不佳。

1. 标准工作时间制度过于僵化

《国务院关于职工工作时间的规定》第 3 条是关于标准工作时间制度的规定：“职工每日工作 8 小时、每周工作 40 小时。”面对远程办公模式的灵活性，标准工作时间制度过于严格与僵化，主要体现在如下方面：一方面，标准工时制缺乏灵活性。在现行立法中，标准工作时间制度从正面严格规定了劳动者每日与每周的工作时间上限，用人单位缺少自主调整的弹性空间。面向远程办公模式、混合办公模式等工作方式的多样化和劳动强度的变化，这一标准已经越来越难以适应实际需求。这在一定程度上导致用人单位向特殊工时制逃逸。例

[18] 参见葛家欣：《数字时代劳动者离线权保障：欧盟经验与中国路径》，载《北京航空航天大学学报（社会科学版）》2022 年第 5 期，第 100 页。

[19] 参见关怀、林嘉主编：《劳动与社会保障法学》（第 2 版），法律出版社 2016 年版，第 113—116 页。

如，基于不同工时制度的弹性调整空间，存在用人单位利用综合计算工时制等特殊工作时间制度刻意逃避加班时间认定的情况。[20] 另一方面，标准工作时间制度制定基础为传统福特主义工作模式，面向远程办公等新兴工作模式缺少配套规定。例如，标准工作时间制度无法阻止用人单位在非正常工作时间远程干扰劳动者，即便劳动者可以获得金钱补偿，仍不能弥补劳动者因其他需求未能得到满足而产生的身心疲惫。[21]

2. 特殊工作时间制度立法模糊

除了标准工作时间制度以外，我国立法还存在缩短工作时间、不定时工作时间、综合计算工作时间、计件工作时间和非全日制工作时间等特殊工作时间制度。面向远程办公模式，特殊工作时间制度存在立法模糊的问题：一方面，特殊工时制度规定过于简略。法律层面与特殊工时制度相关的规定仅有《劳动法》第 39 条，且其内容过于简略："企业因生产特点不能实行本法第三十六条、第三十八条规定的，经劳动行政部门批准，可以实行其他工作和休息办法。"《国务院关于职工工作时间的规定》中的相关规定也不够细致。《劳动法》第 39 条规定特殊工时制度的适用前提是"劳动行政部门批准"，这一要件在地方具体实践中差异较大。这使得部分用人单位在实际操作中无所适从，也给了部分用人单位规避法律、侵害劳动者权益的可乘之机。另一方面，特殊工时制度规定存在滞后性，无法适应工作形态的多样化和劳动者诉求的多元化。特殊工时制实行至今已有 30 余年，随着我国经济的发展和数字技术的进步和普及，特殊工时制的部分规定已经无法适应当前劳动者的实际需要。

综上所述，我国现行工作时间制度存在标准工时制度僵化、特殊工作时间制度立法模糊等诸多症结。这些问题不仅影响了工作时间制度的有效实施，也制约了劳动关系的和谐发展。因此，将我国现行工作时间制度直接用于调整远程办公，可能并不恰当。[22] 面向远程办公等新兴工作模式的发展，应积极探索

---

[20] 参见王倩：《论我国特殊工时制的改造：在弹性与保障之间》，载《法学评论》2021 年第 6 期，第 95 页。

[21] 参见汤晓莹：《数字时代下劳动者离线权的证成与实现》，载《河南财经政法大学学报》2024 年第 2 期，第 61 页。

[22] 参见张颖慧：《远程工作形态下新型劳动关系的法律保护》，载《法商研究》2017 年第 6 期，第 85 页。

更加灵活、合理的工作时间制度，以更好地适应社会发展需要和劳动者的实际需求。

（三）远程办公场景工时制度的完善建议

针对远程办公工时制度存在的问题，本文从远程办公工时制度应当由用工双方明确约定、现行阶段以标准工时制为主特殊工时制为辅和未来应当引入弹性工时制度等三个方面提出相关完善建议。

1. 远程办公应由用工双方明确约定

从办公室办公到远程办公，工作模式的变更可能直接影响到劳动者的休息时间、工作强度、家庭生活等方面，且远程办公涉及的工作地点、工作时间等均是劳动合同中的关键条款。因此，在用工双方并未在劳动合同中明确约定采用远程办公模式的情形下，实行远程办公模式应属于对劳动合同内容的实质变更。劳动合同是劳动关系双方权利义务的约定，任何对劳动合同的变更都应当经过双方的协商一致。基于此，立法应当明确，远程办公工作时间的具体计量方式应当由用工双方协商一致且在劳动合同中明确约定方可实行。[23]

如果用人单位在未与劳动者协商一致的情况下，单方变更远程劳动者的考勤方式、工时计量方式等条件，该变更对劳动者不发生效力。此种情况下如果劳动者不知情，仍然可以采用原本的远程办公模式提供劳动。[24] 劳动者计划变更工作方式，应与用人单位协商一致。[25] 在未与用人单位协商一致的情况下，劳动者主张自己采取远程办公模式为单位提供劳动的，应当举证证明其正常履行了工作职责，完成了工作内容。[26] 劳动者能够证明的，不应直接认定其旷工。远程办公模式下，双方未就具体考勤方式约定一致的，用人单位不能以远程劳动者考勤方式不规范为由主张劳动者违反劳动纪律及规章制度。[27] 此外，立法应当规定特殊情形下的短期远程办公请求权，只要劳动者符合特定条件即可申

㉓ 参见谢增毅：《远程工作的立法理念与制度建构》，载《中国法学》2021 年第 1 期，第 268 页。

㉔ 参见北京市第一中级人民法院（2017）京 01 民申 215 号再审民事裁定书。

㉕ 参见北京市第三中级人民法院（2022）京 03 民终 2741 号民事判决书。

㉖ 参见北京市高级人民法院（2023）京民申 207 号再审民事裁定书。

㉗ 参见北京市第二中级人民法院（2021）京 02 民终 1176 号民事判决书。

请短期远程办公。[28]

2. 标准工时制与特殊工时制的结合适用

劳动法工作时间规范的立法目标旨在平衡稳定性和自由开放性，在保障劳动者安全和健康的前提下提高用人单位的工作效率，促进劳动者福祉与企业效能的双重提升。[29] 在远程办公场景下，为了保障劳动者的基本权益，同时兼顾用人单位用工方式的灵活性，现阶段远程办公工时制度应当采用标准工时制为主、特殊工时制为辅的原则。

第一，标准工时制应作为远程办公工时制度的基础。标准工时制是我国《劳动法》明文规定的基本工时制度，是关于劳动基准的规定，[30] 其核心是保障劳动者的休息时间和工作强度。在远程办公场景下，虽然工作地点和方式发生了变化，但劳动者的基本权益不应受到影响。因此，原则上采用远程办公模式用工的用人单位应当严格遵循标准工作时间制度的规定，确保劳动者每日工作时间不超过 8 小时，每周工作时间不超过 40 小时，并保障劳动者的休息时间和法定节假日。

第二，特殊工时制可作为远程办公工时制度的补充。对于网络主播等特殊远程办公岗位，由于工作性质和工作强度的特殊性，标准工时制可能难以完全适用。在这种情况下，用人单位可以根据实际情况申请特殊工时制，如不定时工作制、综合计算工时制等。应当注意，特殊工时制的适用前提是“行政许可”加“劳动者个人同意”。一方面，未经审批的特殊工时制约定无效。[31] 特殊工时制的实施应当严格遵循《劳动法》的规定，确保劳动者的权益不受损害，并经过劳动行政部门的审批和监管。[32] 另一方面，用人单位在实施特殊工时制

㉘ 参见上海市第一中级人民法院（2021）沪 01 民终 1058 号民事判决书。

㉙ 参见朱晓峰：《数字时代劳动者权利保护论》，载《浙江大学学报（人文社会科学版）》2020 年第 1 期，第 44 页。

㉚ 参见张颖慧：《远程工作形态下新型劳动关系的法律保护》，载《法商研究》2017 年第 6 期，第 84 页。

㉛ 参见王倩：《论我国特殊工时制的改造：在弹性与保障之间》，载《法学评论》2021 年第 6 期，第 104 页。

㉜ 参见陈斌彬、徐璐：《我国远程劳动工时制度适用困境及因应》，载《华侨大学学报（哲学社会科学版）》2022 年第 6 期，第 113 页。

时，应当与劳动者进行充分协商，明确约定工作时间、休息时间、加班费等事项，并确保这些约定符合劳动法的相关规定。同时，企业还应当建立明确合理的考勤制度和监管机制，确保特殊工时制的有效实施，维护远程劳动者的合法权益。

3. 弹性工作时间制度的引入

针对远程办公工作时间制度的构建问题，理论界存在诸多争议。有学者提出，应当拓宽特殊工时制度的适用对象，并构建包含类型分流与个案裁断两个阶段灵活、动态的“相机型”工时适用机制。[33] 有学者提出，应当规定工作内容可量化的远程劳动者不受工时制度限制，工作内容不可量化的远程劳动者依照其具体的岗位特点分别适用不同工时制度。[34] 笔者认为，上述规定看似合理，但过于复杂难以落实到位。多数远程劳动者的工作属于弹性的任务导向型，用人单位的考核也应适度减弱工作时间这一因素。对此，实践中有法院指出，劳动者远程办公最关键的是看其有没有完成公司的工作任务，而不只是考勤操作行为本身，在远程办公的条件下，用人单位不关心劳动者的工作成果，而仅以其未考勤为由扣发工资，忽略了劳动关系的核心内容。[35]

基于上述讨论，笔者认为远程办公应当引入弹性工时制度，具体制度构建可以借鉴德国的“移动工时”（Gleitzeit）制度。“移动工时”的核心在于用人单位赋予劳动者自行决定每天上下班时间点的权利，只要劳动者保证在核心工作时间在岗即可。[36] 这一制度在远程办公场景下具有显著的优越性，有助于提升劳动者的自主性和灵活性，激发劳动者的积极性和创造性，提高用人单位的生产效率和创新能力。具体而言，远程办公弹性工时制每天的工作时间总量是确定的，但用人单位可以明确规定每位劳动者的核心工作时间，在确保核心工作时间在岗的前提下，劳动者可以自行决定上下班时间点。例如，用人单位可

---

[33] 参见陈斌彬、徐璐：《我国远程劳动工时制度适用困境及因应》，载《华侨大学学报（哲学社会科学版）》2022 年第 6 期，第 115 页。

[34] 参见田岱月：《远程劳动的典型法律风险和应对策略研究》，载《山东工会论坛》2020 年第 5 期，第 89 页。

[35] 参见广东省深圳市前海合作区人民法院（2021）粤 0391 民初 695 号民事判决书。

[36] 参见王倩：《论我国特殊工时制的改造：在弹性与保障之间》，载《法学评论》2021 年第 6 期，第 101 页。

选择每个工作日的8—20时作为弹性时间段，劳动者可在该时间段内自行选择工作的起始时间和结束时间，同时确保核心工作时间在岗和工作时长不低于规定工作时间。这种模式既保证了劳动者的工作时间总量，又赋予了劳动者较大的自主性和灵活性。

三、远程劳动者休息权的实现路径

远程办公模式下，用人单位在非工作时间通过数字化方式与劳动者交流工作，甚至直接给劳动者安排工作，从而要求劳动者“变相加班”的情况屡见不鲜。有必要分析远程办公模式对劳动者休息权的冲击，并就此谋划相关应对措施以保障劳动者的休息权。

（一）远程劳动者休息权的实现困境

1. 远程办公对劳动者休息权的冲击

如前所述，数字化技术的不断进步显著提高了远程办公的生产效率，推动了远程办公模式的广泛应用。然而，远程办公模式下，即时通信技术的便捷性和工作地点的模糊性导致远程劳动者的休息时间面临被侵蚀的风险，远程劳动者的休息权难以实现。

第一，远程劳动者的休息时间难以得到保障。传统办公模式中劳动者下班后因为与工作地点存在物理空间隔离，工作任务自然中断。数字时代劳动者的休息时间容易被用人单位的工作联系打断。通信技术的进步使得用人单位能够更轻易地即时联系劳动者，加之其他远程办公技术的支持，劳动者几乎可以随时随地响应工作要求。基于劳动关系的从属性，劳动者往往难以有效拒绝用人单位的即时指示，由此导致劳动者不得不牺牲个人的休息时间以完成工作任务。

第二，远程办公可能导致劳动者休息质量的降低。一方面，远程劳动者随时处于可能被用人单位指示工作任务的待命状态，难以完全脱离工作环境，压力过大导致休息质量大打折扣。《工人日报》调查显示，许多劳动者因即时通信工具而感到压力巨大，无法享受应有的休息时间。[37] 另一方面，“工作—家庭边界理论”指出，明确区分工作场所与家庭环境等生活空间的界限，对于个体专注于当前角色、维持生活与工作的平衡至关重要。如果远程劳动者的办公地点是自身家庭环境，其工作领域与私人生活领域的界限便极易被打破，引发工作家庭边界的“心理渗透”现象，[38] 加剧远程劳动者心理的焦虑状态，产生更多负面情绪，进而影响远程劳动者整体的休息质量。[39]

2. 现行劳动法律难以保障远程劳动者休息权

我国《宪法》第 43 条规定：“中华人民共和国劳动者有休息的权利。”从现行劳动法律体系来看，《劳动法》第 3 条明确规定了劳动者享有休息休假的权利，第 38、39、40 条等条款对劳动者休息休假权利的实现作出了具体规定，为劳动者的休息权提供了基本保障。然而，这些规范的内容主要侧重于传统工作模式下的休息休假制度，对于数字时代远程办公模式下涌现的劳动者休息权保障的新问题，现行劳动法律尚未作出明确规定。有学者指出，我国劳动法律制度在保障劳动者休息权方面存在“结构性缺陷”[40]。质言之，我国现行劳动法律体系产生于工业时代，这种以规模化、标准化大生产为基准的劳动立法已不再适应当下多元化、个性化的小生产。[41] 面对远程办公、混合办公、数字游民等多种用工模式的劳动者休息权保障需求，我国劳动法律体系中的工作时间与休息休假、劳动安全卫生等制度存在适用上的局限。

---

[37] 参见邹倜然等：《下班后，“工作微信”该不该回?》，载《工人日报》2018 年 9 月 18 日，第 6 版。

[38] 参见林彦梅、刘洪、齐昕：《工作家庭冲突背景下弹性工作的作用机制研究——基于工作—家庭边界理论》，载《商业经济与管理》2019 年第 12 期，第 80 页。

[39] See Amstad FT, Meier LL, Fasel U, Elfering A, Semmer NK. , *A Meta-analysis of Work-family Conflict and Various Outcomes with a Special Emphasis on Cross-domain Versus Matching-domain Relations*. J Occup Health Psychol. 2011 Apr; 16 (2): 162.

[40] 参见王健：《必要的消失：论劳动者的离线权》，载《上海交通大学学报（哲学社会科学版）》2023 年第 6 期，第 87 页。

[41] 参见闫冬：《社会化小生产与劳动法的制度调适》，载《中外法学》2020 年第 6 期，第 1617 页。

（二）远程劳动者休息权的保障措施

如前所述，我国现行劳动法律体系难以保障远程劳动者的休息权。对于该困境，理论界存在多种解决方案，但基本上均在“设立离线权”这一具体措施上达成了共识。离线权，是指对于用人单位在非工作时间通过数字工具进行的工作通信或者工作安排，劳动者拒绝回应或者拒绝安排并不因此受到用人单位不公平待遇的权利。我国法律引入离线权具有必要性，具体理由如下：虽然离线权并非专属于远程劳动者，但相比传统工作模式的劳动者，远程劳动者对于离线权的需求更大。一方面，传统工作模式中的“下班”通常意味着“离开工作场所”，而远程办公场景下劳动者“下班”的首要前提就是“下线”（即离开远程办公软件这一“工作场所”）。换言之，远程劳动者在“线上”相当于仍未离开工作场所。离线权的引入有助于重新划定工作与生活的界限，保障远程劳动者在下班后能够“真正地下班”，实现劳动者在工作与家庭、个人生活之间的平衡。另一方面，离线权作为一种新型休息权，不仅有助于保护劳动者休息权，还能促进用人单位生产效率提升。相比传统工作模式的劳动者，远程劳动者在非工作时间面临的工作压力往往更大，进而影响其休息与生活，导致工作效率下降。离线权能够为远程劳动者的休息时间提供保障，进而提高劳动者的工作积极性和工作效率，促进用人单位与劳动者之间关系的良性循环，实现远程用工双方共赢的局面。[42]

针对劳动者离线权规制模式，理论界存在“解释模式说”“立法模式说”“自我监管模式说”等观点。“解释模式说”认为，我国劳动法体系虽未明确设立劳动者离线权，但可依托解释论视角，于现行法律规范中探寻与离线权相契合的条款，并据此达成设立离线权所追求的法律实效。例如，从离线权的性质及目的出发，通过适用《民法典》中的私人生活安宁保护规范和《个人信息保护法》中个人信息处理规范，保护劳动者的休息权，从而达到设置劳动者离线

㊷　参见谢智菲：《信息化办公时代劳动者的离线权》，载《中国劳动关系学院学报》2020 年第 2 期，第 95 页。

权的目的。[43] “立法模式说”认为，鉴于我国集体劳动法制尚不完善，“自我监管模式说”通过集体协商规制用人单位非正常工作时间的远程干扰不具现实可行性，我国更宜采用“立法模式说”，将“离线权”明确纳入劳动法律体系中，为劳动者离线权的实施提供坚实制度基础。[44] 本文认为，我国应采用“立法模式”，在借鉴域外经验的基础上，结合自身实际情况，设置劳动者离线权并制定具体的实施细则，具体包括如下三个方面。

1. 明确规定离线权为劳动者基本权利

立法应明确规定离线权为劳动者基本权利，并清晰界定离线权的核心要素。离线权主要涵盖劳动者在非工作时间断开数字连接的权利，以及用人单位在此期间不通过数字手段联系劳动者的义务。一方面，劳动者在非工作时间可以不回应用人单位。离线权的制度设计需确保劳动者不会因在非工作时间拒绝工作相关沟通而遭受用人单位任何形式的不利对待，即劳动者行使离线权不应成为其遭受管理不公或法律上不利后果的原因。另一方面，用人单位不得在非工作时间借助数字工具联系劳动者。离线权的核心旨在明确划分劳动者的工作时间与私人时间，基于劳动关系的从属性，如果离线权仅规定劳动者在非工作时间对于用人单位的工作要求享有不回应权，容易增加劳动者的心理压力，影响离线权设立宗旨的实现。因此，立法应明确用人单位在非工作时间不得通过数字手段与劳动者进行联系。

我国可在未来的劳动法典中规定离线权，[45] 并将其作为劳动者的一项基本权利，保障劳动者在非工作时间不被工作相关事务打扰。具体实施上，可先在现行《劳动法》第四章“工作时间和休息休假”中增设“劳动者离线权”条款，并将其列为第 33 条所规定的用人单位与劳动者强制性集体协商事项之

---

[43] 参见朱晓峰：《数字时代离线权民法保护的解释路径》，载《环球法律评论》2023 年第 3 期，第 41 页。

[44] 参见汤晓莹：《数字时代下劳动者离线权的证成与实现》，载《河南财经政法大学学报》2024 年第 2 期，第 67 页。

[45] 参见谢增毅：《离线权的法律属性与规则建构》，载《政治与法律》2022 年第 11 期，第 49 页。

一。[46] 此外，还需审慎考虑离线权的界限问题。立法应明确，作为个人拒绝权在数字社会中的积极体现，离线权的目的并非抗拒技术，而是保护个体的自主选择权。[47] 因此，立法应从基本权利保护的角度出发，为离线权的实现创造条件，并在法律框架内对其适用进行合理限制，以避免过度强调离线权可能带来的职场环境恶化及司法压力增加等负面影响。[48]

在离线权的适用对象上，一方面，立法应当明确离线权普遍适用于所有劳动者，而不仅局限于远程办公等特定工作模式下的劳动者。鉴于数字技术的广泛应用，传统工作模式下的劳动者同样面临休息权受侵扰的问题，因此，离线权应成为全体劳动者的基本权益，以确保其私人时间不受工作事务的干扰。另一方面，立法需特别关注网络主播等特定职业群体。对于这类群体而言，离线权的引入对于增强工作自主性、防止持续工作压力对个人生活的侵蚀具有重要意义，立法应予以特别关注。[49] 此外，党政机关、事业单位工作人员可能同样具有离线诉求，应参照企业劳动者享有“离线权”，未来可通过制定“党政机关、事业单位工作人员工作时间管理办法”来明确离线权的具体内容。[50]

2. 明确规定离线权为劳动合同必备条款

立法应明确规定离线权为劳动合同中不可或缺的条款，并要求用人单位在与劳动者签订劳动合同时，必须就离线权的相关事宜进行明确磋商并达成约定。如前文所述，立法应当明确，远程办公模式应由用工双方协商一致且在劳动合同中明确约定方可实行。作为远程劳动者休息权的必要保障措施，离线权也应当作为劳动合同的必备条款，由用工双方提前协商一致。具体而言，离线权的有效落实依赖于用人单位与劳动者双方对工作时间以及“离线”时段的明确规

---

[46] 参见汤晓莹：《数字时代下劳动者离线权的证成与实现》，载《河南财经政法大学学报》2024 年第 2 期，第 67 页。

[47] 参见韩旭至：《认真对待数字社会的个人拒绝权》，载《华东政法大学学报》2023 年第 1 期，第 34 页。

[48] 参见田土城、杨青源：《“离线权”及其限度》，载《探索与争鸣》2023 年第 12 期，第 63 页。

[49] 参见余竹颖：《平台经济模式下签约主播劳动权益保障研究》，载《东南大学学报（哲学社会科学版）》2023 年第 S2 期，第 131 页。

[50] 参见汤晓莹：《数字时代下劳动者离线权的证成与实现》，载《河南财经政法大学学报》2024 年第 2 期，第 67 页。

划，离线权的具体实施细节应由用人单位与劳动者通过协商加以确定，以确保该权利的行使既具有灵活性又受到合理限制。例如，用人单位与劳动者可以依据所在行业及工作岗位的特点，就劳动者“离线”的具体时段进行协商。简言之，离线权的实施方式应当充分尊重当事人的协议，允许用人单位和劳动者在离线权的具体实施上进行个性化的约定，使离线权与传统的保障劳动者休息权制度相互补充。[51]

综上所述，将离线权确立为劳动合同中的必要条款，对于维护劳动者权益、促进工作与生活平衡具有重大意义。劳动关系双方在劳动合同中明确约定离线权的具体实施细则，不仅有助于保障劳动者的休息权与安全健康权，还能够提升用人单位的管理水平和生产效率，提升劳动者的工作满意度。立法应充分重视离线权的价值，并将其正式纳入劳动合同的必备条款之中。

3. 明确规定侵犯劳动者离线权的法律责任

为了保障劳动者离线权的顺利实现，我国立法应清晰界定用人单位侵犯劳动者离线权的法律责任，确保用人单位一旦违反与劳动者签订的劳动合同中的离线权条款，即需承担相应的法律责任。具体而言，一方面，用人单位不得以劳动者是否能够在非工作时间进行工作联系作为依据而对劳动者进行区别对待。另一方面，用人单位必须在劳动合同中就离线权问题与劳动者达成一致。如前所述，立法应明确离线权为劳动者的基本权益，且离线权为劳动合同的必备条款。当用人单位未与劳动者就离线权进行协商并体现在劳动合同中，应由劳动行政部门责令改正并处以罚款。当用人单位违反劳动合同中的离线权条款时，劳动者可以主张用人单位承担相应的法律责任。[52] 此外，劳动行政主管部门可以通过统计劳动者在远程办公应用上的登录与活动数据来确定其实际工作时间，从而保障劳动者离线权的实现。[53]

---

[51] 参见谢增毅：《离线权的法律属性与规则建构》，载《政治与法律》2022年第11期，第46页。

[52] 参见汤晓莹：《数字时代下劳动者离线权的证成与实现》，载《河南财经政法大学学报》2024年第2期，第68—69页。

[53] 参见朱晓峰：《数字时代劳动者权利保护论》，载《浙江大学学报（人文社会科学版）》2020年第1期，第47页。

四、远程劳动者职业安全保障问题

远程办公在为劳动者提供便利的同时，也对传统的职业安全保障体系提出了严峻挑战。本章旨在深入探讨远程办公对劳动者职业安全保障的具体挑战，分析其中存在的问题，并为构建适应远程办公特点的职业安全保障机制提供理论支撑。

（一）远程劳动者职业安全保障的困境

远程办公带来了劳动者工作及加班时间计算困难、劳动者个人隐私权易被侵犯等新问题，其中与劳动者职业安全保障相关的困境主要包括远程办公场景工伤认定困难、新型职业伤害出现和远程办公环境安全检查困难三个方面。

1. 远程办公场景工伤认定困难

传统劳动安全保护立法以工作场所处于用人单位控制下为逻辑前提。由于传统用工模式下一般工作场所固定且组织控制性强，事故发生时间点与关联性事由查证方便，因此，在实际应用中，以“三工”[54] 为核心要素的工伤认定标准并不存在举证难度过大等适用难题。远程办公模式颠覆了传统用工形式，导致以“三工”为核心要素的工伤认定标准难以直接适用。

第一，远程办公的工作地点与用人单位控制下的办公室等固定劳动场所相分离，具有较高的灵活化特征。[55] 这种灵活化的工作地点使得工伤事故发生时，难以准确界定其是否发生在“工作场所”，从而增加了工伤认定的难度。第二，远程办公的用人单位难以对员工进行有效的监督，劳动者的时间安排相对自由，实际工作时间呈现碎片化特征。这种情况下，工伤事故是否发生在“工作时间”需要结合实际情况进行判断，这无疑增加了工伤认定的复杂性。第三，工伤事故致因查证难度高。由于远程办公缺乏有效、合理的监管手段，且劳动者

---

[54] 参见《工伤保险条例》第 14、15 条。

[55] 参见田思路：《远程劳动的制度发展及法律适用》，载《法学》2020 年第 5 期，第 71 页。

的工作和生活往往呈现边界模糊化特征，工伤事故致因的查证难度较高。[56] 例如，劳动者在家中工作时发生摔倒、扭伤等事故，很难判断是由于工作原因所致还是个人原因所致。概言之，远程办公模式中工伤认定的举证难度大幅增加，甚至存在举证不能的风险。因而有必要进一步厘清能够适用于远程办公模式的工伤认定标准，借以确保用人单位和劳动者之间的利益平衡。

2. 远程办公模式引发新型职业伤害

远程办公模式下，劳动者长时间伏案使用电子设备成为常态，非工业化工作环境下的职业病问题逐渐涌现。第一，远程劳动者的身体伤害问题日益突出。在远程办公中，劳动者长时间使用电脑、手机等电子设备，容易导致干眼、鼠标手、键盘腕等疾病以及腰椎、颈椎病。这些疾病已成为远程劳动者常见的工作相关疾病，严重影响了劳动者的身体健康和工作效率。[57] 第二，远程劳动者的心理健康不容忽视。有学者指出，工作时间更自由反而可能影响身体健康，相比工作地点、工作时间相对固定的劳动者，工作时间更为自由的劳动者承受压力的比例和失眠比例都呈现更高的趋势。[58] 远程办公中，为了确保工作质量，用人单位可能随时通过微信、钉钉等通信软件联系劳动者，发送工作指令，这无疑会在无形中增加劳动者工作时间，加剧劳动者的紧张状态，[59] 甚至对劳动者的心理健康造成影响。此外，相比于办公室办公，远程劳动者“面对面”的人际互动机会可能会减少，进而导致孤独感等负面情绪涌现。与传统的职业伤害相比，远程办公模式下的新型职业伤害具有隐蔽性、累积性和难以治愈性等特点。应当构建适应远程办公特点的职业安全保障体系，加强对劳动者的健康教育和培训，增强劳动者的自我防护意识和能力。

---

[56] 参见田思路、童文娟：《远程劳动者权益保护探究：以网络平台主播和居家办公形式为例》，载《中国人力资源开发》2020 年第 6 期，第 22 页。

[57] 参见周若涵：《远程工作人员职业伤害保障问题探究》，载《工会理论研究（上海工会管理职业学院学报）》2022 年第 3 期，第 29 页。

[58] 参见朱晓峰：《数字时代劳动者权利保护论》，载《浙江大学学报（人文社会科学版）》2020 年第 1 期，第 43 页。

[59] 参见田思路：《远程劳动的制度发展及法律适用》，载《法学》2020 年第 5 期，第 66 页。

3. 远程办公环境安全检查困难

远程办公环境的复杂性使得传统的安全检查方法难以有效实施，给劳动者的职业安全保障带来了新的挑战。第一，远程办公环境的安全隐患难以发现。由于远程办公地点分散、环境各异，用人单位难以对劳动者的工作环境进行全面的安全检查。这导致一些潜在的安全隐患难以被及时发现和处理，增加了工伤事故发生的风险。第二，安全检查的标准和程序难以统一。在不同的远程办公环境下，安全检查的标准和程序可能存在差异。这导致在安全检查过程中，容易出现漏检、误检等问题，影响安全检查的准确性和有效性。第三，安全检查的执行力度难以保证。在远程工作场所与私人住宅空间一体化的情况下，用人单位职业安全防护措施与行政部门监督检查实施上的可行性降低，[60] 安全检查的执行力度难以保证，难以有效发挥其在预防工伤事故中的作用。

（二）远程办公职业安全保障问题的应对思路

远程办公呈现工作场所分离和工作时间不可控的特点，需要在职业健康防护义务和工伤认定方面予以特别规范。[61] 远程办公对劳动者职业安全保障产生了全方位冲击，应当予以多元应对。

1. 工伤认定中侧重审查工作原因因素

根据《工伤保险条例》的规定，考虑到工作场所一般受控于用人单位，举证责任由用人单位承担。[62] 但是在远程办公等新型用工情景模式中，劳动过程以及工作场所的实际控制方由用人单位转向劳动者，角色转移伴随着的是举证能力和优势地位的变化。[63] 远程劳动者的工作场所并非用人单位所控制的固定场所，工作时间呈现碎片化特征难以界定。如果在远程办公等新型用工情景模式中仍然沿用传统工伤认定标准，不仅显得过于机械化，还会加重用人单位的

---

[60] 参见田思路、童文娟：《远程劳动者权益保护探究：以网络平台主播和居家办公形式为例》，载《中国人力资源开发》2020 年第 6 期，第 22—23 页。

[61] 参见王全兴、刘琦：《我国新经济下灵活用工的特点、挑战和法律规制》，载《法学评论》2019 年第 4 期，第 83 页。

[62] 参见《工伤保险条例》第 19 条第 2 款。

[63] 参见田思路、童文娟：《远程劳动者权益保护探究：以网络平台主播和居家办公形式为例》，载《中国人力资源开发》2020 年第 6 期，第 25 页。

责任。因此，在使用传统工伤认定标准认定远程办公中的工伤上，应将“三工”标准中的工作原因作为认定工伤的核心标准，适当弱化对工作时间、工作地点的考量。[64] 具体而言，劳动者自由安排劳动时间以及自行选择工作场地使得工作时间和工作场所的审查价值弱化，工作原因成为认定远程办公等新型用工过程中工伤事故的关键要素。同时，基于用人单位对工伤事故发生的不可控性，工伤事故与工作间的因果关系应当由劳动者承担举证证明责任。

在工作原因审查中，因远程办公情形导致劳动者工作与家庭界限模糊，容易出现工作事务和私人事务混同的情形。对于私人事务中发生的工伤，应采用“个人舒适规则”对其进行判断。具体而言，因为私人需要的满足在一定程度上能够提高劳动者的劳动效率和积极性，有助于劳动者保持愉悦感，这对于工作任务的完成大有裨益。故劳动者因私人需要短暂偏离工作，不能一概否认其应受工伤保护的地位。[65] 如果私人事务是劳动中不可或缺的行为或者出于雇主利益考虑的，[66] 即使短暂偏离工作，也应受工伤制度保护，如工作期间如厕、必要的休息等。[67] 如果私人事务严重偏离工作职责时，则不应受工伤制度保护，例如在家中接待客人时受伤。[68] 另外，应强化工伤认定的事实审查。从法律公平公正的角度出发，远程办公工伤认定应排除劳动者自身原因导致的事故，例如，非常规工作时间段的熬夜工作、健康状况不良的强行工作、自身安全意识淡薄引发的危险事故等。此外，有法院认为，员工在家远程办公势必会存在工作与生活相重合的情形，在无法明确排除员工受伤系个人生活所需导致的情形下，应作出有利于员工的认定。[69]

---

[64] 参见苏炜杰：《我国新业态从业人员职业伤害保险制度：模式选择与构建思路》，载《中国人力资源开发》2021 年第 3 期，第 84 页。

[65] 参见谢增毅：《远程工作的立法理念与制度建构》，载《中国法学》2021 年第 1 期，第 261 页。

[66] 参见谢增毅：《工作过程”与美国工伤认定——兼评我国工伤认定的不足与完善》，载《环球法律评论》2008 年第 5 期，第 95 页。

[67] 参见湖北省保康县人民法院（2020）鄂 0626 行初 13 号行政判决书；湖北省襄阳市中级人民法院（2021）鄂 06 行终 57 号行政判决书。

[68] 参见班小辉：《远程工作形态下职业安全保护制度的困境与因应》，载《甘肃政法学院学报》2019 年第 5 期，第 155 页。

[69] 参见福建省泉州市鲤城区人民法院（2020）闽 0502 行初 148 号行政判决书。

2. 明确约定远程办公地点和工作时间

远程办公工伤认定侧重审查工作原因，并不意味着工作时间和工作场所不再纳入考虑。为确保劳动关系双方主体的利益平衡，避免用人单位在工作场所、工作时间等因素举证上处于弱势地位，劳动法应规定用人单位在与劳动者签订远程办公合同时，需明确约定远程办公地点和工作时间。这也符合本文第二部分强调的远程办公的适用前提是用人单位与劳动者协商一致的观点。

对于远程办公地点，劳动者应当提供大致的远程办公地点范围，包括家庭住址或者其他脱离用人单位控制的工作场所、设施。在与用人单位约定固定远程办公地点范围之后，劳动者需要离开合同约定的远程办公地点前往其他场所办公的，应及时告知单位并由单位批准；劳动者需要长期变更远程办公地点的，则需与单位协商变更劳动合同。当发生工伤事故时，劳动合同中的远程办公地点可视同“工作场所”并用于工伤认定。对于远程办公时间，用人单位应当大致明确劳动者远程办公的工作时间。用人单位还可以和劳动者约定采用办公管理软件定位打卡等方式，判断工作地点及工作时间是否符合劳动合同的约定。[70] 当工伤事故发生时，打卡记录可以作为相关证明材料用于工伤认定。

3. 工伤保险救济应涵盖远程办公模式

远程办公等新型用工模式将会逐步成为常态，传统的“工作时间、工作场所、工作原因”的工伤认定标准需要经过一定的改良，以“工作原因”为主要审查要素，“工作时间”和“工作场所”则为辅助审查要素。改良后的工伤认定标准虽然能够暂时应对新型用工情景模式的“冲击”，但考虑到法律规范的内部协调，仍有必要在立法层面完善远程办公等新型用工情景模式的工伤认定。例如，对于“工作场所”要素，根据目前的认定标准，在双方约定工作地点为家中的情形下，劳动者住所可以视为工作场所。[71] 但问题在于，考察《工伤保险条例》第 14 条的规范内容可知，第 14 条第 1—3 项所提到的工作场所仍为传统办公模式下的工作场所，如果只是将远程工作中的劳动者家中“视为”工作

---

[70] 参见邹开亮、王霞：《居家办公模式下劳动法制度的适用困境与突破》，载《长春理工大学学报（社会科学版）》2021 年第 3 期，第 63 页。

[71] 参见谢增毅：《远程工作的立法理念与制度建构》，载《中国法学》2021 年第 1 期，第 261 页。

场所，则又会引发第 14 条第 5 项“因工外出期间”和第 6 项“上下班途中”两种情形下的法规适用难题。譬如远程办公的劳动者出门吃饭后准备回家办公，但在回家途中因非本人主要责任的交通事故受到伤害，该情形是否符合第 14 条第 6 项途中工伤的规定？因此，为了避免上述法律适用难题和法律规范内部的协调性，建议在未来《工伤保险条例》的修订中，专门增加远程办公等新型办公模式下的工伤救济规定。[72] 同时，为减少远程劳动者在职业病防治上的不确定问题，有必要修订和完善《职业病分类和目录》，将部分新型职业病纳入职业病目录。

此外，远程办公中用人单位仍有安全生产管理的义务。一方面，用人单位应当对远程劳动者工作区域的一般环境安全进行评估，确保远程劳动者的工作区域符合职业安全与健康标准。另一方面，基于远程办公的特殊性，用人单位应当对劳动者进行特别的安全教育和提示，要求劳动者遵守远程办公的安全规则。[73]

五、结　语

2021 年 12 月，中央网络安全和信息化委员会印发的《“十四五”国家信息化规划》指出，发展数字技术、数据资源驱动的新业态新模式，应“积极发展远程办公、云展会、无接触服务、共享员工等新兴商业模式和场景应用”。2024 年 7 月，党的二十届三中全会决定指出，发展新质生产力体制机制，应“推动劳动者、劳动资料、劳动对象优化组合和更新跃升，催生新产业、新模式、新动能”[74]。作为一种新兴工作模式，远程办公因其形式灵活、成本节约等独特优势助力新质生产力发展。在远程办公广泛应用的背景下，本文首先讨论了远程办公工作时间制度的规制方案，保证远程劳动者“有效上线”；其次，本文讨

[72] 参见郑志峰、李佩艳：《人工智能对劳动法的挑战及其建议探索》，载《人工智能》2020 年第 4 期，第 72—73 页。

[73] 参见田思路：《远程劳动的制度发展及法律适用》，载《法学》2020 年第 5 期，第 71 页。

[74] 《中共中央关于进一步全面深化改革 推进中国式现代化的决定》，载《人民日报》2024 年 7 月 22 日，第 1 版。

论了远程劳动者的休息权保障方式，推动远程劳动者“按时下线”；最后，本文尝试给出远程办公职业安全保障困境的应对思路，确保远程劳动者“安心在线”。但应当注意，限于篇幅，本文所讨论的问题有限，除上述问题外，实践中仍存在诸多远程劳动者的权益保障问题亟待理论界研究解决。

初审编辑：王浩然

校对编辑：钱 进

论《民法典》中的合理期限*

Research on the Reasonable Period of Time in China's Civil Code

郑毓翰**

摘　要：《民法典》中的“合理期限”作为立法规范性表述，以充足民事法律事实的形式影响民事法律关系的产生、变更和消灭，发挥着民法规范的涵摄作用。合理期限完满经过搭载着义务人未在规定期间内履行义务、权利形态发生转变抑或民事法律关系未搭建等多层含义。根据合理期限规则在民事法律关系变动中的具体适用，其功能形态包括权利发动功能、权利消解功能以及体系衡平功能。针对合理期限所承载的不同功能，应当进行区分化的规则设计。承载权利发动的合理期限应当注重通知与催告程序的适用；承载权利消解功能的合理期限应当构建权利失效规则；承载体系衡平功能的合理期限应当融入比例原则用于合理性判断。

关键词：民法典；合理期限；权利发动；权利消解；体系衡平

---

* 本文系国家社会科学基金重点项目“中国民法上的中国元素研究”（18AFX015）阶段性成果。

** 郑毓翰，西南政法大学民商法学院博士研究生。

一、问题的提出

合理期限作为"白地规定型漏洞"①，主要留由当事人意思自治和法官合理裁判②。然而，在实务中，合理期限的适用存在诸多问题。首先，在合理期限规则的适用范围上，除了《民法典》明确采用"合理期限"表述的条文外，有的条文也存在合理期限的影子，如"必要的准备时间""通知载明的一定期限"等是否亦应当以合理期限看待有待考究。在司法实践中，法院亦会将相应的"定损期间"③"补救措施的采取期间"④"贷款办理期间"⑤以"合理期限"笼统概述并对其合理性加以认定，而司法实践中"合理期限"的相关表述与《民法典》条文中的表述又有何区别，亦需进一步论证。其次，合理期限规则最为显著的作用就是通过充足的民事法律事实引起民事法律关系的产生、变更和消灭，但是在功能主义立场下，合理期限在民事法律关系中的功能并非完全相同，引起的法律效果亦存在区别。最后，学界和实务界都缺少对合理期限合理性的统一界定标准。综览现有文献，除部分法条注解对"合理期限"有所解释外，暂无系统性研究；法院在司法裁判中通常结合当事人意思表示、社会利益维护等因素综合考量，⑥但牵涉因素过多，法官自由裁量的范围过大，不仅极易造成诉讼成本的增加，同时也可能出现"同案不同判"的立场偏颇。故，有必要在厘清合理期限功能类型的前提下，对合理期限的内涵、适用范围、规则统一加以研究，以期实现合理期限规则的体系化构建。

---

① 参见梁慧星：《民法解释学》（第4版），法律出版社2015年版，第263页。

② 参见高丰美、丁广宇：《合同解除权行使"合理期限"之司法认定——基于36份裁判文书的分析》，载《法律适用》2019年第22期，第87页。

③ 参见最高人民法院第六巡回法庭（2017）最高法民申985号民事判决书。

④ 参见北京市第三中级人民法院（2022）京03民终2711号民事判决书。

⑤ 参见江苏省徐州市中级人民法院（2021）苏03民终9547号民事判决书。

⑥ 参见蔡晓明：《〈合同法〉中合理期限规定的理解与适用》，载《中国律师》2012年第1期，第64页。

二、《民法典》中合理期限的法理基础

（一）合理期限的概念

合理期限作为《民法典》所明确界定的法律概念，是在吸收“催告期”“合理期间”的基础上形成的规范统一性表达。合理期限与《民法典》所明确规定的固定期限有所不同，固定期限的“固定”一词较多体现法律的强制性规范，以明文法的形式强调权利行使和义务履行的绝对地位，而“合理”在于该期限的存在并未形成于双方当事人的合意，即是以单方意思表示抑或法律规定为基础所形成的期限性规则，需要借由法院裁判以确定期限是否合理，此举是对未存在约定期限的补充。也就是说，合理期限对民事法律关系的作用在于弥补法律未规定和当事人未约定的情形，以补充期限的形式存在。如《民法典》第 675 条履行期限的基本立场为“约定期限—以《民法典》第 510 条确定—合理期限”。同样还有民法典第 621、730、976 条等条款均遵循上述立场。合理期限与约定期限存在区别，若当事人已然通过合意形成期限的，那么应当以约定期限的形式承载民事法律关系的权利义务内容，仅有合意在未达成或者合意未遵循《民法典》第 143 条的立场下才有合理期限的适用空间。

合理期限作为“白地规定型漏洞”可以成为类推解释、诚实信用原则以及司法解释的填补。⑦ 类推解释如 2020 年修正的《最高人民法院关于审理商品房买卖合同纠纷案件适用法律若干问题的解释》（以下简称《买卖合同解释》）第 11 条规定商品房买卖合同中迟延支付购房款催告的合理期限为 3 个月。因此，法院在审理中亦会以该司法解释类推适用于一般的买卖合同中。诚实信用原则是指在《民法典》出台之前的合同解除权行权的“合理期限”依诚实信用原则为内容进行漏洞补充。⑧ 司法解释则为类推解释中已有的合理期限判断的司法解释，如《买卖合同解释》第 12 条对《民法典》第 621 条第 2 款的“合理期

⑦ 参见高丰美、丁广宇：《合同解除权行使“合理期限”之司法认定——基于 36 份裁判文书的分析》，载《法律适用》2019 年第 22 期，第 92—95 页。

⑧ 参见重庆市高级人民法院（2017）渝民终 328 号民事判决书等。

限”设立了较为明确具体的判断标准。在明确合理期限补充性本质的立场下，三项漏洞填补规则仍有适用之空间，但是在具体的适用上应当对存在约定期限与合理期限的情况作出区分。若存在约定期限的，则以约定期限优先，此时并无合理性的认定问题。对于未存在约定期限抑或合意达成的约定未满足《民法典》第143条规定的，此时存在合理期限的合理性界定问题，此为本文所论述的合理期限。

合理期限作为《民法典》这一科学文本所蕴含的法律概念，是法律为未来的演进发展所预留的释法空间，属于不确定的法律概念。究其不确定性之缘由，一方面体现在期限的存在源于契约，而契约的复杂和多变影响着期限的长短和属性；另一方面则在于不同法条中的合理期限所起的功能作用亦并非相同，如有的权利行使需要合理期限的经过，有的合理期限经过则代表权利的消灭，不同的合理期限构造不同的法律适用后果，故对于合理期限这一不确定概念，有必要在个案中综合判断，以价值补充的形式完善法典的体系化构建。

（二）合理期限的价值

1. 合理期限是民事法律关系变动的重要因素

民事主体、民事法律规范以及民事法律事实是民事法律关系的构成要件。其中，民法规范以囊括事实构成要件和法律效果加以涵摄适用的形式引起民事法律关系的变动，是民事法律关系变动的依据。合理期限便是民法规范所规定的构成要件，法律效果的产生与否则视合理期限中民事主体的具体行为而定。但民法规范仅仅以确立民事权利和民事义务为主要内容，因此只是规范意义上的民事法律关系及模型化的民事权利义务关系，⑨ 所以需要民事主体的配合和法律事实的构成才能形成民事主体间事实意义上的民事法律关系。民事法律事实是依照民事法律规范充足其事实构成要件的客观现象，是民事法律关系变动的依据，民事主体是其中的发动者，合理期限是催化法律事实契合民事法律规范构成的重要因素。

---

⑨ 参见谭启平主编：《中国民法学》（第3版），法律出版社2021年版，第52—60页。

2. 合理期限是禁止权利滥用原则的具体表现

民事法律规范和民事法律关系大多围绕着权利与义务展开，《民法典》是民事主体权利的宣言书，奉行权利本位的思想。[⑩] 有权利即有义务，违反义务的结果为承担民事责任。"权利、义务、责任"所构成的三位一体民事法律关系是贯穿《民法典》的核心轴线。[⑪] 在一定程度上，权利主体行使权利会给对方施加等量义务，即便是对世的绝对权，不特定的义务主体也具有不作为的义务。合理期限规则在其中承担协调与平衡的作用，其基础的逻辑框架便是《民法典》第132条的禁止权利滥用规则，借合理期限规则的适用对权利人的权利行使加以规制，以期实现对民事主体合法权利的综合性保护。

具体而言，民事主体在民事法律关系中的权利义务源自民法规范的涵摄适用，其权利的取得、行使、救济需要法律规范加以规制。例如，《民法典》第563条第3项规定"迟延履行主要债务，经催告后在合理期限内仍未履行"的，当事人可以解除合同。此处的合理期限便发挥着禁止权利滥用的功能，若是当事人一方仅因为对方迟延履行便解除合同，一方面有可能影响契约的稳定性，难以协调民事主体之间的权利义务分配；另一方面可能造成享有解除权一方的权利滥用，并且延期便解除合同对于被解除一方过于严苛，理应有所限制。因此，合理期限规则限制权利之间的产生与行使，合理期限的完满经过通常代表着义务人未在规定期间内履行义务，以权利转向的形式平衡民事主体之间的利益，让民事权利在适中的轨道上行使。

3. 合理期限是《民法典》体系化构思下的前瞻性体现

合理期限规则无不透露着契约严守和合同自由原则的对撞，其以"不明确规定"的形式实现私法自治中自由的价值追求，但自由并不是漫无目的的不受拘束，平等、公正、诚实信用等民法基本原则亦应一以贯之。《民法典》保持一定的前瞻性不仅是法典体系化构建之必要，更是为未来社会发展预留立法空间，届时可以司法解释的形式填补合理期限这一"开放缺口"。诚如前文所述，

---

⑩ 参见李建华：《权利本位下的民法典形式结构》，载《政治与法律》2019年第8期，第116—117页。

⑪ 参见丁海俊：《论民事权利、义务和责任的关系》，载《河北法学》2005年第7期，第118—120页。

除了影响当事人权利义务和社会稳定发展的绝对事项，《民法典》对其他期限均秉持双方当事人意思自治的立场。究其原因在于，《民法典》体系化构建务必为未决事项预留条件，我国社会正处于快速发展时期，社会发展的迅速与法律规范的稳定逐步呈现割裂的局势，《民法典》体系化所预留的立法空间正为新生事物的法律规制创建可能，合理期限规则的体系化构建便是其中的重要一环。

三、《民法典》中合理期限的功能类型

合理期限规则搭载于民法规范，以充足民事法律事实的形式在当事人之间产生、变更、消灭民事法律关系。基于此，可以《民法典》中明示表述合理期限条款中合理期限完满经过后的法律效果来对合理期限进行类型化区分，以期厘清合理期限的不同属性分类。

（一）承载权利发动功能的合理期限

“合理期限的完满经过搭载着义务人未在相应期限内履行义务抑或积极配合履行义务”是承载权利发动功能合理期限的理论基础，对权利施加限制条件是对权利自由行使路径的纠偏。因义务不履行的违法行为导致民事义务向民事责任的转化是典型的民事法律关系的内容变更，⑫ 例如违约责任的产生。《民法典》明示表述合理期限的条款中所承载发动的权利主要为请求权和形成权。

1. 请求权的权利发动

请求权是实质性法律地位受侵害而产生的权利，是私法秩序实现民事主体合法利益的规范工具，⑬ 是为贯彻民事主体的合法利益受法律保护这一立场。如《民法典》第642条规定标的物取回权，该条民事法律规范同时规范事实构成要件和法律效果，如买受人“未按照约定支付价款，经催告后在合理期限内

---

⑫ 参见谭启平主编：《中国民法学》（第3版），法律出版社2021年版，第67页。

⑬ 参见杨旭：《论民法典中请求权规范的体系构造》，载《中国法律评论》2022年第3期，第208页。

仍未支付”会造成出卖人受损，那么买受人即可根据该条规范行使标的物的取回权。换言之，若买受人经催告后在合理期限内完成付款，合理期限并未完满经过，则出卖人无权援引该项规定作为请求权基础行使标的物取回权，除非存在该条款规定的其他情况。以“合理期限内义务人并未履行义务—合理期限的完满经过 + 造成权利主体的实质性损害”的双重事实构成作为请求权发动的条件是《民法典》明示合理期限条款的一种类型，类似条款还有第 713 条规定的，出租人未在合理期限内维修租赁物 + 承租人自行维修影响租赁物使用。

除双重事实构成的请求权发动外，《民法典》中亦有仅以“合理期限完满经过”便可激活请求权行使的单一事实构成请求权发动的情形，如第 807 条建设工程承包人的“优先受偿权”——发包人未按约定支付价款，在承包人催告后的合理期限内仍未支付，则可协议折价或者拍卖；第 916 条保管人的“提存仓储物”——存货人或者仓单持有人在保管人催告后的合理期限内未提取；第 944 条物业服务人的“诉权”——业主经物业服务人催告后在合理期限内仍未支付物业费；第 1234 条的“费用承担请求”——侵权人在合理期限内未修复，则相应机关或者组织自行或者委托他人修复的费用由侵权人承担。单一事实构成请求权发动的情形下，民法规范虽并未明确损害作为事实构成要件，但侵害可能确已发生，原因在于未按照当事人约定或者法律规定履行义务已然成立违约或者违法，可能在实体上并未造成实质性的损害，但是对合同约定和法律规定的当事人利益仍可成立侵害，侵害的程度和范围亦可用于合理期限合理性的衡量。

诚如前述，请求权在合理期限规则下发动代表着民事主体的实质性法律地位遭受侵害，即《民法典》合同编中明示合理期限规则的条文下还蕴含着违约责任请求权，法理基础源于《民法典》第 577 条。一般情况下违约责任请求权的发动并非合理期限规则所搭载，只要当事人存在“不履行合同义务”“履行义务不符合约定”等情形即可请求承担违约责任。如第 801 条规定“因施工人的原因致使建设工程质量不符合约定的，发包人有权请求施工人在合理期限内无偿修理或者返工、改建。经过修理或者返工、改建后，造成逾期交付的，施工人应当承担违约责任”。该民法规范虽未明确“合理期限完满经过后”的其他请求权发动，但施工人原因致使质量不符合约定这一条已然可以第 577 条为基础行使违约责任请求权。换言之，《民法典》合同编中部分承载权利发动功能的合理期限是违约责任中“继续履行请求权”的体现，如第 642 条“未按照约定支付价款”、第 807 条“发包人未按照约定支付价款”等已构成违约情况下，法律为保证合同稳定性，以合理期限规则搭载继续履行合同义务，若是义务方未继续履行合同义务（合理期限未被义务履行打断而完满经过）则可以行使标的物取回、优先受偿等影响合同基础性存续的权利来满足自身利益的实现。

前述条款中合理期限并非违约责任请求权产生的规范性基础，但《民法典》明示合理期限规则的条文中亦有以“合理期限的完满经过”产生违约责任请求权，如第 590 条和第 675 条。第 590 条中，若当事人一方无法证明不可抗力存在，进而导致无法履行合同义务或者履行合同义务不符合规定的，那么此时对方当事人即可主张违约责任请求权，请求继续履行、采取补救措施等。第 675 条中合理期限在借款期限依第 510 条仍无法确定时充当债务履行期限的角色，贷款人可在合理期限经过后行使违约责任请求权。承载权利发动功能的合理期限除前述以权利形态“正向化”表述法律效果的条文外，还存在以义务形式“反向化”表达的条款，义务主体应当在合理期限内完成民法规范所规定的义务，亦与前述合理期限过后权利发动的理论基础相符。如第 726 条的承租人的优先购买权，出卖人若未在出卖之前的合理期限内通知承租人而侵害承租人合法利益的，承租人可主张损害赔偿；第 811 条，承运人若未在约定期限或者合理期限内将旅客、货物安全运输到约定地点的，承运人应承担违约责任；第 949 条中原物业服务人未在约定期限内或者合理期限内退出物业服务区域，造成业主损失的应承担赔偿责任；第 1196 条的网络服务提供者若未及时终止所采取的措施，则需要承担侵权责任。义务的不履行而导致民事责任产生，请求权在其中作为救济性权利将民事责任与请求权规范对应，体现为救济性的债权请求权。与前述请求权构造相比，该处请求权的基础在于实质性法律地位受损导致的保护性债权受损，而并非前者直接构建于实质性法律地位受损的“继续履行请求权”⑭。

⑭ 参见杨旭：《论民法典中请求权规范的体系构造》，载《中国法律评论》2022 年第 3 期，第 208 页。

综上所述，合理期限承载请求权发动的形态分为两类：第一类为当事人已存在违约或者违法情形，合理期限以实现“继续履行请求权”的形态存在，合理期限的完满经过则引发后续的民法规范所规定的请求权以保护权利主体的合法利益。同时，该形态又因是否需要实质性损害的存在而细分为“实质性损害与合理期限规则并行适用”的双重事实构成形态和“合理期限规则单行适用”的单一事实构成形态。第二类则为合理期限规则搭载违约责任请求权抑或侵权损害赔偿请求权，以合理期限的完满经过达成请求权行权规范要件。

2. 形成权的权利发动

《民法典》明示合理期限规则条款中引起形成权发动的法理基础在于《民法典》第563条第1款第3项。“迟延履行主要债务”之表述显然已构成《民法典》第577条所规定的违约情形，该条文亦是合理期限以“继续履行请求权”存在的体现，是为维持民事法律关系稳定而存在。请求权须义务人的给付才能实现，而形成权以单方意思表示即可实现法律效果，故以“继续履行请求权”未能实现权利人的利益保护作为形成权发动的要件，不仅能维护民事法律关系中双方主体的利益平衡，还能在契约严守和合同自由中实现民法的价值。同时，根据《民法典》第566条的规定“合同因违约解除的，解除权人可以请求违约方承担违约责任，但是当事人另有约定的除外”。即依据第563条第1款第3项所产生的合同解除权，亦与请求权发动的第一形态相类似，均以违约先行，而后以合理期限搭载“继续履行请求权”督促义务人尽快履行义务，最后则以解除权发动来终止双方权利义务关系以防止损害的进一步扩大。《民法典》明示合理期限条款中以第563条第1款第3项作为法理基础的条文包括第384条地役权合同解除、第722条租赁合同解除、第778条承揽合同解除、第806条承包合同解除。较为特殊的是第654条，用电人未按照约定支付电费和违约金，在催告后的合理期限内仍未支付的，用电人有权按照合同中止供电。此处的“中止供电”虽与“解除合同”的表述不同，但二者的法理基础仍为第563条第1款第3项，只是供电合同为强制缔约合同且根据《民法典》第648条的规定“向社会公众供电的供电人，不得拒绝用电人合理的订立合同要求”，“中止供电”的形式与“解除合同”在本质上并无二致，只是为了避免后期的重复缔约而采用该做法。[15] 还有第740条的“承租人可以拒绝受领出卖人向其交付标的物”，该条第1款第2项的表述“未按照约定交付标的物，经承租人或者出租人催告后在合理期限内仍未交付”与第563条第1款第3项的构造相同，但是因为承租人并非出卖合同的当事人，故无权行使对出卖合同的解除权，只能以拒绝接受交付的形式以期因出卖人的原因致使融资租赁合同的目的不能实现与出租人解除融资租赁合同。

合理期限并不单一承载请求权抑或形成权等权利发动，在民法规范中亦存在请求权和形成权并行存续、单一适用的情形，可见第634条分期付款合同和第752条租赁合同。在分期付款合同中，买受人在催告后的合理期限内仍未支付到期价款的，出卖人可以第563条第1款第3项的基础规定行使解除权，同时也可以第634条的规定行使“支付全部价款”的请求权，请求权和解除权同时发动（二者权利发动的构造相同），但是出卖人不可同时行使两项权利，需选择一项权利行使。若是选择行使解除权，则以《民法典》第566条第1款产生合同解除后的法律效果并以第2款请求对方承担违约责任；若是选择支付全部价款，则是在“继续履行请求权”行使无果的情况下，由法律强制规范的履行义务。在该情境下，若当事人无法支付全部价款，则可以《民法典》第563条第1款第4项“当事人一方迟延履行债务或者有其他违约行为致使不能实现合同目的”来解除合同，使责任路径回归第566条。若当事人已支付全部租金或者价款，则合同履行完毕，对于还有其他损失的可依据《民法典》第583条请求对方承担赔偿责任。第752条亦即同理，但是在出租人请求承租人支付全部租金的情况下，租赁合同并未履行完毕，承租人和出租人的权利义务并未终止。

上述合理期限条款中解除权发动的基础性规范为第563条第1款第3项，而第528条解除权发动的基础性规范为第563条第1款第2项。被行使不安抗辩的一方未在合理期限内提供担保或者恢复履行能力的，则视为以自己的行为不履行主要债务，此时可行使解除权并请求对方承担违约责任。但该条文中合理期限并未承载“继续履行请求权”之功能，其作为违约责任的判断情景，与

---

⑮ 参见郝丽燕：《〈民法典〉中继续性合同解除制度的多元化发展》，载《社会科学研究》2021年第2期，第76页。

承载请求权发动合理期限的第二种形态类似。第 533 条解除权发动的基础性规范为第 563 条第 1 款第 1 项“因不可抗力致使不能实现合同目的”，此处的合理期限不仅不以实现“继续履行请求权”而存在，更非搭载违约责任请求权，而是嵌入以合同自由的形式维持合同的存续，以期尊重双方当事人的意思自治，故该处的合理期限规则为特殊情形。同样作为合理期限规则特殊情形的还有第 575 条——债权人免除权的生效。债权人的免除权是财产法上的形成权，一般情况下通知到达对方即可产生免除效果。在《民法典》之前，原《合同法》第 105 条并未明确合理期限存在以对抗免除的法律效果，《民法典》第 575 条新增的“债务人在合理期限内拒绝的除外”以赋予债务人拒绝权的形式对抗债权人的免除权，这并非指债权人的免除权不属于形成权，债权人的免除权仍然产生债务全部或者部分免除的法律效果，只是债务人可在合理期限内主动拒绝免除法律效果的产生，若合理期限完满经过则免除权的免除效果仍然可以实现。

《民法典》第 563 条第 2 款关于不定期继续性合同的解除采用“随时解除”的表述，此与第 1 款关于合同解除的限制性条件相比明显降低对契约严守性的要求，而合理期限便是其中平衡契约严守和合同自由的标尺。但并非所有不定期合同的解除均可以合理期限寻求利益平衡，民法规范对个别预告解除的通知期限加以具体化，⑯ 如第 948 条对不定期物业服务合同的解除限定期限为 60 日。《民法典》中采用“合理期限”表述不定期继续性合同解除的条款包括第 730 条不定期租赁合同、第 976 条不定期合伙协议和第 1022 条不定期肖像许可使用合同，除此以外的不定期仓储、保管等合同亦以第 563 条第 2 款为依据存在合理期限规则的适用。合理期限规则在不定期继续性合同中的功能并不如前述那般填充违约责任请求权基础抑或搭载于“继续履行请求权”给予违约方补救履行的机会，其实质在于保护被解除一方当事人的信赖利益，但是否可认为合理期限是不定期继续性合同解除的唯一前提呢？本文持否定观点，若以合理期限作为不定期继续性合同解除的唯一方式，虽有利于保护双方当事人的信赖利益，但是却不利于特殊情况下民事主体利益的保护。故不定期继续性合同随时解除

---

⑯ 参见郝丽燕：《〈民法典〉中继续性合同解除制度的多元化发展》，载《社会科学研究》2021 年第 2 期，第 73—75 页。

的“合理期限”应限定适用于合同履行未出现法律规定合同立即解除的情形，若合同履行出现影响合同存续的重大原因时理应享有立即解除，如《民法典》第673、711条等合同分则的规定，抑或为第563条第1款所规定的不可抗力和致使合同目的不能实现等情形。

合理期限在不定期继续性合同中的完满经过亦象征着义务最后履行期限经过的内容，但是其并未搭载义务人未在相应履行期限内履行义务这一主旨，而是义务人最后的义务履行期限。前者为权利人督促义务人履行义务来阻止“合理期限的完满经过”，而后者要求义务人在合理期限内积极履行义务来配合“合理期限的经过”。故不定期继续性合同解除权的发动的法理基础在于“合理期限的完满经过代表义务人在相应期限内积极配合履行义务”。

（二）承载权利消解功能的合理期限

《民法典》第132条禁止权利滥用原则是合理期限承载权利消解功能的法理基础，并非所有的权利都能永续存在，除物权等绝对性权利外，其他的权利均应当受到行权期限的规制。[17] 究其原因在于，权利若能行使而仍处于悬而未决的状态，将使双方当事人的民事法律关系处于不确定状态，同时相对性权利的长期未行使不仅会拖延双方当事人的权利义务履行，难以发挥诚实信用原则在民法中的基本作用，更会迫使第三人信赖该种状态而作出不适当的决定。[18]

期限是具有法律意义的时间节点，《民法典》明确规制权利行使的期限为除斥期间和诉讼时效。诉讼时效制度是指权利人在法定期间内不行使权利导致义务人享有拒绝履行的抗辩权。该制度存在的价值是对请求权的正当性限制，[19] 诉讼时效期间的届满即意味着民事权利瑕疵的产生。诉讼时效为法定期间，虽然存在着中止、中断、延长的事由，但不允许当事人另行约定或者排除，具有强制性。[20] 而合理期限并非固定的相当期限，可由当事人自行确定和法院裁量，

---

⑰ 参见王利明：《民法总则研究》（第2版），中国人民大学出版社2012年版，第540页。

⑱ 参见魏振瀛主编：《民法》（第7版），北京大学出版社2017年版，第105页。

⑲ 参见王轶：《诉讼时效制度三论》，载《法律适用》2008年第11期，第13页。

⑳ 参见王利明：《民法总则研究》，中国人民法学出版社2003年版，第1743—1746页。

故诉讼时效期间与合理期限理应为并行的期限制度，二者理应不存在交集的可能，但法院在“合理期限”合理性的裁量中会以诉讼时效经过来判定合理期限经过。除斥期间是法律规定或是当事人双方确定的权利存续期间。与诉讼时效相比，除斥期间的适用范围较窄，并且其后果体现为实体权利的消灭，不存在中止、中断、延长的情形。同时，除斥期间的行使需要满足权利的时间存在性与行使性两项条件。[21] 然而，诉讼时效和除斥期间无法解决所有权利丧失的问题，故学界有观点认为应当引入权利失效规则。[22]

然而，我国民事法律规范并未规定权利失效制度，仅有法院在判决中承认合同解除权的失效，[23] 其原因在于当时《合同法》对解除权制度的规制还未成熟。即合同解除权适用权利失效已被我国司法实务和学界承认。故合理期限在其中承担着权利失效期间的功能，但其应被视为广义上的权利失效，狭义上的权利失效应指以时间要件、状况要件和信赖要件组成的失效期间，[24] 本文以权利消解期间以作区分。承载权利消解功能的合理期限规则条文在《民法典》中包括第 306 条优先购买权、第 515 条选择权、第 564 条解除权、第 580 条继续履行请求权、第 621 条瑕疵担保责任请求权、第 831 条瑕疵异议请求权，其法律依据在于“合理期限的完满经过搭载着权利人未积极行权致使权利失效”，失效的后果在于权利人一方的权利折损。

权利消解的目的在于单纯期间经过未行使权利而致使权利失去效力，权利主体有权作出行权抑或不行权的决定，亦如诉讼时效期间内权利主体有权行使请求权、除斥期间内权利主体有权行使形成权，权利消解期间具有统一规范诉讼时效、除斥期间等法定权利失效期间之外其他权利失效的制度功能，具有极强的补充作用。此时存在一个问题：能否以意定除斥期间的形式统筹剩余的权利行使期限？除斥期间在我国民法规范体系中分为法定除斥期间和意定除斥期间。《民法典》第 564 条第 1 款“法律规定”和“当事人约定”的表述分别为

---

[21] 参见耿林：《论除斥期间》，载《中外法学》2016 年第 3 期，第 620 页。

[22] 参见钟淑健：《论权利失效之隐性条件》，载《山东社会科学》2021 年第 3 期，第 168 页。

[23] 参见山东省青岛市中级人民法院（2010）青民二商终字第 562 号民事判决书等。

[24] 参见黎珞：《〈民法典〉视域下的权利失效制度及其立法研究》，载《北方法学》2022 年第 4 期，第 81—83 页。

特殊合同的解除期限规定和意定除斥期间，而法定除斥期间的规定为第 2 款的“一年”；当事人达成合意的解除权行使期限为意定除斥期间，那么“经对方催告后在合理期限内不行使的”表述显然并未表示双方当事人达成过合意，故并不构成意定的除斥期间。同时，权利消解期间囊括诉讼时效、除斥期间以及狭义的权利失效期间，合理期限经过的权利消解并不能全然被诉讼时效和除斥期间覆盖，故权利消解期间应为《民法典》明示合理期限规则的一种功能体现。

（三）承载体系衡平功能的合理期限

承载权利发动和权利消解功能的合理期限所充足的民事法律事实引起民事法律关系的主体、内容的变更，最终可能导致的结果为民事法律关系的消灭——解除权的行使。体现体系衡平功能的合理期限所充足的民事法律事实用以引起民事法律关系的产生。例如《民法典》第 481 条规定“要约以非对话方式作出的，承诺应当在合理期限内到达”，同时依第 137 条的规定“以非对话方式作出的意思表示，到达相对人时生效”，故承诺在合理期限内到达的，依第 483 条的规定“承诺生效时合同成立”在双方当事人之间成立民事法律关系。在一般情况下承诺未在合理期限内到达的则无法在双方之间成立基于合意而产生的民事法律关系，但可能存在缔约过失责任。即承诺未在合理期限内到达所引起的民事法律关系并非以双方当事人意向的权利义务为内容的法律关系，可能是法律规范框架下的民事法律关系。

又如第 522 条的真正利益第三人合同，“第三人未在合理期限内明确拒绝，债务人未向第三人履行债务或者履行债务不符合约定的，第三人可以请求债务人承担违约责任”。即第三人在合理期限未经过抑或明确表示接受的情形下并未与债务人产生存在请求权基础的民事法律关系。据此理解，第三人在合理期限经过后（即第三人未在合理期限内明确拒绝）即有权在债务人未履行债务或者履行债务不符合约定时请求债务人承担违约责任，那为何不将其认为承载权利发动功能和权利消解功能？权利发动功能的核心在于“合理期限的完满经过承载义务人的不履行义务抑或义务人积极配合履行义务”；权利消解功能的核心在于“合理期限的完满经过承载权利人的未积极行权致使权利失效”，而该条文中合理期限的功能在于确定第三人是否与债务人之间成立以违约责任请求权为内容的民事法律关系，与前述功能在体系类型上存在区分。同样还有第551 条“债务人或者第三人可以催告债权人在合理期限内予以同意，债权人未作表示的，视为不同意”的规定意味着合理期限的功能在于确定债权人是否与第三人成立新的民事法律关系，同未承载期限经过后的权利发动和消解功能；在于平衡意欲形成民事法律关系的双方主体的合法利益，并为双方形成合意构建桥梁。同理还有《民法典》第 552 条中的合理期限亦为强化双方当事人的合意，促成民事法律关系的产生。

上述合理期限功能的论述均是基于《民法典》明示合理期限规则的学理分析，同时在《民法典》和其他民事法律规范以及司法实践中仍存在其他适用合理期限规则的条文和情形，如“合同解除的，已经履行的应当在合理期限内恢复原状”[25]“违约后的对方当事人应当在合理期限内采取适当措施”[26]。合理期限规则的适用多体现在合同的履行中，如“合理期限内完成贷款的审批”[27]“合同解约前过渡的合理期限”[28]。法院在裁量审理中亦会对约定不明确的期间以合理期限的形式加以裁量，如“以审计工作完成作为付款依据，但该工作远超合理期限”[29]“确认工程结算造价后的合理期限内支付工程价款”[30]。同时，司法实务中也会将其他期限的认定统筹到合理期限当中，如将“护理期限”认定为“合理期限”。[31] 换言之，除《民法典》明示表述“合理期限”的条文外，还包括其他民事法律规范的合理期限体现以及司法实务中的合理期限规则体现。

在其他民事法律规范隐含的合理期限规则区分上，亦可采取上述功能主义立场的类型化区分方式，以双方之间的民事法律关系是否产生为基础，若是合理期限用于明确双方当事人之间民事法律关系效力的，则为衡平功能的体现，若是双方已建立民事法律关系下合理期限的完满经过搭载“义务人未履行义务抑或积极履行义务”“权利人未积极行权”则代表着权利发动和权利消解功能。

㉕ 参见贵州省贵阳市中级人民法院（2021）黔 01 民终 12250 号民事判决书。

㉖ 参见北京市第三中级人民法院（2022）京 03 民终 2711 号民事判决书。

㉗ 参见江苏省徐州市中级人民法院（2021）苏 03 民终 9547 号民事判决书。

㉘ 参见湖南省长沙市中级人民法院（2021）湘 01 民终 11300 号民事判决书。

㉙ 参见辽宁省沈阳市中级人民法院（2021）辽 01 民终 20822 号民事判决书。

㉚ 参见最高人民法院（2015）民提字第 30 号民事判决书。

㉛ 参见最高人民法院（2015）民申字第 2966 号民事判决书等。

而在司法实践中呈现的合理期限一般用以弥补合同履行期限抑或对其他期限的合理性认定。用以弥补合同履行期限的合理期限表述在本质和功能上与《民法典》明示表述合理期限的条文并无二致，但其在适用上更多的是建立在已成立的民事法律关系上，并未用以弥补民事法律关系的效力，故以权利发动和权利消解功能为主。如“合理期限内未完成贷款的审批、未办理房屋权属登记、未支付工程价款”则代表着“合理期限的完满经过搭载义务人的未履行义务”，违约责任请求权抑或合同解除权的权利即具备行权基础。但在将其他期限以合理期限加以认定的问题上，本文认为“护理期限”“赔偿期限”等已为法律所明确界定的期限，其功能主要在于确定责任的承担，其并不发挥权利发动、权利消解的功能，更多体现在体系衡平的功能上，此即为体系衡平功能的另一体现。

综上所述，合理期限体系衡平功能主要体现在两个方面：其一，用以确认当事人之间的合意，以充足民事法律事实的形式修正当事人之间的民事法律关系；其二，用于合同履行和责任承担过程中其他期限的合理性认定，该期限在性质和功能上与《民法典》明示表述的合理期限存在出入，其本质在于以当事人之间合法利益为基础的民事责任分配和确认上。

四、类型化下合理期限运用的司法规则

《民法典》应当以体系化的形式呈现静态统一的基础性法律规范，这不仅是对《民法典》“百科全书”体系定位的正确解读，同时也是“动态法律体系”构建的格局需要。如何利用合理期限规则平衡静态《民法典》与动态事实构成以及其他民事法律规范的关系，即需要解决合理期限的合理性界定问题。[32]在学界，通常认为合理期限所铺设的权利构建与责任衔接之间的“枢纽”是《民法典》立法体系化的立法技术之一，但作为开放性的法律概念，合理期限的“合理”又该如何扮演好其该承担的体系定位仍有必要进行探究。

㉜ 参见钟瑞栋、毛仙鹏：《〈民法典〉中“依法”的规范功能》，载《财经法学》2022年第4期，第131—133页。

（一）通知与催告程序是否为权利发动所必需

“催告”“通知”等程序与合理期限规则存在密切的关系。无论是催告抑或通知，均为表意行为中除民事法律行为外的准法律行为，包括意思通知、事实通知和权利通知等。催告在其中视为意思通知的一种方式，是享有权利的一方当事人请求另一方当事人履行债务等特定义务的意思通知，是单方、需受领的准法律行为。[33]

与承载权利发动功能的合理期限相比，承载权利消解和体系衡平功能的合理期限不必过于注重催告和通知程序的区别。究其原因在于：承载体系衡平功能的合理期限中民事法律关系之间的产生需要双方当事人之间达成合意，二者达成合意的过程必定涉及意思的传递，意思传递涉及的期限便具备合理性界定的基础，即使是未在意思传递中表示的期限亦可由法院裁量双方之间是否产生民事法律关系，催告和通知所达成的法律效果趋向一致；承载权利消解功能的合理期限则是基于“权利经过相当长的时间不行使则失去行权基础”这一立场，即无论是通知、催告，抑或并未通知和催告都不会影响权利的存续，权利的消解是客观上基于权利不行使而产生的，并不会因为催告、通知与否而受到影响。而在承载权利发动的合理期限规则中，权利发动的核心基础在于“义务人未在合理期限内履行义务”，故司法实践中通常将“是否以通知和催告的方式给予合理期限”作为权利是否正确行使的裁判标准。例如，“承租方未给予出租方合理期限以维修的，无权直接主张违约责任”[34]“中止供电需履行催告程序”[35]“有偿供役地的合同解除需要满足合理期限内两次催告”[36]“迟延履行下未催告履行而行使合同解除权不符合法律规定”[37]等。即“履行催告抑或通知

[33] 参见范纪强：《无催告情形下合同解除权的消灭》，载《人民司法》2019 年第 8 期，第 54 页。

[34] 参见新疆维吾尔自治区乌鲁木齐市中级人民法院（2022）新 01 民终 223 号民事判决书。

[35] 参见最高人民法院（2018）最高法民再 172 号民事判决书等。

[36] 参见广东省肇庆市高要区人民法院（2018）粤 1204 民初 1243 号民事判决书。

[37] 参见新疆维吾尔自治区乌鲁木齐市中级人民法院（2010）乌中民四终字第 383 号民事判决书。

程序”和“合理期限以合理状态完满经过”是合理期限规则于其中发动权利的基础条件。此为与承载权利消解和体系衡平功能的最大区别。权利消解和体系衡平强调合理期限的存在，但不追求催告和通知程序是否行使之必要，而权利发动则不仅强调通知和催告程序的行使之必要，更要求合理期限需具备合理性。那么在承载权利发动的合理期限规则中，催告和通知又有何不同？所引发的法律效果又有何差异？

催告和通知表述之差异源自《民法典》第 563 条，第 1 款关于合同迟延履行的解除因其法理基础为“合理期限的完满经过搭载义务人未在相应期限内履行义务”，故采用“催告”的表述用于督促和警示义务人积极履行义务，否则将承担相对不利的法律后果；第 2 款关于不定期继续性合同的解除因其法理基础为“合理期限的完满经过代表着义务人在相应期限内积极配合履行义务”，故采用“通知”这一较缓的法律语气，以期弥补双方民事法律关系的存续期限。综览学界对二者的研究，催告和通知程序都是基于诚实信用原则施加的一项附随义务，目的在于督促相对方履行合同的主给付义务以维护自身合法利益。故以第 563 条作为法理基础发动解除权的，权利方应当履行该附随义务以作为解除权行使的要件。催告和通知程序下的合理期限经过是形成权发动的必需条件，在请求权发动中采用“催告”“通知”等表述的合理期限规则条文亦应当秉持该立场，[38] 以程序发动和期限经过作为权利发动的基础。对于其他未明确采用“通知”和“催告”表述的条文，如第 1234 条有权请求侵权人在合理期限内承担修复责任、第 801 条请求施工人员在合理期限内无偿修理，其中的请求亦有通知和催告之意思，同时在“合理期限完满经过”的法律效果被法律明文规定的情形下，该请求亦为权利发动之前提要件。而在以义务形式“反向化”表达的条款中，除了第 726 条明确出租人应在出卖之前的合理期限通知对方的义务，第 811、949、1196 条均未明确“通知”和“催告”的程序，但权利人可在合理期限经过后发动违约责任请求权抑或损害赔偿请求权，亦可在合理期限后催告相对方履行，而此处的催告和通知则并非权利发动之必需。

---

[38] 参见王利明主编：《中国民法典评注·合同编（三）》，人民法院出版社 2021 年版，第 1037 页。

综上所述，催告和通知虽同作为附随义务，但催告的警示性和提示性较通知更强，是权利人保障自身利益的“严正声明”，这亦是承载形成权发动功能的法理基础，即“合理期限的完满经过搭载义务人未在相应期限履行义务”“合理期限的完满经过搭载义务人在相应期限积极配合履行义务”之体现。催告相对于通知应当是更为明确且具有警示作用的。其中，“明确”是指催告的内容必须明确，包含“要求债务人履行义务”或者“在期限内履行债务”等明确字眼，即要包含请求债务人对价给付的意愿。“警示”是指催告的内容必须具有强调作用，即具有压迫性，使债务人感受到履行义务的迫切性和后果的严重性，催促债务人尽快履行义务。例如“合理期限内仍不履行，将解除合同”或者“届时仍未履行则责任自负”等，催告债务人若仍不履行将承担不利后果。[39] 我国对催告程序并未采用严格的界定方式，并非完全按照上述的要件构成，只要能够起到提示债务人及时履行债务的作用即算达成催告，而通知则相较之下并不具备警示的压迫作用，只要内容明确即可产生明文规定的法律效果。同时，法律对催告和通知的方式也未给予明确的规定，律师函[40]、备忘录[41]、通知书[42]、公告送达[43]等形式均可，但律师函和起诉状副本送达一般多为催告方式。同时，对于催告和通知程序的行使应当留有相应的证明，以期证明催告和通知后合理期限经过引发权利行使。

（二）权利失效理论于权利消解合理期限的适用

合同解除权应受合理期限规制是权利失效理论的具体体现。[44] 承载权利消解功能合理期限的法理在于“权利人未在相应期限内行使权利致使权利行使受

---

[39] 参见郝丽燕：《〈合同法〉第 167 条（分期付款买卖）评注》，载《法学家》2019 年第 5 期，第 181 页。

[40] 参见陕西省西安市中级人民法院（2019）陕 01 民终 8421 号民事判决书等。

[41] 参见上海市松江区人民法院（2012）松民二（商）初字第 68 号民事判决书。

[42] 参见山东省济宁市中级人民法院（2019）鲁 08 民终 619 号民事判决书。也可以是法院的起诉状副本通知，参见福建省厦门市思明区人民法院（2019）闽 0203 民初 6808 号民事判决书。

[43] 参见云南省昆明市西山区人民法院（2019）云 0112 民初 9752 号民事判决书。

[44] 参见范纪强：《无催告情形下合同解除权的消灭》，载《人民司法》2019 年第 8 期，第 52 页。

阻”，但该处的相应期限仅指相对长的时间，本文认为应当引入权利失效期限以规制权利滥用，平衡双方合法利益。权利失效与权利消解均为“因时间经过的权利失效”，但本文的权利消解是广义上的权利失效，并不包含狭义权利失效理论的构成要件。狭义的权利失效理论认为，时间经过的本身不足以导致权利失效，是权利人的行为致使相对人信赖权利人不再行使权利，并且这种信赖受到法律保护，[45] 这亦契合我国民法基本原则——诚实信用原则的立场。但诚实信用原则和禁止权利滥用原则作为一般性原则规定的频繁适用将会造成司法裁判“向一般条款逃避”[46]，缺乏细致的裁判理路不仅难以约束法官的自由裁量权，同时一般条款适用于案件裁判亦会架空法典体系规范形成“同案不同判”的不正裁量，故权利失效理论作为具象化的期限制度可满足我国合理期限规则的构造和发展。

权利失效理论以时间要素、行为要素和信赖要素作为基本判断要素。时间要素则是与权利消解相同的权利人未在相当期限内行使权利；行为要素则为权利人表现出与权利行使相悖的先行为；信赖要素则为相对人基于权利人的先行为而信赖权利人不再行使权利并积极调整自己的行为。即权利失效理论中时间因素并非决定性因素，在没有满足行为要素和信赖要素的前提下，需要经过相当长的时间才可引发权利消解功能。但在相当长的期限内，权利人很有可能作出不再行使权利的先行为，对于相对方来说此时的耗损是可以避免的，无须为等待权利消解的经过而放弃自身利益的维护，故权利失效理论于我国承载权利消解功能合理期限的适用有其法律基础。权利人的行为因素并非要求权利人完全表现积极的先行为，消极的不作为亦可构成权利失效的行为要素。如《民法典》第 305 条优先购买权同样适用权利失效理论，若其他共有人有明示拒绝、转移资产、破产重组等情形的，则转让方可基于此产生权利方不再行使优先购买权的信赖。[47]

---

[45] 参见钟淑健：《论权利失效之隐性条件》，载《山东社会科学》2021 年第 3 期，第 163—165 页。

[46] 参见马俊驹、余延满：《民法原论》（第 4 版），法律出版社 2010 年版，第 42 页。

[47] 参见黎珞：《〈民法典〉视域下的权利失效制度及其立法研究》，载《北方法学》2022 年第 4 期，第 87 页。

诚如前述，催告和通知程序是否行使与权利的消解无绝对的关系，但是在权利失效理论下，催告和通知程序的行使能够充当行为要素的内容用以权利的消灭。例如，《民法典》第 564 条对于合同解除权行权期限的规定存有“……或者经对方催告后在合理期限内不行使的，该权利消灭”之表述，该处的催告是对权利主体行权的督促，并非解除权消灭的必经程序。即若权利主体在一定期限内未行使解除权，同时在相对方的催告后仍未行使的，则此时权利主体以消极不作为的形式表明其不再行使权利，相对方可基于此产生解除权不再行使的信赖，而后基于该信赖调整自己的行为，如继续履行合同。与广义的权利消解相比，权利失效理论于合理期限规则的适用能够进一步贯彻诚实信用原则和禁止权利滥用原则在民法中的作用，[48] 并保障权利相对方的合法利益。

我国《民法典》虽未以法律条文的形式明确规制权利失效制度，但是在前《民法典》时代合同解除权的规制中已存有权利失效理论的影子。[49] 学界有观点认为权利失效理论亦可适用于诉讼时效和除斥期间，可不待上述期间经过而以失效理论消灭权利。[50] 但本文将权利失效理论的适用仅限于合理期限的适用，并未囊括对约定期限和法定期限的适用。究其原因在于，权利失效理论是对既有诉讼时效和除斥期间的补充，与二者存在本质上的区别，如《民法典》第 152 条撤销权消灭的期限规定、第 419 条对抵押权行使的期限的规定等存在法定期限的则应当以法定为主，[51] 防止权利失效理论的适用构成法典体系规范构造的内在冲突，同时防止司法裁量的严苛负担。而在当事人约定的期限，若亦适用权利失效理论则会造成合同自由和契约严守的失衡，导致法典体系化下期限规范构造的不一致。在现行法典化体系构造的情态下，可将权利失效理论融于司法案例裁判并以最高人民法院指导案例的形式加以运用，抑或在司法解释中作为禁止权利滥用原则的具象化解释加以确立。

---

[48] 有法院在裁量中认为，享有解除权的一方应当秉持诚实信用原则在合理期限内行使，参见四川省成都市双流县人民法院（2013）双流民初字第 4731 号民事判决书。

[49] 参见郭明瑞：《关于民法总则中时效制度立法的思考》，载《法学论坛》2017 年第 1 期，第 8 页。

[50] 参见［日］我妻荣：《新订民法总则》，于敏译，中国法制出版社 2008 年版，第 409 页。

[51] 存在明确规定的权利消解期限的还有《民法典》第 541、564、663、718 条等。

（三）比例原则融入合理期限的合理性判断

合理期限的合理性界定是合理期限规则的关键核心，而合理期限为何需要合理性界定的原因在于该期限多为单方意思表示抑或法律规定的义务履行期限，并非形成于双方当事人的合意，且为不确定的法律概念，需要借由法院的裁量用以明确期限经过的法律效果是否产生。

1. 比例原则于民法体系的适用

比例原则是行政领域中限制公权力对公民权利影响的基本原则，包含适当性原则、必要性原则和均衡性原则 3 个子原则。适当性原则要求手段与目的之间存在关联；必要性原则要求为实现目的的手段须为最轻的干预；均衡性原则要求手段和目的之间在效果上的成比例。[52] 比例原则通过 3 个子原则的协调运作防止公权力过度干预。然而，比例原则并非仅用于制约公权力的行使，其亦可为民事法律规范的适用和司法实务裁判提供重要原理支撑。在现今民事领域，越来越多的学者主张公法比例原则趋向民法体系适用的私法化，形成适用于民法体系的私法比例原则，同时现行民法适用比例原则兼具本体论意义和方法论意义。

比例原则适用于我国民法体系之基础，最关键的因素在于民法亦表现出强势利益与弱势利益的平衡问题，如公益介入抑或国家干预，[53] 甚至在平等主体之间亦有强势主体和弱势主体之分，[54] 故私法比例原则在民事个案裁判中有利于以实质正义纠偏形式正义。比例原则精髓在于“禁止过度”，其适用于我国民法体系的实质化路径在于防止私法领域中公权力对民事权益的损害，例如正当防卫、紧急避险、自助行为的认定。德国私法比例原则为大陆法系国家所

---

[52] 参见郑晓剑：《比例原则在现代民法体系中的地位》，载《法律科学（西北政法大学学报）》2017 年第 6 期，第 101—102 页。

[53] 参见杨翱宇：《论比例原则在民法中的地位》，载《河北法学》2017 年第 12 期，第 92 页。

[54] 参见［日］山本敬三：《民法讲义Ⅰ·总则》（第 3 版），解亘译，北京大学出版社 2012 年版，第 8 页。

通用。[55]

在实质化路径的影响下，以比例原则作为合理期限合理性界定亦存在适用空间：其一，私法比例原则的通说认为若权利行使是双方完全真实意思表示下的自由行为则不适用比例原则，合理期限是与法定期限和约定期限区分开的不确定概念，并非形成于双方当事人的合意，故存有私法比例原则的适用空间。其二，比例原则与诚实信用原则、禁止权利滥用原则具有相同的价值取向。合理期限规则多与权利行使抑或消解相关，且是诚实信用原则和禁止权利滥用原则的具体体现。比例原则于其中可作为判断“合理期限是否完满经过”的工具，是诚实信用原则作为一般性原则在司法层面的具体化展开，亦是判断权利是否正当行使的论证方式。虽然三者在内容构成、体系架构、效果凸显等方面存在显著差异，但是三者的共同目标皆是在尊重当事人真实意思表示的前提下实现实质正义。其三，法官在合理期限的合理性界定中享有的自由裁量范围过大，传统的类推解释、诚实信用原则以及司法解释等方法难以完整填补合理期限规则，故可以比例原则作为利益衡量的方式界定期限的合理性，同时为法官提供可视化裁判路径。

2. 比例原则于合理期限规则的具体化路径

其一，适当性分析。适当性讲究手段与目的之间的关联，具体可细分为目的正当和手段关联。在目的正当上，无论合理期限承载何种功能，其具备正当性，即合理期限存在的目的是为平衡双方当事人的合法利益，而不论其是否具备合理。[56] 而在手段关联上，要求合理期限的存在是为权利方保护自身利益行使权利、保护义务方防止权利方滥用权利、填充民事法律事实的形式定夺双方当事人民事法律关系的。即合理期限的存在是为权利发动、权利消解、体系衡平而服务于双方合法利益保护。如前述的约定期限即非合理期限，其若以合理期限表述亦不具备合理性的界定条件，除非约定期限并非出自双方当事人的自由意志。又如请求权发动的第一形态要求当事人已存在违约或者违法情形，若

---

[55] 参见郑晓剑：《比例原则在民法上的适用及展开》，载《中国法学》2016 年第 2 期，第 150 页。

[56] 参见郑晓剑：《比例原则在现代民法体系中的地位》，载《法律科学（西北政法大学学报）》2017 年第 6 期，第 108 页。

是未存在该情态而存在的合理期限即不符合适当性原则。

其二，必要性分析。必要性原则又被称为最小侵害原则，要求实现目的下手段侵害的最小化。如在承载权利发动合理期限的合理性界定中，催告和通知程序是否履行可在一般情形下构成适当性的判断标准。诚如前述，依《民法典》第563条第1款迟延履行后解除权的行使应先满足催告程序，并将合理期限的完满经过作为解除权行使的条件，否则解除权行使不发生效力。[57] 又如请求权发动的第一种形态中，若合理期限并未以实现“继续履行请求权”的形态存在，则具体民法规范中的请求权不具备行使条件。在承载权利消解的合理期限中，必要性分析亦可融入权利失效理论，即权利失效理论在于防止权利人滥用权利，保护相对方基于权利人先行为的信赖利益，但不应对权利人苛以过重的负担。若权利人的先行为不足以产生不行使权利的信赖，则权利失效并非相对方保护的必要，亦非对权利方的最小侵害手段，故不具备必要性原则。在承载体系衡平功能的合理期限中，必要性原则的作用主要在于明确双方当事人的真实意愿，若当事人一方存在“在合理期限内明确拒绝真正的利益第三人合同”“在合理期限内明确拒绝债务转移”“在合理期限内明确拒绝第三人加入债务”等情形的，则此时的合理期限并非明确双方当事人真实意愿之必要。

其三，均衡性分析。均衡性原则又被称为狭义比例原则，在公法中要求公权力为实现目的不能对权利个体造成过重负担，是对公共利益和私权保护的双向衡量；而在私法领域中亦体现为对双方主体的利益衡量，避免享有权利的一方滥用权利损害相对方利益。均衡性原则是在符合适当性原则、必要性原则递序后的最后秤杆，此时的合理期限走向合理性的界定。期限的过长或者过短都不利于双方当事人的权益保护，合理性的界定需要在综合考量各项因素的基础上作出最有利于双方当事人的判断。这在司法实务中通常依靠法官的自由裁量权，以审判经验抑或一般法感情的形式加以界定。[58]

《买卖合同解释》第12条对合理期限的界定有所规定，其界定的理论为诚实信用原则下的综合性判断，同时该司法解释的判定因素亦可类推适用于其他

---

[57] 参见广东省珠海市中级人民法院（2018）粤04民终139号民事判决书。

[58] 参见辽宁省高级人民法院（2022）辽民申681号民事判决书等。

不同类型合同的合理期限的均衡性分析。例如法院在司法裁判中通常基于合同的具体情态进行具体分析,[59] 并通常认为“债务履行负担过重的期限应当较长”[60]“合理期限不得长于法定期限抑或约定期限”[61]，同时期限较长并不是无休止地延长，而是基于合同属性等综合因素的适当增长,[62] 并可以行业内同规模和同水平加以对比[63]。不同功能类型的合理期限的认定亦应当存在差别。如学界通说认为，不定期继续性合同的解除基于信赖基础不得参照第 563 条第 1 款的合理期限规则，这是因为第 563 条第 1 款的催告更具有紧迫性，这与不定期继续性合同的解除应给予相对方必要的准备时间相冲突。[64] 同时，不定期继续性合同解除的合理期限应当与合同已经过时间相关联，合同处于履行状态越长远的则代表当事人之间的信赖越深厚，相应通知的期限亦应当越长。

综上所述，将比例原则的立体式循序渐进检验方式用于合理期限合理性的界定，能够形成程序层面和实质层面的合理性界定“二分法”，适当性原则和必要性原则主要用于程序层面的判定，即合理期限的存在是否正当，是否是维护双方合法利益所必要；均衡性原则在实质层面判断合理期限是否具备合理性，结合合同的具体内容、当事人情况等综合分析。如此二分更能揭开合理期限的本质，并在功能主义立场下比例原则的具体适用亦存在差别。

五、结　　论

基于合理期限的功能主义立场，可将其分为承载权利发动、权利消解和体系衡平的合理期限。就权利发动而言，“合理期限的完满经过搭载着义务人未

---

[59] 法院对期限的认定通常结合合同的相关内容、标的物类型、交易习惯等综合判断，参见山东省莱芜市中级人民法院（2016）鲁 12 民终 498 号民事判决书等。

[60] 参见贵州省毕节市黔西县人民法院（2016）黔 0522 民初 2977 号民事判决书等。

[61] 参见河南省安阳市中级人民法院（2015）安中民二终字第 1443 号民事判决书等。

[62] 定损期间过长，参见最高人民法院第六巡回法庭（2017）最高法民申 985 号民事判决书。

[63] 参见最高人民法院（2017）最高法民申 4119 号民事判决书。

[64] 参见王文军：《论继续性合同的解除》，载《法商研究》2019 年第 2 期，第 162 页。

在相应期限内履行义务”是请求权和以《民法典》第563条第1款为依据的形成权发动的理论基础；“合理期限的完满经过搭载着义务人在相应期限内积极配合履行义务”是不定期继续性合同解除权发动的理论基础。就权利消解而言，“合理期限的完满经过搭载着权利人未积极行权致使权利失效”是承载权利消解功能合理期限的规则理论，目的在于单纯期间经过未行使权利而致使权利失去效力。就体系衡平而言，承载体系衡平功能的合理期限用于引起民事法律关系的产生。未明确表述合理期限规则的其他民事法律规范和司法实践中出现的合理期限亦可采用上述功能立场加以区分，但应当将其与约定期限和法定期限作不同认识。

在合理期限的合理性界定上，催告和通知程序作为附随义务是权利发动所必需的程序性事项，并可采用律师函、通知书等多种方式。诉讼时效和除斥期间作为我国法定的权利失效期间难以解决所有权利失效的规制问题，故有必要引入以时间要素、行为要素和信赖要素为核心的权利失效理论，并可采用最高法指导案例抑或司法解释的行使加以确立和运用。同时比例原则亦可用于合理期限的合理性判断中，将合理性界定发展为程序层面和实质层面的合理性界定“二分法”，并在诚实信用原则的指导下加以综合判断。

初审编辑：蒋子翘

校对编辑：吴 笛

论众包在线争议解决机制的失衡困境与出路

Imbalanced Predicament and Its Solution of Crowdsourced Online Dispute Resolution

郭融融*

摘　要：众包在线争议解决机制（CODR）通过互联网平台汇聚群体智慧裁决争议。然而，我国 CODR 的发展正因规范引导与成效引导未能同步、民主理念与 Web 2.0 的兼容性矛盾、平台激励机制名不副实，以及大众参与者的职业素养参差不齐，而逐渐陷入僵局。针对前述失衡困境，区块链争议解决机制（BDR）依托区块链技术优势，并融合众包模式，为 CODR 提供了可借鉴的路径。据此，CODR 宜通过“推动多元规范以促进数字正义、重塑网络平台的权力结构、优化激励机制、严格管理大众参与者的选聘”四个方面来提升整体效能。

关键词：众包；在线争议解决机制；平台治理；区块链

一、问题的提出

顺应通信技术、数据传输和信息处理的革命性进步，一种依托群体智慧来

* 郭融融，中国政法大学国际法学院博士研究生。

确定裁判结果的新型在线纠纷解决方式——众包在线争议解决（Crowdsourced Online Dispute Resolution，CODR）逐渐崭露头角。“众包”这一术语最早由杰夫·豪（Jeff Howe）提出，他将其定义为：企业通过公开征集的方式，将原本应由特定员工完成的任务外包给外部的非特定人群来执行。① 同时，2016 年，联合国国际贸易法委员会对“在线争议解决”（Online Dispute Resolution，ODR）进行了权威解释，即“借助电子通信以及其他信息和通信技术解决争议的一种机制”，并表示“这一过程可以由不同的程序管理人以不同方式执行，并可能随时间演变”。② 由此，CODR 可综合理解为：平台将其承担的解决用户间纠纷的责任移转给某个广泛的、非特定的第三方参与者群体。这些参与者通过网络平台提供的在线渠道，以集体投票、少数服从多数等协作方式参与到争端解决过程中。

作为一项革新的替代性纠纷解决工具（Alternative Dispute Resolution，ADR），CODR 巧妙地融合了法律与社会非法律资源，显著减轻了司法体系的负担，同时致力于降低决策制定中的人为偏见。然而，CODR 在激励公众积极参与在线纠纷解决的过程中，涉及网络社会权力结构和责任分配的转变，群体演绎背后失衡问题频发，进而陷入停滞的状态。随着 Web 3.0 时代的到来，区块链技术作为其核心特征之一，正在逐步融入争议解决体系，并展现出其独特价值。在国际学术界，基于区块链技术的争议解决机制，也即“区块链争议解决机制”（Blockchain Dispute Resolution，BDR），已经引起了广泛关注。例如，国外有学者指出，区块链争议解决应用系统不仅保留了众包的特性，而且通过引入博弈论的视角和理性假设，进一步完善了民主决策过程，具有无可替代的潜力。③ 可见，CODR 在区块链的帮助下，依托智能合约、博弈论原理以及自动化执行等技术，为 ADR 领域带来了新生机。相较于国际上的研究深度，我国

---

① See Jeff Howe, *Crowdsourcing: Why the Power of the Crowd is Driving the Future of Business*, Crown Publishing Group Press, 2008, p. 1.

② 参见联合国国际贸易法委员会：《关于网上争议解决的技术指引（2016 年）》第 5 节第 24 条。

③ See Orna Rabinovich-Einy & Ethan Katsch, *Blockchain and the Inevitability of Disputes: The Role for Online Dispute Resolution*, 2019 Journal of Dispute Resolution 47, 47–76 (2019).

学者对 CODR 的拓展性研究相对有限，多数情况下仅将其视为 ODR 的一个分支简单提及，缺乏深入探讨。这在一定程度上限制了 CODR 在中国的发展和应用。

从强化互联网纠纷的初始治理措施，到“运用区块链技术，将裁判规则、交易规范等嵌入互联网平台”，再到“加快与互联网平台的在线（诉讼）和非（诉讼）对接，推进源头治理进平台、进网络，形成互联网纠纷分层递进解决机制”，④ 我国亟须重视 CODR 制度构建与完善。基于此，本文将从 CODR 的四个运作维度出发，分析其存在的失衡现象，并建议采纳 BDR 作为治理模式的参考，以制定有效策略克服 CODR 平台的发展瓶颈，为中国 CODR 实践提供理论支撑。

二、众包在线争议解决机制的运行与失衡

（一）正义表达维度：规范引导与成效引导未能同步

对于争议解决机制的研究，正义是其根本支柱与坚实基础。根据《元照英美法词典》对“正义”（Justice）的诠释，该词意指“一种普遍认为在法律原则应用于事实时应达到的道德价值，是衡量和评价法律及某种行为正确性的标准。其基本含义包括适当实施法律，给予某人应得之物，以及对纠纷进行一贯且连续的类似处理等”⑤。在这一过程中，CODR 平台有多方主导者，其推行的规制治理蕴含了不同正义价值观。单从宏观视角来看，CODR 平台在规范引导与成效引导之间未能实现同频发展。以“闲鱼小法庭”为例。当买家与卖家之间出现争议时，平台首先鼓励双方自行协商解决。若协商失败，买家可申请闲鱼小法庭介入。系统将根据维权场景，决定是由人工维权处理，还是交由 17 名大众评审裁决。若情况符合闲鱼小法庭的受理条件，平台可提示买卖双方将争

---

④ 《最高人民法院印发〈关于深化人民法院一站式多元解纷机制建设推动矛盾纠纷源头化解的实施意见〉》，载最高人民法院知识产权法庭网。

⑤ 薛波主编：《元照英美法词典》（缩印版），北京大学出版社 2013 年版，第 763 页。

议提交闲鱼小法庭。随后，双方需在平台上提交相关证据、截图、聊天记录等支持自己立场的材料，并依据这些材料进行质证和辩论。17 名评审员将根据买卖双方提供的证据材料和内心判断进行独立投票。若买卖双方中有一方获得 9 票支持，则该方为获胜方，争议解决也随之完成（见图 1）。

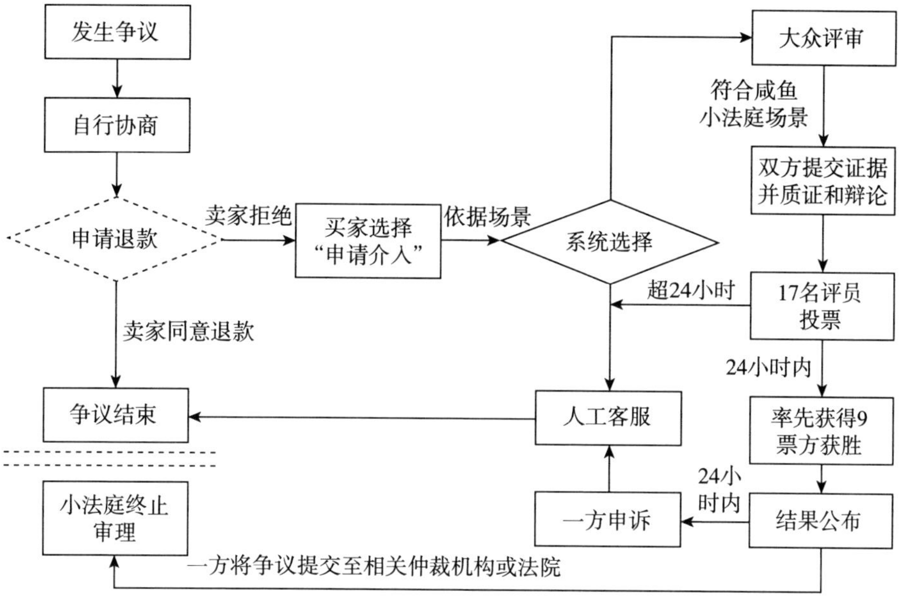

图 1　闲鱼小法庭操作流程

资料来源：参考闲鱼 App 的规则说明。

所谓规范引导，是指在纠纷解决过程中依据既定的法律规则和程序，通过演绎推理的方式得出解纷结果。[⑥] 它与程序正义形成呼应，强调了法律规则的确定性和程序的稳定性。其中，程序正义本质上是一种“过程价值”，其主要体现在程序运行过程中，作为评价程序本身正义与否的准则。[⑦] 近年来，在探讨程序正义这一议题时，国内外学者普遍倾向于将其划分为“客观性程序正义”与“主观性程序正义”两大范畴，以便评估某一程序是否契合客观或主观

⑥ 参见许庆永：《在线纠纷解决的正义表达》，载《华东政法大学学报》2024 年第 2 期，第 83—84 页。

⑦ 参见肖建国：《程序公正的理念及其实现》，载《法学研究》1999 年第 3 期，第 5 页。

标准。客观性程序正义的概念，是指一个程序是否符合正义标准，由一个个体或组织对其进行评估。[⑧] 美国法学家马丁 · P. 戈尔丁（Martin P. Golding）在《法律哲学》一书中以“中立性、劝导性争端、解决”分别为三个标题，阐述了程序正义的九个标准。[⑨] 主观程序正义是指个体或群体根据自身价值观与道德准则，评估和感知是否在事件中获得公正对待的过程。蒂博特等人认为，程序正义在某种程度上反映了当事人的心理体验，它涉及个体对公平与正义的感知和评价。通过对实验结果的分析，他们发现“对过程的控制、发表意见的机会、对裁判者的看法、裁判结果”几个因素影响了当事人对主观性程序正义的体悟。[⑩] 之后，丹尼尔 · 迪莫夫（Daniel Velizarov Dimov）在其博士论文中，从主观与客观两个维度整合了关于 CODR 程序正义的 15 项标准：专业性、独立性、中立性、透明性、公平听证、平衡性、合理的程序期间、提供理由、自愿参与、过程控制、决策控制、一致性、准确性、可纠正性、伦理性。在他构建的程序正义框架中，CODR 不仅需要满足法律程序要求（客观程序公平），同时亦需得到争议双方认同其公平性（主观程序公平）。[⑪] 而大多数 CODR 平台，例如闲鱼小法庭，通常会通过社区守则、案件申诉指南、争议处理流程表等多种形式，公开详尽的信息，以便让参与者充分了解程序的具体设置。同时，CODR 也会设计反馈和改进机制，使得参与者在主观上信服判决结果的准确性。故此，CODR 的规范引导源于该程序的开放性与包容性、决策过程的透明度以及参与门槛的明确性等。这些客观因素共同凸显了裁判过程中程序正义所要求

---

⑧ See Daniel Velizarov Dimov, *Crowdsourced Online Dispute Resolution*, PhD Thesis: Leiden University, 2017, p. 7.

⑨ 参见［美］戈尔丁：《法律哲学》，齐海滨译，生活 · 读书 · 新知三联书店 1987 年版，第 240—241 页。九项标准分别指：与自身有关的人不应该是法官；结果中不应包含纠纷解决者个人的利益；纠纷解决者不应有支持或者反对某一方的偏见；对各方当事人的意见均应给予公平的关注；纠纷解决者应听取双方的论据和证据；纠纷解决者应在一方在场的情况下听取另一方意见；各方当事人都应得到公平的机会来对另一方提出的论据和证据作出反应；解决的诸项条件应以理性推演为依据；推理应论及提出的所有论据和证据。

⑩ 参见邓继好：《程序正义理论在西方的历史演进》，华东政法大学 2010 年博士学位论文，第 121—122 页。

⑪ See Daniel Velizarov Dimov, *Crowdsourced Online Dispute Resolution*, PhD Thesis: Leiden University, 2017, pp. 107 – 126.

的合理性标准。

至于成效引导，也即结果导向，其核心在于通过解决争议的实际效果来反向塑造解决争议的依据。它强调选择正当化的判决理由，致力追求实质正义以及社会成员的满意度。[12] 闲鱼小法庭将具有不同背景的用户引入群体智慧审判之中，形成了由多元化群体组成的开放式民主集体认知系统。然而，通常情况下，卖方比买方掌握更多关于交易产品的信息。这种信息不对称性极其容易造成买方在事实认定时处于不利地位。此外，平台或然在参与者担任大众裁判者之前，已引导裁决人员作出偏向某一方的决定，或者将不适宜由大众裁判员审理的案件分配给他们。这不但会延长案件处理时间，而且阻碍纠纷的合理有效解决。此番做法与以结果为导向的司法裁决理念相冲突。因为结果导向的裁决主要依赖于对裁判产生的系统性效果的合理预测和审慎评估，以此来选择正当化的判决理由，并适时调控裁判过程中的数字表达方式。[13] 如果存在明显倾斜性，而非依据每个案件的实际情况作出公正判断，那么它就与成效导向的原则相悖。

一方面，规范引导与程序正义相辅相成，因为它要求纠纷解决过程中的程序应当公开、透明，并且能够保障当事人的参与权和表达权，由此促成数字正义的实现；另一方面，成效导向的不确定性也许对程序正义构成挑战，因为它会引发参与权的不平等。因此，若 CODR 平台未能协调规范性引导和成效性引导，其解决纠纷的合法性与权威性将会遭到质疑。这不仅会对个别案件的处理结果产生负面作用，还会削弱公众对平台的信任，继而使平台生态系统全面失控。

（二）价值取向维度：民主理念与 Web 2.0 兼容矛盾

21 世纪初，电子商务风起云涌，如何以最低成本快速解决巨量小额纠纷成为各大电商平台的头等大事。与此同时，Web 2.0 交互理念的广泛传播，互联

---

⑫ 参见许庆永：《在线纠纷解决的正义表达》，载《华东政法大学学报》2024 年第 2 期，第 84 页。

⑬ 参见韩振文：《论结果导向的司法裁决》，载《山东理工大学学报（社会科学版）》2015 年第 6 期，第 43 页。

网用户不再仅限于被动浏览内容，而是转变为内容的参与者与创造者。为了迎合互联网经济迅猛发展的趋势，ODR 持续通过创新和变革来调整自我。抓住这一机遇，并借助 Web 2.0 的浪潮，CODR 应运而生。

美国电商平台 eBay 于 2008 年创建了 eBay India 社区法院（eBay's Community Review Forum，ECRF），主要解决平台内卖家收到差评的问题。当卖家收到买家差评，但他认为自己不应该收到此差评时，卖家可以登录 ECRF 平台，并上传图像、文本或其他证据文件阐述理由。完成以上一系列操作后，ECRF 工作人员将自动联系买方，为其提供陈述理由的机会。在此期间，买方能够查看卖方提交的证据。卖方在买方完成提交后，拥有最后一次以文字形式反驳买方观点的机会。最终，由 21 位来自 eBay 社区的评审法官根据严格标准作出裁决。若其中超过半数法官投票支持卖方，评价将被删除；反之，评价则予以保留。⑭至此，该平台的 CODR 程序结束。尽管 ECRF 已于 2012 年 1 月停止运营，但其颠覆性的创新行为被视为网络平台利用众包实行解决争议的先行者。

无论是 Web 1.0、Web 2.0 还是 Web 3.0，它们的命名差异均源于网络技术的连续演进。Web 1.0 通常被视作静态信息的提供者，在这个阶段，网络信息的接收者仅限于被动地接收信息。随着 Web 2.0 的兴起，互联网的使用方式发生了根本性的变革，更加重视用户的参与、体验以及互动反馈。不过，根据 ECRF 和我国曾经繁荣但现已式微的淘宝大众评审的实践来看，尽管 CODR 在这一时期开始出现，但其发展却受限。究其原因之一，主要在于互联网平台掌握了绝对的话语权，导致权力过于集中。⑮ 而这与 CODR 所倡导的民主化理念产生了明显冲突。

在 CODR 中，各利益相关方的参与被认为是解决难题的关键。其核心理念是“集思广益”，旨在通过降低参与门槛和吸引具有多样化背景、经验及专业知识的个体进行交流与合作，从而促进对争议的多维度探讨和解决。此外，

---

⑭ See Colin Rule & Chittu Nagarajan, *Leveraging the Wisdom of the Crowds: The eBay Community Court and the Future of Online Dispute Resolution*, 2010 ACResolution Magazine 4, 5 - 6 (2010).

⑮ 参见沈国麟、易若彤：《从网络社会到平台社会——传播结构的去中心化到再中心化》，载《探索与争鸣》2024 年第 3 期，第 158—159 页。

CODR 的民主特性还表现在其分散决策权力和减少对单一决策机构的依赖上。多个 CODR 平台采纳了“少数服从多数”的原则，以防止决策权力过于集中，并提升了社区成员对所采纳解决方案的满意度。总之，CODR 背后是平台自治、公正民主、多方参与的“三共”治理格局，是通过赋予“评审员”用户在互联网环境中的民主参与和民主决策权力，培养平台用户更具责任感、使命感和正义感的主人翁意识的内核。[16]

然而，这种先进的民主意识超越了互联网领军企业在 Web 2.0 阶段所追求的集中式控制范围。互联网平台的蓬勃发展，在促进用户间的便捷连接、服务与产品供给，以及交流的促进方面发挥了主导性作用。在这一过程中，网络平台利用其技术优势和信息资源，对网络空间内其他参与者的权利行使和行为选择施加了重要影响。平台具备单方面塑造和改变其他主体意志与行为的能力，故而形成了网络平台的权力。[17] 其中，在平台权力与法律关系的框架内，平台权力扮演着主导性的角色。[18]

“CODR 的平台权力”，可将之视为在 CODR 机制运营过程中，互联网平台所拥有的控制、决策及引导争议解决的权力。这不仅包括用户行为规范和大众裁判人员的招募、筛选、奖惩，还涉及纠纷处理规定，以及平台内部运营和管理权限等。第一，在管理大众裁判人员方面，平台有权设定参与者的数量、准入标准、职权界限以及裁判团队的组成。至于程序流程，平台可以制定并调整双方当事人陈述时间以及呈现证据的具体规则。第二，大众参与者的权利源自平台赋予，从而形成一种相对独立的权力领域和程序机制。在我国，淘宝“大众评审”制度的运作原理为：在争议发生时，当事人有权选择向“淘宝小二”（即淘宝公司的员工）寻求帮助，或请求大众评审的介入以实现其诉求。若买卖双方决定将争议提交给大众评审予以裁决，那么该争议将依据大众评审“少数服从多数”的原则来判定对错。大众评审团主要由信誉良好的买卖双方随机

---

[16] 参见韩烜尧：《我国非司法 ODR 的适用与完善——以闲鱼小法庭为例》，载《北京工商大学学报（社会科学版）》2020 年第 5 期，第 120 页。

[17] 参见郭渐强、陈荣昌：《网络平台权力治理：法治困境与现实出路》，载《理论探索》2019 年第 4 期，第 116 页。

[18] 参见卫成义：《平台权力—法律关系的理论构造与规范控制》，载《南京邮电大学学报（社会科学版）》2024 年第 3 期，第 33 页。

组成，其裁决结果具有“一裁终局”的效力。[19] 第三，平台具备对争议双方实施适当管理措施的能力。以闲鱼小法庭的 CODR 程序为例，当裁决结果表明买家获胜时，买家有权选择退货退款或仅退款；反之，若卖家胜诉，资金将直接转入卖家账户。双方均享有 24 小时的申诉期限，在此期间若提出申诉，人工客服将介入处理。当任何一方将争议提交给相应的仲裁机构或法院，闲鱼小法庭将停止审理程序。

据于此，网络平台作为信息和资源的中心，通过技术手段行使着“准立法权”“准司法权”和“准行政权”，[20] 并引导大众裁判员的选择倾向，以此形成一种新型的权力形态。同时，这种权力结构势必会对 CODR 造成过度控制，牵连其民主性的发挥。一旦平台的决策权演变成专制权力并被随意行使，平台的话语权将迅速扩大，甚至间接波及参与者的行为和裁决结果。在这个过程中，参与者的角色被削弱，程序的不公正性凸显，参与 CODR 程序的兴趣也会随之减少，原本旨在实现裁判人员多元化的机制将变得毫无意义。因此，中心化与民主化之间的张力引致 CODR 发展受阻。而如何平衡各方参与者的利益、维护平台生态系统的健康与稳定，是平台生态系统治理亟须解决的关键问题。[21]

（三）动机维度：平台激励机制名不副实

“激励”指的是持续激发人动机的心理过程；[22]“机制”原指机器的构造和工作原理，泛指一个工作系统的组织或组成部分之间相互作用的过程和方式；[23] 综合理解，“激励机制”指的是在工作体系中用以刺激员工积极性的一系列方

---

⑲ 参见淘宝大众评审频道（手机版）。

⑳ 参见刘权：《网络平台的公共性及其实现——以电商平台的法律规制为视角》，载《法学研究》2020 年第 2 期，第 44—45 页。

㉑ 参见闫俊周、单浩远、任润芹：《平台生态系统：理论框架与未来研究方向》，载《创新科技》2023 年第 6 期，第 8 页。

㉒ 参见郝辽钢、刘健西：《激励理论研究的新趋势》，载《北京工商大学学报（社会科学版）》2003 年第 5 期，第 12 页。

㉓ 参见罗豪才、宋功德：《现代行政法学与制约、激励机制》，载《中国法学》2000 年第 3 期，第 77 页。

法和管理策略。因此，为了鼓动更多人担任裁判角色并参与 CODR 程序，多个平台都采用了激励手段。例如，Online Verdict 是一款专为律师和法律专业人士提供陪审团研究和焦点小组服务的平台。该平台通过严格的筛选机制，保证入选的陪审员与案件无利益冲突，并将陪审员人数限制在 25—100 人。陪审员们的主要职责是审阅案件摘要，且就相关问题给予反馈，为律师或法律专业人士提供一份详尽的报告。报告内容包括案件的优劣分析、潜在和解价值评估，以及陪审员对案件事实的总体看法和意见。㉔ Online Verdict 的参与过程其实不复杂，而且参与者能从中获得与付出相对应的物质回报。除了物质奖励，在情感价值方面，CODR 借助社区的力量，鼓励成员在开放的参与机制中建立信任和社区认同，激发成员的归属感，逐渐形成获得普遍认可的决策准则。比如，淘宝大众评审根据参与者经验值给予不同头衔奖励，同时在官方网站上展示优秀评审员名单，以提升其荣誉感。

实际上，众包的成功与否，关键在于社区内成员的自愿参与程度，而激励机制则是推动众包人员参与 CODR 程序的直接动因。2009 年，托马斯 · W. 马龙（Thomas W. Malone）等学者提出了众包四个要件（The Four Building Blocks of the Malone Framework）：人群构成（Staffing）、激励机制（Incentives）、系统目标（Goal）及组织结构与程序（Structure/Process）。其中，激励机制包括“经济收益（如直接报酬、个人技能的提升等）、爱（与他人社交的机会、内心满足等）与荣誉（同行认可、社区内的正向评价展示等）”在内，这是人们参与 CODR 程序的高级驱动力。㉕ 遗憾的是，平台内部的激励机制常常未能充分顾及贡献者的实际需求和内在动机，促使激励措施与贡献者的需求不匹配。具体而言，一些 CODR 平台为了节约纠纷解决的运营成本和追求更大盈利，将“社区自治”和“民主意识”作为表面幌子，而对激励措施进行压缩。这种短视的策略忽视了激励措施在凝聚和巩固大众智慧方面所发挥的填补和加固作用，使得平台在规则制定后缺乏维护、完善和推广。长此以往，广大裁判者感到

㉔ Onlineverdict, Attorneys (Nov. 19, 2024).

㉕ See Thomas W. Malone, Robert Laubacher & Chrysanthos Dellarocas, *Harnessing Crowds: Mapping the Genome of Collective Intelligence*, MIT Sloan Research Paper, 2009, p. 5.

他们的努力没有得到足够的回报和认可。这将大大减少他们参与平台活动的意愿，进而放弃参与。当平台需求与参与者数量之间不平衡时，平台最终走向衰落。

（四）需求维度：大众参与者的职业素养参差不齐

“没有调查则没有发言权”，Web 2.0 时代的到来催生了网络民意的高涨和公民意识的逐步觉醒。世界上第一个 CODR 服务项目可追溯至 1999 年，由美国公司 Perception Corporation 创建的 iCourt house。iCourt house 平台不具备法律约束力和自我强制执行力，用户可选择在该平台上发表争议以寻求协助，或担任陪审员，通过投票方式对纠纷发表见解。[26] 这样的在线民意调查平台侧重于对信息的搜集、提取和汇总，它涉及的平台机制允许就特定问题发布提问，以获取广大网友的无差别帮助。同时，平台内的其他成员可以对这一问题发表看法或进行投票来决定问题的后续走向。

不过，网络民意往往呈现出碎片化特征。再加之，在选拔大众裁判者的过程中，由于系统的随机选择带来更多不确定性，因此难以确保裁判者是否具备必要的专业知识、技能水平、职业素养以及辨别是非的能力。第一，部分参与者未经过训练，其所作出的决策或发表的观点必将不够全面，且易受主观情绪左右。特别是针对在线民意调查分类下的 CODR 平台，公众基于自身常识、经验以及身边实践案例来发表观点。然而，由于不同地区、文化背景差异，参与者的意见不可避免地受到熏染，引发参与者之间的相互质疑、争论，甚至人身攻击。此类互动无助于解答提问者的困惑，还会加深固有偏见，使问题越加复杂。第二，平台无法预测大众参与者的道德水平与个人偏见、立场。闲鱼小法庭中的“闲鱼小法官们”在审查案件时，也许因个人偏好而有选择性地关注特定信息，或因争议一方生动的主观描述而受到诱导，进而草率作出判断。在这过程中，大众参与者无须对纠纷结果承担任何法律责任，因而普遍缺乏责任感和对裁决结果的重视。第三，在争议解决过程中，裁判者处理复杂信息的能力

---

[26] See Daniel Velizarov Dimov, *Crowdsourced Online Dispute Resolution*, PhD Thesis: Leiden University, 2017, p. 2.

不可或缺。证据材料一般涉及事实细节和当事人论证等信息。如果公众参与者未能充分处理和分析这些证据材料，那么，他们多半倾向于依赖简化的信息和直观判断，而非根据严密的逻辑推理和全面的证据审查来做出基于事实和法律的裁决。如此一来，大众参与者在实际案件处理中，由于缺乏必要的专业能力和职业素养，往往倾向于接受与他们现有认知和情感相吻合的信息，有时甚至会忽略或排斥那些与自己观点相悖的证据和论点。

三、区块链争议解决机制中的优势与借鉴

近年来，由于 CODR 在实施过程中面临上述失衡困境，其发展趋势有所衰退。与此相对照，区块链争议解决机制（Blockchain Disputes Resolution，BDR）作为 CODR 的进阶版本，呈现出了卓越的性能。鉴于此，BDR 有潜力成为 CODR 治理和改进的关键突破口。

CODR 和 BDR 这两种基于不同技术构建的机制有若干相似之处：一是操作都相对简单，利用技术优势促进了大量重复性案件的高效处理；二是广泛激发公众参与，借助集体智慧进行民主决策；三是都以降低成本和追求公平作为目标。两者之间也存在根本性的差异。在互联网技术环境下，数据掌控在大公司手中。而区块链技术综合运用数学、密码学、互联网和计算机编程等多学科知识，确保了链上数据的可追溯性、抗篡改性和不可撤销性，进而将数据的所有权和控制权归还给个人。区块链技术在 BDR 中扮演着核心角色，因此，BDR 能够最大程度地赋予社区成员相应的参与权，确保争端得到合理处理和平台决策的可信性。

总之，相较于 CODR，BDR 引入了更为先进的技术，不仅具备去中心化优势，还在大众裁判人员的管理、纠纷解决流程的构建以及激励机制的设计等平台治理方面进行了创新和提升。这些改进增强了机制包括透明度和安全性等在内的多种性能，为 CODR 的发展提供了可借鉴的参考。

（一）强化社区内部治理

合格的BDR应具备的条件之一是：公正感，即公平性。[27] 数字正义被视为数字技术应用的崇高理想和规范性指导原则。它不仅指引和规范着人类在开发、设计、应用数字技术时的行为，还强调了在技术领域内对社会关系、结构和问题的价值导向作用。[28] BDR采用区块链作为其核心技术，通过去中心化的司法处理流程，任何单一节点都无法独立控制整个组织的运作，从而实现了更高的自主性和公正性。在这一框架下，社区扮演着至关重要的角色，整合了“共识机制”和“决策治理”这两个核心要素。

共识机制能协调一致、维护网络数据安全以及推动社区发展壮大。以全球最大、最活跃的区块链平台以太坊为例。在以太坊社区，主要成员包括开发者、用户和贡献者等，他们自主制定争议解决的规则和流程，进行讨论、协商或听证，并利用智能合约实现自动化执行来完成BDR程序。在这一过程中，共识与法律相当，所有成员均可阅读信息、发起交易、部署智能合约，或担任争议发起人、裁判者，还可参与链上数据维护和运营保障等工作，以防止纠纷产生和扩大。

决策治理构成了社区内部治理的核心环节。在BDR系统中，案件的审理与裁决结果是由区块链网络内所有节点共同参与并见证的。社区成员不仅是参与者，更是社区规则的制定者和监督者。社区成员不仅参与决策过程，还承担着制定和监督社区规则的责任。他们负责起草、修订并确保社区争议解决标准和条款的制定过程获得广泛共识和认可，最终通过民主投票程序来明确其效力。争议提起者在启动争端解决机制中扮演着关键角色，他们以提交争议、参与裁决过程以及对裁决结果进行评估等方式，积极参与到争议解决中。据此，这种模式摒弃了对中心化系统或第三方中介机构的依赖，转而依靠个人或组织因共

㉗ 参见［阿根廷］费德里科·阿斯特、［法］布鲁诺·德法因斯：《当在线纠纷解决遇到区块链：去中心化司法的诞生》，张智豪译，载《中国应用法学》2021年第6期，第236页。

㉘ 谷佳慧：《数字时代正义的内涵变迁及法治保障》，载《北方法学》2023年第5期，第133页。

同兴趣而组建社群。通过投票决议或仲裁等手段，多方利益相关者能够达成共识、实现共同目标或协同作出决策。这确保了决策过程不会受到任何中心机构或个人的干预，为决策的独立性和公正性提供了保障。

简言之，共识机制为区块链社区构建了一个既可信赖又安全的自治环境，而决策治理则保障了社区成员的知情权、表达权和投票权。BDR 致力加强社区内部治理，将数字技术与程序正义理念相结合，其内部孕育出一种创新的治理能力。这不仅实现了社区的高度自治和自由连接，还允许个体在数字空间中都能寻找到自己的声音和权利，为表达数字正义提供了持续探索和实践的空间。

（二）实行去中心化的权力结构

Web 2. 0 时代之后，各类 App 及其背后的互联网公司掌握了数据的主导权。这些公司负责生产和管理包括 CODR 在内的数据，呈现出信息中心化发布的特点。在 CODR 程序中，尽管纠纷解决过程保持完全保密，但除当事人互相了解对方身份外，中立裁判者同样掌握着双方基本信息，服务商或第三方服务提供商也清楚双方计算机 IP 地址及背后具体内容、裁判结果。

相较之下，BDR 区别于传统中心化机构主导的争议解决机制，转而采用一种仅由利益相关方进行直接交互的模式。这种转变的根本原因在于区块链技术的核心特征——去中心化。在这一框架下，司法权力的生成和运作不再依赖于中心化的权威机构，而是通过去中心化自治组织（Decentralizcd Autonomous Organization，DAO）来实现。DAO 作为一种基于区块链技术的组织形式，其司法流程被分散至多个节点，每个节点均享有平等的权力与责任，确保了权力的均衡分配。在 DAO 中，成员间的互动完全依赖于算法，而底层的智能合约则定义了 DAO 的核心功能。[29] 去中心化的架构有效规避了权力过度集中于平台的风险。并且，在执行保障方面，BDR 在不借助任何中心机构执行的情况下强化了当事人意思自治权利，仅通过智能合约在满足条件时自动发生效力来减少参与者的投机行为，避免了传统司法体系中存在的权力滥用和利益输

㉙ 参见赵炳昊：《去中心化自治组织对公司治理的赋能与创新》，载《东方法学》2024 年第 5 期，第 117 页。

送问题。

BDR 所建立的民主决策和信任机制，以及组织决策和运作的分布式特性，使得该机制能够依据实际情况进行自我调整与优化，更有效地发挥众包的正向作用。

（三）实施创新性激励体系

激励机制是共识的核心，也是大众参与众包程序的直接驱动力。众包的自主性与自愿性能够涌现出多种创意想法，使网络平台建设更为完善。而众包参与者均为自愿义务工作者，在缺乏物质或精神激励的情况下其参与意愿会大大减弱。

BDR 采用博弈论原理，确保参与者能在激励相容的机制中保持中立性，作出公正的决策。以太坊社区的区块链仲裁应用平台 Kleros，作为博弈论原理在争议解决领域的典型应用，展现了这一理论的实际效用。当事人双方必须预先购买 Kleros 发行的 Pinakion 币（一种平台代币，通常称为 PNK 币），并同意在发生争议时使用 Kleros 作为解决争议的机制。当用户向 Kleros 提交仲裁请求时，他们需要提供相应的证据来支持自己的立场。接着，Kleros 将随机挑选众多社区成员担任仲裁员。这些仲裁员必须在规定的时间内对提交的证据进行评估，并决定支持哪一方。最终，通过多数裁决的方式得出结果，并由智能合约自动执行。[30] 该争议解决系统巧妙地将博弈论的原理融入其架构，目的是让所有参与者通过平台的激励机制，均能获得相应利益。具体来说，系统依据社区成员所持有的平台代币数量来决定他们成为仲裁员的概率。在这个过程中，仲裁员无法预先得知自己在社区中所持代币的具体比例以及被选为仲裁员的概率。同时，每位仲裁员的裁决都会对最终的裁判结果产生重要影响：如果仲裁员的裁决与最终结果相符（即多数票），那么他们将与投少数票的仲裁员按照一定比例共享当事人质押的代币；相反，投少数票的仲裁员将因错误的判断而失去相应的押注代币，作为对其错误的惩罚。

---

[30] Kleros Short Paper v1. 0. 7，Kleros（Nov. 19，2024），pp. 3 –7.

Kleros 采用“谢林点”（Schelling Point）[31] 和代币激励的仲裁机制，提升了系统决策的协调性。这一设计并非基于道德考量和伦理标准，而是根植于对规则的严格遵守和约束。只有当参与者不偏不倚并审慎地参与裁决，他们才能最大化自身的经济利益。同时，制度规则的约束力还激发了他们的竞争意识和参与热情，进而提高决策的效率和质量。

（四）将裁判体系多层次化

再次以 Kleros 为例。当事人需要根据自身专业技能选择相应专业法庭。Kleros 专业法庭下设诸多类别，包括电子商务、交通、保险共计三种。[32] Kleros 的黄皮书中还特别强调，未来随着平台用户和争议类型的增加，有必要创建新的法庭并开发更多功能的新版本。[33] 此外，Kleros 内部设有上诉法庭。在仲裁员作出决定后，如当事人对结果不满，可提出上诉以进行再次审理。上诉过程中，参与裁判的人员数量为前一阶段的两倍加一。若当事人企图向多数仲裁员行贿，所需支付的贿赂金额将极其庞大——当贿赂成本远远超出案件本身的收益时，贿赂和腐败行为将变得难以实行。[34]

Kleros 的模式一马当先，其他区块链应用平台也争相模仿，分别推出了具有各自社区特色的区块链众包裁判体系。另以 Juris 和 Jur 为例。Juris 将大众裁判者分成三个等级：第一等级为“初级法学家”，由新用户组成来讨论案件和评估“SNAP”（Simple Neutral Arbitrator Pool）；第二等级为“资深法学家”，可以对突发案件进行投票；第三等级为“高级法学家”，是由“资深法学家”晋级而来的资深专业裁判员，具有案件的匿名投票决定权和收益权。[35] 根据解

㉛ 博弈理论家托马斯·谢林（Thomas C. Schelling）首次提出谢林点（Schelling Point）的概念，其本质是诚实的答案，即在信息不完全且参与者之间缺乏沟通的情况下，裁判员会通过认真预测和论证，选择其他仲裁人员最有可能达成共识的要点，以实现共同受益。

㉜ Kleros Short Paper v1.0.7, Kleros（Nov. 19, 2024）, pp. 9 – 10.

㉝ Kleros Long Paper v2.0.2, Kleros（Nov. 19, 2024）, p. 8.

㉞ Kleros Short Paper v1.0.7, Kleros（Nov. 19, 2024）, p. 7.

㉟ 参见杨锦帆：《基于区块链的纠纷解决机制研究》，载《陕西师范大学学报（哲学社会科学版）》2021 年第 4 期，第 170 页。

决问题的复杂程度，Jur 将争议解决系统划分为三个层次："开放层"，面向所有参与者开放，主要处理低价值纠纷；"社区层"，面向当事双方选定的社区成员专家开放，且仅由选定专家参与仲裁决策过程；"法院层"，这类似于商业化的数字仲裁，遵循《承认及执行外国仲裁裁决公约》（又称《纽约公约》）进行，对双方当事人具有约束力，主要用于解决高价值争议。㊱

在多层次的裁判体系中，当事人能够获得全方位的救济途径；裁判者可以根据自身的专业特长和能力来选择合适的领域提供争议解决服务。这既能实现高效、高度个性化的服务，又能提升准确性，最大限度地接近结果正义。

四、强化众包在线争议解决平台构建的策略

（一）以多元规范促成数字正义

鉴于用户对争议解决规则和程序的理解尚浅，他们难以对平台建立信任，同时，CODR 平台也面临规范引导与成效引导同步协调的挑战，因此，用户对平台处理结果的认同度和接受度偏低。为了保障 CODR 平台内的数字正义，平台可积极邀请大众参与规则制定过程，使其能够在初始规则框架下提出建设性意见。针对争议性案件的当事人，平台应建立一个信息评价体系，允许争议双方对参与裁决或解决纠纷的人员进行评分，从而直接收集当事人的反馈。对于平台的广大用户，应简化投票机制或评分系统，并构建易于参与的程序，例如开放投票、提案讨论等多元化的参与途径，以此激发公众的智慧和策略。通过这些方式，平台能够迅速了解情况并作出相应的调整。

平台还可通过案例指导的方式，向大众参与者呈现具有示范意义的代表性案件，以供其参考。在展示过程中，为保障当事人的隐私权益，所有案件均以匿名方式出现。展示的核心目的不在于对失败方进行惩戒，而在于对未来的参与者提供学习和借鉴的机会。对于争议双方而言，这有助于他们掌握如何在 CODR 程序中有效陈述自己的观点，并评估在争议解决过程中的胜算；对于普

㊱ 参见郭滕达等：《区块链技术应用与实践案例》，中国经济出版社 2021 年版，第 79—91 页。

通裁判者而言，通过深入剖析这些精选案例，能够增强他们在案件判断和法律分析方面的专业素养和能力。

另外，国家能够运用其公权力为 CODR 的发展保驾护航。与互联网企业设立的争议解决平台相比，国家公权力机关的介入更具权威性。在司法实践中，当事人可以根据案件的具体复杂性和自身需求，自主选择是否启动再诉讼程序。在这过程中，构建国家公权力机关与争议解决平台之间的在线对接机制——如非司法争议解决平台与司法机关之间的证据互通机制——可以实现案件材料的无缝导入和审判流程的数字化管理，使法院对证据的真实性、合法性和相关性进行迅速确认，进而缩短诉讼周期，提高司法效率和优化司法资源配置。

（二）重塑网络平台权力体系

在理想状态下，各利益相关方之间应当形成一种相互制衡、互为补充的关系。平台可考虑拓宽权利救济的途径，引入多元化的救济方案。如在闲鱼小法庭中，争议处理的时间限制为 24 小时。若在这一时限内争议未能得到解决，用户有权申请人工客服介入，以获得下一步的平台救济。值得注意的是，引入平台救济虽然能在很大程度上提升决策的公平性，但这也导致了效率的降低。在 Kleros 系统中，尽管上诉次数不受限制，为了避免无谓的上诉，每次上诉都会增加参与评审的人员数量，从而提高上诉方的诉讼成本，使上诉方在权衡成本后，主动决定放弃上诉。[37] 如果上诉方对费用不敏感并持续无止境地上诉，那么 CODR 的效率无疑会受到冲击。因此，平台管理者必须在公平性与效率之间寻求平衡，以实现平台权力结构的均衡。此外，重塑权力结构还要求平台在争议解决过程中展现出更高的透明度。平台应适时向所有利益相关方披露有关信息，并充分解释决策的依据和流程。这种透明度不仅能减少误解和冲突，还能增强平台信誉，促进一个更加开放和包容的 ADR 环境。

总之，CODR 平台的权力特别体现在对争议解决机制的设计与执行方面。目前，多数网络平台存在管理规则不健全、网络平台责任承担不明确，以及网

---

[37] Kleros Long Paper v2. 0. 2, Kleros（Nov. 19, 2024）, p. 28.

络平台公开机制不透明等问题。[38] 上诉机制的设计能够在一定程度上制约管理者的权力行使，而透明的程序则能确保平台的权力架构真实地反映用户需求，以期实现平台权力与用户权利之间的平衡。

（三）优化激励机制设计

网络平台在实施 CODR 程序时，往往因成本考量而未能充分履行其职责，使程序流于形式，无法满足纠纷当事人的期望，并引发额外的经济负担。因此，网络平台需明确其在争议解决中的角色与责任，审慎评估人工客服与大众裁决者之间的成本效益，并在此基础上决定是否设置 CODR 机制。一旦决定采纳，平台必须确保对 CODR 程序实施严格的监管和维护，以保障其有效性。

首先，在平台运营中，物质奖励应被视为优先考虑的策略。尽管众包参与者的初衷或许并非出于经济利益，但他们在投入时间和精力参与裁决过程时，通常不会拒绝物质上的回报。[39] 物质奖励的额度并不过度设限，且并不能因为节约成本而被忽视。

其次，精神激励也是激发公众参与热情的有效手段。网络平台可以通过建立等级评定和表彰机制，对杰出的裁决者进行认可，从而激发公众的自豪感。此外，强调社区共识和遵循民主原则，可以最大限度地保护集体利益，平衡社区成员之间的权益。这种协同治理和共建的环境，能够启发成员的主人翁精神，鼓励他们表达自我观点和尊重他人立场，从而提升大众参与者的积极性，增强社区归属感和责任感。

最后，针对 CODR 的应用场景，平台合理地融入惩罚性措施是必要的。由于非专业法官的普通大众在裁决时兴许受到日常习惯和交易经验的效应，使之判断往往带有情绪化色彩，而由此产生的后果和风险却是败诉方来承担。为了减少大众参与者的随意裁决和制止缺乏责任感的行为，加强监督实践和完善惩罚机制理应成为激励政策的一部分。

---

[38] 中国司法大数据研究院课题组、北京市石景山区人民法院课题组：《网络平台纠纷治理的困境及其纾解》，载《中国应用法学》2023 年第 6 期，第 170—171 页。

[39] See Jeff Howe, *Crowdsourcing: Why the Power of the Crowd is Driving the Future of Business*, Crown Publishing Group Press, 2008, p. 2.

（四）严格管理大众参与者的选聘

在构成大众裁判人员方面，“多样性”对于提升 CODR 系统具有重要意义。通过精心设计的选聘机制和严格的管理措施，CODR 不仅能够确保裁决的质量，还能够增强公众对在线纠纷解决结果的接受度和信任度。

在选聘层面，专家的专业素养更高，分析推理能力也更强，可以以更少的培训时间确保裁决合理、准确处理；而普通人因准入门槛低、可替代性大但资源相对充足，代表着社会普通人的一般看法。据此，CODR 可以根据平台特性不断调整大众裁判者中专家与普通人的比例。例如，对于技术性较强或法律关系复杂的案件，需要更多的专家参与以确保裁决的专业性和准确性。相反，对于事实清楚、法律关系简单的案件，则可以增加普通人的比例，以反映更广泛的社会观点和常识判断。同时，CODR 可以参考仲裁中“仲裁员名册制度”的做法，允许争议双方根据平台提供的大众裁判者的资历、水平和经验介绍，挑选出他们偏好的人选，担任案件的法官。

在管理层面，平台应在大众裁判者参与 CODR 程序之前，着重强调他们应遵守的保密、中立、理性等职业道德规范。确保这些参与者理解并接受这些准则后，平台应组织相应的模拟演练，与裁判人员建立持续的沟通机制，为案件处理过程提供操作指导，并持续规范和评估公众参与者的行动。

五、结　　语

我国首个 CODR 机制是淘宝大众评审。在该系统实施之前，淘宝主要依赖于内部客服人员（也称“小二”）调解并处理网络交易中的买卖纠纷。然而，随着“小二腐败”事件的曝光，公众对平台内部的 ODR 程序的公正性产生了质疑。[40] 为补正现有争议解决机制，淘宝引入大众评审制度，其有效抑制腐败行为的蔓延，并助力平台重建声誉。但近年来，CODR 的增长势头有所减缓，这源于机制本身的规范引导、指导理念与激励机制尚有不足。在此背景下，依

---

[40] 高薇：《网络空间争议解决的制度分析》，北京大学出版社 2022 年版，第 124 页。

托于新兴技术发展的 BDR 在机制优势和平台治理方面展现出了先进性和强大的推动力。由此，BDR 的成功实践不仅为 CODR 提供了突破性的改进方案，而且也将为 CODR 在 Web 3.0 时代的转型奠定坚实基础。

总体来看，从 CODR 到 BDR，争议解决机制的完善呈现出螺旋式上升的特征。这种演进不仅反映出技术进步对争议解决领域的波荡，也体现了在全球化背景下法律实践的发展趋势。因此，在 Web 2.0 向 Web 3.0 的转变过程中，CODR 仍然具备巨大的发展潜力。而如何高效整合尖端科技以优化 CODR 的流程与架构，将其塑造为适应全球经贸交流需求的国际性 ADR 机制，无疑是未来全球治理领域需要深入探讨的重要议题之一。

初审编辑：季澄珏

校对编辑：马程钟

论用户选择在网络不正当竞争行为认定中的功能

Functions of User Choice in the Determination of Unfair Competition Acts on the Internet

郭振维*

摘　要：网络不正当竞争视域下的用户选择具有双重含义：就事实概念而言，用户选择的结果必然受到经营者商业活动的塑造，此为竞争规律之体现，不具有正当性评估的可能；就价值概念而言，经营者对用户选择过程的不当干扰因扭曲竞争机制，而成为《反不正当竞争法》之评价对象。在解释论上，《反不正当竞争法》第 12 条第 2 款“影响用户选择”更宜被理解为事实概念，其原因在于，未侵犯消费者选择权的竞争行为仍有可能在其他方面扭曲竞争机制，有待精细化的利益衡量，用户主动触发型“目标跳转”即为例证。在第 12 条的范围内，用户选择具有事实判断和要件解释的双重功能，这有助于认定网络竞争的行为构成与客观损害。结合第 2 条一般条款，用户选择具有价值衡量功能，揭示了消费者选择权与竞争行为不正当性的关系，并于正反两面体现了消费者行为对竞争机制的影响。

关键词：网络不正当竞争；用户选择；《反不正当竞争法》第 12 条

---

* 郭振维，南京大学法学院经济法学专业硕士研究生。

一、问题的提出

《反不正当竞争法》第 12 条第 2 款规定："经营者不得利用技术手段，通过影响用户选择或者其他方式，实施下列妨碍、破坏其他经营者合法提供的网络产品或者服务正常运行的行为"。而国家市场监督管理总局公布的《网络反不正当竞争暂行规定》（以下简称《暂行规定》）第 12 条进一步规定："影响用户选择，包括违背用户意愿和选择权、增加操作复杂性、破坏使用连贯性等"。通过《暂行规定》中列举情形的同质性解释，可见"影响用户选择"更强调互联网经营者对消费者权益的侵犯，指向对消费者主观不利的行为。然而，在 2023 年优酷诉某虚拟专用网服务公司案（以下简称 VPN 案）中，某虚拟专用网服务公司开发的"回国加速器"通过 VPN 技术为海外华人提供跳过优酷海外版享受国内版服务的选择，软件的运营推广未违背用户意愿，反而因第二种选择的出现得到了用户的主动追求，在此前提下，法院依旧认定该公司行为"影响了用户选择"，构成对优酷的不正当竞争。①

抽象规范与具体案例对"影响用户选择"所采取的不同理解，不仅凸显了概念厘清的必要，而且也对概念何以发挥作用提出了疑问。为此，本文试图在网络不正当竞争的视域下，结合司法实践的考察，探讨用户选择的含义。在对可能存在的不同含义进行比较分析之后，本文借助法律解释方法，最终确认《反不正当竞争法》第 12 条"影响用户选择"的规范意义。厘清规范意义之后，即可塑造用户选择在网络不正当竞争行为认定中的功能，为竞争法律的体系化适用提供可行思路。

二、用户选择概念的适用现状：基于司法案例的考察

自 2017 年《反不正当竞争法》首次修订以来，有关第 12 条第 2 款的司法适用问题始终是学界关注的焦点，究其原因，与该条规范表述的实践困难有关。

---

① 参见四川省成都市中级人民法院（2023）川 01 民初 635 号民事判决书。

第 2 款前 3 项明确列示的“流量劫持”“不当干扰”“恶意不兼容”均属高度类型化的确定行为，虽然分析模式固定，但可供适用的案件类型有限。随着网络不正当竞争的行为样态持续扩展，用语宽泛而较难被案件事实直接涵摄的兜底条款，成为较多法院的裁判依据。

在竞争法适用回归谦抑，逐渐从保护竞争者转向维护竞争秩序的趋势下，②《反不正当竞争法》第 12 条的适用更加强调正当性检验，结合该法第 2 条第 2 款对消费者权益的引入，产生了以消费者选择权为核心的正当性判断标准：例如，《最高人民法院关于适用中华人民共和国〈中华人民共和国反不正当竞争法〉若干问题的解释》（以下简称《司法解释》）第 21 条和第 22 条分别针对“流量劫持”和“不当干扰”行为附加“未经用户同意”与“未明确提示并经用户同意”的条件，并将符合情形视为“当然违法”，而对“用户主动触发”是否违法采取弹性的分析标准。③ 在互联网竞争中，“一种竞争行为虽侵害其他经营者权益，却很可能有利于消费者”④，基于以消费者选择权制约经营者经营自由滥用的市场考量，现存两种消费者影响竞争行为正当性的论证逻辑：其一是消费者自主选择正当化经营者行为，其二是将侵犯消费者选择权用于行为不正当的证明。

由此，若凭上述消费者标准回溯《反不正当竞争法》第 12 条概括条款的“影响用户选择或者其他方式”，易得出“影响用户选择”作为必要的行为方式，等同于侵犯消费者选择权的结论。正如“问题的提出”部分所述，无论是 2024 年《暂行规定》，抑或 2022 年《反不正当竞争法（征求意见稿）》，均秉持近似立场。然而，“一条在某种程度上没有实效的规范，不能被认为是一条

---

② 参见张占江：《论反不正当竞争法的谦抑性》，载《法学》2019 年第 3 期，第 48—49 页。

③ 当目标跳转是由用户主动触发时，要综合考虑插入链接的具体方式、是否具有合理理由以及对用户和其他经营者利益的影响，认定被诉行为是否违反了第二款第一项的规定。参见林广海、李剑等：《〈关于适用反不正当竞争法若干问题的解释〉的理解与适用》，载《人民司法》2022 年第 31 期，第 45 页。

④ 参见周樨平：《竞争法视野中互联网不当干扰行为的判断标准——兼评“非公益必要不干扰原则”》，载《法学》2015 年第 5 期，第 103 页。

有效的规范”[⑤]，将消费者选择权与“影响用户选择”等量齐观的思路，并未得到司法实践的普遍认同。

（一）对“影响用户选择”方式的论证

《反不正当竞争法》第 12 条第 2 款第 4 项表述为“其他妨碍、破坏其他经营者合法提供的网络产品或者服务正常运行的行为”，该兜底项欠缺规范要件，需要结合概括条款的规定，考察“利用技术手段”以及“影响用户选择或者其他方式”是否满足。于北大法宝案例库以“《反不正当竞争法》第 12 条”为裁判依据检索，按审结日期倒序，所得前 50 项结果中有 48 项均适用第 4 项兜底条款。有鉴于此，本文对其中涉及“影响用户选择”的部分进行总结归纳，从个案和群案两个层次展开分析。

1. VPN 案引发的疑问：“影响用户选择”指向用户选择变动的客观结果

前述 VPN 案的基本情形，可简要概括为：某虚拟专用网服务公司通过对自身软件的开发和宣传，实现对优酷视频版权控制措施的规避。而在具体实现方式上，该公司通过具备合法性的虚拟 IP 技术手段影响优酷的地域识别系统，为用户提供在海外使用国内版软件的可能，打破优酷原有的软件使用界限。本案的实质是一种新的技术工具被使用于旧的应用场景中，而这种极具排斥性的使用将减损传统版权付费模式的生命力。然而，传统商业模式的受损可能性并不是《反不正当竞争法》的适用理由，故本案仍需回归法律文本中具体分析。

就法律问题而言，被告答辩意见与法院裁判理由对“影响用户选择”的分析，采取了相异的进路：被告坚持“误导消费者”标准，认为其软件“完全独立、区别于优酷技术公司，用户不会误以为两者之间存在关联，从而影响用户的选择”，但法院对此未予回应，而是首先分析“优酷国内版的播放资源明显多于海外版”，之后结合被告“解除优酷视频海外地区限制”的宣传语和实际功能，论证“境外用户‘自然会’选择用加速器来继续使用国内版优酷视频，而没有动力使用海外版优酷视频”。[⑥] 由此观之，被告与法院均围绕“影响用户

⑤ 参见［美］E. 博登海默：《法理学——法律哲学与法律方法》，邓正来译，中国政法大学出版社 2017 年版，第 139 页。

⑥ 参见四川省成都市中级人民法院（2023）川 01 民初 635 号民事判决书。

选择”审查案件事实，但被告从于己有利的角度进行抗辩，列举“软件提供不具有误导性”“未损害用户自主选择权”等理由，试图证明行为本身正当；法院则对“影响用户选择”进行非权利化、偏向客观结果的理解，认为只要在事实上发生原告经营模式所排斥的“用户转移”，被告即合乎要件规定。

综观本案法院的论证思路，可见“影响用户选择”的行为方式本身并未涉及正当性判断。有关正当性的权衡，少部分见于法院对行为结果即“妨碍、破坏其他经营者合法提供的网络产品或者服务正常运行”的分析，其中包含经营者层面的“业务无法开展”与消费者层面的“影响用户体验”。更进一步，法院一方面认定被告具有不正当竞争的主观故意，另一方面将被告“以加速优酷视频为重要卖点并据此获利”的行为视作注意义务的产生原因，并认为被告未履行义务的行为违反“公认的互联网商业道德”，最终证成行为的不正当性。

2. 广告屏蔽类案件对“影响用户选择”的忽视

VPN 案对“影响用户选择”所作的解释，背离了前文立法文本采取的消费者标准。就案情相似性而言，近年来备受争议的广告屏蔽类案件同样难以论证消费者权利的侵犯问题，广告屏蔽行为在某种程度上有助于改进用户体验、促进消费者自主选择，最终提高消费者福利。⑦ 由此，为考察此类案件中法院对“影响用户选择”的态度，本文对近三年来各地法院的裁判思路进行总结，发现绝大多数司法裁判不仅在结论上认定广告屏蔽行为构成不正当竞争，而且直接忽视对“影响用户选择”的论证。从基本的分析路径来看，较多法院采取模式化的检验步骤，首先指出视频网站“免费 + 广告”的商业模式属于《反不正当竞争法》保护的竞争利益，其次直接认定被告行为在形式上妨碍和破坏了视频网站的正常运行，最后以视频网站商业目的的无法实现，论证经营者利益的根本损害、消费者权益与社会公共利益的减损。⑧

以上总结展现了近期司法实践对广告屏蔽类案件的核心立场，即法院无须

---

⑦ 参见梁志文：《论〈反不正当竞争法〉下广告屏蔽软件的合法性判断》，载《电子知识产权》2018 年第 1 期，第 17 页。

⑧ 参见江苏省新沂市人民法院（2023）苏 0381 民初 12477 号民事判决书；浙江省瑞安市人民法院（2023）浙 0381 民初 3814 号民事判决书；安徽省合肥高新技术产业开发区人民法院（2023）皖 0191 民初 8685 号民事判决书；北京市海淀区人民法院（2022）京 0108 民初 18363 号民事判决书等。

对“影响用户选择”的行为方式加以考量。产生该观念的现实原因可能在于，“影响用户选择”长期以来被等同于主观意义上的消费者选择权，与此同时，多数法院均认为经营者对竞争秩序的影响不需要直接侵犯消费者权利即可实现，因而只能以牺牲法律适用权威性的方式逃避法定的构成要件。以腾讯公司诉世界星辉公司案为例，被告开发的浏览器设置有广告过滤功能，该功能可由用户自主开启，不存在违背用户意愿或误导用户的情形，因此，一审法院认为“涉案浏览器并无侵犯他人权益的故意”，因尊重网络用户享有的选择权而具有正当性；[⑨] 然而，二审法院撤销该判决，并以较大篇幅论证《反不正当竞争法》不正当性分析应更注重“社会总福利”，不能因消费者利益的部分满足而忽视对经营者利益的分析。[⑩]

（二）对用户选择独立概念的论证

与“影响用户选择”本身常被忽视的适用现状形成鲜明对比，部分法院倾向于单独使用“用户选择”的概念，并将其服务于其余环节的论证。司法实践对第 12 条规范要件的超越，一方面表现为结合消费者权益推导“选择机会”，另一方面也体现了从消极到积极的转向，即以用户选择已得到充分保障的现实，支撑受损商业模式的可保护性。

1. 被告竞争行为的不正当性分析：消费者远期选择机会受损

基于《反不正当竞争法》行为规制的应然属性，理论界较多主张摆脱绝对权思路，进而从保持静态竞争转向维系动态竞争。在以动态竞争为核心追求的分析框架中，有研究试图将经营者利益、消费者利益、商业模式并存、行业惯例等因素相结合，为不正当性认定提供综合考量的弹性标准。[⑪] 此类思路亦得到司法裁判的肯定与践行，由此使消费者利益分析成为裁判理由的必要部分。在优酷公司诉奇虎公司案中，被告浏览器提供的插件能够让普通用户免费、完整观看会员视频，法院在不正当性分析环节，一方面陈述经营者商业模式的损

---

⑨ 参见北京市朝阳区人民法院（2017）京 0105 民初 70786 号民事判决书。

⑩ 参见北京知识产权法院（2018）京 73 民终 558 号民事判决书。

⑪ 参见陈耿华：《我国竞争法竞争观的理论反思与制度调适——以屏蔽视频广告案为例》，载《现代法学》2020 年第 6 期，第 177—178 页。

害，另一方面着重分析被告行为对消费者利益的影响，认为“从长远来看，此类看似有利于消费者的行为……将增加消费者获取服务的成本，并减少消费者原本可以得到的选择机会”⑫。本案法院论证突出体现了以下特征：其一，在消费者保护框架下理解用户选择，以未来不确定后果为导向，反推利益损害的可能性；其二，将用户选择与消费者个人意愿相区分，以偏向“家长主义”的完全理性标准替代具有一般注意力的普通消费者标准，论证消费者选择机会的减少。

2. 原告经营模式的可保护性分析：用户选择与竞争利益

上述思路的核心，是将用户选择的减少可能性用于消费者利益损害的证明。而从反面观之，用户选择的充分保障又会对法律适用产生何种影响呢？在既往《反不正当竞争法》适用模式中，存在“简单以经营者权益受到竞争行为的损害，进而反推竞争行为不正当”的绝对权保护观，鉴于其已不再符合《反不正当竞争法》的时代精神，⑬ 司法实践首先将原告的竞争利益中性化为一种客观的、不受法律保障的利益类型，其次在个案中具体衡量特定竞争利益值得保护的原因，由此，用户选择成为支持原告经营者的理由之一。在优酷公司诉软媒公司案中，原告优酷公司为用户提供了两种不同选择，即“观看广告后免费观赏影视剧”与“支付会员费后免除广告”，法院据此认定优酷已“为消费者提供了不同选择，尊重了消费者自身的意愿、偏好”，进而“具有反法可保护之利益”。⑭ 与之类似，在北京百度网讯公司诉泉州某商贸行案中，法院着重分析了原告开发的“百度文库”针对不同用户的差异化经营模式，并指出为用户提供多样的选择组合能够证明经营本身的正当、合法。⑮

（三）小结

通过对司法实践的归纳梳理，可见法院在运用《反不正当竞争法》第12

---

⑫ 参见北京市海淀区人民法院（2021）京0108民初17512号民事判决书。

⑬ 参见孔祥俊：《论新修订〈反不正当竞争法〉的时代精神》，载《东方法学》2018年第1期，第70页。

⑭ 参见北京市海淀区人民法院（2022）京0108民初31117号民事判决书。

⑮ 参见福建省泉州市中级人民法院（2023）闽05民初121号民事判决书。

条第 2 款分析列举项之外的其他网络不正当竞争行为时，对“影响用户选择”的行为方式主要采取两种处理方案：第一，将“影响用户选择”视为用户的客观转移结果，该客观转移与被告经营者的竞争行为具有因果关系；第二，直接忽视“影响用户选择”的行为方式，仅就技术手段和行为结果加以论述。从形式上看，上述两种裁判思路均背离了《暂行规定》在消费者主观权利层面界定“影响用户选择”的基本精神，在一定程度上导致了法律规定的虚置。

然而，若从不正当竞争的整体分析过程来看，司法实践又并非不考量用户选择权，而是超越第 12 条本身，在不正当性的衡量中实现消费者利益分析：就被告经营者而言，法院以用户选择机会的减少证明消费者利益受损，进而论证被告行为的不正当；而对于原告经营者，则通过其经营模式已经为消费者提供多元选择的事实，证明竞争利益的可保护性。

三、市场竞争机制下用户选择概念的多元意蕴

在依法裁判基本原则的指引下，对于市场中不断涌现的各种竞争行为及其变体，理应结合《反不正当竞争法》的规范要件进行审查。问题在于，若要保障审查过程的稳定性，促进更为科学的法律适用，必然要对要件中包含的法律概念作出统一界定。“制定法中的规范若能被适用，必须经过澄清与精确化”[16]，就“影响用户选择”的行为方式而言，实践中对其外延作出的不同解释，可能引致互联网竞争行为分析的主观化倾向。为此，下文将结合市场竞争的基本原理考察“用户选择”的可能含义，并在此基础上运用法律解释方法，实现从事实含义到规范含义的转化，最终明确法律对“影响用户选择”应当采取何种理解。

---

⑯ 参见［德］卡尔·拉伦茨：《法学方法论》（全本·第 6 版），黄家镇译，商务印书馆 2020 年版，第 177 页。

（一）事实概念：作为市场竞争结果的用户选择

竞争的本质在于对交易机会的争夺。[17] 经营者在谋求交易机会的过程中，需要与市场中的消费者以及其他经营者互动，鉴于经营范围的交叉性、经营产品的可替代性，市场竞争呈现出非此即彼的特点。由此，经营者在结果上导致竞争对手顾客减少、自身顾客增加的行为，应属市场竞争的必然产物。[18] 在明晰经营者以争夺顾客为基本竞争方式之后，需要解决的是这一过程何以完成的问题。在经济学基础研究中，消费者选择理论旨在描述消费者作出购买决策的一般过程，该理论对偏好问题，即“消费者想要什么”的分析，[19] 体现出消费者自身的主观需求对最终购买选择的重要影响。经营者若要实现争夺顾客的目的，基本手段即为迎合或改变消费者，以促进消费者建立对其商品或服务的积极认识。作为交易世界的常态，消费者购买决策的作出深受经营者宣传活动的影响。例如，即便消费者对市场中某个经营者的产品已经建立起深度的依赖性，一旦市场孕育的其他经营者采取对应性的营销策略，该部分消费者也同样会主动改变和调整购买选择。

随着互联网技术与市场竞争样态的深度融合，跨界竞争、动态竞争日趋普遍，[20] 传统意义上的价格、质量等标准有所削弱。为适应市场变化，网络产品经营者更加注重对消费者主观偏好的塑造。以线上营销为例，网店经营者通过直播展示、顾客评价、场景构建等方式，对平台消费者的感知价值产生外源刺激，[21] 进而提升消费者购买意愿、改变其购买选择。

综上，从市场竞争的基本原理出发，结合互联网竞争的发展趋势，本文总

---

⑰ 参见宋亚辉：《论反不正当竞争法的一般分析框架》，载《中外法学》2023 年第 4 期，第 969 页。

⑱ 参见邵建东：《德国反不正当竞争法研究》，中国人民大学出版社 2001 年版，第 101 页。

⑲ 参见［美］曼昆：《经济学原理——微观经济学分册》（第 6 版），梁小民、梁砾译，北京大学出版社 2012 年版，第 445—449 页。

⑳ 参见陈兵：《互联网市场固化趋态的竞争法响应》，载《江汉论坛》2020 年第 3 期，第 122 页。

㉑ 参见董岩、时光、时雨甜：《线上营销对网络消费者购买行为的影响研究》，载《经济问题探索》2020 年第 10 期，第 45—46 页。

结出用户选择的第一层概念：首先，用户选择虽然是一种由消费者本人作出的“挑选”行为，但正因市场竞争必然存在经营者与消费者之间的相互作用，故从经营者对交易机会的获取来看，用户不可避免地成为不同商业模式所竞相争夺的对象，难以实现“真空式”的独立选择；其次，经营者对用户选择的影响存在“迎合”与“扭转”两种方式，其对消费者利益的影响究竟偏向积极还是消极，往往因具体情形而存在不同，无法在抽象层面直接确认；最后，互联网竞争的基本逻辑在于对消费者及其注意力的吸引，因而在结果意义上，用户选择应属事实概念，不包含价值判断的因素。

（二）价值概念：保障消费者决策过程的用户选择

从市场竞争的最终结果来看，用户选择的变动体现了竞争机制的正常发挥，这一事实概念不是正当性评价的重点。但在实践中，用户选择也在不同语境下与“用户同意”“用户利益”等概念共同使用。例如，在某信息技术公司诉某科技公司案中，法院通过分析被告运营插件的行为经过用户同意、尊重用户意愿、符合用户利益，证明用户选择未受到影响，经营者行为并非不正当。[22] 由此，从事实与价值二分的传统性前提来看，用户选择何以被解释为一种价值概念，并成为法律保护的对象？

早在互联网竞争进入立法视野之前，德国法院便通过判例形式对 1909 年《德国反不正当竞争法》一般条款中的“违背善良风俗”行为加以类型化，其中就包含“妨碍顾客购买决定自由”的行为。[23] 据学者的总结，此种行为不再是单纯的“影响顾客”，而构成“诱捕顾客”，进而使顾客的自主决定权，即独立的购物自由受到了不当侵害。[24] 上述德国法中高度类型化的“诱捕顾客”行为，一般应直接认定为不正当竞争，而不需要全局性考量。在如今的《德国反不正当竞争法》中，侵犯性商业行为的内涵包括“妨碍消费者或其他市场参与人的决策自由”，而误导性商业行为、不作为误导行为也以消费者商业决定的

---

[22] 参见北京市海淀区人民法院（2020）京 0108 民初 40673 号民事判决书。

[23] 参见范长军：《德国反不正当竞争法研究》，法律出版社 2010 年版，第 118 页。

[24] 参见邵建东：《德国反不正当竞争法研究》，中国人民大学出版社 2001 年版，第 63 页。

自主性作为基础标准。与以上思路异曲同工，我国《反不正当竞争法》的适用也存在关于消费者判断标准的讨论，即主张构建“不正当吸引消费者”的判断要件，将虽未直接损害其他经营者合法权益，但导致“消费者误认”的行为认定为不正当竞争。[25] 由此观之，经过对“何为不正当竞争”的经验总结，消费者决策过程已被纳入不正当性的分析框架，因此，与决策行为密切相关的“用户选择”便具有两种可能：其一是经营者正常竞争行为下的自主选择，其二是因受经营者不当干扰而作出的违背意志的选择。就第二种可能而言，用户选择本身的价值属性得以凸显。

用户选择能够作为价值概念，但其为何以权利或利益形式存在，并得到《反不正当竞争法》的保护呢？我国《消费者权益保护法》第 9 条第 1 款规定：“消费者享有自主选择商品或者服务的权利。”从立法目的来看，消费者自主选择权的确立旨在纠正经营者与消费者之间的结构性失衡，防止经营者对消费者购物决策的不当干扰，就此而言，若要保护消费者自主选择，主要手段为《消费者权益保护法》的严格适用。然而，市场竞争的复杂交互性表明，消费者选择权的难以实现不仅会影响消费者个体，而且极易表现为群体性的决策障碍，进而传导到竞争秩序层面，造成竞争法上的消极后果。《反垄断法》长期坚持以价格为核心的消费者福利标准，但自由竞争本身也意味着尊重市场主体的多元化选择，因此，有研究主张引入消费者选择标准，以消费者的多元化偏好是否受损作为判断竞争损害的重要因素。[26] 尽管《反不正当竞争法》更为关注公平竞争秩序的维护，但在竞争损害的场景下，两部法律似乎目标相近，即通过证明消费者选择权被侵害来间接证明对竞争秩序的不利影响。

总结而言，用户选择的价值概念与消费者自主选择权含义相近，是对消费者决策过程是否自由的评价，但两者的作用环节不同。《反不正当竞争法》之所以能够容纳价值上的用户选择，是因为其需要借助对消费者决策过程的保障，

---

[25] 参见李友根：《论消费者在不正当竞争判断中的作用——基于商标侵权与不正当竞争案的整理与研究》，载《南京大学学报（哲学·人文科学·社会科学版）》2013 年第 1 期，第 52 页。

[26] 参见马辉：《消费者选择标准在反垄断法中的应用》，载《南京大学学报（哲学·人文科学·社会科学版）》2017 年第 1 期，第 52 页。

以维护优胜劣汰的市场竞争机制。

（三）将第 12 条第 2 款“影响用户选择”限于事实概念的理由

上文对用户选择的事实概念与价值概念分别进行解读，并区隔了作为结果的“用户选择变动”与作为过程的“用户选择自由”。此后的问题在于，《反不正当竞争法》第 12 条第 2 款规定的“影响用户选择”，在规范含义上应属何者？下面将结合法律解释的方法进行分析。

其一，以文本主义切入，可见第 12 条第 2 款采取“手段 + 方式 + 结果”的行为模式，按文本通常含义理解，“影响用户选择”是经营者利用技术手段，实现“妨碍、破坏其他经营者合法提供的网络产品或者服务正常运行”这一特定结果的中间方式。根据《现代汉语词典》的解释，“方式”是指“说话做事所采取的方法和形式”[27]，对于方式的评价既可以客观中立，也可以包含价值观念，由此还难以作出取舍。同理，就“影响”一词而言，汉语以其指代客观上的作用，[28] 可能包含积极与消极两个层面。不过，若从“法律规范增设要件的功能在于限缩适用”这一基本理解来看，“影响用户选择”可被解释为一种必要条件。易言之，若经营者不存在其他的行为方式，则必须符合“影响用户选择”的情形，才能适用到第 12 条。

其二，结合第 12 条第 2 款各项的体系关系来看，前三项“流量劫持”“不当干扰”“恶意不兼容”均属特定的行为类型，但对是否违背用户意愿、侵犯用户选择权的要求程度有别。第一，根据《司法解释》的补充规定，“流量劫持”行为在未经用户同意时当然违法，而在“用户主动触发”的情形下则需弹性标准的进一步考量；第二，“不当干扰”行为明确规定了“误导、欺骗、强迫”用户的要件，意味着只有满足该条件才有适用空间；第三，“恶意不兼容”行为并未规制用户意愿，但“不兼容”的结果可以视作用户选择的不当减少，进而推定为侵犯用户选择权。将以上三种行为对应到“影响用户选择”的方式

[27] 参见中国社会科学院语言研究所词典编辑室编：《现代汉语词典》（第 7 版），商务印书馆 2016 年版，第 367 页。

[28] 参见中国社会科学院语言研究所词典编辑室编：《现代汉语词典》（第 7 版），商务印书馆 2016 年版，第 1573 页。

中，会发现若采价值概念的理解，将导致一切无碍用户的行为被推定为合法——尤其就第一项“流量劫持”而言，因为“用户主动触发”很难被认定为违背意愿，故直接不满足行为方式的要求，由此难以对其正当性进一步分析，与《司法解释》的精神相悖。更为重要的是，网络新型不正当竞争大多不满足前三项列举，只能结合第2款概括规定进行解释；而在案件适用层面，上文提到的VPN案与广告屏蔽类案件均未侵犯用户选择权，如果因此就不能符合“影响用户选择”的要件，将导致具有不确定性的正当性分析让位于单一的消费者利益判断，难以适应《反不正当竞争法》规制竞争的需要。

综上所述，法律解释的结论表明，“影响用户选择”的行为方式无法被理解为与消费者自主选择权相关的价值概念。反之，若将其界定为结果意义上的事实概念，则能够尊重该款不同项下对用户选择权强弱有别的规定，同时包容图1所示的四种可能情形。

违背用户选择权 行为正当	尊重用户选择权 行为正当
违背用户选择权 行为不正当	尊重用户选择权 行为不正当

图1　用户选择权与行为正当性的可能关系

正如部分学者在评析《反不正当竞争法》第12条时所指出的，“‘影响用户选择’不应当视作不正当手段。正常的市场竞争要发挥作用，很大程度上就是要依靠影响用户选择来实现”[29]。因此，采取本文主张的解释方案，有助于在保留“影响用户选择”这一行为方式的基础上，排除要件内部有关正当性的争议，进而后置消费者利益的论证过程，为竞争不正当性判断提供更广阔的思路。

---

[29] 参见李阁霞：《互联网不正当竞争行为分析——兼评〈反不正当竞争法〉中“互联网不正当竞争行为”条款》，载《知识产权》2018年第2期，第29页。

四、用户选择在网络不正当竞争行为认定中的功能分析

在对“影响用户选择”这一规范要件作出指向“用户客观选择结果”的事实解释之后，可能面临如下质疑：排除了第 12 条概括条款对侵犯消费者选择权的要求，是否会令原有限定条件丧失作用，致使《反不正当竞争法》对经营者的保护泛化，侵蚀商业创新的土壤？应当指出，若仅以《反不正当竞争法》第 12 条作为规范依据，上述思路确有这样的风险。然而，本文第二部分对司法实践的梳理从侧面表明对“用户选择”的论证不应局限于概括条款规定的行为方式本身，宜从竞争机制的层面全方位审视。由此，根据用户选择概念的不同含义，下文将结合《反不正当竞争法》适用的基本过程，从互联网专款（第 12 条第 2 款）与一般条款（第 2 条）两个维度，分析用户选择在网络不正当竞争行为认定中的功能。

（一）以事实概念优化互联网专款的适用逻辑

对于市场中不断涌现的互联网竞争行为，《反不正当竞争法》应采取何种态度，首先取决于规定本身，因而需要明确互联网专款（第 12 条第 2 款）的适用逻辑。目前，学界对该款究竟是侧重于保护消费者利益还是经营者利益存在不同见解。从《反不正当竞争法》的体系位置来看，立足于竞争法的属性，我国《反不正当竞争法》第 1 条首先强调公平竞争的立法目的，这意味着对消费者利益与经营者利益的保护，更多应在保护竞争机制的前提下实现，因此，对互联网专款保护利益的争议，依本文的理解，可以转化为对消费者、竞争者行为如何影响竞争机制这一问题存在分歧。即便认为消费者利益、竞争者利益能够在《反不正当竞争法》下得到直接性保护，当其与竞争机制发生冲突时，亦应受到制约。有学者在分析新型不正当竞争案件时指出，实施不正当竞争的一方可能以消费者同意为挡箭牌，而即便消费者同意，特定行为也未必正当。[30]

---

[30] 参见田小军、朱萸：《新修订〈反不正当竞争法〉“互联网专条”评述》，载《电子知识产权》2018 年第 1 期，第 37 页。

由此说明，消费者选择权的满足可能并非正当化经营者行为的当然理由，《反不正当竞争法》互联网专款并不是为了维护某种特定利益，因而需要将其适用逻辑回归到对竞争过程本身的分析中。

1. 事实判断功能："影响用户选择"与竞争损害

将"影响用户选择"退为事实要件后，能够较好适应《反不正当竞争法》互联网专款以竞争行为为中心的基本属性。具体而言，该概念在法律适用方面主要发挥事实判断功能。

第一，本文将"影响用户选择"界定为经营者在客观上改变用户消费选择、导致消费者发生转移结果的行为方式。在此之后，"技术手段"与"影响用户选择"两个要件均回归中立，体现的是互联网市场竞争的常态。根据学者对《反不正当竞争法》分析框架的构建，行为构成只是第一步，此后还要结合《反不正当竞争法》保护竞争之目标进行审查。[31] 因此，上述要件的适用并不服务于正当性判断，而是在事实上认定经营者之间是否发生竞争，辅助行为构成的认定。从《反不正当竞争法》的适用逻辑来看，竞争具有相对性，不正当竞争的前提在于"存在竞争"，正因如此，较多法院在案件适用时考虑被告与原告是否构成竞争关系。然而，竞争关系概念在传统上更倚重经营范围与商品的重合性，面对日趋广泛的跨界竞争唯以目的论扩张方案处理，在解释力的稳定性方面尚有欠缺。若超越旧有概念的路径依赖，回归到"争夺交易机会"的竞争本质之中，可以将"影响用户选择"视为实现机会争夺的客观指标，借此判断经营者之间在客观上发生了市场竞争的"此消彼长"结果，这一进路相比"竞争关系""存在竞争"等宏观概念而言更具操作性，也更因应互联网竞争的语境。

第二，"影响用户选择"可用于确定竞争损害的具体基数，辅助责任范围的划分。首先，《反不正当竞争法》中的"损害"概念不同于传统民法，更为强调事实上的、不具有保护价值的损失状况，亦即"中性的损害观"；[32] 其次，

---

[31] 参见宋亚辉：《论反不正当竞争法的一般分析框架》，载《中外法学》2023 年第 4 期，第 978—979 页。

[32] 参见孔祥俊：《反不正当竞争法新原理 · 原论》，法律出版社 2019 年版，第 198 页。

当行为被证明因扭曲竞争机制而具备不正当性之时，事实损害能够转化为法律上的损害，其中包括经营者损害与消费者损害，均以民事侵权的思路处理；最后，就经营者损害而言，根据《反不正当竞争法》第 17 条，损害赔偿的计算方式分为原告经营者实际损害、被告经营者侵权获利以及法定赔偿三个层次。鉴于互联网领域广泛存在以免费商业模式吸引消费者和流量的竞争样态，原告经营者的实际损害往往体现于可期待利益，即互联网用户的减少。[33] 由此，“影响用户选择”成为可期待利益损失计算的指引性依据，具体而言，一方面可以用于推测不存在被告行为时使用原告网络产品的用户量，另一方面可以用于计算被告行为发生后原告产品的实际用户量，将两者作差即可得出竞争损害的计算基数。在前述 VPN 案中，原告优酷公司主张以下载次数计算赔偿金额即体现了上述原理，由此表明“影响用户选择”作为一项客观结果，有助于竞争损害的计算和测量。

总结而言，“影响用户选择”的事实判断功能既体现在行为构成的分析中，也蕴含于责任范围的确定过程。因此，该概念从“存在客观竞争”与“存在竞争损害”两个维度支撑《反不正当竞争法》的具体实施，能够优化互联网专款的适用逻辑。

2. 要件解释功能：类型化的持续展开

经上文对法律解释方法的运用，可知《反不正当竞争法》第 12 条列举项对是否侵犯消费者自主选择权的要求不同，存在程度差别，这也是本文主张将“影响用户选择”回归事实要件的原因。以此为前提，无论是列举项还是兜底项的适用，均应考虑基于概括条款的同质性解释，[34] 此即发挥“影响用户选择”的要件解释功能。

一方面，“影响用户选择”能够解释列举项与兜底项的同质性，同时指明两者在具体适用时的不同之处：第一，就同质性而言，列举项的三项典型行为与兜底项的其他行为都体现了互联网竞争的根本特征，即吸引消费者、影响消

---

[33] 参见邓志松：《基于互联网行业对反不正当竞争案件损害赔偿计算的若干建议》，载《电子知识产权》2013 年第 11 期，第 39 页。

[34] 参见黄军：《互联网不正当竞争类型化条款司法适用的反思与纠正》，载《财经法学》2022 年第 6 期，第 74 页。

费者决策结果，但不意味着一定要对消费者选择权形成不利影响；第二，列举项大多规定了与用户意愿相关的要件，尤其就第2项不当干扰而言，满足“误导、欺骗、强迫用户”的要求方能适用，这表明立法者已对该种行为进行了预先的价值判断，证明了未侵犯消费者选择权即不构成不正当竞争，进而减弱了法院裁判的论证负担；第三，兜底项显然不具有预先判断的可能，“影响用户选择”的行为方式仅意味着消费者已经成为竞争优势得以实现的中介。故此，在分析行为不正当性时，仍需纳入其他考量标准。

另一方面，“影响用户选择”能够持续容纳新的类型化条款，服务于法律修订的体系要求。随着互联网竞争中部分竞争行为的危害性逐渐显现，《反不正当竞争法》的修订势必要引入更多的行为类型。2022年公布的征求意见稿已在商业数据保护（第18条）、算法规制（第19条）等方面作出细化尝试，然而，这些规则既“个个独立，相互之间都又重叠交叉”[35]，不具有稳定的内在逻辑，为此，需要更好发挥“影响用户选择”这一行为方式对不同规则的归类和整合作用。以《德国反不正当竞争法》的修订为例，其在体系上明显区分了针对消费者的商业行为与针对竞争者（或其他市场参与者）的商业行为，并对前者设置“黑名单”，[36] 使法律适用明确、可预期。在我国《反不正当竞争法》的体系化过程中，同样可以将行为方式按经营者与消费者进行二元区分，从而缓和网络不正当竞争行为分散零碎的现实状况。

（二）以价值概念指导一般条款的二次检验

前文借助用户选择的事实概念，分析了“影响用户选择”这一构成要件的功能。在此基础上，还需进一步超越要件本身，对用户选择的价值概念之功能进行剖析。从《反不正当竞争法》的适用过程来看，互联网竞争行为无论满足第12条第2款列举项还是兜底项，都应经受“行为是否不正当”的二次检验，

---

[35] 参见方小敏：《建立体系统一的数字经济反不正当竞争法》，载王先林主编：《竞争法律与政策评论》（第9卷），法律出版社2023年版，第10页。

[36] 参见肖昱堃：《德国对网络不正当竞争行为的法律应对研究——兼评我国〈反不正当竞争法〉的第三次修改》，载王先林主编：《竞争法律与政策评论》（第9卷），法律出版社2023年版，第63—64页。

不过，就类型化的程度而言，对兜底项进行检验具有更强的必要性。在检验过程中，需要明确的是具体的法律依据，为此，本文采取同时适用《反不正当竞争法》第 2 条一般条款的观点。尽管根据《司法解释》第 1 条的规定，适用第 12 条意味着排除对第 2 条的形式援引，[37] 但该规定旨在防范一般条款的泛化、独立适用，且司法实践的立场也表明，对互联网竞争不正当性的分析，仍需在实质上运用一般条款的分析框架：例如，在爱奇艺与搜狗案中，法院认为“从字面上看，第 12 条兜底条款并没有为竞争行为的正当性与不正当性划清界限……仍需要结合《反不正当竞争法》的立法目的和基本原则进行具体问题具体分析，综合考量市场秩序、经营者利益与消费者利益”。由此可见，第 12 条兜底条款难以为正当性检验提供依据，这不仅侧面证明了“影响用户选择”作为事实概念的合理性，而且也为一般条款的引入提供了实践基础。

1. 价值衡量功能：消费者决策与竞争机制扭曲

《反不正当竞争法》第 2 条第 2 款规定：“本法所称的不正当竞争行为，是指经营者在生产经营活动中，违反本法规定，扰乱市场竞争秩序，损害其他经营者或者消费者的合法权益的行为”。其中，“扰乱市场竞争秩序”涉及竞争机制的扭曲问题，而何为扭曲，一种具体化的思路是将消费者利益、经营者利益作为解释工具。就消费者一方的关系而言，用户选择、消费者利益与市场竞争机制间存在图 2 所示的单向传导过程。首先，若互联网经营者损害消费者利益，则可以表现为对其决策过程的扭曲，属于“非效能竞争”行为，[38] 而当上述类型的消费者利益损害达到一定限度后，经营者行为即侵犯消费者选择权，同时因“非效能竞争”的过度而扭曲竞争机制，构成不正当竞争。其次，因为竞争机制的损害不仅与消费者利益有关，还取决于经营者对其他市场主体的影响，且消费者利益同时包含选择权、知情权、消费者福利等多层次内容，所以该传导过程不具有逆转的可能性。最后，用户选择到竞争机制的传导过程表明，用

---

[37] 《最高人民法院关于适用〈中华人民共和国反不正当竞争法〉若干问题的解释》第 1 条规定：经营者扰乱市场竞争秩序，损害其他经营者或者消费者合法权益，且属于违反反不正当竞争法第二章及专利法、商标法、著作权法等规定之外情形的，人民法院可以适用反不正当竞争法第二条予以认定。

[38] 参见邵建东：《德国反不正当竞争法研究》，中国人民大学出版社 2001 年版，第 50 页。

户选择对竞争不正当性判断具有价值衡量的作用：第一，在违背用户选择的案件中，行为因扭曲消费者决策并损害消费者利益，而具有较高的不正当可能性；第二，在未违背用户选择时，尽管不正当可能性偏低，但仍需结合消费者利益的其余侧面以及对其他经营者的阻碍情形，综合考量行为是否正当。

图 2　用户选择到竞争机制的单向传导过程

2. 对检验过程的审视：消费者行为之于市场竞争

审视上文的检验过程，可以看出，在以吸引消费者为主要目标的互联网竞争中，侵犯用户选择权、违背用户意愿的行为极易扭曲竞争机制，进而被判定为不正当竞争。然而，结合前述 VPN 案的疑问，也会发现未侵犯用户选择权、甚至是被用户认可的行为，同样可能因为不当阻碍了其他竞争者而具备违法性。以上问题引发了本文对消费者角色的思考，即消费者群体行为对竞争的影响难免利弊并存，即便在消费者利益视角下，有利于消费者的举动也不一定都能促进公平竞争。正如学者对《反不正当竞争法》中消费者形象的分析，抽象的中等消费者应当是理性的，但这种理性不能“强人所难”——消费者满足短期需求、忽视公平竞争的行为有可能合乎该群体的理性，这便意味着“理性消费者所代表的利益还可能与竞争秩序的利益相冲突，因而受到后者制约”[39]。就消费者利益与竞争秩序的潜在冲突而言，竞争秩序理应是《反不正当竞争法》保障的优先项，所以，无论是将“影响用户选择”解释为事实概念以辅助行为构成、责任范围的判断，还是结合用户选择的价值概念对行为不正当性进行衡量，都不能忽视以下限定：互联网竞争中日趋重要的消费者利益，仍需以基础层的竞争秩序作为制约。唯此，方能维系《反不正当竞争法》与《消费者权益保护法》的适用边界，尊重并实现竞争法自身的价值定位。

---

[39] 参见刘维、陈鹏宇：《论数字时代反不正当竞争法中的消费者利益》，载《知识产权》2023 年第 7 期，第 98 页。

五、结　　论

在优胜劣汰的市场竞争机制下，经营者对交易机会的争夺本就借助其对消费者决策的客观影响，互联网孕育的商业模式非但没有削弱这种影响，反而加深了网络产品（服务）提供商对其用户的偏好塑造。因此，以消费市场的普遍规律观之，作为市场竞争结果的用户选择应属事实概念，并不具备是否正当的价值考量。问题在于，经营者对消费者决策过程的影响一旦达到侵犯后者自主选择权的程度，便可能因市场竞争机制的扭曲而得到《反不正当竞争法》的消极评价，进而生成用户选择的价值概念。根据法律解释的结论，侵犯消费者选择权难以成为认定网络不正当竞争行为的必要条件。故此，就规范含义而言，我国《反不正当竞争法》第 12 条第 2 款的“影响用户选择”应采第一种事实概念，从而转化为纯粹的事实要件。上述思路扩张了该款的适用范围，可能导致行为认定的宽泛化，所以，应全面审视用户选择在《反不正当竞争法》分析框架中的整体作用，进一步厘清事实判断、要件解释、价值衡量三项功能的实现方式：一方面，依据第 12 条第 2 款在事实上判断行为构成与客观损害；另一方面，结合第 2 条一般条款在价值上衡量行为的不正当性。经由以上逐层递进的分析过程，消费者行为与市场竞争的关系更为明晰，既能够充分发挥消费者标准在竞争行为违法性认定中的重要角色，也能在一定程度上缓和消费者利益与竞争秩序之间的潜在冲突。

初审编辑：张更杰
校对编辑：邱韵添

“基于合意的他者危险化”可罚性标准的建构

The Construction of Punishability Criterion for “Voluntary Endangerment of Others”

司 彤 刘 浩*

摘　要：“基于合意的他者危险化”概念源于被害人的“危险接受”理论，但因其区别于“危险接受”内部的“自己危险化的参与”概念而应采取“区分说”。同时，被害人承诺理论、自我答责理论、共犯从属性理论以及被害人动机说的可罚性解释进路各有其利弊所在，均不能妥善解决“基于合意的他者危险化”中行为人可罚性判断的标准问题。在可罚性标准建构的前提条件上，应当要求发生侵害结果、被害人自愿承担危险、被害人具有辨认和控制能力，被害人对危险的认识基准采取“一般人认识可能性说”以及被害人认识到的危险行为现实化为侵害结果。在可罚性模型建构的判断标准上，应立足于“是否基于自由意愿的积极态度”的被害人判断视角和“是否具有危险附随情状的优势认知”的行为人判断视角，以此实现“基于合意的他者危险化”可罚性判断的体系化、精细化。

---

* 司彤，江苏省人民检察院经济犯罪检察部检察官助理，南通市崇川区人民检察院第一检察部副主任，清华大学法学院硕士研究生。刘浩，清华大学法学院博士研究生。

关键词： 基于合意的他者危险化；危险接受；自我答责；可罚性；优势认知

“基于合意的他者危险化”源于德文“einverständliche fremdgefährdung”，可直译理解为：基于双方同意的情况下危害他人，即被害人明知行为人的行为存在导致被害人自身法益受损的风险，仍然命令、要求抑或同意、接受行为人实施该行为，并因此产生法益损害结果的情形。最著名和典型的便为德国 1923 年的“梅梅尔河案”。[①] 在此类案件中，被害人为实现某种特定目的，接受了行为人所实施行为的危险，被害人对危险的接受与行为人行为背后的主观意思达成“合意”，故谓之“基于合意的他者危险化”。

一、问题的引出

“基于合意的他者危险化”概念虽为“舶来品”，但实际上我国也存在与此概念相近似的实务案例。以下几宗具体案例引出本文所欲探讨的问题，并基于本文观点于文章最后部分展开具体分析适用。

案例一：吴某某过失致人死亡案[②]

2018 年被告人吴某某驾驶重型半挂牵引车车头，到李某的维修部进行维修。李某将车辆轮胎全部卸下，仅用千斤顶支撑车辆进行维修。吴某某认为仅用千斤顶支撑车辆维修具有危险，劝说李某不要再对车辆的刹车部分进行维修，但李某坚持维修。后李某钻到车底继续维修，要求被告人吴某某上前帮忙，吴某某配合用撬杠撬制动毂的过程中致支撑中桥的千斤顶歪倒，制动毂与轴头落下砸中李某腹部，致李某腹部闭合性损伤，次日经抢救无效死亡。法院认为：被告人吴某某应当预见到自己的行为可能造成他人死亡，由于其疏忽大

---

① 在狂风暴雨之际，两位乘客不顾船工的“危险”警告，要求船工载其过梅梅尔河；而当船工在运送乘客过河时，渡船翻沉导致乘客死亡。参见 RGSt57，172ff.

② 参见吴某某过失致人死亡案，山东省潍坊高新技术产业开发区人民法院（2019）鲁 0791 刑初 122 号刑事判决书。

意而没有预见，导致一人死亡的结果发生，其构成过失致人死亡罪，但免予刑事处罚。

案例二：李某甲过失致人死亡案③

2019 年被告人李某甲在自己承包经营的游船码头收取费用后，将一艘游船出租给李某乙、郭某、王某、曹某 4 名未成年人。过程中，李某甲明知郭某 4 人没有成年人陪同，且交付救生衣后未督促 4 人穿戴。后郭某等 4 人划船游览过程中相约游泳，导致 17 岁的李某乙溺水身亡。检察机关以被告人李某甲犯过失致人死亡罪提起公诉，法院经审查认定被害人李某乙对溺亡事故发生存在过错，公诉机关指控罪名不准确，以重大责任事故罪判处李某甲有期徒刑二年。

案例三：班某右眼失明事件④

2006 年中超联赛沈阳金德队与青岛中能队的补赛中，沈阳金德队外援班某准备头球摆渡时，被青岛中能队吕某的钉鞋踢中了眼球，最终导致右眼失明，而中国足协宣布本起事件为意外事件。

前述案例引申出了一系列问题：在“基于合意的他者危险化”场合，站在被害人的角度，其是否因冒险而应对自身的法益减损承担责任？站在行为人的角度，能否因被害人过错减免责任以及理由抑或标准是什么？关联问题在德国、日本均引发了激烈讨论，在我国的讨论却较为“冷清”。因此，本文将在明晰“基于合意的他者危险化”概念的渊源与内涵基础上，阐述域外以及我国相关判例和学说的利弊，结合我国的实际情况构建判断“基于合意的他者危险化”可罚性的可行标准，并基于该标准针对前述案例展开具体运用。

---

③ 参见李某甲过失致人死亡案，河南省南阳市宛城区人民法院（2019）豫 1302 刑初 1240 号刑事判决书。

④ 参见《班古拉事件回顾：11 天拯救难唤光明，职业生命终结》，载新浪体育网。

二、“基于合意的他者危险化”的概念辨析

“基于合意的他者危险化”，也被部分学者称为“同意他人的危害化”⑤“同意他人实施风险行为”⑥ 等。而在理论中，本概念与“危险接受”“自己危险化”等概念之间的边界争论由来已久，这也相应引发了后续可罚性与否的争议。因此，在讨论“基于合意的他者危险化”可罚性标准的问题之前，需要先厘清这一概念的渊源与内涵。

（一）“基于合意的他者危险化”的词源探究

“基于合意的他者危险化”概念本身最早源于被害人的“危险接受”理论；而对被害人危险接受的讨论最早源自德国的“梅梅尔河案”，但德国并未广泛使用“危险接受”这一概念。我国“危险接受”这一概念源于日本对德国刑法术语“自己危险化的参与”与“基于合意的他者危险化”两个概念的继受与总结。日文原文为“危险引受”，当我国刑法学界引入这一概念时便直接采用了日本的这一术语。换言之，“危险接受”包含了“基于合意的他者危险化”与“自己危险化的参与”，是二者的上位概念。因此，与其说要厘清“基于合意的他者危险化”的概念本身，毋宁说需要探究“基于合意的他者危险化”与“自己危险化的参与”二者概念的产生由来。一方面，从文义解释上看，自己危险化的参与（德文为“selbstgefährdung”）直译过来就是：自我危险、自我危及、自危，即被害人自己引发的危险造成其自身的损害。由此可见，在德语的可能文义范畴，“基于合意的他者危险化”与“自己危险化的参与”二者概念本身就具有一定的亲和性。另一方面，从历史解释上看，德国学界最初是将“自己危险化的参与”等同于“危险接受”，虽然学者们可能存在解释路径的不同，但最终得出的结论并无二致：在自己危险化的参与的场合中不处罚行为人。也就是说，基于合意的他者危险化此时仍被包含于“自己危险化的参与”的概念

---

⑤ 参见江溯：《日本刑法上的被害人危险接受理论及其借鉴》，载《甘肃政法学院学报》2012 年第 6 期，第 86 页。

⑥ 参见冯军：《刑法中的自我答责》，载《中国法学》2006 年第 3 期，第 102 页。

之中，行为人不可罚。1972 年“警察手枪案”⑦ 中，德国联邦最高法院采用“举重以明轻”的当然解释方法进行论证，认为故意参与自损行为不可罚，那么过失参与自损行为的当然不可罚。紧随其后，1973 年罗克辛教授通过“警察手枪案”的启发，将“基于合意的他者危险化”的概念从“自己危险化的参与”中剥离出来，并对二者展开了分别的研究。

（二）基于合意的他者危险化应采区分说

罗克辛教授从其构建的客观归责理论出发，认为“基于合意的他者危险化”只有满足特定的条件，才能够等同于“自己危险化的参与”。⑧ 自此，德国学界就二者是否区分的问题展开了激烈讨论。德国司法实务界发现：若将二者作等同理解，那么由于“自己危险化的参与”的场合不处罚行为人，就会导致被害人自我答责的范围太过宽广，有过于放纵行为人之嫌而明显不妥，所以德国法院逐步接受区分说的立场，并在 2008 年的“加速测试案”⑨ 中予以明确。

---

⑦ “警察手枪案”：一名警察与一位同其关系密切的女性一起驱车旅行，在此过程中他将自己上了膛的职务用枪放在汽车的仪表板上。这位女性“在一次停车时，趁被告人不注意突然把枪从仪表板上拿起来，朝自己开枪”。让被告人承受非难的是，他曾经和这位女性一起去旅馆开过房间，而且“尽管他知道女士经常——特别是在饮酒之后——突然变得抑郁和忧伤起来，尽管他知道自己有每次坐进汽车都把手枪放在仪表板上的习惯”，却仍然不将子弹从手枪里取出来。德国联邦最高法院通过“举重以明轻”的方式认为判决被告警察无罪。参见 BGHSt 24，342ff.

⑧ Vgl. Claus Roxin，Gedankenzur Problematikder Zurechnunim Strafrecht，in：Festschriftfür Richard M. Honig，Göttingen，1970，S. 252.

⑨ 案情如下：A、B、C、D 四人相约在单向双车道、限速 120 公里/小时的公路上测试一辆改装的大众高尔夫（最高时速 240 公里/小时）与一辆保时捷（最高时速 300 公里/小时）的加速性能并进行竞速比赛。C 和 D 分别坐在 A 和 B 驾驶的高尔夫和保时捷的副驾驶，并负责对比赛进行全程录像。比赛过程中，两车以约 200 公里/小时的速度并排行驶时，前方突然出现一辆以 120 公里/小时的速度正常行驶的汽车。为了同时超车，A 驾驶的高尔夫碰到了道路中间的隔离带导致车辆侧翻，致使没有系安全带的 A 重伤、C 死亡。事实审法院认为本案系基于合意的他者危险化，被告人不应以过失杀人罪处罚，认定 A 和 B 构成《德国刑法典》第 315c 条的危害道路交通罪，D 为帮助犯。上诉后，联邦最高法院支持事实审法院的观点，认为本案中 A、B 通过行为支配致使赛车的危险现实化了，并非自己危险化的参与，而是基于合意的他者危险化。然而，联邦最高法院却以刑法典规定承诺不得违背善良风俗为由（对于生命的承诺总是超越了善良风俗的界限），否定了本案中被害人危险接受的违法阻却性，认定 A、B 构成过失杀人罪。参见 BGHSt53，55ff.

本案判决明确区分了“自己危险化的参与”和“得同意的他者危险化”，并采用了被害人承诺理论对后者进行考察。至此，德国实务界形成了以行为支配理论将“基于合意的他者危险化”和“自己危险化的参与”相区分的观点：在构成要件符合性层面考察“自己危险化的参与”，若被害人在案件整体上具有行为支配性，就阻却构成要件符合性；在违法性层面考察“基于合意的他者危险化”，若行为人在案件整体上具有行为支配性，只有在被害人承诺有效的情况下，才能阻却违法性。

据此，受德国影响，日本以及我国部分学者也相继接受将“自我危险化的参与”和“基于合意的他者危险化”二者概念作出区分的观点；由此所带来的理论争议问题便是：对于二者概念究竟应该采取“统一说”抑或“区分说”。

其一，就统一说而言，日本部分学者认为无论是自我危险化之参与，还是征得同意的他者危险化，都是自陷危险的问题，二者均可通过被害人作出自陷危险的决定是否理性而决定归责问题，没有规范上的区分意义。⑩ 德国部分学者认为不需要区别基于合意的他者危险化和自己危险化的参与，两者的基本要件相同，唯一的区别在于危险现实化时行为人对行为是否具有支配，但此时的行为支配没有任何意义。⑪ 我国部分学者认为自己故意实施危险行为与同意他人实施风险行为、参与并强化危险行为均是自我答责理论范围内的问题；⑫ 还有认为将自我负责的自我危害在规范上等同于同意他人的危险化，认为在这两种情况下被害人均是出于理性考虑而进行冒险，法益侵害结果应当归属于被害人，亦即具有排除行为人不法的效力⑬。

其二，就区分说而言，部分日本学者认为被害人将自己的法益置于危险之中，在没有其他行为介入的情况下，自己直接实施了导致结果发生的行为的情

---

⑩ 参见［德］英格博格·普珀：《德国刑法总论：以判例为鉴》（第 4 版），徐凌波、喻浩东译，北京大学出版社 2023 年版，第 84—93 页。

⑪ Vgl. Bernd Schünemann, Moderne Tendenzeninder Dogmatikder Fahrlässigkeits-und Gefährdungsdelikte, JA1975, S. 715ff.

⑫ 参见冯军：《刑法中的自我答责》，载《中国法学》2006 年第 3 期，第 99—103 页。

⑬ 参见江溯：《日本刑法上的被害人危险接受理论及其借鉴》，载《甘肃政法学院学报》2012 年第 6 期，第 87 页。

况是“自己危险化的参与”，而被害人认识到行为人危险行为的实行会对被害人自身法益产生危险，却“容忍”了该行为的实行，并因此发生了法益侵害结果的情况是“基于合意的他者危险化”；[14] 还有认为无视自我危险化与合意基础上的他人危险化的差异，将二者等同对待是有疑问的[15]。我国部分学者认为自己危险化的参与和基于合意的他者危险化在事实层面存在重大差别，有必要将二者区分讨论；[16] 认为在具体的案件中应当通过危险直接来源的考察区分自己危险化与合意的他者危险化[17]。

本文支持区分说，认为二者应当相互独立且共同内含于“危险接受”概念。一方面，自己危险化的参与指的是在被害人与被告人均排斥危险结果发生的基础上，危险行为客观上是由被害人通过物理的身体动作主要实施，被告人[18]的参与与危险现实化之间虽有条件关系，但原因可忽略不计。典型如德国“海洛因注射器案”[19]：被告人明知被害人想要吸毒，仍将注射器给了被害人，被害人因向自己注射毒品过量而死亡。另一方面，“基于合意的他者危险化”指的是在被害人与被告人均排斥危险结果发生的基础上，危险行为客观上是由被告人通过物理的身体动作主要实施的，被害人以同意的态度允许危险行为实施，并最终将对被害人法益的损害现实化的情形。典型如上述“梅梅尔河案”。如此，“基于合意的他者危险化”概念本身的独立性便得以凸显。

---

⑭ 参见［日］塩谷毅：《自己危殆化への関与と合意による他者危殆化について（四・完）》，载《立命館法学》1997 年 1 号（251 号），第 67—104 页。

⑮ 参见［日］岛田聪一郎：《被害人的危险接受》，王若思译，载陈兴良主编：《刑事法评论》（第 32 卷），北京大学出版社 2013 年版，第 239—273 页。

⑯ 参见张明楷：《刑法学中危险接受的法理》，载《法学研究》2012 年第 5 期，第 173 页。

⑰ 参见周子实：《危险接受理论的历史考察与概念界分——以德国为镜评我国的研究现状》，载刘艳红主编：《东南法学》（2016 年秋季卷 · 总第 10 辑），东南大学出版社 2016 年版，第 60—61 页。

⑱ 本文中的“被告人”与“行为人”的含义相同，均是指危险接受情形中法益受损害方的相对方。

⑲ BGHSt 32, 262ff.

但是如“巴伐利亚州艾滋病案”[20]，如果把焦点放在被害人身上，就可以理解为在认识到危险的同时也敢于将自己暴露在危险行为中的被害人的“自己危险化的参与”。相反，如果把焦点放在被告人的行为上，也可以理解为行为人的“基于合意的他者危险化”。也就是说，此时的被告人与被害人可谓共同实施了危险行为、共同导致了结果发生，那么为什么该案不被认定为“基于合意的他者危险化”，而要定性为“自己危险化的参与”？由此可见，“自己危险化的参与”和“基于合意的他者危险化”间仍然存在一个模糊地带，区分二者的规范标准尚未明确。本文所欲解决的也正是这种模糊地带中行为人的归责问题，即通过法律解释的手段将该种情形划入“基于合意的他者危险化”，并力图构建一个“基于合意的他者危险化”的可罚性标准的理论模型来解决此时是否处罚行为人的问题。关于该理论模型，本文将会在第四部分详细阐述。

三、“基于合意的他者危险化”可罚性理论进路的评价

理论通说认为，自己危险化的参与场合不具有刑事可罚性，那么“基于合意的他者危险化”场合是否具有刑事可罚性？关于该问题，学界目前主要存在被害人承诺理论、自我答责理论、共犯从属性理论以及被害人动机说的解决进路，本文认为有必要对各诸观点予以评述。

---

⑳ 1986 年初，被告人从医生处得知自己感染了艾滋病，并被明确告知了艾滋病缺乏治疗可能，并且任何一次没有采取防护措施的性交都有概率传染给他人。被害人系被告人的女朋友，在两人首次性交前，被告人多次向被害人详细说明无防护性交可能具有感染艾滋病的风险以及艾滋病缺乏治疗可能，可能导致死亡的后果。被告人最初拒绝与被害人进行不戴避孕套的性交，但最后在被害人的强烈请求下妥协了并与被害人进行了几次无防护性交。巴伐利亚州高级法院以本案不是基于合意的他者危险化而是自己危险化的参与为由，认定被告人不构成危险伤害罪的未遂（本案中，不能确定被害人是否感染了艾滋病，因此认定“未遂”），因而无罪。参见 NStZ 1990，81f.

（一）被害人承诺理论进路之存疑

被害人承诺（同意）[21] 理论有着悠久历史。法谚有云："没有人能够提供比他或她自己所提供的权利更好的权利。"古罗马法亦有"得承诺之行为不违法"的格言。被害人承诺是指法益主体基于自由意志请求或同意行为人对自身有权处分法益进行侵害的情况，法益主体放弃了该法益的同时便丧失了在法律上的受保护性；此时的侵害行为便不具有违法性，抑或说被正当化了。[22]

被害人承诺与"基于合意的他者危险化"之间存在诸多相似之处，比如二者都包含对危险行为的接受、存在被害人自我决定权的作用等。因此，不少学者主张应当以被害人承诺理论进路来解决基于合意的他者危险化问题，对立观点可称之为"肯定说"与"否定说"。就肯定说而言，一方面，其具有理论上的支持，比如日本部分学者认为，被害人意识到危险后使"自己积极地置身于高度危险时，就可以说对于该危险当然预测到的结果存在同意"；还有学者基于被害人承诺理论提出了准承诺说，认为应当将危险接受问题置于被害人承诺问题的延长线上进行考察，尽管此时被害人认识到结果发生的可能性相对较低，或者只有抽象认识而且不希望结果发生，但这样的区别并不妨碍将被害人承诺运用到危险接受的情形。[23] 我国部分学者认为危险行为与危害结果是同一事物的一体两面，不能形式化地将危险接受理解为只接受危险行为而不接受危害结果，应当将危险接受作为被害人承诺的一种类型予以考察；在被害人接受危险行为的场合，被害人就同意将行为人行为所具有的危险降临到自己身上，即便因此产生的必然结果也不追究行为人的责任。[24] 另一方面，肯定说也得到了德国司法实践的认可。即德国司法实务中普遍适用被害人承诺理论来解决"基于合意的他者危险化"问题。如前文述及的德国"加速测试案"中，德国联邦法

---

[21] 目前学界关于被害人承诺与被害人同意有一元化和二元化的争议，该问题不是本文重点，本文暂将二者作一元化处理，在相同意义上使用此两概念。相关争议可参见王钢：《被害人承诺的体系定位》，载《比较法研究》，2019 年第 4 期，第 29—31、38—46 页。

[22] 参见张明楷：《刑法学（上）》（第 6 版），法律出版社 2021 年版，第 296 页。

[23] 参见［日］林幹人：《刑法総論》，東京大学出版会 2008 年版，第 174 页。

[24] 参见黎宏：《过失犯若干问题探讨》，载《法学论坛》2010 年第 3 期，第 12 页。

院认定被告人系“基于合意的他者危险化”，并适用被害人承诺理论，以被害人承诺中对生命或生命危险的承诺无效为由认定被告人有罪。同时，也可以反对解释，即德国联邦法院认为在行为不具有危及生命法益的危险情况下且“基于合意的他者危险化”不违反公序良俗时，行为人便无罪。

本文支持否定说的立场，认为意欲诉诸被害人承诺理论进路来解决“基于合意的他者危险化”可罚性的问题，难以对以下四个问题进行合理回应。

首先，此进路与被害人承诺阻却犯罪的法理基础不相符合。“人得自由，而必以他人之自由为界”㉕，在不伤害他人的情形下一切言论和行为自由都可称为自由。宪法学者常把这种权利称为“前国家、超国家”的基本权利，即此种权利在国家诞生以前就已经存在，而法律是随着国家发展到一定程度所产生的。㉖ 由此可见，在不伤害他人的情况下，每个人都拥有一定的可以排除其他任何干涉的自由领域，而这种干涉当然也包含了法秩序的干涉。如果法益主体允许行为人处分只有法益主体自己有权处分的法益，那么即使行为人侵害了该法益，也是符合法益主体意愿的，此时行为人的行为可谓正当的。简言之，被害人承诺之所以可以阻却犯罪，是因为在被害人承诺的场合，被害人的自我决定权得到了满足，行为人并未侵害他人权益，也未偏离法秩序的轨道。而“基于合意的他者危险化”场合，被害人的自我决定权并未完备享有，受制于客观附随情况而难以具备彻底行使自我决定权的客观可能性，在形式上仅能表现为“参与”抑或规范评价为“参与”。

其次，此进路绕开了被害人承诺的对象为何者的理论争议。关于承诺的对象，当前有“行为说”“行为结果说”“结果说”三种不同观点。第一，“行为说”论者认为承诺的对象只需要包含“行为”，因为行为并不必然会导致结果，行为的违法性是以行为时为基准，而非事后确定的。㉗ 确实，若以结果的发生只不过是单纯的处罚条件的立场来看，可以认为同意的对象仅包含行为就够了。

㉕ 参见［英］约翰·穆勒：《群己权界论》，严复译，商务印书馆 1981 年版，第Ⅶ页。

㉖ 参见林来梵：《宪法学讲义》（第 4 版），清华大学出版社 2023 年版，第 309—315 页。

㉗ 参见［日］塩谷毅：《自己危殆化への関与と合意による他者危殆化について（二）》，载《立命館法学》1996 年 3 号（247 号），第 95 页。

但是，从过失犯的结果不是单纯的处罚条件而是成文的构成要件要素、结果的发生与否对被害人是最重要的立场来看，同意的对象必须包含结果。放弃法益就是放弃法益的构成要件保护性，而构成要件的该当事实中一定是包含结果的。换言之，要认定承诺有效，对结果的承诺必不可少。第二，“行为结果说”论者认为对行为的承诺能够表征出对结果的承诺，危险行为中必然包含了结果发生的可能性，从对行为的承诺中当然能够推导和追溯到不利的后果，即构成要件结果的承诺。该观点看似解决了上述要想放弃法益就必须承诺结果的问题，但此种从行为直接推导出结果的论证过程本身就不严谨。若将“承诺行为”到“承诺结果”这个推导中的“承诺”要素剔除，那么就能看出持此观点的论者实际上都秉持着从行为直接推导出结果的观点。按照这种观点，在当今风险社会，每个人都将寸步难行，因为每个行为都可能伴随着危险，有危险你就要为潜在导致的结果承担责任。这种没有任何意义的推导就必然导致了“行为结果说”与“行为说”的趋同，显然是不妥当的。第三，“结果说”论者认为被害人承诺的对象只有结果，被害人为实现处分自身法益的自由，最关注的并非危险行为本身而是结果发生与否。虽然，基于合意的他者危险化与被害人承诺理论中承诺对象的“行为说”更具有相似性，但是避重就轻式地绕开理论自身争议而广泛适用可能也存在问题。

再次，此进路错置了承诺中被害人对结果发生的主观要素。在被害人承诺行为与结果后，其对结果的实现究竟应该持“希望”还是“放任”态度？尽管学界对此存在争议，[28] 但可以明确的是被害人承诺的场合，被害人对结果的出现至少存在“放任”的态度，这与基于合意的他者危险化中被害人对结果的排斥态度泾渭分明而存在质的不同。若将“故意”“过失”的概念套用于被害人身上，那么在被害人承诺的场合，被害人所持的就是“故意”的内心态度；在基于合意的他者危险化的场合，被害人具有的至多为“过失”的内心态度。一个正常的理性的人在危险情形中是绝不会一方面相信实害结果不会发生，另一

㉘ 参见［日］塩谷毅：《自己危殆化への関与と合意による他者危殆化について(二)》，载《立命館法学》1996年3号（247号），第95页。

方面又依自由意志真挚对实害结果予以承诺的。[29] 因此，危险接受中没有对结果的承诺与“希望”放任，也就不存在被害人承诺，所谓“在被害人承诺的延长线上”的说法不能解决任何问题，只是一种存在逻辑缺陷的类推手段。危险接受和被害人承诺的相似性并不能当然推导出危险接受的不可罚性。[30]

最后，此进路违背实务中涉及生命法益场合进行区分的立场。实践中部分判例即便关涉生命法益，依然围绕“基于合意的他者危险化”理论转而认定被告人无罪。比如日本“泥地赛车同乘者死亡案”[31]：初学赛车的被告人在有 7 年经验的被害人的同乘指导下，在泥地上练习赛车；被告人驾驶失误，将车辆撞上防护栏导致被害人死亡。虽然检察机关以业务过失致死罪起诉，但法院认为被害人接受了驾驶行为导致死亡结果的危险，也就以“基于合意的他者危险化”和社会相当性为由认定阻却违法，判决被告人无罪。然而，在被害人承诺理论中，通说是认为对生命法益的承诺无效而没有被赋予阻却违法的效果；从这一点也可以看出实务中对二者予以区隔的立场。

综上，从承诺的法理基础、承诺对象、承诺的主观要素以及实务立场出发，通过被害人承诺理论进路去为基于合意的他者危险化的可罚性予以论证并不具有合理性。

（二）对自我答责理论进路之质疑

“自我答责”一词源于德文“Eigenverantwortlichkeit”和“Selbstverantwortung”，[32] 在日本被称为“自己答责”。自我答责理论常与“自我决定”联系在一起，其与被害人承诺理论的不同之处就在于被害人承诺理论是从被害人的角度分析承诺是否有效，再进一步判断行为人的不法，而自我答责理论是从行为人与被害人双方的角度出发，探究结果的归属。换言之，自我答责理论所涉及

---

[29] Vgl. Claus Roxin, Die einverständliche Fremdgefährdung-eine Diskussion ohne Ende?, GA 2018, S. 250ff.

[30] 参见［日］山口厚：《刑法总论》（第 3 版），付立庆译，中国人民大学出版社 2018 年版，第 182—183 页。

[31] 千叶地判平成 7. 12. 13 判时 1565 号 144 页。

[32] 这两种表述中后者被德国联邦最高法院采用，但前者也存在普遍使用，二者没有什么太大区别。

的并非因果关系问题，而是责任分配的问题。[33] 支持以自我答责理论进路解决"基于合意的他者危险化"问题的代表学者众多，下面对德国、日本以及我国代表性的观点进行分析：

其一，就德国自我答责"可罚性肯定说"而言，部分学者认为在"基于合意的他者危险化"的场合，"被害人还是行为人主要实施了危险行为"并不重要，重要的是"被害人的自由答责性"和"被害人和行为人对事态整体的支配程度"。按照德国传统观点，在基于合意的他者危险化的场合，由于行为人客观上实施了危险行为，因此认为行为人对整体事态具有支配性。赫尔曼（Uwe Hellmann）教授对此持反对态度，认为如果被害人存在"对行为的危险的适当评估"和"自由意愿"，那么行为人对事态整体就不具有支配性；若行为人以一种谨慎的态度实施危险行为，仍然无法避免导致结果发生的要素，也表明行为人对事态整体完全不具有支配性。据此，在"梅梅尔河案"中，表面上是船夫支配了结果的发生，但是若船夫已经尽可能谨慎地划船，还是没有办法避免大自然中的危险（狂风暴雨），那么就不能说船夫对整体事态具有支配性，此时船夫与乘客在相同的程度上支配着事件，并且乘客具有"自由意愿"，因而认定被害人自我答责，船夫不应受到惩罚。[34] 本文认为，赫尔曼教授的观点存在疑问。第一，其观点存在元素的冗余。赫尔曼教授的观点中"判断事实支配是能否回避导致结果发生的要素"这一表述与不作为犯理论中的结果回避可能性类似，但在基于合意的他者危险化的场合，若是行为人的不作为导致的结果，行为人必然需要处于保证人地位，此时直接以行为人不履行作为义务为由将结果归属于行为人即可，不需要讨论被害人的"自由意愿"；若行为人是作为的，那么要想类推适用不作为犯理论尚需更进一步的论证。同时，结果没有回避可能性了，那行为人是否谨慎就没有任何意义。正如"梅梅尔河案"，当船行至河中，狂风暴雨、雷电交加，以事后科学的立场来看，船必定要翻，此时无论船夫是谨慎的还是粗心的，并不能改变任何结果。此时若认为谨慎的船夫不受罚、粗心的船夫要受罚，那便落入了客观责任（结果责任）刑罚而非主观责任

---

[33] 参见黄荣坚：《基础刑法学》（上），台北，元照出版有限公司 2012 年版，第 308 页。

[34] Vgl. Hellmann, a. a. O. (Fn22), S. 281f.

刑罚的立场；其不再与被害人自我答责理论有关系而是纯事实的判断。第二，其观点存在考虑不周全。一方面从被害人的视角出发，认定被害人存在对危险的适当评估和自由意愿就不处罚行为人；另一方面又认为行为人谨慎而仍难以避免的境况下就不处罚行为人。看似两方都考虑到了，但若单独来看均只考虑了一方，前者站在事前的行为时点考察被害人，后者站在事中的时点考察行为人；其并未回答为什么事前不考察行为人、事中不考察被害人，抑或为什么不站在事后的时点进行考察，诸如此类问题都没有详尽回答。

其二，就日本自我答责“可罚性肯定说”而言，部分学者认为在法律社会中，人们都有各自固有的答责领域，为保护法益，不仅行为人不得侵害法益，作为法益主体的被害人也不得随意危害法益，在以自由主义为基础的法秩序中，法益主体才是自身法益的第一责任人；当被害人以特别的方式与行为人共同实施行为并满足一定条件时，应当由被害人对行为造成的结果负责，这种情况可以被评价为“广义上的正犯式的自损行为”，行为人充其量只是共犯性地“参与”了被害人的自损行为。[35] 塩谷毅教授以“自我答责理论”为基础，夹杂“正犯、共犯”的观点得出在“基于合意的他者危险化”的场合不处罚行为人而由被害人自我答责的结论。本文不赞同前述观点，首先，在典型的“基于合意的他者危险化”的场合中，法益主体只不过是同意危险的发生，客观上由行为人支配着危险现实化的进程，不能以法益主体具有一定过错为由排除行为人的责任。若以被害人具有过错为由就认定被害人与行为人系共同犯罪，那么在并非涉及人身伤亡的场合，例如集资诈骗的场合，被害人大多出于贪图高额回报的意图而被骗，此时为什么行为人不能因被害人的罪责而被减免处罚？即使认为此时被害人是正犯，行为人是共犯，也无法径直得出阻却行为人不法的结论。其次，即使被害人的自我答责本身能够影响对行为人不法的评价，也不能当然地认为能够阻却行为人不法，减轻与免除是质的区别。最后，塩谷毅教授一方面否认了根据被害人承诺解决“基于合意的他者危险化”问题的路径，另一方面又主张以与被害人承诺理论有着相同哲学基础的自我答责理论解决该问

㉟ 参见［日］塩谷毅：《被害者の危険引受けについて》，载《刑法雑誌》2006 年第 45 卷 3 号，第 188、189 页。

题。那么，根据被害人承诺不能够排除可罚性的行为，尤其是在涉及生命法益时，为什么根据同样以“自我决定权”为基础的“自我答责理论”，就能够认为行为的不可罚性，塩谷毅教授对此并未进行阐述。换言之，在被害人对生命作出承诺时并不因为被害人的责任而否认杀人行为的违法性。既然如此，在被害人只是同意对生命有危险的行为，而没有对生命作出承诺时，就更不能因为被害人的责任而否认行为人对其生命侵害的违法性。[36]

其三，就我国自我答责“可罚性肯定说”而言，部分学者认为被害人自我答责存在如下情形：（1）非法侵入他人的法领域；（2）自己故意实施危险行为；（3）同意他人实施风险行为；（4）参与并且强化危险行为。[37] 其中第（3）（4）两种情形为本文讨论的“基于合意的他者危险化”。江溯教授认为作为法益主体的被害人具有保护自身法益使其不受危害的义务，因此在“基于合意的他者危险化”的场合，被害人自身的冒险行为所造成的后果就应当由他自己担责。[38] 林钰雄教授认为每个人原则上仅需要为自己的行为负责，“基于合意的他者危险化”适用自我答责理论，在被害人自我负责的范围内，行为人不受归责。[39] 本文不赞同前述观点，首先，前述主张存在循环论证之嫌。即先将自我答责作为一种结论性的表达，在文中区分了行为人、被害人两种自我答责；再将自我答责作为一种理论，主张由自我答责理论推导出被害人承担责任、被告人不承担责任的结论。其次，前述主张违背刑法保护目的。刑法以保护法益为目的，是以保护被害人的法益不受他人侵害为目的。刑法中首先应被追究的是行为人的罪责而非被害人的过错，关注的是法益侵害结果是否应当归属于行为人这个问题。最后，前述主张并未回答责任分配的影响。即为什么被害人应对结果的发生承担责任时，行为人就完全无须承担责任。应当从被告人的角度判断其行为是否符合犯罪构成，从而得出被告人能否出罪的结论，被害人自我答

---

[36] 参见张明楷：《刑法学中危险接受的法理》，载《法学研究》2012 年第 5 期，第 185 页。

[37] 参见冯军：《刑法中的自我答责》，载《中国法学》2006 年第 3 期，第 102 页。

[38] 参见江溯：《日本刑法上的被害人危险接受理论及其借鉴》，载《甘肃政法学院学报》2012 年第 6 期，第 88 页。

[39] 参见林钰雄：《新刑法总则》，台北，元照出版有限公司 2021 年版，第 173、174、527 页。

责理论用责任分配来决定被告人是否出罪明显不具有科学性，不能以被害人的视角来解决被告人的问题。[40]

其四，就以上自我答责“可罚性肯定说”而言，以被害人自我答责理论路径解决“基于合意的他者危险化”问题的路径存在以下共性问题。首先，自我答责理论能解决的只有行为人不法程度高低的问题，但并不能解决行为人不法有无的问题。按照被害人自我答责原理所推导出的结论，除了将规范意义上的结果归属于被害人的答责领域外（由此充其量能够降低行为人不法），还包含了不归属于行为人的答责领域的判断。但是，评价结果不归属于行为人的答责领域，是否归属于被害人答责领域的消极、附随性效果，还需要更积极的论证。其次，自我答责理论支持者的论证均存在一定模糊性问题。即支持自我答责理论的学者们既未形成统一的考察路径，又认为自我答责只是个案归责的结论而非阻却不法的理由，以至于黄荣坚教授评价自我答责为一种不讲理的“独断”，即“因为自我答责，所以自我答责”[41]。最后，适用自我答责理论解决“基于合意的他者危险化”问题将致使被害人自我答责丧失在刑法体系中的明确定位，其应当归属于构成要件符合性阶层、违法性阶层、有责性阶层中的哪一阶层未能得到明确。[42] 当下通说认为被害人自我答责属于客观归责的第二层“危险的实现”，因此认定被害人自我答责是构成要件符合性阶层的问题。但是由于“基于合意的他者危险化”又涉及“社会相当性”“自我决定权”等问题，似乎置于违法性层面解决更可取。由此，二者产生体系上冲突而无法得出令人满意的结论。

（三）共犯从属性理论进路之不足

部分学者主张此观点，并认为前述理论都不能很好解决危险接受的问题，只有诉诸共犯从属性理论才能合理解决该问题；认为危险接受跟共同犯罪在构

---

[40] 参见何立荣、陈晨：《刑法中的危险接受理论之否定》，载《广西民族大学学报（哲学社会科学版）》2018 年第 5 期，第 168 页。

[41] 参见黄荣坚：《基础刑法学》（上），台北，元照出版有限公司 2012 年版，第 311 页。

[42] 参见浅田和茂：《刑事法学の動き》，载《法律時報》1998 年第 70 卷 4 号，第 103 页。

造上相同，危险接受的场合里被害人与行为人共同导致结果的发生而存在正犯与共犯的关系（直接导致结果发生的人为正犯，间接导致结果发生的是共犯）；在危险化的参与场合，被害人支配结果发生，被害人是正犯；在“基于合意的他者危险化”的场合，行为人支配结果的发生，行为人是正犯；再根据共犯从属性原理判断行为人的构成要件符合性。[43] 同时认为，在“基于合意的他者危险化”的场合，一来行为人作为正犯，客观上实施了符合构成要件的行为而制造了不被允许的危险，危险也现实化为结果，没有超出构成要件的保护范围；二来没有保护优越利益，亦不能阻却违法性；三来也没有阻却责任的可能，即此时无论被害人的行为如何均无法阻却行为人犯罪的成立，而仅可在量刑时酌情考虑。[44] 该观点立足结果无价值立场，认为基于合意的他者危险化场合，至少存在结果无价值。本文对此予以认可，但认为“基于合意的他者危险化”的可罚性围绕我国共犯从属性理论进路展开适用，依然存在有待完善之处。

其一，该观点可能与我国当前的共犯理论相悖。第一，“基于合意的他者危险化”场合并不具备传统适用共犯从属性理论的前提条件——2 人以上构成共同犯罪。刑法的制定和实施以法益保护为目的，为保护法益，刑法才能够对侵害法益的行为施以刑罚。换言之，被施加刑罚的主体是行为人，被害人是被保护的对象。普通共同犯罪中损害的是第三者的利益，而在危险接受的场合，行为人与被害人共同损害的是被害人的利益，此时无论如何也不能说被害人构成犯罪而具有可罚性。第二，在“基于合意的他者危险化”场合，即使认定行为人构成犯罪，也大多为过失犯罪，而我国传统共同犯罪理论将共同犯罪限定为共同故意犯罪，而不处罚对过失犯的教唆、帮助，因此不能适用共犯理论解决此时的问题。第三，共犯从属性原理中的共犯实指狭义的共犯（即教唆犯、帮助犯），要想适用共犯从属性原理解决“基于合意的他者危险化”的问题，则被害人应处于相应的地位。然而在“基于合意的他者危险化”的场合，被害人对危害结果所持的是排斥态度，不存在希望、放任，至多也只能是“过失”，

---

[43] 参见张明楷：《刑法学（上）》（第 6 版），法律出版社 2021 年版，第 303—307 页。

[44] 参见张明楷：《刑法学中危险接受的法理》，载《法学研究》2012 年第 5 期，第 188—189 页。

因此属于“过失的教唆犯”“过失的帮助犯”。但是一般认为，我国《刑法》第 25 条第 2 款否认了过失的教唆犯、帮助犯的构成情形。[45] 因此，其中显然存在着矛盾，仍需进一步论证。

其二，该观点可能未完全地贯彻罪刑法定原则。共犯从属性理论进路认为自己危险化的参与中，被害人是正犯，被告人是教唆犯或帮助犯；在“基于合意的他者危险化”中，被告人是正犯，被害人是教唆犯或帮助犯，[46] 那么当被告人作为正犯支配了整体事态，而被害人作为共同正犯或者与正犯具有同等作用的教唆犯时该如何处理的问题，还需进一步进行阐释。罪刑法定原则上不禁止对被告人有利的类推，但该理论的当然解释是处罚被告人，这显然涉嫌违背罪刑法定原则的形式侧面（禁止对被告人不利的类推）。

（四）对被害人动机说进路之反对

德国普珀教授主张此观点，并认为危险接受的场合，行为人与被害人的法益均受到危险，参与的双方都违反了注意义务，但是均不希望发生损害结果；自我答责地自陷危险并不取决于从外表上看更接近于准正犯性质的自陷危险，以及呈现为同意他人造成危害的自陷危险，而是取决于是否有必要保护他免于作出这一自陷危险的决定；亦即他作出这样的决定是否出于理性，如果被害人是基于理性的或道德上的动机而接受危险，那么保护他免于引起某种情境，在该情境中他正是出于这种动机而接受危险，就是值得且有必要保护的。[47] 简言之，普珀教授认为应从被害人的角度以被害人自陷危险的动机为基准判断是否应由被害人担责，若被害人是基于不理性的或者是出于不道德的理由作出决定的，则由被害人担责，不处罚行为人；若被害人是基于理性的或者是出于道德的理由作出决定的，则由行为人担责。本文反对此观点，首先，此说实际上将“基于合意的他者危险化”等同于自己危险化的参与，这与本文的观点相反，

---

[45] 参见张明楷：《刑法学（上）》（第 6 版），法律出版社 2021 年版，第 544—546 页。

[46] 参见张明楷：《刑法学中危险接受的法理》，载《法学研究》2012 年第 5 期，第 179—181 页。

[47] 参见［德］英格博格·普珀：《德国刑法总论：以判例为鉴》（第 4 版），徐凌波、喻浩东译，北京大学出版社 2023 年版，第 84—93 页。

相关理由已在本文的第二部分具体论述，在此不做赘述。其次，此说存在判断标准模糊的问题。从是否理性、是否道德的角度判断被害人动机本身就容易导致认定上的非定型性，因为其未明确阐释“理性”“道德”的概念。最后，此说的结论不具有公平性。如果能够认可被害人越是理性就越容易导致行为人承担责任这一前提结论的话。那么被害人越理性，就越能说明被害人对危险的接受程度、对危害结果的预见可能性大，则此时行为人所应受到的非难就应当轻于被害人不理性情况下行为人所应受到的非难。但被害人动机说得出的结论却相反，明显不妥。

综上，“基于合意的他者危险化”与自己危险化的参与之间既存在区别，又存在语义中间的模糊地带。被害人承诺、自我答责、共犯从属性以及被害人动机说路径皆无法很好地解决“基于合意的他者危险化”的可罚性问题，而有必要构建一套独立的标准模型。该理论路径既不能生搬硬套原有理论体系，也不能破坏原有理论体系的应有之义。

四、“基于合意的他者危险化”可罚性标准的路径建构

（一）可罚性标准体系建构的前提条件

“基于合意的他者危险化”可罚性标准体系的建构必须首先确认其成立的前提条件。申述之：

第一，要求发生侵害结果。在基于合意的他者危险化中，以发生侵害结果为前提条件。如果行为人在被害人对危险行为给予同意的情况下，实施了危险行为但没有产生损害结果则不具有刑法意义。换言之，过失犯的成立以发生结果为前提，若没有产生损害结果，则既不存在追究责任的必要，也不存在讨论归责的必要。

第二，要求被害人自愿承担危险。在被害人被强制接受危险的情况下，不否认犯罪成立。比如，行为人用手枪威胁被害人同乘行为人开的车，但由于行为人粗心驾驶发生事故，被害人死亡。这种情况下，被害人是在行为人的强制下被迫同乘，迫不得已接受危险行为，不能说是出于自己的自由意志，因此不

成立基于合意的他者危险化。

第三，要求被害人具有辨认和控制能力，或者说被害人必须具有“答责能力”。若被害人不具有辨认和控制能力，即使其事实上内心具有承担危险的意愿，这种自愿也不具有规范上的效力，例如对于儿童和精神病患者，就应当否认“基于合意的他者危险化”的成立。另外就原因自由行为而言，当被害人自发陷入醉酒或相似状态（如吸毒致幻）时，不能当然否定其辨认和控制能力。处于醉酒状态下的被害人可能确实无法判断行为的危险性，但如果是出于被害人自己的原因而陷入醉酒状态的话，即使被害人此时生理上确实没有辨认和控制能力，那也是被害人自己造成的。如果被害人被他人故意引诱至醉酒或相似状态，或被人故意利用其醉酒或相似状态进行危险行为，则应否定其辨认和控制能力。

第四，被害人对危险的认识基准采取“一般人认识可能性”的规范判断标准。对于“危险认识”，学界存在“完全认识说”和“认识可能性说”的观点争议。“完全认识说”以日本塩谷毅教授为代表，认为如果被害人没有认识到危险行为可能与特定构成要件结果相联系便不会担责，不能阻断行为人的答责性；即使因被害者粗心大意而没有认识到结果发生的可能性情况下亦为如此。例如，在与艾滋病患者（行为人）性交而导致被害人死亡时，该被害人只认识到行为人是艾滋病患者和通过性交可能感染艾滋病，但被害人没有预见到自己可能因感染艾滋病而死亡时，应当由行为人对被害人死亡负责。[48] 岛田聪一郎教授也支持该观点，认为被害人对行为的危险性应具有充分具体的认识是必要的。相反，“认识可能性说”支持者认为被害人只需要具有危险认识的可能性就足够了，不需要有充分、具体的认识。[49] 一方面，本文反对“完全认识说”，并认为其存在的最大问题在于：行为人与被害人完全有可能对危险以及构成要件结果发生的可能性都没有充分认识，甚至是不可能有充分认识。比如“梅梅尔河案”便为如此，导致结果发生的主要原因是“天气的恶化”；即使是船工，

---

[48] 参见［日］塩谷毅：《自己危殆化への関与と合意による他者危殆化について（四・完）》，载《立命館法学》1997 年 1 号（251 号），第 88 页。

[49] 参见［日］岛田聪一郎：《被害人的危险接受》，王若思译，载陈兴良主编：《刑事法评论》（第 32 卷），北京大学出版社 2013 年版，第 257—258 页。

也仅仅有“天气可能恶化”的畏惧感而不可能具有充分、完全的认识。此时，行为人与被害人的认识程度可以说是相当的，站在事前的节点上看，此时不允许被害人实施危险行为是对被害人自决权的侵犯，对被害人施加这种限制难谓妥当。另一方面，“认识可能性说”的标准也不明确，没有很好地阐述“可能性”的程度。风险社会，各种行为、活动都蕴含着风险，尤其像交通、医疗、体育竞技等领域更是如此。被害人在正常实施这些行为、活动时，虽然排斥危险但在潜意识中是能够意识到这些危险，倘若以此认为其应当承担利益被侵害的责任便就过于苛责和扩大了被害人担责的范围。

基于对前述两种学说的批判，本文提出“一般人认识可能性说”的第三种观点。即如果以一般人的角度站在被害人的立场进行规范判断，具有认识到危险和危险附随结果发生的可能性时就应当由被害人自己担责。一方面，该观点不会过于放大行为人的责任。采用该观点可以妥善解决由于具有刑事责任能力的被害人自己的疏忽而对行为的危险性作出错误判断时，不当由行为人答责从而产生不公平问题。若被害人是具有答责能力的普通人，在“基于合意的他者危险化”的场合，由于被害人的疏忽，导致他自己没有认识到行为危险现实化的可能性，但从一般人的视角看被害人实际上应当能够认识到结果发生可能性的情况下，仅凭不认识危险这一条件就不能否定被害人的“自我答责”[50]。另一方面，该观点也不会过于放大被害人的责任，不会不妥当地禁止被害人实施任何带有危险的行为。在“基于合意的他者危险化”的场合，若一般人也无法认识到行为危险现实化的可能性，就应当否定被害人的“自我答责”，认定由行为人答责。

第五，要求被害人认识到的危险行为现实化为侵害结果。换言之，被害人认识到的危险行为应当与法益侵害结果具有直接性因果关系。例如，被害人认识到行为人无证驾驶车辆，但不知道车辆制动系统缺陷，便乘坐行为人所驾驶的车辆，行为人以正常速度行驶，但制动系统的故障导致了事故的发生进而致使被害人死亡时，由于被害人所认识的行为人无证驾驶与车辆制动系统故障而导致死亡结果之间没有关联，因此不属于危险接受探讨的范畴。

---

[50] 这里的“自我答责”仅做结论性用法，下同。

（二）可罚性标准体系建构的具体展开

在前述五种必要条件划定的概念范围基础上，本文以“被害人是否具有基于自由意愿的积极态度”“行为人是否具有优势认知”两种具体标准建构可罚性的路径。

1. 被害人视角的判断标准：要求被害人并非基于自由意愿的积极态度

此视角的判断标准便否认了强迫、请求、诱发、要求行为人实施危险行为时，行为人的可罚性。在存在“被害人强迫”时，被害人是以类似于“间接正犯”的角色利用行为人的行为，此时行为人的“工具性的”行为具有附属性而不应处罚行为人。正如“梅梅尔河案”和“巴伐利亚州艾滋病案”中那样，尽管行为人本不愿意实施危险行为，但被害人仍然请求、引诱行为人实施危险行为，此时也应当肯定被害人的积极态度，认为“与行为人相比，被害人对结果的发生具有更高的过错”，否定行为人的可罚性。“泥地赛车同乘者死亡案”中也是如此，经验丰富的被害人主动要求被告人在泥地上练习赛车并且同乘，此时不存在行为人愿不愿意实施这个因素，仅以被害人的积极要求就可以认定被害人对结果的发生具有更高的过错，得出不处罚行为人的结论。此外，有一种情况很容易被混淆，即受行为人引诱，或者说接受行为人要求的被害人以此为契机诱使行为人进行危险程度更高的行为时，被害人一开始持消极态度时所对应的行为人想实施的那个危险行为并未实施，行为人所实施的是被害人引诱实施的行为，应当认定为属于被害人引诱行为人实施行为的情形，此时与行为人相比被害人对结果的发生具有更高的过错，不处罚行为人。

2. 行为人视角的判断标准：要求行为人具有危险附随情状的优势认知

被害人非基于自由意愿的积极态度而是对行为人危险行为持被动的同意、接受等消极态度时，此时便得以进入“行为人是否具有优势认知”的第二步判断。

首先，需要讨论的是行为人的优势认知会产生何种影响。一方面，行为人的优势认知会强化抑或推动被害人的同意。被害人基于对行为人专业知识的信赖认为在行为人的控制下危害结果不会发生，从而将自己的法益受侵害风险交由行为人控制。另一方面，优势认知能够与优越的风险支配能力相等同。当行为人具有优势认知时，就意味着行为人对风险的支配力更高。[51] 如医生相对于普通患者，教练相对于普通学员都具有优势认知，在这种情况下应当认为具有优势认知的一方支配了风险。在基于合意的他者危险化的场合，具有优势认知的一方就会因为其更高的风险支配能力而承担特殊的注意义务。例如当杂技演员向被固定在靶子上的随机挑选的观众投掷飞镖时，此时杂技演员相较于观众具有优势认知，因此就会承担相应的不刺中观众的义务。若此时不幸刺中观众而造成重伤、死亡结果的，应将结果归属于杂技演员。由此，我们可以得出这样的结论：当行为人相比被害人拥有更为优越的知识，则行为人具有向被害人说明该行为危险性的特殊注意义务。在被害人消极接受时，如果行为人对该行为的危险性没有尽到说明义务，则由于被害人不能恰当地认识到危险，应当认定行为人具有优势认知，将结果归属于行为人。相反，在行为人已尽说明义务的情况下，应当认定行为人已不具有优势认知，且案件整体转为“被害人具有基于自由意愿的积极态度”的情形，进而否定行为人的可罚性。德国实务裁判实际上也体现了这一观点。比如在“巴伐利亚州艾滋病案”中：被告人便属于明确告知了被害人自己患有艾滋病且无防护性交可能传染艾滋病的后果，而是在被害人强烈请求妥协后实施了该危险行为。又如在 1988 年“联邦最高法院艾滋病案”[52] 中：被告人从医生那里明确得知自己患有艾滋病，且任何无防护性交都可能致人感染，同时被告人从一本书中得知，艾滋病患者进行无暴力的无防护性交致人感染的风险只有 0.1%—1%，故被告人在没有告知其同性伴侣的情况下与其进行了肛交。被告人的同性伴侣虽未感染，但联邦最高法院仍认为被告人构成危险伤害罪的未遂。前者案例中州高级法院认为构成“自己危险化的参与”因而无罪，而后者案例中德国联邦最高法院认为由于被告人具有优势认知，因而是可罚的。从类案对比中可以看出，两案被告人一开始均具有优势认知，但前案被告人由于履行了告知义务因而排除了优势认知，将整体归责转向了“被害人具有基于自由意愿的积极态度”的判断情形，此时被告人是不可罚的；后案被告人没有履行告知义务而仍具有优势认知，因而是可罚的。

---

[51] 参见高丽丽：《被害人危险接受中的认识危险与阻却归责应用》，载《江汉论坛》2020 年第 2 期，第 143—144 页。

[52] Urteil des BayObLG vm 15. 9. 1989, NStZ 1990, 81.

其次，需要讨论的是被害人具有优势认知的情形。这里参照前述“泥地赛车同乘者死亡案”进行一些变动，即如果说被告人为提升自己的赛车技术，主动请求经验丰富的被害人同乘指导，那么此时被害人就不具有积极的态度而属于一种消极的同意。此时，被害人存在明显优于行为人的驾驶技术优势，在行为人实施危险的驾驶行为前的时间阶段，被告人对危险行为发生的因果力是远大于被害人的，而在危险行为实施的过程中，即使驾驶行为是由被告人通过物理的身体动作主要实施的，实际上也是在被害人的指导下进行的，所以可以说被告人是在被害人的因果力影响下进行驾驶的。因此，与被告人相比，被害人对于结果的发生具有更高的过错，此时应认定行为人的行为与结果之间介入了被害人风险支配这一异常因素，故行为人的行为与结果间不具有相当因果关系，不处罚行为人。简言之，在被害人具有优势认知的情况下，即使被害人对危险行为的实施所持的是一种被动的同意、接受的消极态度，也不应处罚行为人。

最后，需要讨论的是行为人与被害人都不具有优势认知时如何处理。在这种情形下，行为人与被害人对风险的支配能力可以视为相同而都具有相当因果关系，被害人的过错对于行为人的行为与结果而言贡献了相同的原因力。简言之，不够异常不足以阻却将结果归属于行为人，不能够否认行为人的可罚性；至多只能以此认定行为人的不法程度降低，在量刑阶段据此从宽处罚行为人。总之，本文体系化构建的可罚性判断标准如下（见图 1）。

本文观点的优势在于，较之于被害人承诺理论进路，本文观点能够合理避免陷入被害人完全自决权具备与否的个案判断、承诺效力全有全无地简单化论证以及主观责任要素的互斥性问题。一方面，本文的解释进路并不需要诸如被害人承诺理论去判断被害人单方承诺权限完备性对共同行为归责的全有全无式影响，而是在将双方视为“参与”的共同体下，添加了足以影响不法的（行为人、被害人）双方优势认知要件，使得归责更加精细化、多元化。另一方面，在犯罪论中，责任的归属划分应坚守由客观到主观、由客观决定主观的检验逻辑，表征不法的要素应力戒主观要素的影响；这既是对不法是相对客观、责任是相对主观原则的微观认定要求，也是对避免刑法恣意理念宏观方面的限制。亦即，在考量被害人承诺要件中的主观责任要素时，为何要验证被害人承诺效力存否的归责路径并不具备较高的稳定性和可察性；相反，双方优势认知的存

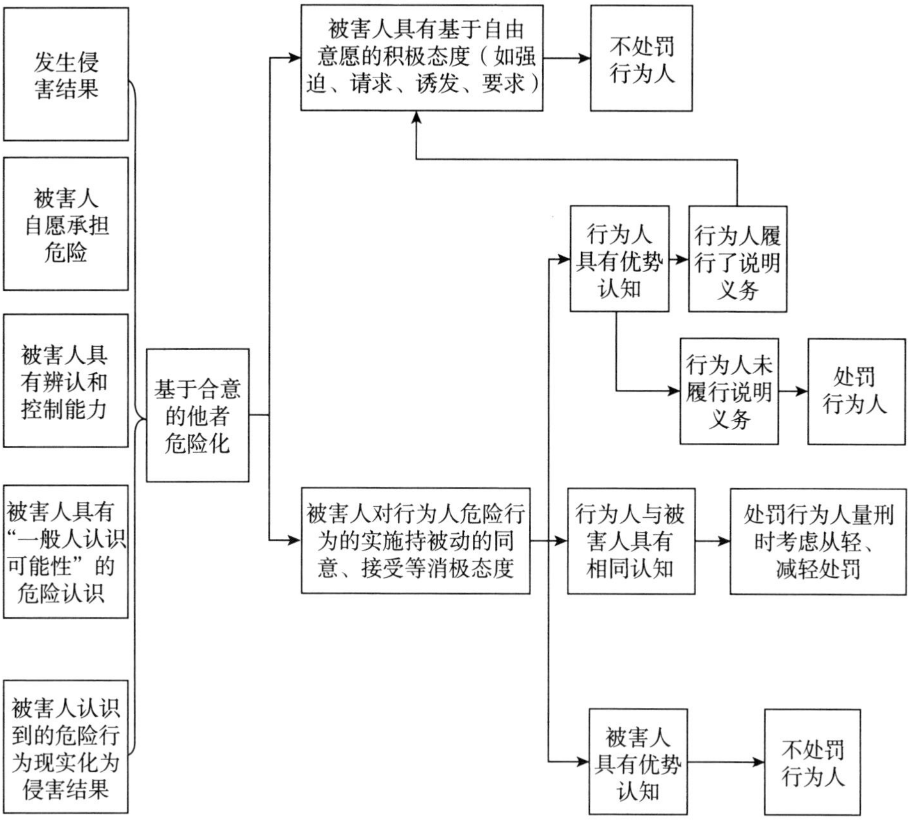

图 1 “基于合意的他者危险化”可罚性判断标准

否较之于主观责任要素的识别客观性尤为明显，且被害人承诺的责任要件面临的难点还在于传统对间接故意与过于自信过失的认定上。相应地，本文观点也能够避免陷入共犯从属性理论路径中过失狭义共犯被《刑法》第 25 条第 2 款否定的理论争议；较之于被害人动机说之进路，行为共同体优势认知的存否判断明显比被害人自陷危险的动机基准易于把握，且在传统刑法理论中，动机并不能够影响犯罪主观责任的认定，勿论对不法层面归责的影响。

本文观点可能受到的批判在于：较之于以行为支配性为标准进行判断的传统自我答责理论，其可能过于忽视对被害人的保护。实际上，本文在认定行为人的优势认知时，设定了更为严格的标准。根据传统观点，在“基于合意的他者危险化”的场合，当行为人不具有优势认知时，应当视作被害人自己实施了导致最终结果的行为，即归入“自己危险化的参与”，以此认为应由被害人自我答责。但是在被害人与行为人具有相同认知的场合，同样据此认定应将结果归属于被害人是不妥当的。按照传统的自我答责理论，此时行为人与被害人的关系可视为“共同正犯”，认定被害人自我答责；但是按照共同正犯理论来看，并不能以构成共同正犯为由排除任何一方的责任而仅将结果归属于被害人。简言之，在“被害人与行为人对危险具有相同认知”的情况下，从传统的自我答责理论来看，应由被害人自我答责；但从本文的立场来看，由于被害人与行为人的过错相当，所以不能当然排除行为人的责任。因此，与传统的自我答责理论相比，本文的观点亦非忽视对被害人的保护。

（三）本文可罚性判断标准的实务运用

其一，就前述案例一而言，首先，以一般人的角度站在被害人李某的立场进行判断，应当认为其作为专业人员具有认识到让顾客操作的危险和发生危害结果的可能性。其次，本案中一开始虽是被告人吴某某主动要求李某维修车辆，李某看似是持消极同意的态度，但在吴某某觉得危险时，作为专业维修工的李某一再坚持，并让吴某某帮忙，此时李某的态度实际上已经转为了积极的请求。因此，以本文的观点来看，应当将李某死亡的结果归属于李某自己。法院判处吴某某构成过失致人死亡罪但免予刑事处罚的做法显然只是将“基于合意的他者危险化”作为一种量刑规则来看待的，并不妥当。

其二，就前述案例二而言，郭某等 4 人在划船过程中基于自由意愿相约游泳，危险行为客观上主要是由被害人通过身体动作实施。即使李某甲交付救生衣后未督促 4 人穿戴，4 人在划船过程中也可能脱下，故李某甲唯一的过错系明知郭某 4 人没有成年人陪同而同意其划船，但从有利于被告人的角度来看，该过错与李某乙游泳溺死之间的原因力几可忽略不计，因此李某甲至多只能算是参与了郭某 4 人自己危险化的行为，故死亡结果应归属于郭某 4 人，而不能归属于李某甲，法院正确地认定了公诉机关指控罪名的错误。而法院认定李某甲构成重大责任事故罪主要是基于维护公共安全的目的，对李某甲违规同意郭某 4 人划船的行为做出的处罚，和“过失致人死亡罪”所要保护的法益并不相同，判决较为妥当。

其三，就前述案例三而言，以一般人的角度站在被害人班某的立场进行判断，并不能得出其具有认识到足球运动可能导致右眼失明的可能性，因此本事件不能被视为“基于合意的他者危险化”；又由于经过审查，吕某并未违反比赛相关规定，所以不能认定吕某构成犯罪而认定属于意外事件较为妥当。

五、结　语

德国、日本以及我国理论与实务界对“基于合意的他者危险化”问题的解决虽有诸多路径，但诸多理论进路均不能妥善解决其具体的可罚性标准问题。有鉴于此，本文在对诸多观点批判吸纳基础上，尝试以较为独立的视角构建了“基于合意的他者危险化”行为人可罚性判断的标准模型。以发生侵害结果、被害人自愿承担风险、被害人具有控制辨认能力、被害人具有“一般人认识可能性”的危险认识、被害人认识到的危险行为现实化为侵害结果作为前提条件。在具体展开中，若被害人具有基于自由意愿的积极态度则不处罚行为人；若被害人的态度是消极的被动接受、同意，则考虑行为人是否具有优势认知而分情况判断是否处罚行为人。若被害人具有优势认知，不处罚行为人；行为人具有优势认知且未履行告知义务，则处罚行为人，而履行了告知义务的则不处罚行为人；若双方具有相同认知，虽处罚行为人，但在量刑阶段可考虑从轻、减轻处罚。

初审编辑：王柳晴
校对编辑：徐蕴杰

论危险作业罪是过失危险犯

On the Crime of Dangerous Operations as
Negligent Dangerous Crime

高一鲁*

摘　要：将危险作业罪理解为过失的具体危险犯，是学界的少数说，却是更合理的主张。危险作业罪的规范目的是强化生产作业领域的安全制度刚性，提前规制危险。"过失论"更有助于实现该罪规范目的。在以刑制罪的观念指引下，"过失论"更好地贯彻了法益侵害与法律后果相适应之原则。认为危险作业罪是过失犯罪，既存在《刑法》第15条的文理依据，又具备设置过失犯的实质理由，因而不存在规范层面的解释论障碍。套用"模糊罪过说"解释危险作业罪难以成功；而以"行为故意+结果过失"和"危险故意+实害过失"为内容的两类"复合构造说"要么误解了《刑法》中故意概念的内涵，要么将分属不同罪名的危险犯和实害犯混为一谈，并不可取。

关键词：危险作业罪；过失危险犯；重大责任事故罪；以刑制罪；严而不厉

一、引　　言

近年来，随着立法者的积极行动，刑法保护前置化的现象并不限于恐怖主

* 高一鲁，北京大学法学院硕士研究生。

义犯罪、有组织犯罪等严重的犯罪类型，而且也包括业务犯，其中最为典型的就是安全生产类的犯罪。贝卡里亚指出："当恶果已成为无法挽回的事实之后，只是为了不使他人产生犯罪不受惩罚的幻想，才能由政治社会对之科处刑罚。"① 而"安全生产犯罪相较其他过失犯罪对事前预防理应有着更强烈的期待"②，因此，扩大安全生产犯罪的惩戒范围、提升安全生产犯罪的打击力度，逐渐成为共识。《刑法修正案（十一）》也正面回应了这一处罚需求，通过增设两个罪名发展和完善了我国的安全生产乃至公共安全立法。其中，第134条之一危险作业罪的增设具有特别意义。危险作业罪作为危险犯起着前置刑罚、严密法网的作用，自然没有疑问。但问题在于，其罪过形式究竟是故意还是过失？

对此，司法实践的态度并不明朗。在危险作业罪定罪量刑的生效裁判文书中，鲜有裁判者针对被告人对"发生重大伤亡事故或者其他严重后果的"现实危险的心理态度进行论证。极少数提及被告人主观心态的判决，也仅说明被告人对具体的三款"违反有关安全管理的规定"的行为具有所谓的"故意"，③ 对"现实危险"的主观心态则付之阙如。

刑法学界的通说也尚未形成。多数意见和主流看法均认为危险作业罪的罪过形式为故意，④ 而本文认为将危险作业罪理解为过失危险犯是更值得提倡的观点，暂称之为"过失论"。

---

① ［意］切萨雷·贝卡里亚：《论犯罪与刑罚》，黄风译，商务印书馆2018年版，第30—31页。

② 杨绪峰：《安全生产犯罪立法的体系性反思——以〈刑法修正案（十一）〉的相关修改为契机》，载《法学》2021年第3期，第54—55页。

③ 在"北大法宝"平台以"危险作业罪"为"案由"进行检索，共得到刑事案件147件；在此基础上在"全文"中检索"故意"或"过失"，仅得到一篇裁判文书，即吴某波危险作业案，浙江省舟山市中级人民法院（2022）浙09刑终71号刑事判决书。该案系最高人民法院2024年4月2日发布的5个依法惩治危害公共安全犯罪典型案例之一。其余案件的生效文书中，没有对被告人罪过形式的判断与分析。检索时间：2024年11月1日。

④ 参见周光权：《刑法各论》（第4版），中国人民大学出版社2021年版，第230页；陈兴良：《规范刑法学（上）》（第5版），中国人民大学出版社2023年版，第670页。

二、“过失论”的理论支撑

（一）“过失论”有助于实现本罪的规范目的

“规范目的”这一概念已然受到我国刑法学者的关注和重视。在刑法学研究中，一般认为，“规范目的”至少涉及三个内容迥异的场域：其一，指涉过失犯结果归属原理的规范目的；其二，指涉构成要件适用范围的规范目的（构成要件的适用范围说）；其三，指涉法益的规范目的。[⑤] 本文在法益保护的意义上基本使用规范目的这一概念。如果肯定犯罪的本质是侵害法益，那么也会认同刑法的目的至少是包括保护法益，这一点已是当代结果无价值和二元论的共识所在。[⑥] 进而，刑法条文（尤其是分则的罪刑规范）的规范目的，不仅是与“犯罪的侵犯客体或保护法益价值相当的概念”[⑦]，更是以保护法益为其核心内涵。

理解刑法分则所规定犯罪的保护法益，有客观主义和主观主义的解释路径，客观主义侧重于刑法分则条文客观上保护了什么法益，主观主义倾向于探寻立法者制定刑法分则条文是为了保护什么法益。围绕着主客观解释立场的分野，刑法学界形成了针锋相对的观点。不过，在立法者的主观意思具体可考的情况下，主观解释和客观解释是可能做到结论上的统一的。全国人大常委会法制工作委员会的负责同志在就《刑法修正案（十一）》作说明时指出：“这次修正案涉及六个方面……三是，刑事处罚阶段适当前移，针对实践中的突出情况，规定对具有导致严重后果发生的现实危险的三项多发易发安全生产违法违规情形，

---

⑤ 参见于改之：《法域协调视角下规范保护目的理论之重构》，载《中国法学》2021 年第 2 期，第 207—208 页。

⑥ 参见张明楷：《行为无价值论与结果无价值论》，北京大学出版社 2012 年版，第 56 页以下；周光权：《行为无价值论的中国展开》，法律出版社 2015 年版，第 136 页以下。

⑦ 黄京平：《危险作业罪的规范目的及其实现——〈刑法修正案（十一）〉的标志性立法实践》，载《北京联合大学学报（人文社会科学版）》2021 年第 2 期，第 2 页。

追究刑事责任。”[8] 可见，从立法意图的角度来说，危险作业罪的规定意在改变传统上对于安全生产仅进行事后规制的观念，将注重事前风险防范的理念在大数据时代通过刑事立法表现出来。而就危险作业罪的客观法益保护目的而言，学界也基本形成了一致的观点：这一危险犯的设置体现了信息时代刑法主动且适度地对危险行为进行提前规制，是刑法处罚早期化的具体体现，强化了日常生产、作业过程中安全制度的刚性，充分考虑了工业与信息化的深度融合、物联网技术发达、信息安全成为工业领域关注重点等问题，从注重功能安全的理念转向功能安全和信息安全并重，为安全生产提供了有力的法律保障。[9] 质言之，为了保护生产安全这一重大法益，刑法以积极姿态适当提前地介入生产作业活动，这正体现了本罪的规范目的。

将危险作业罪理解为过失犯罪更有利于规范目的的实现。刑法因期待避免安全生产事故，从而需要提前预防危险的发生。故引发《刑法》第 134 条之一所规定的“发生重大伤亡事故或者其他严重后果的”现实危险的各种情形都属于立法者意欲提早干预的现象。因此，将罪过形式局限于故意的做法必然与立法意图相违背。事实上，危险作业罪的罪过形式锚定的是危险从无到有直至达到紧迫程度的过程，至于该现实的具体危险如何发展为实害，以及在这个过程中主观要素的作用，是相应实害犯所要讨论的问题。而无论行为人是故意制造危险还是过失引发危险，现实危险一旦产生，便具有向实害结果发展的紧迫可能性。

理论和实践上虽然在危险作业罪的罪过形式上存在争议，但都无疑议地认为，在重大责任事故罪中，行为人对实害结果持反对态度、过失心态。如果行为人希望或者放任实害结果的发生，理应成立更重的犯罪。因此无法否认的是，在导致安全生产事故发生的因果链条上，行为人对现实危险向实害结果的发展过程往往持否定态度，对于实害结果发生的情况，《刑法修正案（十一）》之前

---

⑧ 李宁：《关于〈中华人民共和国刑法修正案（十一）（草案）〉的说明——2020 年 6 月 28 日在第十三届全国人民代表大会常务委员会第二十次会议上》，载《中华人民共和国全国人民代表大会常务委员会公报》2021 年第 1 号。

⑨ 参见周光权：《刑事立法进展与司法展望——〈刑法修正案（十一）〉总置评》，载《法学》2021 年第 1 期，第 24 页。

的罪名已足以规制。由此可见，引发危险的过程才是事故发生之关键，正是在这个意义上，立法者需进一步避免该现实危险之出现。因此，以实现规范目的为指导，故意犯、过失犯、实害犯和危险犯都可以被刑法规制。“从刑事政策的角度，将危险作业罪的主观罪过认定为故意，有助于缩小刑罚范围”⑩ 之类的观点恰恰是将缩小法网的判断作为前提，忽视了立法者增设危险作业罪的真正意图，对本罪刑事政策的理解上存在偏差。从方法论上来说，“缩小处罚范围”并非当然地可以作为解释论的出发点。真正决定刑事法网范围大小的，不仅是刑法理论，还有现实生活的实际需要。

有论者在谈及过失危险犯的罪过形式时指出：“如果增设过失危险犯，那么就必然导致出现公民行动萎缩的后果，从而限制乃至剥夺了公民的行动自由。”⑪ 这样的担忧其实并不是质疑“过失危险犯更有利于实现危险作业罪”的规范目的，而是在规范目的的实现和刑罚前置的弊端的权衡中提出的疑虑，因而可谓刑事立法中的比例原则问题。应当说，无论是过失犯还是危险犯，作为刑法的前置化扩大的主要方式，都势必限制公民的行动自由。但是，比例原则对过失危险犯的讨论所起到的作用是方法论意义上的、抽象的，增设新罪所带来的益处和弊端之间的权衡，应当具体而微地考量。

具体而言，本文认为：其一，刑法罪名的设置均会限制乃至剥夺公民在某一方面的行动自由，这是犯罪的质的规定性所决定的。过失危险犯或许对公民行动自由的限制更为严重，但这不足以成为否认过失危险犯的理由。其二，危险作业罪只涉及对特定从事安全生产人员行动自由的限制，并不会导致抽象的一般人权利之萎缩。如前所述，安全生产领域对于事故预防的期待十分强烈，这不仅是国家政策的指导方向，也是市民生活的殷切期盼；对生产作业活动进行适度提前干预，正是公民的共识所在。鉴于此，在原来的刑事法网的基础上为从业者附加更多的注意义务，是必要且合理的。其三，即使是在该事关公共安全的特殊领域，立法者对刑法的扩张也十分克制。虽然危险作业罪在体系定

---

⑩ 钱小平：《积极预防型社会治理模式下危险作业罪的认定与检视》，载《法律科学（西北政法大学学报）》2021 年第 6 期，第 119 页。

⑪ 杨绪峰：《安全生产犯罪立法的体系性反思——以〈刑法修正案（十一）〉的相关修改为契机》，载《法学》2021 年第 3 期，第 67—68 页。

位上有“兜底”之意，但《刑法》第134条之一并没有采取兜底式的规定，而是以叙明罪状的方式明确列举了三种危险作业行为。在我国的刑事立法实践中，很少有罪状达到了如此具体的程度。这既体现了罪刑法定的明确性要求，也为生产作业人员提供了清晰的指引，不至于使生产活动受到不合比例的限制。

或许有观点担忧，如果承认危险作业罪系过失危险犯，司法机关可能怠于对行为人的主观心态加以论证，从而导致本罪处罚范围的扩张。但从文章开头对危险作业罪司法实践的简单梳理中就已经能看出，即使按照危险作业罪是故意犯罪的主流观点，司法实务也不重视对故意的证明。这就说明，问题的关键不在于“过失论”会导致法网的不当扩张，而在于裁判者应当积极论证罪过的成立。事实上，只要司法机关准确把握过失犯的构成要件，就不会导致该罪的泛滥。例如，在客观归责方面应当排除结果归属，客观构成要件层面即出罪，无须讨论故意和过失的问题；没有结果预见义务或者结果回避义务的，不成立过失犯，该义务不能仅凭行为人具有安全生产人员的身份而径直确认，而要结合其工作岗位、工作职责等因素具体确定；没有结果预见可能性和结果回避可能性的，也不成立过失犯，要善于合理认定《刑法》第16条规定的意外事件和不可抗力。

总而言之，立法不能面对现实生活的实际需要而畏畏缩缩，而应当主动适应日益变化的法益保护的需要。将危险作业罪视为过失危险犯，有助于该罪规范目的的实现。

（二）“过失论”有助于贯彻法益侵害与法律后果相适应之原则

罪刑法定的实质侧面要求刑法规定具有适正性，即禁止处罚不当的行为、禁止残虐或不均衡的刑罚。换言之，在刑法中，罪刑均衡不仅面向司法活动，要求司法人员判处的刑罚与被告人所犯罪行和承担的刑事责任相适应；也面向立法活动，要求立法者为犯罪行为配置与其法益侵害性相当的法律后果（主要是刑罚）。立足于这一点，对于既有的刑法条文，法定刑的轻重也反映了犯罪行为的严重性——按照阶层论犯罪成立体系，即“有责的不法”的严重性。因而，在个罪的教义学考察中，“犯罪与刑罚的关系是双向而非单向的，刑罚由犯罪所产生，并对犯罪的认定起到能动的反作用”。此即“以刑制罪”或谓“量刑反制定罪”的基本含义。一言以蔽之，对构成要件的解释应当考虑立法者对犯罪设置的刑罚，使犯罪的危害性和犯罪的后果具有相当性。以此为出发点，“对轻罪的构成要件解释则可以适当宽缓，以周延保护法益”。[12] 考虑到危险作业罪较轻的法定刑，尤其是在和对公共安全的危险犯与实害犯对比的意义上，将危险作业罪解释为过失危险犯是符合罪刑均衡的实质要求的。

我国《刑法》第 114 条规定的放火罪是典型的故意危险犯。放火罪的成立要求具体的公共危险，即“致人重伤、死亡或者使公私财产遭受重大损失”的具体危险。而《刑法》第 134 条之一规定的危险作业罪则以具有“发生重大伤亡事故或者其他严重后果的”现实危险为成立之必要条件。“现实危险”的表述方式在刑法分则的典型罪刑规范中是第一次出现（此外仅在《刑法》第 449 条关于战时缓刑制度的规定中有“现实危险”的表述），进而可以认为，立法者并未将此危险抽象化，而是要求司法人员在具体案件中进行个案审查，判明行为人的危险作业行为是否导致了“发生重大伤亡事故或者其他严重后果”的现实存在的、具体的、对生产活动产生紧迫威胁的危险。既然同为具体危险，“致人重伤、死亡或者使公私财产遭受重大损失”的具体危险与“发生重大伤亡事故或者其他严重后果”的具体危险在所威胁的法益性质以及对法益的威胁程度上是否有区别呢？本文认为，此两种具体危险都关涉不特定多数人的生命、身体以及重大财产安全，具有“质”和“量”上的相似性。

首先，《最高人民法院 最高人民检察院关于办理危害生产安全刑事案件适用法律若干问题的解释》（以下简称《生产安全案件解释》）第 6 条第 1 款规定：“实施刑法……规定的行为，因而发生安全事故，具有下列情形之一的，应当认定为‘造成严重后果’或者‘发生重大伤亡事故或者造成其他严重后果’……：（一）造成死亡一人以上，或者重伤三人以上的；（二）造成直接经济损失一百万元以上的；（三）其他造成严重后果或者重大安全事故的情形。”

[12] 关于以刑制罪（量刑反制定罪）观念，参见梁根林：《现代法治语境中的刑事政策》，载《国家检察官学院学报》2008 年第 4 期，第 159—160 页；付立庆：《以刑制罪观念的展开、补充与回应——兼与叶良芳教授等否定论者商榷》，载《东南大学学报（哲学社会科学版）》2018 年第 4 期，第 80 页。

这是对《刑法》第134条中“发生重大伤亡事故或者其他严重后果”的有权解释。本文认为，在《刑法修正案（十一）》颁行后，这一解释也应适用于第134条之一。理论界和实务界虽然在危险作业罪与重大责任事故罪的关系上存在分歧，但无论是认为二者系基本犯和加重犯的关系，[13] 还是危险犯和实害犯的关系，[14] 都不否认危险作业罪中的危险正是造成重大责任事故的前因。换言之，引发重大责任事故的危险就是危险作业罪中的构成要件结果。因此，《刑法》第134条之一所规定的具有“发生重大伤亡事故或者其他严重后果的”现实危险中的“重大伤亡事故或者其他严重后果”，当然也就需要遵照上述司法解释加以理解。

其次，《最高人民检察院 公安部关于公安机关管辖的刑事案件立案追诉标准的规定（一）》第1条规定：“过失引起火灾，涉嫌下列情形之一的，应予立案追诉：（一）造成死亡一人以上，或者重伤三人以上的；（二）造成公共财产或者他人财产直接经济损失五十万元以上的……（五）其他造成严重后果的情形。”这是对《刑法》第115条中“致人重伤、死亡或者使公私财产遭受重大损失”的有权解释。而《刑法》第134条正是要求存在造成重大伤死亡和重大损失的具体危险。由此，可以看出：在生命、身体、公私财产三个“质”的方面，“致人重伤、死亡或者使公私财产遭受重大损失”与“发生重大伤亡事故或者其他严重后果”都具有基本相同的“量”。

最后，由于第114条和第134条之一均为具体危险犯，那么两罪的客观结果（即对上述结果的具体危险）的不法程度也就基本相同。这里需要回答的问题是，为何从发生安全事故和危害公共安全的“质”和“量”相同，就能推导出两种相应的具体危险在“质”和“量”上也相同？对这一问题的回答，将影响本文结论的说服力。对此，应当从两方面看待。一方面，无论是参与立法人士所作的说明，还是学说上的绝对多数，抑或实务中的代表性做法，都认为危险作业罪中的危险是现实紧迫的危险，而非一般意义上的危险，更非注重行为

---

⑬ 参见何萍、金鑫：《危险作业罪的法教义学分析》，载《青少年犯罪问题》2023年第3期，第70页。

⑭ 参见杨绪峰：《安全生产犯罪立法的体系性反思——以〈刑法修正案（十一）〉的相关修改为契机》，载《法学》2021年第3期，第65页。

手段的“抽象危险”。[15]“‘现实危险’的本质应当是客观存在且接近严重后果的具体危险状态”，[16] 这恰恰和对“具体危险”的通常理解相一致。因此，有理由认为，对公共安全的具体危险犯和危险作业罪中的危险程度是相同的。另一方面，本文并不否认，根据犯罪的不同性质和实践的不同需要，对于“具体危险”的程度也可以作出各异的理解。[17] 但是，危险作业罪和重大责任事故罪、失火罪等罪同属对公共安全的犯罪，在性质上具有相似性，而且相较于失火罪等犯罪而言，危险作业罪属于业务犯，立法者对生产作业中安全性的期待只会更高。因此，难以得出危险作业罪中的“现实危险”明显轻于公共安全的“具体危险”的结论。

要言之，基于法定刑比较的视角，我们就能从立法者为两罪配置的法定刑的量出发，反推两罪在主观心态层面的区别。一方面，危险作业罪的法定刑（1 年以下有期徒刑、拘役或者管制）明显低于《刑法》第 114 条规定的放火罪的危险犯的法定刑（3 年以上 10 年以下有期徒刑）。而前文证明了，二者对于法益的客观威胁程度在质和量上没有区别。于是，为了解释两罪在法定刑配置上的显著差异，只能认为危险作业罪的主观不法程度或主观可谴责性低于作为故意危险犯的放火罪，因而将危险作业罪的罪过形式理解为过失是可能的。另一方面，危险作业罪的法定刑亦明显低于《刑法》第 115 条第 2 款规定的失火罪以及第 134 条第 1 款规定的重大责任事故罪（二者均为过失实害犯，且法定刑均为“三年以上七年以下有期徒刑”“三年以下有期徒刑或者拘役”两档）

---

⑮ 参见王爱立主编：《中华人民共和国刑法条文说明、立法理由及相关规定》，北京大学出版社 2021 年版，第 432—433 页；肖先华、管军军：《危险作业罪司法适用问题研究》，载《中国检察官》2024 年第 3 期，第 29 页以下；杨绪峰：《危险作业罪的实务观察与理论检视》，载《北京理工大学学报（社会科学版）》2024 年第 1 期，第 148 页以下；吕梅、何露：《危险作业罪与非罪的认定与把握》，载《人民检察》2023 年第 2 期，第 61 页以下；王志远、李高伦：《“规范的客观危险说”立场下危险作业罪的实质认定》，载《河北法学》2023 年第 11 期，第 116 页以下。

⑯ 邹兵、黄政乔：《论危险作业罪中的“现实危险”》，载《北京联合大学学报（人文社会科学版）》2023 年第 4 期，第 105 页。

⑰ 例如，德国学者在具体危险犯和抽象危险犯的二分法基础上提出了更多类型的危险程度。Vgl. Frank Zieschang，Die Gefährdungsdelikte，1998，S. 53ff. 而且显而易见的是，我国理论界和实务界尚未接受这种做法。

的法定刑。考虑到公共安全领域的故意危险犯的法定刑均略高于过失结果犯（例如，第114条规定的放火罪的法定刑高于第115条第2款规定的失火罪），如果将危险作业罪定位为故意危险犯，则作为故意危险犯的危险作业罪的法定刑反而显著低于相应过失实害犯的法定刑，势必会造成体系解释上的不协调。如此一来，只有将危险作业罪定位为过失危险犯，才是合适的。

一言以蔽之，本文以“以刑制罪”观念为基础，以实现罪刑均衡为目标，通过不同犯罪的法定刑比较，确定了危险作业罪的主观罪过。

表1 以法定刑之比较“反制”主观罪过之确定

第134条之一	第114条	前提	结论
1年以下有期徒刑、拘役或者管制	3年以上10年以下有期徒刑	两罪中作为结果要件的“危险”具有“质”和“量”上的相似性	危险作业罪的罪过轻于作为故意危险犯的放火罪
第134条之一	第115条第2款 第134条第1款	前提	结论
1年以下有期徒刑、拘役或者管制	3年以上7年以下有期徒刑、3年以下有期徒刑或者拘役	过失实害犯的法定刑相近且略低于相应故意危险犯的法定刑	危险作业罪的罪过形式不是故意

此外，对行、刑协调的追求，本质上也是为了贯彻处罚的均衡性。如果过失引起“发生重大伤亡事故或者其他严重后果的”现实危险的行为应当由行政法予以规制，那么对这一行为科以刑罚就是不均衡的。但是本文认为，“过失论”并不会导致与“行、刑二元处罚体制”的冲突。具体而言，“二元处罚体系下，无论是没有结果的过失还是仅具有抽象危险的行为，一般都应作为行政处罚的对象，但是，基于对公共安全等重大法益保护的预防性要求……将‘没有造成结果的过失’进行刑法评价”⑱，仍然是更为妥当的主张。

应当指出，对危险作业罪的行政规制原本就处于力度不足、效果欠佳的境地。《治安管理处罚法》没有对危险作业行为作出专门规定，对生产作业的规

⑱ 于冲：《二元处罚体系下过失危险犯的教义学考察——以妨害传染病防治罪为视角》，载《法学评论》2020年第6期，第101页。

制主要规定在《安全生产法》和《突发事件应对法》中。然而，根据上述法律的规定，对于危险作业相关行为，可能给予的处罚只包括降级或撤职处分、责令（限期）改正、责令退还相关费用、责令停业整顿、没收违法所得以及罚款，除此以外均为指引性的处罚条款。由此可见，行政法对危险作业的处罚方式不包括人身自由罚，与以自由刑为主的刑罚仍存在明显的“中间地带”，造成了不容忽视的处罚间隙。⑲ 鉴于我国对“成文的罪刑法定”贯彻得较为严格，行政法难以提升其处罚力度或者设置附属罪刑规范进而达到限制乃至剥夺公民自由的程度。因此，刑事法网主动扩张，对生产作业活动进行预防性规制，则显得合理且必要。况且，相对于设置过失的抽象危险犯，肯定危险作业罪作为一种过失的具体危险犯，且限定三种特定行为模式，已然体现了刑事法网扩张的克制与理性。

有反对者指出，“这种立法状况（指没有过失危险犯的立法），和我国所特有的行政处罚与刑事处罚的二元处罚体制具有密切的相关性。考虑到这一现实，也不宜草率地主张增加过失危险犯”⑳。然而，必须强调的是，过失危险犯的增加不是抽象的、一般的，而是具体的、例外的。一方面，由于行政法相较于刑法对安全生产作业规制的范围更广、更为提前，因此，《刑法》第 134 条之一明确规定的三类特定行为，不宜在行政法尚未对危险作业行为进行一般性规制的情况下，直接作为行政法处罚的对象，否则既没有弥合行政处罚和刑罚之间的“鸿沟”，也会导致行政法体系内部的不协调。更为合适的解释只能是，刑法针对极小范围的过失危险作业行为设置罚则。另一方面，行政法和刑法对于安全生产活动的规范目的并无冲突，均是旨在要求相关主体依法依规依章作业，进而保护生产安全。在这种情况下，谨慎扩大刑事法网以预防重罪、消弭漏洞，是更为务实的立法方案。总之，反对者所谓的“‘我国存在二元处罚体制的’

---

⑲ 顺便指出的是，我国立法中行政处罚与刑罚处罚衔接不畅乃至断层的现象大量、长期存在。尤其是，《刑法》新增的违法行为与其他部门法上相对应的违法行为的处罚严厉程度相差太大。这不是单纯“轻刑化”能够解决的问题。放任法网疏漏的后果，是司法者将原本应该以行政违法、民事不法论的行为以犯罪论处；换言之，刑事立法的缺位可能不仅不会导致刑法限缩，反而引发刑法法网的不当扩张。

⑳ 杨绪峰：《安全生产犯罪立法的体系性反思——以〈刑法修正案（十一）〉的相关修改为契机》，载《法学》2021 年第 3 期，第 67 页。

这一现实”并不能支撑全盘否认过失危险犯的观点。

三、“过失论”的规范依据

(一)“过失”的文理依据:“法律有规定”与“‘可能’发生”

根据我国《刑法》第 15 条的规定，应当预见自己的行为可能发生危害社会的结果，因为疏忽大意而没有预见，或者已经预见而轻信能够避免，以致发生这种结果的，是过失犯罪。据此，危险作业罪中的过失，是指应当预见自己的危险作业行为（关闭、破坏直接关系生产安全的监控、报警、防护、救生设备、设施，或者篡改、隐瞒、销毁其相关数据、信息的行为；因存在重大事故隐患被依法责令停产停业、停止施工、停止使用有关设备、设施、场所或者立即采取排除危险的整改措施，而拒不执行的行为；涉及安全生产的事项未经依法批准或者许可，擅自从事矿山开采、金属冶炼、建筑施工，以及危险物品生产、经营、储存等高度危险的生产作业活动的行为）可能具有“发生重大伤亡事故或者其他严重后果的”现实危险，因为疏忽大意而没有预见，或者已经预见而轻信能够避免，以致发生这一“现实危险”的主观心态。

刑法的文理规定，是证立过失犯的首要基础。处罚过失犯限于刑法的明文规定，这既是罪刑法定的必然要求，也是《刑法》第 15 条第 2 款“法律有规定”的应有之义。因此，如欲承认过失危险犯，则必须厘清“法律有规定”的含义。应当指出，“法律有规定”并不限于显性规定，从文理解释的角度出发，刑法分则明文采用“过失”表述的，以及采取诸如“发生重大事故”“严重不负责任”“玩忽职守”等文字的，都可以认为是“法律有规定”的过失犯罪。[21]因此，如果能对刑法条文进行文理解释，使得过失犯罪进入语义范围，那么就不能以法无规定为由径直否定过失危险犯。一言以蔽之，根据具体条文的文理，能够合理认为法律规定了过失犯的构成要件时，就属于“法律有规定”的过失犯罪。因此，以“发生重大伤亡事故或者造成其他严重后果”为构成要件结果的重大责任事故罪被当然认为是过失犯罪。因为，“事故”是指“意外”发生

---

[21] 参见张明楷:《刑法学（上）》（第 6 版），法律出版社 2021 年版，第 369—370 页。

的事件，[22] 是行为人“不意误犯”导致的结果，由此，具有“发生重大伤亡事故或者其他严重后果的”现实危险的规定也表明了本罪的过失构造。这是因为，在发生事故的场合，行为人对违规的生产行为可能具有明知，甚至可能对违反有关安全管理的规定的行为所导致的抽象危险具有明知（正如一般人都知道不按要求操作生产设备可能导致安全事故一样），但从行为人对实害结果的发生持否定态度出发，行为人一般不可能对发生重大伤亡事故的现实、紧迫的危险持希望或者放任的心态；如后所述，行为人对“发生重大伤亡事故或者其他严重后果的”现实危险具有放任乃至希望的心态的，可以成立《刑法》第 114 条规定的犯罪。因此，从文理解释的角度出发，危险作业罪符合过失犯“法律有规定”的要求。

此外，过失犯的文理规定，还要体现与故意犯的区别。或许有观点认为，考虑到《刑法》第 14 条与第 15 条分别使用了“会发生”与“可能发生”的不同表述，能否将包括“现实危险”在内的危险状态理解为第 15 条中“可能发生”的结果就是存在疑问的。本文认为，“危险”不仅可以是第 14 条中“会发生”的结果，也可以是第 15 条中“可能发生”的结果。问题的症结不在于危险和实害在结果要件上的区别，而在于故意与过失在认识因素上的交叉。事实上，在间接故意的场合，行为人并非认识到自己的行为一定会发生危害社会的结果，[23] 否则就谈不上“听之任之”的放任心态；甚至持直接故意的行为人也可能认识到，自己的行为可能无法产生相应的结果，但其希望这种结果的发生。因此，至少间接故意与过于自信的过失在认识因素上是有重合的，二者的区别更多体现在意志因素。既然如此，就不能从“会发生”和“可能发生”的语词区别中得出具体危险只能是故意犯的结果这一结论。事实上，行为人实施《刑法》第 134 条之一规定的行为时，虽然明知自己的行为样态，但只是认识到“现实危险”可能发生，而恰恰是对“现实危险”的可能知道但持排斥的态度，

---

[22] 《现代汉语词典》对“事故”的解释为“意外的损失或灾祸（多指在生产、工作上发生的）”。中国社会科学院语言研究所词典编辑室编：《现代汉语词典》（第 7 版），商务印书馆 2016 年版，第 1194 页。

[23] 参见高铭暄、马克昌主编：《刑法学》（第 10 版），北京大学出版社、高等教育出版社 2022 年版，第 105—106 页；张明楷：《刑法学（上）》（第 6 版），法律出版社 2021 年版，第 344 页。

体现了过失的认识因素和意志因素。

（二）“过失”的实质理由：过失、危险与故意、实害的对应关系

根据责任主义的要求，如果将某种犯罪确定为过失犯罪时，并无对应的故意犯罪，那么，这种确定结论就不具有妥当性。故意犯罪的不法程度和非难可能性程度重于过失犯罪，因而在客观事实相同或基本相同的情况下，不应出现非难可能性小的行为构成犯罪，非难可能性大的行为反而不构成犯罪或者也只能以过失犯处罚的局面。[24] 由此得以说明处罚过失犯的实质理由，也得以确立过失犯应当有对应的故意犯、危险犯应当有对应的实害犯的法理。因此，为了证成危险作业罪是过失犯罪，应当找到《刑法》中与之对应的故意犯罪。本文认为，危险作业罪对应的故意犯罪为《刑法》第114条规定的危害公共安全类犯罪。成立《刑法》第114条所规定的犯罪，需要行为产生“致人重伤、死亡或者使公私财产遭受重大损失”的具体危险；而危险作业罪中的“现实危险”主要是指已经出现了紧迫的重大险情，虽然最终没有发生重大严重后果，但之所以没有发生，有的是因为被及时制止了，有的是因为开展了有效救援，有的完全是因为偶然性的客观原因，对这种“千钧一发”的危险才能认定为具有“现实危险”。[25] 而《生产安全案件解释》更是将“重大伤亡事故或者其他严重后果”限定在与危害公共安全的犯罪所要求的实害结果相当的范围内。由此可见，立法和司法意见都认为“发生重大伤亡事故或者其他严重后果的”现实危险与“致人重伤、死亡或者使公私财产遭受重大损失”的具体危险具有相当的质和量，因此，对于故意造成该“现实危险”的违规作业行为，按照《刑法》第114条定罪处罚是合乎法理的。

关于危险作业罪所对应的实害犯，本文认为是重大责任事故罪。具体而言，重大责任事故罪是危险作业罪的结果加重犯。在罪过形式层面，结果加重犯的成立要求行为人对基本犯持故意或者过失，对加重结果至少有过失。《刑法》第134条规定的重大责任事故罪要求“重大伤亡事故或者造成其他严重后果”

---

[24] 参见张明楷：《刑法学（上）》（第6版），法律出版社2021年版，第370页。

[25] 参见王爱立主编：《中华人民共和国刑法条文说明、立法理由及相关规定》，北京大学出版社2021年版，第432—433页。

的现实发生，且行为人对该实害结果持过失；如果危险作业罪的行为人因过失造成上述现实危险进而产生相应实害结果，那么就要按照重大责任事故罪定罪处罚。

这里需要说明两点。第一，如果行为人对“发生重大伤亡事故或者其他严重后果的”现实危险持故意，对实害结果持过失，不成立重大责任事故罪而成立《刑法》第 115 条规定的犯罪。这是因为，既然危险作业罪对应的故意犯——《刑法》第 114 条规定的危害公共安全类犯罪法定刑最低为 3 年有期徒刑，而重大责任事故罪的基本法定刑为 3 年以下有期徒刑，那么将重大责任事故罪作为《刑法》第 114 条的结果加重犯是违背罪刑均衡原则的。从实质理由出发，刑法之所以为重大责任事故罪配置较轻的法定刑，就是考虑到行为人对紧迫的现实危险和最终的实害结果均持一种否认的态度：一方面，相对于《刑法》第 114、115 条的危害公共安全的犯罪而言，重大责任事故罪由于主观上的过失心理而法定刑更轻，如果行为人对该具体危险持故意，那么应当以重罪论处；另一方面，相比于《刑法》分则规定的其他过失犯罪，重大责任事故罪的法定刑无疑是较重的，这其实反映了立法者对安全生产更强烈的期待，因而为生产作业人员提出了更严格的义务。

第二，危险作业罪不能作为重大责任事故罪的未遂犯论处。刑法学界基本无异议地认为，过失犯罪不存在犯罪的未完成形态。“过失犯罪由于行为人主观上具备的不是故意危害社会的心理而是过失致害的心理，刑法又限定对过失危害行为而言基本上是只有发生危害结果且分则条文有明文规定的才构成犯罪，因而过失犯罪不可能存在犯罪的预备、未遂和中止形态，这些未完成犯罪的形态不具备法定的危害结果。”[26] 本文同样认为，过失犯罪的心理状态决定了其不可能成立犯罪的特殊形态。但是，能否以此为由否认过失危险犯的成立，则值得讨论。反对理由在于，承认过失危险犯的入罪必然导致承认“过失未遂犯”的存在，换言之，过失危险犯存在向“过失未遂犯”异化的风险。诚然，刑法在规定过失危险犯的情况下也会规定相应的过失实害犯，那么从逻辑上讲，前

---

[26] 高铭暄、马克昌主编：《刑法学》（第 10 版），北京大学出版社、高等教育出版社 2022 年版，第 143 页。也正因如此，刑法教科书一般都采用“故意犯罪的未完成形态/停止形态”作为章节标题。

者就是后者的未遂形态（当然，需要满足犯罪成立的其他条件）。但是应当看到，立法者之所以对过失危险犯单独、例外、少量规定，正是考虑到了对过失犯罪不应处罚未遂的原则，于是通过危险犯立法的方式极其克制地承认过失危险犯。质言之，过失危险犯和过失实害犯的未遂/既遂关系只可能是逻辑上的，而不可能是法律适用上的。过失危险犯的立法例实则是在过失犯不处罚未遂的原则之外考虑到社会生活的实际需要而设置的一种特别规定，因此也可谓一种犯罪形态上的拟制。毕竟，立法应当对国民负责而非为理论服务，立法走在理论之前实乃正常之事。

由此，危险作业罪原本在逻辑上可以被视作重大责任事故罪的未遂犯，刑法为此单独设置罪刑规范的做法表明，解释者只能将危险作业罪视作一种既遂犯而非重大责任事故罪的未遂犯。归根结底，作此理解的理由在于贯彻罪刑法定原则：对于刑法已经明文规定的“未遂犯的既遂化”行为，不应再作为未遂犯处理。“未遂犯的既遂化”作为一种法律拟制现象，其实是法律文本对演绎逻辑的一种例外性的否定，要求司法者优先适用立法创设的特别规则（即将未遂犯既遂化的具体罪刑规范），而非仍然适用总则关于未遂犯的一般性处罚规定。换言之，作为结果加重犯的犯罪与作为基本犯的犯罪应当严格区分，不能混淆。要言之，立法者以立法的方式明确否认了作为过失未遂犯的危险作业罪，断绝了其成立重大责任事故罪的未遂犯这种逻辑上的可能。因此，论者可能就“过失未遂犯入罪”提出的疑问其实并不成为问题。

四、可能的质疑、其他的方案与本文的回应

由于过失危险犯概念的争议问题，将危险作业罪视作过失危险犯的观点受到了一些质疑。此外，学界也有关于本罪罪过形式的其他方案。下文将对此作出回应。

（一）过失犯中的“结果”之澄清

有反对者以“过失犯的结果本位”为基调，否认过失犯的成立以危险为条件的可能性。这类观点认为，从我国《刑法》第15条第1款关于犯罪过失的定

义来看，过失犯必然要求“危害社会的结果”发生，因而是“结果本位”的，故危险犯中的“过失”不可能符合我国《刑法》的规定。[27] 但根据基本的文义解释，发生危险和发生实害都是可以成立的动宾组合，因此，将危险理解为一种结果并不偏离《刑法》第 14 条中“这种结果发生”和《刑法》第 15 条中“发生这种结果”的文义。时至今日，更多的观点都已经意识到“危害社会的结果”并不限于实害。如果将结果界定为实害结果，那么无论是故意犯罪还是过失犯罪，都必须将实害的发生作为认识的对象，但这显然不符合我国的立法情况；如果将结果视作构成要件结果，则又回到了“危险是否属于构成要件结果”的问题上。

为此，应当阐明“危险”的含义。从一般意义上说，危险可分为“行为的危险”与“作为结果的危险”。行为的危险，是指行为本身所具有的导致实害结果发生的可能性，因而是行为的一种属性；作为结果的危险（危险结果），是指行为所造成的对法益的威胁状态。根据这种划分，行为的危险是行为的属性，不属于结果；作为结果的危险，是行为所造成的法益侵害随时可能发生的现实状态，因而属于结果。[28] 危险作业罪中，行为人所需要认识的危险并非行为本身的危险，而是“发生重大伤亡事故或者其他严重后果的”现实危险，是一种对法益具有现实紧迫威胁的危险。因此，危险作业罪中的危险应当归属于构成要件结果。从这个角度来说，“结果本位”与过失犯并无什么特别联系，因为无论是什么罪过形式的犯罪，其既遂犯之成立都以“危害社会的结果”发生为前提。只不过，以对法益的现实侵害作为构成要件结果（进而作为处罚根据）的犯罪属于实害犯，以对法益侵害的危险作为构成要件结果（进而作为处罚根据）的犯罪属于危险犯。

（二）对“模糊罪过说”的反思

可能会有反对者赞同模糊罪过说，即主张无论行为人对“发生重大伤亡事故或者其他严重后果的”现实危险持故意还是过失的主观心态，均可以成立危

[27] 参见侯国云：《过失犯罪论》，人民出版社 1993 年版，第 83—84 页。

[28] 参见张明楷：《刑法学（上）》（第 6 版），法律出版社 2021 年版，第 213 页。

险作业罪，亦即本罪的“罪过形式为一种模糊罪过，类似于结果加重犯中的至少过失”[29]。模糊罪过说的讨论集中于污染环境罪、滥用职权罪等犯罪中，且往往限定于法定犯。对危险作业罪持模糊罪过说的可能理由是：其一，模糊罪过说类似于一种“至少过失”，在我国《刑法》中，结果加重犯的成立要求行为人对加重结果至少持过失，因而有这种立法的先例；其二，在我国《刑法》分则中，有一些条文将故意犯罪和相应的过失犯罪并列规定，并设置了相同的法定刑，这种立法例从实质上肯定了模糊罪过的观点；其三，模糊罪过说可以减轻证明负担，提高追诉效率，契合了强调处罚效率的法定犯时代的要求；[30] 其四，将危险作业罪的罪过形式界定为过失，不利于处罚共同犯罪，难以追究相关主管人员或责任人员的刑事责任。

本文不赞同模糊罪过说，上述可能的反对理由事实上也难以成立。

首先，结果加重犯的成立要求行为人对加重结果至少有过失，与危险犯基本犯的成立要求行为人对危险至少有过失并不是同一原理。结果加重犯是结果责任的残余，之所以肯定其合理性，是因为行为人已经严格符合了基本犯的成立条件，在此基础之上才能进行结果关联和责任归属。此外，基本犯与相应的结果加重犯具有类型化的常发性，因而有从严打击的必要，而且学界基本上主张对于加重结果的归属应当作出更为严格的限制。质言之，结果加重犯不等于“基本犯＋模糊罪过的加重犯”的简单组合；行为人不构成基本犯的场合，该模糊罪过的加重结果并无特别意义。[31] 因此，对于危险作业罪这一本身处于基本犯地位的犯罪而言，认为其罪过形式系“至少有过失”，是将结果加重犯中行为人对加重结果的主观心态这一特别原理、例外规则予以一般化、原则化的推广，并不妥当。

---

[29] 陈洪兵：《模糊罪过说之提倡——以污染环境罪为切入点》，载《法律科学（西北政法大学学报）》2017 年第 6 期，第 89 页。

[30] 参见名山县恒达化工厂、林某等重大环境污染事故案，四川省雅安地区中级人民法院（1999）雅刑终字第 59 号刑事判决书。

[31] 例如，奸淫幼女造成幼女伤害的，处 10 年以上有期徒刑、无期徒刑或者死刑。但不可能据此认为，行为人过失或者故意致使幼女伤害的，处“十年以上有期徒刑、无期徒刑或者死刑”减去作为奸淫幼女型强奸罪基本犯的“三年以上十年以下有期徒刑，从重处罚”之后剩下的刑罚差值。这是违背罪刑均衡原则的。

其次，以我国《刑法》分则中不乏故意犯与过失犯并列规定且适用同一法定刑的立法例为由，认为危险作业罪是模糊罪过的观点亦存在不合理之处。例如有观点认为："这类规定（指故意犯与过失犯的法定刑相同的规定——引者注）并非立法者一时头脑发热的'涂鸦之笔'……（而是）充分说明在某些犯罪的认定处理上，没有必要严格区分故意与过失。"[32] 然而，之所以认为故意、过失都可以成立某条文规定的犯罪，是因为刑法的文理规定；故意犯与过失犯的法定刑是否相同，与一个犯罪能否同时由故意与过失构成，显然是两个不同的问题。因此，不能因为刑法中有的法条对故意犯与过失犯规定了相同的法定刑，就认为危险作业罪的法定刑既适用于故意犯，也适用于过失犯。[33] 更何况，从立法论的角度说，为故意犯和过失犯设置相同的法定刑，不可避免地会违背罪刑均衡原则，即使司法人员会在宣告刑的裁量上作出区别，但这样的立法例必然会使法定刑所具有的违法性宣示、行为指引的功能有所减损。

再次，法定犯时代强调追诉效率，并不意味着法定犯不需要严格区分故意与过失。故意与过失的法定犯在伦理上的可谴责性差异不大的原因不在于罪过形式，而在于法定犯原本就在一定程度上脱离了道德伦理，主要受行业规范的约束。事实上，无论是自然犯还是法定犯，罪过形式的差异决定了其非难可能性的区别（如果将罪过形式作为构成要件要素之一，则体现了违法性的差别）。不仅如此，罪过形式还和刑罚的预防目的密切相关。因此，法定犯的罪过形式之模糊，实则混淆了诸多范畴。

最后，诚然，安全生产领域的行为主体众多，涉及共同犯罪的场合较为常见，因此，将危险作业罪视作故意犯罪有利于打击共同犯罪。但是，我国所有的过失犯罪都面临这一问题，论者并不会因此将我国所有犯罪的罪过形式都确定为故意。事实上，如果肯定处罚过失共同犯罪的必要性，应从刑法教义学寻

---

[32] 陈洪兵：《模糊罪过说之提倡——以污染环境罪为切入点》，载《法律科学（西北政法大学学报）》2017 年第 6 期，第 96 页。

[33] 参见张明楷：《污染环境罪的争议问题》，载《法学评论》2018 年第 2 期，第 17 页。

找解释出路,[34] 而非诉诸个罪的罪过形式。事实上，就处罚监督、管理人员而言，运用监督过失理论已经能较好地解决该类问题。

（三）对两类“复合构造说”的批评

与模糊罪过说将故意、过失同时安放在“危害社会的结果”上不同，复合构造说试图将故意、过失分别分配给行为和结果，或者危险和实害。由此，复合构造说具有两类形态:其一，认为危险作业罪是“对基础行为持故意，对具体危险持过失”，因而认为本罪是故意犯/过失犯（“行为故意+结果过失”构造）；其二，认为危险作业罪是“对具体危险持故意，对后来发生的实害持过失（即相应的过失实害犯）”，因而认为本罪是故意犯（“危险故意+实害过失”构造）。本文不赞成这两类说法。

一方面，“行为故意+结果过失”之复合构造[35]与《刑法》第14、15条的规定存在抵牾。如前所述，过失犯中“危害社会的结果”并非确指实害结果，而是指作为过失犯构成要件要素的、行为人应当预见的结果。换言之，危险作业罪中的构成要件结果，是指“发生重大伤亡事故或者其他严重后果的”现实危险。认为行为人进行危险作业行为是故意的，因而本罪属故意犯罪的观点混淆了日常生活中的“故意”与刑法中故意的关系，在故意的认识对象上产生了理解的偏差。例如，交通肇事罪的行为人对自己违反交通运输法规的行为往往存在明知，但该罪仍是过失犯罪，行为人对行为的明知并不直接决定故意的成立。事实上，以学界公认为过失犯罪的重大责任事故罪为例，行为人对“违反有关安全管理的规定”的生产作业行为也完全可能是明知的。总之，“对行为具有明知”与“犯罪的罪过形式是故意”之间，还存在距离；本质上讲，“行为故意”是个伪概念。

值得说明的是，我国《刑法》中的一些故意犯对某种“结果”的发生仅需

---

[34] 参见张明楷:《刑法学（上)》(第6版)，法律出版社2021年版，第544—546页；何庆仁:《共同犯罪的立法极限——以我国刑法中的共同过失犯罪为中心》，载《法学》2018年第8期；刘明祥:《区分制理论解释共同过失犯罪之弊端及应然选择》，载《中国法学》2017年第3期。

[35] 关于对“行为故意”以及相应的“结果故意”和“结果过失”概念的提倡，参见贾宇:《刑法学应创制行为故意概念》，载《法学》2002年第7期。

要过失。本文认为，这类“结果”要么是结果加重犯中的加重结果，在基本犯中仍然不存在所谓“行为故意”；要么是客观处罚条件，仅要求行为人对此具有预见可能性，但该处罚条件不是构成要件结果；要么是客观的超过要素，不在故意的范围之内，但在“行为导致构成要件结果”上，故意的认识因素和意志因素是统一的。以《刑法》第 397 条规定的滥用职权罪为例，“致使公共财产、国家和人民利益遭受重大损失”虽然是该罪的结果，但是客观的超过要素。决定该罪为故意犯的理由是，行为人明知自己的行为会侵害国家机关公务的合法、公正、有效执行，并且希望或者放任这种结果的发生。换言之，渎职犯罪的构成要件结果并非外在的、有形的损失，后者只是对渎职犯罪法网范围起到限制作用；基于责任主义的原理，要求行为人对客观的超过要素具有预见可能性（过失）。可见，在滥用职权罪中，纯粹的“行为故意”也是不存在的。

另一方面，“危险故意 + 实害过失”之复合构造㊱虽然遵循了故意、过失的基本原理，但实则是将不同的犯罪混为一谈。即使采取该观点，也要严格区分所讨论的罪名究竟是危险犯还是实害犯。以论者常举的妨害传染病防治罪为例，对于“引起甲类传染病以及依法确定采取甲类传染病预防、控制措施的传染病传播”型的妨害传染病防治罪而言，对实害的过失决定了本罪是过失犯罪。对于“引起甲类传染病以及依法确定采取甲类传染病预防、控制措施的传染病有传播严重危险”型的妨害传染病防治罪而言，对危险的故意决定了本罪是故意犯罪。虽然最高人民法院《关于执行〈中华人民共和国刑法〉确定罪名的规定》仅为《刑法》第 330 条设置了一个罪名，但并不妨碍刑法教义学在此作精细化的理解。基于此，危险作业罪的“危险实现流程”也就明晰起来。对于一个典型的安全生产事故类犯罪，包括“违规生产作业的行为→危险的出现→实害结果的发生”，例如“关闭安全报警设备（危险作业行为）→瓦斯浓度过大未报警（现实危险）→矿工伤亡（重大事故）”三个阶段。㊲ 对于危险犯而言，对“危险的出现”的主观心态决定了该危险犯的罪过形式；对于实害犯而言，

㊱ 关于“危险故意 + 实害过失”之复合构造说，参见张志钢：《论危险故意的构造：以妨害传染病防治罪为例》，载《政治与法律》2022 年第 9 期。

㊲ 参见冀洋：《公共安全刑事治理的教义学评析——以〈刑法修正案（十一）〉为例》，载《法学论坛》2021 年第 5 期，第 79 页。

对"实害结果的发生"的主观心态才对应着该实害犯的罪过形式。对危险作业罪而言，对"现实危险"的主观心态决定了其过失犯罪的属性；对重大责任事故罪而言，对"发生重大伤亡事故或者造成其他严重后果"的主观心态同样决定了其过失犯罪的属性。

五、结语："严而不厉"与过失危险犯的确立

马克思曾指出："社会不是以法律为基础的，相反地，法律应该以社会为基础"㊳。刑事立法应当善于发现社会生活的变化，作出积极的调整。过失危险犯的立法体现了刑法的预防功能，反映了对法益的前置化保护。事实上，如果刑罚只是对"恶行"和"恶果"的报应，只是一种"面向过去"进行反思性追溯的评价，那它就会总是重复性地对行为人过去已经实施的犯罪行为予以非难。这未必能够在行为人心中树立对法的忠诚，相反，其会助长行为人对法秩序的敌对心态，行为人可能将结果的出现视作一种"不幸"，认为是因为"不幸"事件的降临，所以得到了惩罚。因此，有限度地承认过失危险犯，是社会生活的迫切需要，对人类社会也有裨益。

诚然，无论是"过失论"的理论支撑还是规范依据，都是对"严而不厉"刑事政策思想的一次具体实践。在"严而不厉"中，"严"，是指刑事法网严密，刑事责任严格；"厉"主要指刑罚苛厉，刑罚过重。㊴按照"严而不厉"的构想，《刑法》应当在修订过程中不断严密法网、轻缓刑罚。总体上看，虽然做得还远远不够（甚至有些刑事立法可能背离这一理念），但我国《刑法》仍旧处于从"厉而不严"向"严而不厉"的优化进程中。以此为理念支撑，适度扩张刑事法网就是值得认真对待的主张，而过失危险犯的确立，就是这类主张中的一项。

与此同时，"严而不厉"也可以成为解释论层面的政策思想。需要看到，

㊳ 中共中央马克思恩格斯列宁斯大林著作编译局编译：《马克思恩格斯全集》（第6卷），人民出版社1961年版，第六卷说明第XVI页。

㊴ 参见储槐植：《严而不厉：为刑法修订设计政策思想》，载《北京大学学报（哲学社会科学版）》1989年第6期，第99页。

立法和司法并非一概是制衡关系，二者的协同关系同样值得重视。“立法与司法的关系……是一种互为条件、互相制约和互相补充的关系。”[40] 司法层面通过刑法解释的过程，除了需要完成对立法进行制约的任务，也要与立法协作来促进与实现体系的应变性。[41] 这就说明，所谓“立法扩张、司法限缩”不过是立法与司法关系的一个侧面而已，二者相互对抗并不是法治唯一的姿态。在立法文本相对稳定的情况下，由于司法的能动性和灵活性更强，司法者能够也应当更加积极地贯彻立法所体现的某种（被司法者认为是合适的）刑事政策。一言以蔽之，面对《刑法修正案（十一）》增设的危险作业罪，并不能理所当然地采取“司法限缩”的前见。

具体而言，本文认为，在“严而不厉”的刑法解释中，“严”，是指对构成要件作相对宽松的解释，适当扩张某制度或某罪名的适用范围；“不厉”，是指对法律后果尽可能作宽缓的理解。由于解释上的“严”是对行为人不利的做法，因而必须受到以下三点限制。第一，罪刑法定的原则制约。对构成要件作扩张解释（当然，对构成要件作相对宽松的解释并不意味着一定要作扩张解释，也可能表现为拒绝作限缩解释或者作限缩程度较轻的解释）不能超出法条的文义边界，不能突破国民的预测边界。第二，优化犯罪治理效能的目的制约。如果对构成要件作相对宽松的解释不能起到预防和减少犯罪的目的，不能优化犯罪治理的效能，那么这种解释就是没有意义的。第三，重罪慎用的范围制约。犯罪越重，对其的解释应当越审慎，即对轻罪的构成要件可以作相对缓和的理解，而对重罪应当限制其成立范围。

最后，过失危险犯的确立意味着刑法对社会的干预加强，但是，与其动辄以刑法谦抑性为由排斥刑事立法扩张，不如将批判的重心放在增设的轻罪构成要件的有明确性上，以防止司法适用的不当扩张。不可否认，我国《刑法》的刑罚较重、犯罪附随后果也比较严苛，但是，与其以此为由抵触对新的具有社会危害性的行为的打击，不如在扩张刑法制裁面的同时推进轻刑化改革以及消

---

[40] 泮伟江：《当代中国法治的分析与建构》（修订版），中国法制出版社 2017 年版，第 313 页。

[41] 参见劳东燕：《刑法体系中立法与司法的关系重构》，载《法律科学（西北政法大学学报）》2024 年第 2 期，第 54 页。

除不合理的犯罪附随后果。总之，在本文看来，有限度地承认过失危险犯，将使中国刑法的结构朝着更合理的方向发展。

初审编辑：胡志成
校对编辑：唐诗愉

轻罪案件的暂缓式出罪路径探究

Research on Deferred Decriminalization of Misdemeanor Cases

顾世丞*

摘　要：为了应对轻罪案件日益增多带来的一系列新挑战，我国已经开始尝试通过司法路径实现轻罪案件的暂缓式出罪。虽然部分检察机关对相对不起诉制度进行了创造性运用，但这种实践探索不宜在缺乏上位法授权的背景下随意开展。附条件不起诉制度的扩张趋势更加符合司法实践的需求，但其存在一些内生性的风险，可能造成“检察官司法”的局面并妨碍“以审判为中心”的诉讼制度改革。相比不起诉出罪模式，暂缓判决制度在这一方面具有显著优势，有利于平衡公诉权和审判权并从根源上消除犯罪者的再犯风险，最契合我国犯罪治理的现实需求。因此，未来我国应当严格控制附条件不起诉的适用范围，再次试点暂缓判决程序，并出台相关配套措施以构建完整的暂缓式出罪程序。

关键词：不起诉；暂缓式出罪；暂缓判决；轻罪案件

一、问题的提出

近年来，为推进中国式现代化建设，创造安全稳定的社会环境，我国对犯

---

* 顾世丞，华东政法大学刑事法学院硕士研究生。

罪采用了积极治理的策略，即通过不断增设新罪名、拓宽犯罪的打击范围来保护人民群众并维护社会稳定。从《刑法修正案（八）》到《刑法修正案（十二）》，一方面轻罪罪名大幅增加，如危险驾驶罪、妨害安全驾驶罪、高空抛物罪等；另一方面原有轻罪的打击范围也有所扩大，如非法经营同类营业罪、为亲友非法牟利罪等。由此可见，我国采取的是一种积极刑法立法观。[①] 在这种立法观念和司法机关刑事政策共同推动下，我国的刑事犯罪结构发生了深刻变化。根据最高人民检察院的统计数据，法院判处 3 年有期徒刑以下刑罚的案件占比从 1999 年不到 55% 至近年来已稳定保持甚至超过 85% 。[②] 由此可见，轻罪案件大幅增加，已经成为犯罪治理的主要对象。

与域外国家采用的“漏斗式”犯罪过滤机制不同，我国的刑事司法构造呈现出“直筒式”的特点，[③] 即在我国刑事诉讼程序中缺少可以将案件过滤的出罪程序，一旦犯罪嫌疑人进入刑事诉讼程序中，便很少有机会能够脱离该程序。这一特征意味着所有的办案压力将按照诉讼程序的顺序，从公安机关传导到检察机关，再到审判机关。在“案多人少”的现实困境和犯罪治理的现实需要的推动下，我国司法机关亟须构建一套出罪路径。出罪路径可以分为立法路径和司法路径。立法路径是指通过修改《刑法》来缩小打击犯罪的范围，[④] 这违背了我国现阶段的刑法立法观念。而司法路径是指在既有的立法体系下将具体案件非罪化。[⑤] 在司法出罪路径中还可以分为直接出罪和暂缓出罪。直接出罪程序具有即时性的特征，例如直接的不起诉程序。[⑥] 暂缓出罪程序则是在宣告出

---

① 参见何荣功：《我国轻罪立法的体系思考》，载《中外法学》2018 年第 5 期，第 1204 页。

② 参见吴宏耀：《加快构建轻重有别的轻罪治理体系》，载中华人民共和国最高人民检察院网。

③ 参见何荣功：《我国轻罪立法的体系思考》，载《中外法学》2018 年第 5 期，第 1209 页。

④ 参见王迎龙：《轻罪治理背景下出罪模式研究——实体与程序路径的双重反思》，载《比较法研究》2023 年第 4 期，第 20 页。

⑤ 如无特殊注明，下文的出罪均指司法路径的非犯罪化，即犯罪嫌疑人、被告人最终被认定不构成犯罪。

⑥ 参见陶朗逍：《暂缓判决程序探究——程序出罪理论的新探索》，载《当代法学》2023 年第 6 期，第 117 页。

罪之前给犯罪嫌疑人、被告人设定一段考察期以消除其再犯的风险，例如附条件不起诉。

事实上，学界对犯罪治理的策略、出罪的路径、不起诉制度和个罪治理（主要是醉驾案件）已经作出了富有成效的研究，基本上形成了推进轻罪立法，就必须重视司法出罪机制的共识。⑦ 在此基础上，有学者指出构建暂缓式出罪模式理性落实了刑罚个别化的原则，避免出现扩张直接式出罪可能带来的损害实体法威慑性，从而放纵犯罪的风险，更符合刑事法律的演变规律。⑧ 但目前学界尚未对暂缓式出罪路径作整体的探讨，并且把暂缓式出罪路径局限于不起诉制度。因此，本文将以轻罪案件为研究对象，探究暂缓式出罪路径的基础，分析暂缓起诉程序和暂缓判决程序的优劣，试图构建一条既有前瞻性又有现实性的出罪路径。

二、暂缓式出罪路径的基础

轻罪案件数量大幅增加给司法机关带来了巨大的压力，为了更好地应对这一问题，司法实践迫切需要出罪的程序供给。在这一背景下，检察机关已经开始探索暂缓式出罪的方式，不起诉制度成了检察机关进行审前出罪的“关键一招”。除此之外，早期的暂缓判决试点也是暂缓式出罪的重要尝试。为了对暂缓式出罪的各条路径进行科学评价，有必要全面审视暂缓式出罪路径的现实需求和实践供给。本部分将首先分析轻罪案件司法实践中对暂缓式出罪路径的现实需求，然后分别考察相对不起诉的创造性运用、附条件不起诉的扩张和暂缓判决的试点等方式的实践经验。

（一）暂缓式出罪路径的现实需求

前文已叙，轻罪案件已经成了我国犯罪治理的主要对象。在面对大量轻罪

---

⑦ 参见何荣功：《我国轻罪立法的体系思考》，载《中外法学》2018 年第 5 期，第 1220 页。

⑧ 参见陶朗逍：《暂缓判决程序探究——程序出罪理论的新探索》，载《当代法学》2023 年第 6 期，第 117 页。

案件时，首要的问题就是反思短期自由刑的有效性。学界普遍认为短期自由刑的惩罚效果和预防效果较差。3 年的时间看似很长，但这种短期关押的惩罚威慑效果较弱。更为重要的是，短期关押不仅不能充分改造罪犯，而且还会导致罪犯在执行场所中与其他罪犯产生恶习的交叉感染，可谓"'变好不足，变坏有余'"[9]。当前，轻罪案件的比例持续保持高位状态，这意味着对大部分罪犯的惩罚措施都是短期自由刑，该问题变得尤为严重。

其次，定罪本身会带来严厉的附随后果，不利于社会和谐。我国立法如果要继续大量设置轻罪，那么应当坚持"严而不厉"的政策思想。所谓"严"，是指刑事法网严密，刑事责任严格；"厉"，是指刑罚苛厉，刑罚过重。[10] 然而，我国的犯罪附随后果渊源混乱，过度侵犯行为人的合法权益。[11] 法律法规、规章、企业内部规定等都给犯罪者增设了重重障碍，造成犯罪者被大量工作岗位拒之门外，而且他们的子女也始终被蒙上犯罪者后代的阴影。某种程度上，这种惩罚比实际的自由刑更严厉，它阻碍了犯罪者回归社会，不利于社会和谐。

最后，大量轻罪案件挤占了过多的司法资源。醉驾案件最能反映这一问题。根据最高人民法院的统计，2019 年全国危险驾驶罪案件共 31.9 万件，占全部刑事案件的 24.6%，危险驾驶罪成为名副其实的第一大罪。[12] 2023 年全国危险驾驶罪案件同比上升 15.25%。[13] 面对如此大量的案件，虽然可以通过速裁程序等缩短办案周期，但是依然占用了过多的司法资源。

由此可见，轻罪案件的增多给现有的刑事制裁体系带来了严重的挑战，这些挑战提出了一系列新需求，即更有效的矫正措施、更轻缓的附随后果、更高的司法效率。

---

⑨ 参见陈志军：《轻微犯罪立法的反思与完善》，载《国家检察官学院学报》2018 年第 3 期，第 76 页。

⑩ 参见储槐植：《严而不厉：为刑法修订设计政策思想》，载《北京大学学报（哲学社会科学版）》1989 年第 6 期，第 99 页。

⑪ 参见严励、方正：《轻罪治理背景下犯罪附随后果规范化探赜》，载《犯罪研究》2023 年第 6 期，第 12 页。

⑫ 参见周强：《最高人民法院工作报告——2020 年 5 月 25 日在第十三届全国人民代表大会第三次会议上》，载中华人民共和国最高人民法院网。

⑬ 参见《"数"点看法！2023 年审判执行工作怎么看?》，载中国法院网。

因此，理想的轻罪案件处理需要实现多方面的价值：一是要提高司法效率、节约司法资源，实现“繁简分流”；二是要结合具体的案件，对犯罪者进行矫正，消除其再犯的危险性；三是要从社会治理角度入手，通过认罪认罚、退赃退赔等方式，使得因犯罪行为被破坏的社会关系得到修复，同时也避免因犯罪嫌疑人承受严厉的犯罪附随后果而造成新的社会问题。

“打击惩罚这一手不能放松，但‘一罚了之’不是最佳方案、治本之策，源头预防、综合治理这一手不可或缺。”[14] 这意味着，在面对轻罪案件时，一味强调案件从宽从快没有意义，也无法达到最佳效果，程序出罪路径应当对犯罪嫌疑人施加特定义务以达到特殊预防的目的，修复社会管理漏洞以实现源头治理。[15] 因此，司法机关不能简单进行无罪化处理，而是有必要区分案件的具体情况，设置一定的考察期限对犯罪嫌疑人进行矫正并修复社会关系，最终进行无罪化处理，而这恰恰是暂缓式出罪路径的应有之义。因此，暂缓式出罪模式确有必要，势在必行。

（二）暂缓式出罪路径的实践检视

1. 相对不起诉的创造性运用

根据《刑事诉讼法》第 177 条第 2 款之规定，相对不起诉的适用有两个条件：其一是犯罪情节轻微；其二是依照刑法规定不需要判处刑罚或者免除刑罚。从表面上看，上述两个条件具有较大的适用空间，但相对不起诉在实践中其实是一种“半酌定半法定”状态。具体而言，第一个条件通常是指 3 年以下有期徒刑；第二个条件则是指《刑法》规定的 17 种免于处罚的情形。[16] 但这一情况在近几年发生了改变，司法机关在醉驾案件中对相对不起诉进行了创造性运用。具体而言，司法机关突破法律的规定，改变了相对不起诉的出罪模式，在不起诉的基础上附加了一定的条件，相对不起诉制度从一种直接式出罪路径转变为

---

⑭ 苗生明：《醉酒型危险驾驶的治罪与治理——兼论我国轻罪治理体系的完善》，载《中国刑事法杂志》2024 年第 1 期，第 13 页。

⑮ 参见邵俊：《轻罪时代附条件不起诉的立法建议》，载《法学杂志》2024 年第 2 期，第 64 页。

⑯ 参见赵兴洪：《酌定不起诉的时代命运》，载《中国刑事法杂志》2022 年第 2 期，第 77 页。

了一种暂缓式出罪路径。

2017 年 10 月，瑞安市出台了《关于“醉驾”案件实行购买公益服务落实不起诉的意见（试行)》，让符合相对不起诉条件的犯罪嫌疑人参加社会公益服务，接受法治教育，最后检察院以其综合表现为参考决定是否作不起诉处理。这种做法的本质是在附条件不起诉无法适用的情况下，对相对不起诉制度进行调整，创造了一种附条件的相对不起诉。在此基础上，各地纷纷推进醉驾治理，形成了“认罪认罚 + 社会公益服务 + 相对不起诉”的格局。⑰ 此外，根据《最高人民法院 最高人民检察院 公安部 司法部关于办理醉酒危险驾驶刑事案件的意见》第 18 条之规定，可以将犯罪嫌疑人、被告人自愿接受安全驾驶教育、从事交通志愿服务、社区公益服务等情况作为作出相关处理的考量因素。由此可见，目前相对不起诉已经在特定案件中被赋予了暂缓式出罪的功能，实现了创造性地运用。

2. 附条件不起诉的扩张趋势

长期以来，我国的附条件不起诉制度仅能适用于未成年人，但该制度并非专为未成年人所设。正如陈瑞华教授所言，附条件不起诉制度建立在协商性司法理念的基础上，有利于实现社会公共利益，可以有效发挥检察机关参与社会治理的作用，并实现对类似犯罪的有效预防。⑱ 同时，从相对不起诉的转变方向来看，我国已经具备了运用起诉裁量权进行暂缓式出罪的基础。因此，附条件不起诉的主体完全可以由未成年人扩张为成年人。然而，由于未成年人附条件不起诉和成年人附条件不起诉的理论基础和实践需求均有较大区别，不能将两种制度混杂在一起，而是应当有所区分。值得注意的是，尽管学界就附条件不起诉适用主体的扩张达成了共识，但在适用条件上产生了较大分歧，形成了两种观点。

第一种观点是刑期扩展说。这种观点认为附条件不起诉的适用条件是宣告

---

⑰ 例如湖北老河口市、江苏省南京市。参见老河口市人民检察院课题组、简乐伟：《认罪认罚案件相对不起诉引入社会志愿服务探索——以 L 市人民检察院为例》，载《广西政法管理干部学院学报》2023 年第 2 期，第 1—7 页；董翔：《轻罪不起诉自新有去处》，载《新华日报》2023 年 12 月 8 日，第 7 版。

⑱ 参见陈瑞华：《轻罪案件附条件不起诉制度研究》，载《现代法学》2023 年第 1 期，第 155 页。

刑为 3 年有期徒刑以下刑罚的刑事案件。一方面，对于判处 3 年以下有期徒刑的犯罪嫌疑人，检察机关可以进行相对不起诉，因此进行附条件不起诉没有超越其裁量权；另一方面，速裁程序与附条件不起诉程序具有内在的联系，犯罪嫌疑人如果不愿意接受所附的条件，司法机关仍可以在认罪认罚的基础上通过速裁程序结案。[19] 此外，这种附条件不起诉将有力应对轻罪案件增多引发的新挑战，[20] 使更多案件在审前出罪，大大节约了司法资源，也有利于消除犯罪附随后果的影响。

第二种观点是刑期维持说。这种观点认为附条件不起诉的适用条件为法定刑为 1 年有期徒刑以下刑罚的案件。这种观点的核心立场是对检察权的警惕，如果将适用条件放宽至宣告刑为 3 年有期徒刑以下刑罚的案件，将极大扩张附条件不起诉的司法适用范围，过分扩张了检察机关的权力，有侵犯人民法院审判权的嫌疑。[21]

3. 暂缓判决的试点经验

前文已叙，目前学界把暂缓式出罪路径局限于不起诉制度，似乎司法出罪只能通过不起诉制度在审前予以解决。事实上，在审判阶段也有相应的暂缓式出罪路径，可以实现轻罪案件的综合治理，即暂缓判决程序。

暂缓判决指的是法官在对被告人作出有罪判决之前，宣告中止审判程序，给予被告人一定的考验期，若被告人能够在考验期内满足特定条件，则法院将终止审理，被告人实现出罪。[22] 该制度起源于英国，目前世界上采用暂缓判决程序制度的包括英美的保护观察制度、日本的保护观察制度、德国的刑罚之缓科制度、法国的推迟刑罚宣告制度以及意大利的暂缓判决制度。事实上，我国也进行过暂缓判决的试点，1993 年上海市长宁区人民法院宣布了我国首例暂缓

---

⑲ 参见陈瑞华：《轻罪案件附条件不起诉制度研究》，载《现代法学》2023 年第 1 期，第 160 页。

⑳ 参见樊崇义、徐歌旋：《轻罪案件附条件不起诉制度研究》，载《内蒙古社会科学》2024 年第 1 期，第 143 页。

㉑ 参见赵天红、施杰阳：《积极刑法观下附条件不起诉制度之检视与完善》，载《山东警察学院学报》2023 年第 3 期，第 71 页。

㉒ 参见陶朗逍：《暂缓判决程序探究——程序出罪理论的新探索》，载《当代法学》2023 年第 6 期，第 112 页。

判决，之后各地纷纷效仿，但在经历十几年的实践探索后，该制度最终被最高人民法院叫停。㉓

从法律层面分析，在当时的刑诉法中尚没有附条件不起诉制度、公诉案件和解制度以及认罪认罚从宽制度。而这些制度恰恰是暂缓判决的基础性制度，如果没有这些制度，那么适用暂缓判决的前提条件便不能科学设置，这会导致大量没有出罪必要的案件涌入暂缓判决程序中。从犯罪治理的层面分析，当时社会治安情况复杂严峻，一些地方社会治安问题突出，严重暴力犯罪众多，邪教活动猖獗。㉔ 与之相应的是，当时的刑事司法也采取了严格的入罪模式。司法机关的主要任务是大力打击犯罪，尚没有通过刑罚以外的措施矫正犯罪的紧迫性，也没有保障人权理念的支撑。从试点实际运行情况的层面分析，当时的暂缓判决并不是一种出罪路径，而是前置的暂缓执行程序，被告人最终依然会被判处刑罚，这便削弱了程序的独立价值，不具有必要性。㉕

过去试点的失败反映出，21 世纪初的我国尚不具备构建暂缓判决制度的基础和紧迫性；而如今，轻罪案件司法治理的新需求将赋予这项古老制度新的活力。

值得注意的是，在构建新的暂缓判决制度的过程中，要充分吸收过去试点的经验。一方面，暂缓判决的核心是出罪，一旦动摇了这一核心，暂缓判决就会和法院阶段的其他从宽情节混同，最终导致程序的重复；另一方面，暂缓判决的考验期要合理延长，如果期限与审限保持一致，该制度就无法真正矫正被告人的行为，最终沦为形式主义的考察。

综上所述，轻罪案件日益增多给现有的刑事审判体系提出了新的要求，司法机关需要暂缓式出罪路径的程序供给。然而，暂缓式出罪的道路是多元化的，到底哪一种道路最适合我国的实际情况还需进行进一步审慎研究。

㉓ 参见陈岚、李莎：《非犯罪化视野下我国暂缓判决制度构建的再审视》，载《理论月刊》2020 年第 11 期，第 141 页。

㉔ 参见韩杼滨：《最高人民检察院工作报告——2001 年 03 月 10 日在第九届全国人民代表大会第四次会议上》，载中华人民共和国最高人民检察院网。

㉕ 参见陶朗逍：《暂缓判决程序探究——程序出罪理论的新探索》，载《当代法学》2023 年第 6 期，第 120 页。

三、出罪权力的再分配：暂缓式出罪路径的反思

在面对轻罪案件带来的现实需求时，不起诉程序并非解决一切问题的“灵丹妙药”。事实上，在检察院的各项权力中，对独立司法最具威胁性者，乃不起诉处分。[26] 因此，有必要对目前的以不起诉为核心的暂缓式出罪路径进行反思，通过对比暂缓起诉和暂缓判决制度来构建更好的出罪体系。

（一）暂缓起诉模式的内生性风险

从附条件不起诉制度制定的历史角度分析，2004 年《刑事诉讼法》专家修改建议中，就曾建议附条件不起诉制度应当适用于 3 年以下有期徒刑的犯罪嫌疑人。公安机关与检察院同意这一建议，但法院认为这种裁量权侵犯了其审判权。[27] 这种担忧并不因为轻罪案件增多而缓解，暂缓起诉模式确实存在一些内生性风险。

其一，相对不起诉的创造性运用存在固有缺陷。首先，附条件相对不起诉的合法性存在严重的问题。“法无授权不可为”，利用相对不起诉之名实施附条件不起诉之实，突破了《刑事诉讼法》的规定，尽管有一定的实践效果，但不能掩盖其缺乏法律依据的严重缺陷。一项刑事政策尚不能违背法律明文的规定，更何况这种创造性运用只是各地司法机关的自行尝试。由于犯罪治理涉及社会的安全与稳定和国家法制的统一，此类改革不应采用先各地自行探索后全国推广的模式。其次，附条件相对不起诉的考察期期限太短。由于检察机关需要在审查起诉期限内作出不起诉决定，考察期期限长短受到审查起诉期限的限制。在 1 个月的时间内进行志愿服务完全不足以改造犯罪嫌疑人。因此，这种考察方式不具有科学性、合理性，容易流于形式。[28] 最后，附条件相对不起诉的考

---

[26] 参见林钰雄：《检察官论》，法律出版社 2008 年版，第 128 页。

[27] 参见陈光中：《关于附条件不起诉问题的思考》，载《人民检察》2007 年第 24 期，第 7 页。

[28] 参见陈瑞华：《轻罪案件附条件不起诉制度研究》，载《现代法学》2023 年第 1 期，第 150 页。

察项目过于单一。对于醉驾案件，主要是在公共道路上进行车辆合法行驶的劝导、同行人遵守交通规范的劝导以及在公共交通客运中心的车站进行安检服务。[29] 这种模式化流水线作业的考察最契合检察机关办案的需要，但违背了对犯罪嫌疑人进行个性化矫正的客观规律。对比美国的驾驶矫正转处项目，目前的措施难以真正矫正犯罪嫌疑人的行为模式以消除其再犯的可能性。

其二，广泛应用附条件不起诉制度存在“检察官司法”的风险，从而妨碍以审判为中心的诉讼制度改革。在认罪认罚的过程中，检察机关主导了量刑协商过程并且通过量刑建议权实际预决了裁判结果，呈现出“起诉中心主义”的诉讼样态。[30] 在暂缓起诉程序之中，起诉的自由裁量权进一步扩大，不起诉决定完全取决于检察机关的意见，几乎不受任何制约。更进一步地，如果附条件不起诉制度采用刑期扩展说，那么85%的案件结果将由检察机关决定，形成一种新型“检察官司法”。检察官的起诉裁量权将异化为一种裁判权，导致检察权空前膨胀且不受约束。马克思曾批判德国的起诉便宜主义，他认为起诉便宜主义给检察机关维护政府利益以及打击异己提供了合法的依据。[31] 类似地，美国和德国的许多学者也对检察官不受限制的自由裁量权进行批判。[32] 可见，把检察官司法看待为不可避免的国际司法趋势也是不可取的。

此外，以审判为中心一定是控制“出罪”和“入罪”两端的，而不是仅仅控制“入罪”。[33] 大量的案件通过审前程序出罪，使得努力构建的正当化庭审程序无法实现其功能，而具有形式主义特征的不起诉听证程序并不能代替法院的审查。更为严重的是，检察机关所形成的内部判断标准具有传导性，侦查机关

---

[29] 参见浙江省瑞安市人民检察院课题组、宣章良：《醉驾附条件相对不起诉之探讨——以“瑞安模式”为蓝本的分析》，载《犯罪研究》2020年第5期，第55页。

[30] 参见李艳飞：《认罪认罚程序的中国模式：“起诉中心主义”》，载《海南大学学报（人文社会科学版）》2023年第2期，第145页。

[31] 参见陈刚、朱西彤：《马克思对普鲁士式起诉便宜主义之批判》，载杜金主编：《中山大学法律评论》（第20卷第2辑），社会科学文献出版社2023年版，第268页。

[32] See Jeffrey Bellin, *The Power of Prosecutors*, 94 New York University Law Review 171 (2019). 另见［德］托马斯·魏根特：《检察官作用之比较研究》，张万顺译，载《中国刑事法杂志》2013年第12期，第115—123页。

[33] 参见张栋：《我国刑事诉讼中“以审判为中心”的基本理念》，载《法律科学（西北政法大学学报）》2016年第2期，第283页。

也会相应调整移送起诉的尺度，如果明知某案件会被不起诉，现实的选择就是将该案消化在侦查阶段。[34] 这最终导致案件的处理决定权被层层下放，存在放纵犯罪的严重风险。

由此可见，如果所有轻罪案件都通过不起诉进行出罪，将产生严重的风险，可能会动摇我国的刑事诉讼程序的格局。因此，强调法院的参与便显得十分重要。

（二）暂缓判决模式的独特价值

作为审判阶段的暂缓式出罪方式，暂缓判决模式在域外的运行状况和国内早期试点的经验都彰显了其独特的价值。

首先，暂缓判决是对司法权的合理配置。现行法赋予了检察机关在审前出罪的自由裁量权，却没有给予法院在无罪判决以前出罪的权力。或许有观点会认为法院阶段的缓刑足以满足轻罪案件的要求，但暂缓判决和缓刑是两个层面的问题。一方面，暂缓判决是一种出罪方式，允许被告人在没有任何犯罪记录的情况下脱离与司法系统的不利接触。[35] 这意味着暂缓判决的核心目的就是宣告其不构成犯罪以避免严重的附随后果。另一方面，暂缓判决和缓刑的区别在于被告人生活环境的动态性质。[36] 所谓动态性质实际上就是犯罪嫌疑人通过项目进行矫正的可能性，法院必须对此进行考察，否则就不能真正实现合理量刑。从法检权力分配的角度分析，每个诉讼阶段都应该有出罪的路径，起诉裁量权不是出罪的唯一制度基础。引入审判阶段的出罪程序，可以丰富暂缓式出罪的参与主体，形成审判机关和检察机关分工负责、互相配合、互相制约的良好司法格局，在实质上符合《刑事诉讼法》第 7 条的规定。这种设置既能消除犯罪附随后果并使法院量刑更科学，也符合了以审判为中心的诉讼制度改革的需要。

---

[34] 参见王戬：《我国起诉制度的完善及指标化问题》，载《法学》2023 年第 6 期，第 142 页。

[35] See Margaret Colgate Love, *Alternatives to Conviction: Deferred Adjudication as a Way of Avoiding Collateral Consequences*, 22 Federal Sentencing Reporter 6, 6 (2009).

[36] See Professor Julian V. Roberts, Dr Elaine Freer & Dr Jonathan Bild, *The Use of Deferred Sentencing in England and Wales*, A Review of Law, Guidance and Research, T2A (Jul. 25, 2022).

其次，暂缓判决更能保护被告人的合法权利。从认罪认罚到附条件不起诉，一个突出的问题就是控辩双方之间的协商不足。不起诉是检察机关的单方决定，尽管需要考虑犯罪嫌疑人的态度，但是如果检察机关认为需要提起公诉，那么就没有协商的余地。而暂缓判决在法庭上进行，呈现控辩裁三方结构，被告人可以充分论证自己具有出罪的条件。考虑到检察听证程序常常在实践中沦为形式的现实困境，在审判阶段进行暂缓出罪更有利于双方协商，从而实现科学出罪。此外，在审判阶段出罪也能缓解我国律师辩护权在审查起诉阶段行使不充分的现实困境。

再次，暂缓判决符合轻罪案件的发展趋势，具有真正的可操作性。附条件不起诉的实质为检察机关借助各类附加条件，对犯罪嫌疑人实施本应在审判后才开展的矫治措施，而这种以犯罪治理的名义对审判权、刑罚执行权越俎代庖的制度设计可能需要更充分的理论论证。[37] 暂缓判决制度则体现了法院的权威性，不仅有效控制了检察机关的裁量权，也体现了审判权和刑罚执行权在轻罪案件中的灵活运用。从这个角度而言，暂缓判决制度有利于减少理论和实践的争议问题，具有真正的可操作性。

最后，暂缓判决是坚持和发展新时代“枫桥经验”的重要途径。要坚持好、发展好新时代“枫桥经验”，坚持党的群众路线，正确处理人民内部矛盾，紧紧依靠人民群众，把问题解决在基层、化解在萌芽状态。[38] 暂缓判决不是机械的流水线办案，而是人民法院能动履职，深度参与社会治理的方式。通过暂缓式判决矫正犯罪者并消除其再犯可能性，符合“惩前毖后、治病救人”的方略，是真正意义上的化解矛盾，充分体现了“枫桥经验”的重要内涵。

（三）暂缓式出罪的应然体系

尽管上文分析了暂缓起诉模式的内生性风险和暂缓判决模式的优势，但这不意味着我们应当完全采用暂缓判决模式而抛弃暂缓起诉模式。事实上，暂缓

㊲ 参见余沁：《轻罪案件的司法治理模式及其选择——以醉驾案件为切入点》，载《华南师范大学学报（社会科学版）》2024 年第 4 期，第 146 页。

㊳ 参见《始终干在实处走在前列勇立潮头 奋力谱写中国式现代化浙江新篇章》，载《人民日报》2023 年 9 月 26 日，第 1 版。

起诉模式有着一项不可替代的作用，那便是调控进入审判程序的案件总量，缓解轻罪案件数量庞大和司法资源紧张之间的矛盾。[39] 即便暂缓判决具有诸多价值，从理论上更适合作为暂缓式出罪的道路，但法院对于所有轻罪案件进行暂缓判决是不可行的。原因可以总结为三点：

其一，暂缓判决违背了集中审理的原则，其不但违反了法律明文规定的审限，还容易造成司法资源的浪费。一方面，暂缓判决会长期将被告人置于悬而未决的状态，与被告人的快速审判权相冲突。[40] 另一方面，如果被告人考察不合格，那么就必须重新对其进行有罪判决，这种程序的反复浪费了大量的司法资源。其二，暂缓判决将突破《刑事诉讼法》的既有规定。作为一项新制度，暂缓判决尚无法律授权，必须先进行试点。有观点认为这种试点也是不合理的，因为法院仅有适用法律之职责，而无创设法律之权能。[41] 其三，从域外经验来分析，即便是在坚持起诉法定主义的德国，依然需要通过不起诉制度减轻法院办案的压力。

因此，暂缓判决不能单独存在，暂缓起诉模式在司法实践中确有必要。但值得注意的是，尽管前述实践中的附条件相对不起诉方式实现了暂缓式出罪的功能，但是由于其严重违反了法律的规定，应当予以取消。

既然暂缓起诉和暂缓判决都具有存在的必要性，那么这两种制度的风险和缺陷如何克服呢？如果仔细考察附条件不起诉扩张带来的风险，不难发现无论是“检察官司法”的风险还是妨碍以审判为中心的诉讼制度改革，都建立在所有轻罪案件均采用暂缓起诉出罪路径的基础之上。质言之，暂缓起诉的内生性风险与处理轻罪案件的“度”密切相关。所谓“度”表现为自由裁量权的空间。自由裁量的空间越大、案件数量越多，该阶段的出罪权力越大。因此只要限制住附条件不起诉适用的空间，便能平衡其优势与劣势，发挥其最佳的出罪效果。

---

[39] 参见邵俊：《轻罪时代附条件不起诉的立法建议》，载《法学杂志》2024 年第 2 期，第 66 页。

[40] See Mark H. Zitzewitz & State v. Krotzer, *Inherent Judicial Authority Going Where No Court Has Gone Before*, 81 Minnesota Law Review 1049, 1071 (1997).

[41] 参见王锦全：《暂缓判决的实践与创新》，南京师范大学 2007 年硕士学位论文，第 20 页。

事实上，暂缓判决关键的问题也在于“度”，倘若只有一部分案件进入审判程序，法院就不会被大量暂缓判决占满，可以节约有限的司法资源。如此也有利于法院集中精力审查那些需要暂缓判决的案件，以保障被告人尽快脱离悬而未决的状态。

值得注意的是，尽管暂缓判决不可避免地会造成诉讼的延迟，但是这种延迟并非法院怠于履行职责，而是合意型迟延，即双方沟通一致，为了更好地维护当事人权益和社会公共利益，而选择迟延诉讼。[42] 此种迟延发挥了独特的价值，属于必要之迟延。

此外，无论是暂缓判决的试点还是暂缓起诉的扩张都会遇到突破法律明文规定的困境。解决这一问题的关键在于如何平衡法律规定和实践改革。改革必然会突破既有的法律，司法机关不能因为担心违反法律而踟蹰不前。但是，改革也必须有依据，不能各个法院各行其是。所以最高人民法院应当联合诸部门发布通知和试点的细则，各个法院应当在一定的框架内进行试点，最大限度消除违反法律的不利影响。

如前所述，暂缓起诉和暂缓判决都涉及一个“度”的问题，而这个问题的本质便是公正与效率的平衡。附条件不起诉效率高但可能侵犯审判权；暂缓判决彰显司法权威性，但浪费司法资源。因此，暂缓式出罪路径必须同时依靠附条件不起诉制度和暂缓判决制度，只有两种制度共同发力，才能应对轻罪案件不断增多带来的治理困境。那么应该如何配置两种制度呢？笔者认为，应当牢牢抓住“度”这一个核心，形成以附条件不起诉为主、暂缓判决为辅的出罪体系，并且进行阶层化的程序安排，这便是暂缓式出罪的应然体系。之所以以附条件不起诉为主，是因为我国法院面临“案多人少”的压力。根据笔者调研，一个基层法院的刑事审判庭只有 7 位员额法官，无力处理所有轻罪案件，更遑论对被告人的矫正情况进行考察。而阶层化的程序安排是指在处理轻罪案件时把相对不起诉、附条件不起诉和暂缓判决视为层层递进的三个层次。具体而言，从相对不起诉层次迈向附条件不起诉层次需要满足具有特殊预防必要性即矫正

---

[42] 参见程绍燕：《刑事诉讼程序的必要迟延》，载《暨南学报（哲学社会科学版）》2024 年第 5 期，第 58 页。

的必要性这一条件。从附条件不起诉层次迈向暂缓判决层次则需要满足刑期的要求。在面对可以出罪的轻罪案件时，检察机关首先应当判断是否具有矫正的必要性，如果案件情节轻微，犯罪嫌疑人没有矫正的必要性，那么应当通过相对不起诉“直接”出罪；如果有矫正的必要性且刑期较低，那么通过附条件不起诉“暂缓”出罪；如果刑期较高，那么需要向人民法院提起公诉。人民法院受理案件后，如果发现案件可以使用非刑罚方法实现特殊预防目的，应当适用暂缓判决程序；如果案件必须处以刑罚则适用一般的审判程序。[43]

四、暂缓式出罪路径的建构

面对轻罪案件增多的挑战，构建暂缓式出罪路径必须坚持系统思维。因此，该路径的建构必须在暂缓式出罪应然体系的框架下，对附条件不起诉进行有限扩张、对暂缓判决程序进行再试点，并出台一系列配套措施。

（一）不起诉制度的有限扩张

前文已叙，未成年人出罪和成年人出罪的价值理念差距甚大，切不可将两种差异巨大的附条件不起诉制度合二为一，而是应当实现附条件不起诉的二元化。[44] 由于本文研究范围所限，下文仅讨论成年人轻罪附条件不起诉的问题。

在深刻认识到附条件不起诉的风险的基础上，其适用对象宜采用刑期维持说。然而，有必要对其观点进行一定的修正。倘若把刑期限定为法定刑为 1 年以下有期徒刑或拘役的案件，那么这种附条件不起诉只针对微罪。虽然危险驾驶罪可以通过附条件不起诉进行出罪，但这种范围过于狭窄，不利于轻罪的整体治理。此外，考虑到微罪的整体数量，虽然该说取消了罪名的限制，但是采用法定刑在实质上给附条件不起诉增加了无形的罪名限制。因此，应当将法定刑修改为预期宣告刑。这一预期宣告刑指的是检察机关审查后，充分考虑犯罪

---

[43] 这种阶层化的处理思路，参见史立梅：《论醉驾案件的程序出罪》，载《中国法学》2022 年第 4 期，第 261 页。

[44] 参见何挺：《附条件不起诉适用对象的争议问题：基于观察发现的理论反思》，载《当代法学》2019 年第 1 期，第 160 页。

情节以及犯罪嫌疑人认罪认罚、自首立功以及退赃退赔等情节后最终给出的预期量刑考虑。

这样有利于将醉驾的暂缓式出罪经验推广到帮助信息网络犯罪活动罪，掩饰、隐瞒犯罪所得、犯罪所得收益罪，非法捕捞水产品罪，非法狩猎罪等轻微犯罪治理中，减轻法院的办案压力，提高司法效率。

值得注意的是，附条件不起诉的有限扩张不仅应当体现在适用对象的谨慎扩大，还应当体现在程序的严加监管。在借鉴德国不起诉制度的基础上，有学者建议附条件不起诉也应有法官的参与，以避免检察院自由裁量权广泛扩张。[45]然而笔者认为，考虑到繁简分流的现实需要、我国检察机关的法律监督定位和法院审查很可能流于形式的现实困境，附条件不起诉不应当由法院进行审查，而是可以通过侦查机关的复议听证、被害人的申诉和自诉以及上级检察机关抽查等措施限制检察机关的自由裁量权。[46]

（二）暂缓判决程序的再试点

区别于附条件不起诉程序，暂缓判决程序完全依赖于《刑事诉讼法》的修改，这是一种长期的改革方案，在目前尚不具备直接进行改革的条件，需要在进行大规模试点之后再写入法律。因此，笔者下文探讨的暂缓判决程序的建构是一种未来改革方向，并不意味着要在本次《刑事诉讼法》修改中有所体现。

首先，暂缓判决的适用对象主要为宣告刑为 3 年有期徒刑以下的案件。作为审判阶段的出罪程序，暂缓判决彰显着司法的权威性，适用于刑期较重的轻罪案件。根据上文所提到的阶层化安排，暂缓判决与附条件不起诉之间存在刑期的衔接关系，可能判处 1 年以下有期徒刑或拘役的案件适用附条件不起诉；可能判处 1 年以上 3 年以下有期徒刑的案件适用暂缓判决程序。如此安排，便能平衡暂缓判决制度的优势和劣势，在弥补暂缓起诉的内生性风险的前提下，最大限度提高案件处理的效率，节约司法资源。

㊺ 参见李倩：《德国附条件不起诉制度研究》，载《比较法研究》2019 年第 2 期，第 185 页。

㊻ 参见张建伟：《轻罪治理的基本思路与制度建构》，载《中国法治》2023 年第 9 期，第 27 页。

其次，暂缓判决的适用条件有五点，具体如下：

其一，被告人需要认罪认罚并同意适用暂缓判决程序。有学者认为附条件不起诉与认罪认罚从宽之间存在天然的密切联系。[47] 事实上，暂缓判决程序也存在与认罪认罚制度融合的可能性。醉驾案件的处理便是通过认罪认罚制度得以实现的。一方面，认罪认罚反映了被告人的悔罪态度，这是暂缓判决的前提；另一方面，暂缓判决是对认罪认罚的激励，鼓励被告人真诚悔罪。因此，在设置暂缓判决制度时应当参考醉驾案件的治理经验，把认罪认罚制度作为适用暂缓判决的前提。被告人拒不认罪，或是因检察机关的起诉不当，存在无罪可能性，或是因被告人主观全无悔改之意，依旧试图逃避刑罚。无论是哪种可能，都意味着案件仍需要通过实质化庭审程序，在控辩双方充分辩论的前提下，由法院居中裁判。因此，如果被告人不认罪认罚，那么就不能适用暂缓判决程序，以免造成冤假错案或放纵犯罪分子。

其二，暂缓判决程序由检察院申请或法院依职权启动。作为审判阶段的出罪程序，暂缓判决应当具有独立性，法院不能完全依赖检察机关的意见，需要自行判断是否有必要启用暂缓判决程序。这种独立性表明，出罪路径不应仅局限于起诉阶段，更不应该是检察机关所独有的裁量权力，审判机关对于是否进行非犯罪化处理也应拥有一定的裁量权限。[48]

其三，被告人对罪行造成的损害结果有补偿的意愿和行动。为了判断被告人是否可能通过矫正措施消除犯罪可能性，需要考察被告人的补偿意愿。这与上文中所提到的认罪认罚仍有一定不同。认罪认罚一般只需要意愿的表达，但是损害补偿则需要被告人进行实质的行动，更能体现被告人的悔罪态度。之所以没有把该条件设置为与被害人达成和解协议，是考虑到部分被害人可能存在漫天要价或故意不和解的情况，以求通过刑罚对被告人进行惩罚。此外，在无特定被害人的案件中，也不存在与被害人的和解协议。

其四，被告人再犯可能性较低。上文中的认罪认罚和损害补偿都从一定程

---

[47] 参见邵俊：《轻罪时代附条件不起诉的立法建议》，载《法学杂志》2024 年第 2 期，第 69 页。

[48] 参见陈岚、李莎：《非犯罪化视野下我国暂缓判决制度构建的再审视》，载《理论月刊》2020 年第 11 期，第 143 页。

度上反映了被告人的再犯可能性。但是，作为一种司法出罪程序，暂缓判决的适用对象的再犯可能性必须是较低的，因此需要单独设置这一条件来要求审判机关综合评价被告人的再犯可能性。在实践中，同一犯罪的再犯程度是不同的。以掩饰、隐瞒犯罪所得、犯罪所得收益罪为例，有的被告人充分认识到了自己交易的物品是上游犯罪的赃物，依然进行贩卖；而有的被告人是糊里糊涂，受人指使或上当受骗，客观上贩卖上游犯罪的赃物，主观上只是隐约知悉自己做的事情可能“有问题”。对于上述两种情况，即便被告人都认罪认罚并赔偿损失，后者的再犯可能性也低于前者。因此，应当综合评判被告人的再犯可能性，对再犯可能性较高的被告人，即使适用暂缓判决程序，其考察期也应长于再犯可能性较低的被告人。

其五，被告人先前没有适用过暂缓判决程序且没有犯罪前科。这一条件从消极层面否定了具有犯罪前科和曾适用过暂缓判决的被告人通过非刑罚措施进行矫正的可能性。因为，一个人只能获得一次暂缓判决的利益。[49] 值得注意的是，笔者在调研中发现，公安机关常常把行政处罚（主要是行政拘留）作为前科写在起诉意见书之中，而本文所提到的前科仅指受到刑罚，不包括行政处罚。

再次，考察期可以为 6 个月以上 3 年以下。这种考察期期限的设置主要是参考了附条件不起诉的规定。根据《刑事诉讼法》第 283 条之规定，附条件不起诉的考察期为 6 个月以上 1 年以下。附条件不起诉针对的是 1 年有期徒刑以下案件，而暂缓判决针对的是 3 年有期徒刑以下案件。因此，暂缓判决的考察期期限应当比附条件不起诉的考察期期限长，但其最长不能超过被告人可能被剥夺自由的最大期限，即 3 年。如此设置考察期有利于平衡矫正措施的有效性和被告人脱离不稳定状态重返社会需求之间的紧张关系。此外，考察期内所附加的条件可以综合限制性、修复性、矫正性等方面来设定。[50]

最后，暂缓判决的后果有两种。其一，通过考察已消除再犯可能性的被告人或被告单位，法院作出终止审理决定；其二，没有通过考察的被告人或被告

---

[49] See First Offender Act—Arkansas Code Ann. § § 16 – 93 – 301—16 – 93 – 303 (Act 346 of 1975).

[50] 参见史立梅：《论醉驾案件的程序出罪》，载《中国法学》2022 年第 4 期，第 226 页。

单位，法院继续审理进行宣判。法院作出终止审理的依据应当结合未来《刑事诉讼法》对暂缓判决的规定与《刑事诉讼法》第 16 条中的“其他法律规定免予追究刑事责任的”。值得注意的是，虽然被告人可以通过暂缓判决出罪，但依旧有其适用过暂缓判决的记录，这一记录只能用于未来否决被告人再次适用暂缓判决，而不能作为一种变相的犯罪记录。

（三）考察监督制度的优化

无论是附条件不起诉还是暂缓判决，都需要对犯罪嫌疑人、被告人进行考察。考察监督的主体和矫正项目的内容均需在现有社区矫正和实践探索上予以调整。

首先，考察监督的主体应当是司法机关。从醉驾案件的治理经验来分析，对于暂缓式出罪的考察通常由第三方主体负责，因为检察机关没有资源和能力对犯罪嫌疑人进行考察并矫正其行为。但这会导致考察权力形式上在司法机关，实质上在第三方组织的风险。事实上，实践中已经出现了上述问题。[51] 为了解决这一问题，考察监督的主体必须是司法机关，比较合理的选择为人民检察院。在附条件不起诉中，检察机关作为最终不起诉的决定者，应当对犯罪嫌疑人进行考察；在暂缓判决中，考虑到法院普遍存在“案多人少”的困境，检察机关也作为案件的追诉者进行考察。但是，由于检察机关的资源也是有限的，这种考察可以不是全程性的而是抽查、监督性的，具体的考察工作依旧由第三方主体负责。如此，第三方主体的考察权力将受到考察过程中检察机关抽查监督和最终不起诉听证或法院庭审程序的双重限制。

其次，考察项目的内容应当具有个性化。针对不同的犯罪行为应当采用不同的矫正措施。譬如醉驾案件，可以设置公益服务、交通知识学习和戒酒等多种项目。这些项目既可以单独适用也可以混合适用。至于适用何种项目，一方面要注重个性化，结合犯罪者的特征与犯罪具体原因来消除其再犯可能性。在英国，某足球明星因故意伤害被判处到社区服务劳动 72 小时，有关部门便令其

---

[51] 参见浙江省瑞安市人民检察院课题组、宣章良：《醉驾附条件相对不起诉之探讨——以“瑞安模式”为蓝本的分析》，载《犯罪研究》2020 年第 5 期，第 55 页。

充分发挥工作特长，在社区教孩子们踢球；[52] 另一方面则要注重考察项目的分散性，在同一社区的犯罪嫌疑人、被告人应当分别根据各自的空闲时间进行服务，而不是统一在特定的时间进行集体服务，这样便能最大限度地化解犯罪的附随后果。

再次，参与考察的第三方组织应当具有广泛性。考察项目的个性化必然带来第三方组织的广泛性，可是第三方组织从何而来呢？有学者建议以点带面，通过个案施行推进社会公益服务组织机构的沟通合作。[53] 笔者认为，在此基础上，要注重与社区矫正机构的合作。一方面，参与考察的第三方组织完全可以是现有参与社区矫正工作的社会组织；另一方面，可以商请社区矫正机构通过公开择优购买相关矫正服务，并鼓励有经验和资源的社会组织跨地区开展帮扶交流和示范活动。

最后，相关记录应当进行封存。根据《最高人民法院 最高人民检察院 公安部 司法部关于未成年人犯罪记录封存的实施办法》第2条之规定，应当封存的未成年人犯罪记录，包括侦查、起诉、审判及刑事执行过程中形成的有关未成年人犯罪或者涉嫌犯罪的全部案卷材料与电子档案信息。由此可见，在符合特定条件的未成年人案件中，刑事诉讼各个阶段的信息都应当进行封存。针对成年人暂缓式出罪而言，虽然犯罪嫌疑人、被告人没有定罪，但不能放任公安机关的立案记录、检察机关的不起诉决定、法院的终止审理裁定以及第三方矫正的记录流向社会。因为这些记录足以产生社会层面的非规范性评价，导致犯罪嫌疑人依然被贴上“标签”。为避免这种不利后果，应当对暂缓出罪的相关记录进行封存，防止附随后果的无序扩张。[54]

---

[52] 参见武玉红：《我国社区矫正中“公益劳动”的转向——基于英国社区服务令的思考》，载《青少年犯罪问题》2012年第5期，第49页。

[53] 参见黎箫飏：《酌定不起诉中社会公益服务适用问题研究》，华东政法大学2023年硕士学位论文，第46页。

[54] 参见梅传强、严磊：《前科消灭制度的三重构造》，载《法治论坛》2023年第1期，第221页。

五、结　　语

轻罪案件增多给犯罪治理带来了一系列的新挑战，同时也提出了新要求。为了更好地开展司法治理工作，我国亟须构建一套暂缓式出罪的路径。相对不起诉的创造性运用和附条件不起诉的扩张提供了一种出罪路径的方案。然而，暂缓起诉的模式也存在一些内生性的问题。在全面反思暂缓起诉的潜在风险和深入考察暂缓判决优势的基础上，需要构建一套以附条件不起诉为主、暂缓判决为辅，并且进行阶层化安排的出罪路径。附条件不起诉的谨慎扩张、暂缓判决制度的初步构建，以及相关配套措施的完善将有利于平衡公诉权和审判权，并在根源上消除犯罪者的再犯风险。总之，司法机关应当在自身的权限范围内为大局服务、为人民司法、为法治担当，既要节省司法资源、提高诉讼效率，也要遏制犯罪内生性原因和实现“惩前毖后，治病救人”。这对维护司法公正和促进社会和谐意义重大。

初审编辑：孔令歆
校对编辑：胡志成

信息网络犯罪案件中专家辅助人制度适用研究

Research on the Application of Expert Assistant System in Information Network Crime Cases

肖宇轩*

摘　要：信息网络犯罪是以计算机信息网络为对象、工具或空间实施的犯罪，具有专业性、技术性和隐蔽性的特征。在信息网络犯罪案件中，电子证据和科学证据是法官精准认定事实、正确适用法律的核心依据，围绕电子证据、科学证据和相关专门性问题的分析、解读与对抗也由此成为案件审理的关键环节。专家辅助人的参与能够满足案件审理对专门知识的需要，在程序保障、法庭科学和结果正义三方面具有重要价值。实践中，信息网络犯罪案件中的专家辅助人制度尚存在适用率较低、专家电子阅证权保障不足、专家意见采信不规范等问题，因此应当在优化专家管理体制与制度启动机制、建立电子证据开示制度和构建规范化的专家意见审查与采信规则三方面予以完善。

关键词：信息网络犯罪；专家辅助人；科学证据；电子证据

---

* 肖宇轩，复旦大学法学院诉讼法学硕士研究生。

一、问题的提出

我国《刑事诉讼法》在 2012 年修订时于第 192 条新增了专家辅助人出庭作证的规定。依据这一条文和其他相关规定，刑事诉讼中的控辩双方可以申请专家辅助人出庭，专家辅助人可协助本方对鉴定意见进行质证，还可就案件中的专门性问题发表意见。

然而，就专家辅助人制度 10 余年来的实践情况来看，该制度的适用率远低于预期，运行中也存在专家辅助人参诉途径不畅、权利保障不足等限制其功能发挥的问题，未能良好地融入我国的司法实践中。[①] 对此，我国学者从多方面对专家辅助人制度及其实践展开了研究：有学者基于证据学的视角，梳理了专家辅助人制度的由来、功能和定位，试图厘清专家辅助人制度的理论基础，为明确专家辅助人制度适用规则提供理论上的支持；[②] 有学者基于系统性的视角，就专家辅助人制度的整体性立法构建问题进行了分析与探索；[③] 还有学者从我国刑事司法实践中适用专家辅助人制度的典型案例入手，结合理论分析，就专家辅助人制度在庭前准备、准入标准等方面的问题提出了方向性的优化意见。[④]

值得注意的是，当前我国学界对刑事专家辅助人制度的研究主要是从整体性的视角出发的，提出的完善意见也大多是宏观、共通的方向性意见。实际上，在社会分工和法律规制都更加专业化的今天，不同类型的案件在案件特征、程序保障以及对专家辅助人的需求等方面的差异越发明显。基于此，针对不同类型案件对专家辅助人制度的适用，展开相对具体的专题性研究是颇具价值的，

---

① 参见傅淑均、朴宗根：《专家辅助人制度运行现状与完善路径——基于“法庭调查规程”试行后的实证研究》，载《中国司法鉴定》2021 年第 4 期，第 100—106 页。

② 参见李学军、朱梦妮：《专家辅助人制度研析》，载《法学家》2015 年第 1 期，第 147—163 页。

③ 参见冀敏、吕升运：《专家辅助人制度的构建与完善》，载《甘肃政法学院学报》2016 年第 2 期，第 104—117 页。

④ 参见吴洪淇：《刑事诉讼中的专家辅助人：制度变革与优化路径》，载《中国刑事法杂志》2018 年第 5 期，第 73—87 页。

也有利于找到更具实践意义的制度完善路径。[⑤] 在民事诉讼领域，也已经有学者针对专家辅助人制度，在医疗纠纷诉讼、知识产权诉讼、环境诉讼等专门案件中的具体适用进行了研究。[⑥]

因此，本文以信息网络犯罪案件这类专业化水平较高、技术性问题较多、近年来越发受到关注的专门性刑事案件为对象，试对专家辅助人制度在该类案件中的适用进行研究。本文将结合信息网络犯罪案件及其在证据方面的具体特征，分析专家辅助人制度在信息网络犯罪案件审理中的应用价值，进而检视当前专家辅助人制度实践中存在的问题，并探索相应的完善进路，以期让专家辅助人制度更好地服务于信息网络犯罪案件的审判实践。

二、信息网络犯罪案件及其证据特征

（一）信息网络犯罪的概念

随着计算机科学技术的发展与推广，信息网络犯罪作为一种新兴的犯罪类型，案件数量正逐步增长，从而应受到相应的重视。根据中国司法大数据研究院发布的《涉信息网络犯罪特点和趋势（2017. 1—2021. 12）司法大数据专题报告》，2017—2021 年，全国各级人民法院一审审结的信息网络犯罪案件共计 28. 2 万余件，案件数量呈逐年上升趋势。[⑦]

信息网络犯罪包括针对计算机信息系统实施的对象型犯罪，利用信息网络

⑤ 近年来，具有整合、交叉、专题属性的领域法学研究视角正越发受到学界重视。参见刘剑文：《论领域法学：一种立足新兴交叉领域的法学研究范式》，载《政法论丛》2016 年第 5 期，第 3—16 页。

⑥ 参见睢素利：《我国医疗损害诉讼中专家辅助人制度的现状与建议》，载《中国卫生法制》2014 年第 4 期，第 17—20 页；李盛荣、张璇：《专家辅助人立场定位中的紧张关系及其消解——以知识产权审判为视角》，载《法律适用》2018 年第 5 期，第 83—89 页；张素敏、张琦：《专家辅助人参与环境民事诉讼的现状检视与制度重构》，载《昆明理工大学学报（社会科学版）》2020 年第 3 期，第 9—15 页。

⑦ 参见张明瑛：《司法重拳打击涉信息网络犯罪——聚焦〈涉信息网络犯罪特点和趋势（2017. 1—2021. 12）司法大数据专题报告〉》，载《中国审判》2022 年第 16 期，第 68 页。

实施的侵害人身、财产等传统权利的工具型犯罪和妨害网络秩序正常运行的空间型犯罪三种类型。[⑧] 在此基础上，最高人民法院、最高人民检察院和公安部出台的《关于办理信息网络犯罪案件适用刑事诉讼程序若干问题的意见》对信息网络犯罪的内涵作了进一步的界定，将之分为以下三种类型：其一是危害计算机信息系统安全犯罪案件；其二是拒不履行信息网络安全管理义务、非法利用信息网络、帮助信息网络犯罪活动的犯罪案件；其三是主要行为通过信息网络实施的诈骗、赌博、侵犯公民个人信息等其他犯罪案件。

（二）信息网络犯罪案件的特征

1. 犯罪手段技术化

犯罪手段技术化是信息网络犯罪的首要特征。相较于直接作用于现实世界的传统犯罪，信息网络犯罪依托计算机信息网络技术，发生并作用于互联网虚拟的特定场域中。犯罪分子为实现其犯罪目的，需要以计算机、互联网终端处理器或其他信息化设备为基础，利用计算机信息网络技术，实施运行软件、网络攻击、病毒破坏等技术行为，进而达到制造信息误差、规避计算机防御系统监测、干扰计算机网络正常运行等效果。可以说，在信息网络犯罪案件中，犯罪人实现其目的的手段与计算机信息网络技术的应用是密不可分的。

2. 犯罪内容隐蔽化

在传统犯罪案件中，法官通常能够根据法律规定和经验法则较为直观地认定犯罪事实。但在信息网络犯罪案件中，技术的应用与创新导致的专业壁垒为信息网络犯罪蒙上了一层隔绝感知的面纱，使得这类犯罪行为在行为过程和行为后果上都具有明显不对等的外部表征与内涵实质。

在行为过程上，信息网络犯罪行为人在以互联网为载体，利用计算机、手机等工具实施犯罪时，只需轻敲几下键盘、输入几条指令就能通过计算机软件的运作完成跨越时空、涉及多个主体的复杂犯罪活动。基于这一反差，许多行为人自身都未必能够认识到相关行为的技术原理和犯罪属性，更何况是作为

⑧ 参见陈兴良：《网络犯罪的类型及其司法认定》，载《法治研究》2021 年第 3 期，第 3—16 页。

“局外人”的法官。[9] 在这种情况下，认定犯罪行为的成立需要法官充分理解行为背后的技术原理，认清犯罪行为的实质。

在行为后果上，信息网络犯罪主要以计算机数据信息、计算机系统和应用程序等处于计算机网络场域中的事物为对象，通常不会造成可以直接感知的严重物理性损失，行为的恶劣程度也难以通过一般常理确定，在法益侵害方面更加隐蔽。受此影响，以非法获取计算机信息系统数据罪为代表的相当一部分新型信息网络犯罪采用了“积量构罪”的规制模式，即犯罪行为本身危害程度较低、性质也不够严重，但最终因行为次数或损害后果累积到特定的数量级而构成犯罪。[10] 这样的规制模式使得认定信息网络犯罪需要更精准地把握与犯罪相关的数量级要素。

可见，在信息网络犯罪案件中，犯罪的方法和后果更加隐蔽，合法、违法与犯罪之间的界限更加模糊，认定犯罪事实的难度更高，需要各刑事诉讼主体更加充分地了解涉案科学证据的技术背景和内涵本质，克服专业壁垒导致的认知困难，以便更加深入地解读证据和认定事实。

3. 犯罪主体专业化

尽管信息网络技术的工具性特征降低了对信息网络犯罪主体技术水平的要求，[11] 但总的来说，不同于大部分传统犯罪中的行为人，信息网络犯罪的行为人通常具备计算机网络方面的专业知识或相关从业、实践经历，对信息网络技术原理或实践应用有一定的认知和了解。这一特征在那些犯罪规模较大、犯罪内容比较复杂、审理难度较高的案件中体现得尤为明显。

这样的主体特征使得那些复杂信息网络犯罪案件中的行为人往往有着更强的辩护意识和质证能力。他们拥有专业知识和经验的储备，作为案件的当事人，还具有事实亲历性优势，因此通常对相关的科学事实有着相对深入的认知。这能够支持他们在法庭上积极参与甚至主动引导证据审查和事实认定环节的讨论，

---

⑨ 实践中，将自身行为界定为中性业务行为也是信息网络犯罪被告人常常使用的抗辩理由。

⑩ 参见皮勇：《论新型网络犯罪立法及其适用》，载《中国社会科学》2018 年第 10 期，第 126—127 页。

⑪ 参见喻海松：《网络犯罪二十讲》，法律出版社 2018 年版，第 10—11 页。

并暴露出案件中一些值得探讨的专门性问题。但是，考虑到当前信息网络犯罪行为的主要实施方式，大部分行为人对专业技术的认知主要是工具性、应用性的，[12] 通常无法满足其就专门性问题展开质证和辩解的全部需要。

（三）信息网络犯罪案件的证据特征

1. 证据材料的电子化

信息网络犯罪具有技术化特征。在这类案件中，大量的证据是电子化的。信息网络犯罪留下的痕迹大多会以电子数据的形式留存于计算机信息网络的虚拟空间中。在侦查机关侦办信息网络犯罪案件或辩护律师尝试收集证据的过程中，不论是对犯罪痕迹的提取，还是对所得材料进行检验、鉴定与解读，均需要运用信息网络技术手段，最终获得海量的电子证据。

因此，信息网络犯罪案件在证据的审查和解读上有着更加体系化的需求。一方面，相比传统证据，电子证据具有鲜明的系统性特征，蕴含着丰富的信息——在虚拟空间中，每一个电子文件的背后都有一批辅助性文件用于记录该文件各方面的附属信息和关联痕迹，对其进行分析与解读就能够了解电子证据的各种属性及其所经历的修改、变化的动态过程。另一方面，电子证据有着独特的“场域”属性，能够反映多元化的线索和信息，从体系性的视角分析处于电子证据这一“场域”内的多元信息能够有效帮助办案人员还原案件事实。[13] 因此，在信息网络犯罪案件中，对电子证据的解读不能仅停留于证据材料本身的表象，而是需要下潜至证据的系统深处，挖掘证据材料在形成、收集等过程中所产生的多元技术信息及其所体现的法律属性，运用印证等方法对其可靠性与证明力展开更加深入的解读与论证。

2. 科学证据的广泛应用

信息网络犯罪案件中存在大量具有系统性、场域性特征的电子证据，善用这些电子证据能够有效帮助办案人员确定证据属性、还原案件事实。这也使得

---

[12] 参见游涛、杨茜：《应对网络新型犯罪：做足功课 拿出对策》，载《人民法院报》2017 年 3 月 5 日，第 3 版。

[13] 参见刘品新：《电子证据的基础理论》，载《国家检察官学院学报》2017 年第 1 期，第 153—159 页。

这类案件在对证据的实质审查和深入解读上有着更高的需求。

因此，在信息网络犯罪案件中，由鉴定人等专业人士依据其专业知识或通过实践检验形成的鉴定意见、检验报告等科学证据有着大量的应用。⑭ 其一，为了确保涉案电子证据的合法性，检方往往需要通过鉴定给出专业性的辨认意见，对涉案电子证据进行鉴真，从而验证其真实性与同一性；⑮ 其二，信息网络犯罪的隐蔽化特征使得检方往往需要通过鉴定来揭示行为人所使用的技术工具的功能本质，从而将其涵摄于法定的实体构成要件中；其三，如上文所述，很多信息网络犯罪采用“积量构罪”的规制模式，而鉴定、检验等科学技术手段是实践中确认犯罪数量要素的常用手段，因此也是确保案件事实得到精准认定的重要方法。总的来说，以鉴定意见和检验报告为代表的科学证据是信息网络犯罪案件中认定事实和定罪量刑的核心依据。

（四）适用专家辅助人制度的现实需要

基于上述信息网络犯罪案件及其证据所具有的特征，相较于传统犯罪案件，信息网络犯罪案件在涉案证据的审查、事实的认定、犯罪构成要件的证成上有着鲜明的专业性和技术性特征。受此影响，在司法实践中，围绕科学证据和科学事实的分析、解读与对抗成为信息网络犯罪案件审理的关键环节，也是法官精准认定案件事实并正确适用法律的重要抓手。审判中针对科学证据、科学事实以及案件所涉专门性问题的讨论正变得越发积极化与实质化，无论是法官、检察官还是律师都不能轻易回避这些问题。例如在2015年快播案的法庭调查环节中，被告人王某、张某及其辩护人就检方提供的科学证据和论证的专门性问题提出了相当多的异议与质证意见，引导法官对案件中的专业技术问题和科学证据进行了缜密的审查，相关讨论甚至占据了庭审的主体部分。⑯

---

⑭ 科学证据是利用科学知识和手段收集、发现、进行检验或分析后获得的能够证明案件事实的各种证据材料。参见孙珊：《科学证据的概念溯源及本土化重述》，载《证据科学》2022年第6期，第709—710页。

⑮ 参见陈瑞华：《刑事证据法》（第4版），北京大学出版社2021年版，第239—246页。

⑯ 参见《快播公司、王欣传播淫秽物品牟利案庭审笔录（全文）》，载微信公众号“山东省人民检察院”。

因此，为了更好地适应信息网络犯罪案件对科学证据和专门性问题进行审查和讨论的需要，各刑事诉讼主体都不可避免地需要具有专业知识。对此，专家辅助人制度能够搭建知识的桥梁，弥合专业壁垒造成的知识鸿沟，为各刑事诉讼主体提供有力的支持。[17]

三、专家辅助人制度在信息网络犯罪案件中的应用价值

根据我国《刑事诉讼法》及相关司法解释的规定，专家辅助人主要有以下两方面职能：其一，专家辅助人能够对鉴定意见等涉及专业知识和技术门槛的科学证据进行审查，协助案件中的某一方进行质证；其二，专家辅助人能够基于自身具有的专业知识和实践经验，就案件中的专门性问题进行说明，为审查证据和认定案件事实提供专业知识上的辅助和参考。[18] 通过这两种职能，专家辅助人制度能够在信息网络犯罪案件的审理过程中充分发挥其程序保障价值和法庭科学价值，进而促进审判结果正义价值的实现。

（一）专家辅助人制度的程序保障价值

提高庭审质量、推动庭审实质化建设是我国审判中心主义改革的重点之一。在对抗式诉讼模式下，控辩双方需要具备相对平等的地位和手段，在庭审中依靠证据和法律展开对抗，以便法庭准确查明事实、正确适用法律。[19] 实质化的质证和审查既是保障法官事实认定公正性和科学性的基础，也是保障各相关主体的诉讼权利在审判中得到实现的前提。[20]

---

⑰ 参见陈如超：《专家参与刑事司法的多元功能及其体系化》，载《法学研究》2020 年第 2 期，第 92—94 页。

⑱ 参见陈瑞华：《刑事审判实务中的若干问题》，载《山东法官培训学院学报》2018 年第 3 期，第 9 页。

⑲ 参见杨波：《刑事诉讼事实形成机理探究》，载《中国法学》2022 年第 2 期，第 177—180 页。

⑳ 参见闵春雷：《以审判为中心：内涵解读及实现路径》，载《法律科学（西北政法大学学报）》2015 年第 3 期，第 38 页。

然而，在信息网络犯罪案件这类科学证据繁多、涉及大量专门性知识的复杂案件中，如果诉讼主体在知识、理念和经验上不能达到一定的标准，那么庭审中实质性的对抗和审查不过是空谈，也对事实的进一步查明无益。[21] 此时，法官便只能投身卷宗，虚化庭审审查，“先射箭再画靶”地从书面材料的结论中找寻既定的内容作为认定事实的依据。法律赋予被告人、辩护人等主体的质证权也因此形同虚设。

要解决这一问题，就要提高各诉讼主体在科学知识上的认知能力，并适度填平控辩双方在举证、质证能力和专门知识上的差距，促进平等武装的实现。在我国的刑事诉讼活动中，公检机关几乎实现了对鉴定权的垄断，法庭上绝大多数的鉴定意见都是由侦查机关委派或聘请相关部门的鉴定人作出的。[22] 诚然，鉴定人及其作出的鉴定意见应当具有中立性，[23] 但考虑到侦查人员与鉴定人之间的聘请关系和鉴定意见与证明对象之间的论证关系，一定程度的倾向性常常是难以避免的。此时，专家辅助人的介入能够在信息网络犯罪这类具有一定专业性的案件中弥补鉴定意见相对方在专业知识和质证能力方面的差距。依据自身掌握的专业知识或实践经验，专家辅助人可以提出更加深入的质证意见，直指鉴定意见等科学证据中常人所不可及之处，以此来有效提高质证这一关键环节的质量，解决“‘隔靴搔痒’般的提问，‘聊胜于无’地作答”等在庭审中导致质证过程虚化的问题。[24] 由此，诉讼中科学证据相对方的质证权能够在实质层面受到保障，庭审实质化的程序正义理念也在信息网络犯罪案件中得到更加充分的实现。

---

[21] 参见孙梦龙、庄新宇：《网络犯罪专门性问题流转的虚置与盘活——基于事实建构与技术审查的双重考量》，载《重庆邮电大学学报（社会科学版）》2023 年第 1 期，第 82—83 页。

[22] 钟朝阳：《程序公正与刑事诉讼中的鉴定启动权》，载《西南政法大学学报》2009 年第 1 期，第 109 页。

[23] 参见汪建成：《司法鉴定基础理论研究》，载《法学家》2009 年第 4 期，第 12—16 页。

[24] 参见李学军、朱梦妮：《专家辅助人制度研析》，载《法学家》2015 年第 1 期，第 151—152 页。

（二）专家辅助人制度的法庭科学价值

证据法是服务于事实认定的法律，尽可能准确地认定案件事实，使其符合现实发生的客观事实是证据法的中心使命与本质要求。[25] 达马斯卡指出：证据法的未来是一个事实认定科学化的问题。[26] 这一论断在当今信息网络犯罪等专门性案件频频发生、事实认定与科学技术连接越发紧密的趋势下正不断得到验证。

在证据法的视野下，审判中的事实认定环节是一个根据法定条件筛选证据，而后通过证据建构来获取法律要件事实，并不断向着客观事实迫近的过程。在现代刑事审判中，运用科学技术来还原案件事实、辅助司法审查的法庭科学对案件事实的认定起到重要的作用。[27] 随着科学技术的发展，诸多新型的证据和案件材料对传统的法庭科学提出了挑战。如何让刑事审判适应这种新的变化，更好地运用法庭科学为案件审理提供支持成为值得关注的问题。

具体到信息网络犯罪领域，信息网络犯罪依托信息网络产业而生。不同于变革相对缓慢的传统领域，信息网络产业在计算机信息技术创新的推动下高速发展，催生出了诸多新的技术应用方式和产业类型。更加多样化的生产资料在实践中以更多元的方式被人们利用，[28] 进而导致了信息网络犯罪案件中诸如侵吞数字资产等新型事实和区块链证据、算法证据等新型数字化证据的出现，并随着技术的发展不断更新，给刑事诉讼中收集、审查证据和认定事实带来了诸多困难。[29] 受此影响，法官、检察官等相关主体在参与信息网络犯罪案件审理时，对其增强科学知识供给、提高专业水平能力提出了更高的要求。

㉕ 参见杨波：《以事实认定的准确性为核心——我国刑事证据制度功能之反思与重塑》，载《当代法学》2019 年第 6 期，第 132—133 页。

㉖ ［美］米尔建·R. 达马斯卡：《漂移的证据法》，李学军等译，中国政法大学出版社 2003 年版，第 200 页。

㉗ 参见邱爱民：《论法庭科学的内涵和外延》，载《中国政法大学学报》2010 年第 6 期，第 124—127 页。

㉘ 参见陈兴良：《网络犯罪的刑法应对》，载《中国法律评论》2020 年第 1 期，第 89 页。

㉙ 参见吴洪淇：《刑事诉讼专门性证据的扩张与规制》，载《法学研究》2022 年第 4 期，第 168—173 页。

在这一背景下，专家辅助人制度能够发挥其在法庭科学方面的价值，为刑事司法深入接触信息网络专业技术和行业实践提供了程序上的进路。考虑到刑事诉讼专家辅助人需要履行质证科学证据或说明专门性问题的职能，他们理应是在特定领域内具备坚实专业知识基础或技术实践经验的资深、权威专家。[30]在案件审理中，这些专家能够就案件中的科学证据和专门性问题向法庭提供专业意见，为法庭实质审查科学证据提供必要的科学知识供给。[31] 法官可以通过吸收这些专业意见来拓宽审查视野，弥补自身在专门性案件中知识、理解能力和判断能力的不足，优化对科学证据的审查思路，从而正确地发挥法庭科学的作用，减少因专业知识匮乏导致的审查疏漏和认知错误，促进事实认定的科学化与合理化。

（三）专家辅助人制度的结果正义价值

在信息网络犯罪案件中，科学证据是法官认定案件事实的核心依据，对确定犯罪主体、界定行为性质、认定犯罪情节等事实认定的各个环节都有着重要的意义。[32] 因此，在信息网络犯罪案件中，对科学证据的实质审查和采信是确保法官能够科学、准确地认定案件事实的核心环节，直接影响着法官能否形成正义的判决结果。

然而研究表明，我国当前司法裁判中对科学证据的审查和采信存在一定的偏信和形式化倾向。就法庭上最典型的科学证据——鉴定意见来说，在我国的刑事诉讼活动中，基于阅卷形成的先见、对鉴定机构的信任、对复杂专业技术的逃避，很多法官往往会试图回避专业化的科学问题，忽略对鉴定意见证据能力和证明力的实质审查，仅经过形式化的审查便直接予以采信，并将其作为认定案件事实的依据。[33]

---

[30] 参见邹明理：《专家辅助人出庭协助质证实务探讨》，载《中国司法鉴定》2014年第1期，第7—8页。

[31] 参见纵博：《论科学证据的实质审查》，载《法商研究》2024年第1期，第157—159页。

[32] 参见2021年《人民检察院办理网络犯罪案件规定》第17—21条。

[33] 参见陈永生：《论刑事司法对鉴定的迷信与制度防范》，载《中国法学》2021年第6期，第265—268页。

尽管鉴定意见具有一定的客观性，但其本质是主观证据，会因鉴定人立场、技术选择和具体操作等不同因素的影响而与客观事实产生偏差，并不当然地具有终局意义上的合法性，必须经过法庭实质性的审查方可作为定案证据。这也是《刑事诉讼法》在 2012 年修订时将“鉴定结论”改称为“鉴定意见”的原因。因此，对鉴定意见等科学证据的形式化审查存在隐患，可能导致认定结果与客观事实之间存在数量甚至性质上的偏差。在信息网络犯罪案件中，由于科学证据是认定犯罪事实的核心依据，而事实认定又是法官适用法律的基础，上述偏差即意味着存在发生错案的重大风险。

专家辅助人在刑事诉讼中能够利用其掌握的专业知识和技术实践经验来引导法庭对科学证据进行实质性、针对性的审查，将与专门性知识相关的关键争议置于明面，揭露其中可能存在的错误。对专业知识和专门问题的认识越深入，也就越能为证据的合理采信和事实的科学认定提供更加切实的参考，最终为司法裁判权的行使提供更加坚实的基础。[34] 由此，案件事实认定的科学性、可靠性与精准性得以提高，这有利于减少法官盲目采信科学证据结论导致的错误裁判，让司法审判的结果正义在信息网络犯罪案件中得到更广泛地实现。

四、信息网络犯罪案件中适用专家辅助人制度的实践问题

如上所述，专家辅助人制度能够为信息网络犯罪案件的审判提供有效支持，也有助于促进诸多司法价值的实现，在信息网络犯罪案件频发的今天是一项极具现实意义的制度。尽管如此，根据近十年来的相关案例和研究，专家辅助人制度尚未完全融入信息网络犯罪案件的司法实践，仍存在诸多现实问题。

（一）专家辅助人参诉率低

上文提到，专家辅助人制度在信息网络犯罪案件中具有突出的应用价值，

---

[34] 参见李学军：《诉讼中专门性问题的解决之道——兼论我国鉴定制度和法定证据形式的完善》，载《政法论坛》2020 年第 6 期，第 42—43 页。

理应有着较为广泛的出场空间。但从2012年该制度正式确立至今的相关案例来看，专家辅助人在信息网络犯罪案件中仍存在参诉率较低的问题。

如前所述，信息网络犯罪包含对象型、工具型和空间型三种。其中，对象型和空间型的信息网络犯罪所侵害的法益与信息网络空间及其内部要素直接相关，在案件内容上也往往更能反映信息网络犯罪在专业性和技术性方面的典型特征。由此，笔者在“北大法宝”案例数据库中，以《刑法》第285—287条规定的典型信息网络犯罪作为罪名关键词进行检索，在目标时间范围内共得到了3269件有效案例。然而，在此结果中再以“专家辅助人”“有专门知识的人”“专家证人”为全文关键词进行检索，所得到的有效案例数量立刻锐减到了14件。相比之下，在人身犯罪、知识产权犯罪、破坏环境犯罪等其他类型的案件中，专家辅助人制度反而有着更多应用。这一现状在一定程度上反映出了当前专家辅助人制度在信息网络犯罪案件审理中适用的窘境。无独有偶，有学者在对“游戏外挂”相关的信息网络犯罪案件进行专题研究时，也发现了相同的现象——在其选取的93份有效判例中，竟无一例存在专家辅助人的参与。[35]这一现象着实引人深思。

就我国当前专家辅助人制度的相关规范和审判实践的现实情况来看，这一现象的产生主要有以下两方面的原因：

第一，受到先前审判习惯和办案经验的影响，相当一部分当事人、辩护人以及公诉人尚未认识到专家辅助人在案件审判中的重要价值，缺少聘请专家辅助人协助质证或对专门性问题进行说明的意识。长期以来，许多法官在回避专业壁垒、信任科学技术、担心追责压力等各方面主客观因素的影响下，也不愿在案件审判中对鉴定意见等科学证据进行实质化的审查。[36]相当一部分法律从业者已经形成了虚化审查科学证据的习惯，在对科学证据进行解读、质询和审查方面的意识和能力有所弱化。[37]此外，由于我国法律在专家辅助人准入程序

---

[35] 参见何邦武、胡凌宇：《论网络电子数据鉴定意见的采信——以游戏外挂类案件司法裁判为样本的分析》，载《河南财经政法大学学报》2022年第4期，第103页。

[36] 参见胡铭：《鉴定人出庭与专家辅助人角色定位之实证研究》，载《法学研究》2014年第4期，第194—203页。

[37] 参见刘科学：《刑事诉讼中鉴定人出庭制度的运行现状及其改进——以88份裁判文书为研究样本》，载《中国应用法学》2021年第5期，第154—156页。

上仅作了粗略的行政化规定，专家辅助人的出庭申请还存在被法官任意否决的风险，可能会进一步降低专家辅助人制度的应用率。㊳

第二，即便相关主体有意愿获得专家辅助人的帮助，也缺乏聘请信息网络领域专家的可靠途径。在解决一些传统案件涉及的专门性问题时，法庭所需的掌握法医鉴定、痕迹检验等方面知识的专业人士很多本身就是供职于专业司法鉴定机构的专家。这些专家以服务司法作为本职工作，早已形成了相当成熟的专业服务保障体系，能够通过较为规范的渠道参与到案件审理中。相比之下，尽管信息网络犯罪已逐步发展为一类规模庞大、特征鲜明的专门性案件，但长期以来，我国信息网络犯罪案件的司法工作与信息网络行业之间的联系并不紧密，没有在该领域建立专业的司法服务保障体系，尤其体现在体制外非鉴定行业的专家辅助人的匮乏上。大量掌握信息网络专业知识与技术的专家主要服务于学术界和工业界，平日里并不会接触司法案件，也难以被有需要的当事人或辩护人聘请。㊴ 这些专家既缺少参与司法审判的意愿，又普遍缺乏从事司法专家辅助工作的经验，对相关制度、程序和技巧的了解也较少。受此影响，在信息网络犯罪案件中，即使当事人或辩护人有聘请专家辅助人的意愿，想要以规范的渠道和适当的成本找到合适的专家也并不容易。

（二）对专家辅助人电子阅证权的保障存在缺陷

我国《刑事诉讼法》以及其他有关规范性文件仅规定了专家辅助人在案件庭审中的质证和说明职能，而并未就专家辅助人在庭审前的相关活动中所应享有的参与性权利作出保障性的规定。实践中，由于缺乏统一、明确的规范，部

㊳ 参见涂舜：《专家辅助人制度的改进及评析——基于〈人民法院办理刑事案件第一审普通程序法庭调查规程（试行）〉的研究》，载《中国司法鉴定》2020 年第 4 期，第 20 页。

㊴ 在部分案件中，有当事人根据案件需要聘请了担任计算机软件工程师、移动网络工程师等职务的专家作为专家辅助人，对程序运作原理、数据统计方法等专业问题提供意见，体现了信息网络犯罪案件审理对这类业界专家的需要。参见詹某、张某扰乱无线电通讯管理秩序案，浙江省温州市中级人民法院（2016）浙 03 刑终 1312 号刑事裁定书；袁某、赖某提供侵入、非法控制计算机信息系统程序、工具案，苏州市姑苏区人民法院（2020）苏 0508 刑初 713 号刑事判决书。但考虑到他们的本职工作，有需要的当事人和辩护人一般只能通过私人渠道来接触并聘请这些专家。

分办案人员将鉴定检验的证据材料与鉴定活动视为机密，禁止专家辅助人接触。[40] 此时，专家辅助人便只能依靠委托人事前提供的二手材料和描述进行准备，并根据庭审时当场出示的转化性文本证据和其他材料来了解情况并发表意见。例如在苏州市姑苏区人民法院审理的一起计算机犯罪案件中，专家辅助人需要通过在庭审当场“阅读检验报告并观看鉴定过程录像”来了解涉案的科学证据及有关材料。[41] 这种方式使得专家辅助人缺失了参与检验和接触一手证据材料的机会，从而导致专家辅助人难以提出深入的质证意见，提出的意见也很容易因缺乏充分的依据而被法官否决，无异于“以短剑对抗长矛”，难以充分发挥其作用。[42]

在信息网络犯罪案件中，这一问题的影响将更加显著。上文提到，信息网络犯罪案件中存在大量的电子证据和由其转化形成的科学证据。这些具有综合性、场域性、体系性的证据信息含量巨大，其证据价值不是文本报告所能完全体现的。潜藏于电子证据深处的诸多附属、辅助要素同样可以帮助审查者对证据的真实性、合法性等关键属性进行判断，从而直接影响着质证的方案和内容。[43] 所以，仅仅审查由这些电子证据转化形成的文本材料并不能充分满足实质化的证据审查和对抗的需要。[44] 审查者只有直面原始的证据材料，采用勘验式、再现式、实验式等方法对电子证据本身及其转化为鉴定意见、检验报告等科学证据的过程进行实质性的检视，才能对证据的合法性、真实性等问题提出有效的质证意见。[45] 因此，如果信息网络犯罪案件中的专家辅助人只能基于文

---

[40] 参见常林:《司法鉴定专家辅助人制度研究》，中国政法大学出版社 2012 年版，第 293 页。

[41] 参见袁某、赖某提供侵入、非法控制计算机信息系统程序、工具案，苏州市姑苏区人民法院（2020）苏 0508 刑初 713 号刑事判决书。

[42] 参见陈邦达:《专家辅助人制度：面临问题与完善路径》，载《理论探索》2016 年第 1 期，第 123—128 页。

[43] 参见刘波:《电子数据鉴定意见质证难的破解之道》，载《重庆邮电大学学报（社会科学版)》2018 年第 1 期，第 44—52 页。

[44] 参见刘品新:《论电子证据辩护》，载《社会科学辑刊》2023 年第 6 期，第 94—98 页。

[45] 参见刘品新:《电子证据的审查技巧》，载《中国检察官》2021 年第 14 期，第 66—72 页。

本对这些电子证据的转化材料进行浅层次审查的话，他们几乎不可能提出有明确依据支撑的、深入的质证意见。在这种情况下，专家辅助人的意见或是隔靴搔痒、聊胜于无，或是容易陷入因缺乏实际依据而被直接否认的困境。[46]如此，专家辅助人制度在推动证据审查实质化和科学化方面的功能也将陷入瘫痪。

（三）对专家辅助人意见的审查和采信缺乏规范性

实践中，不同于法官、公诉人、辩护人等传统主体以规范的方式参加诉讼并发挥作用，专家辅助人在审判中的角色定位是“飘忽不定”的，[47] 这种模糊的定位也影响着专家辅助人意见在判决中的定性及其作用的发挥：在部分案件中，法官将专家辅助人视为一种特别的证人，其提出的质证或说明意见也被当作一种相对独立的证据形式，能够在判决中作为认定事实的依据。[48] 而在另一部分案件中，专家辅助人更像是委托人的专业助手，针对科学证据或专门性问题协助委托人发表意见，甚至帮助委托人与对方的鉴定人正面对质。这时，专家辅助人意见也会被归于公诉或辩护意见中，不能作为认定案件事实的依据。法官在撰写判决书时有时会将专家辅助人意见记入委托人的主张之中，[49] 有时甚至直接省略，不在文书中提及专家辅助人意见的内容。[50]

专家辅助人兼具协助质证和就专门性问题发表意见的双重职能，使得其意见可能同时具有辩论意见和专门性证据的属性。由于没有法律规范对此作出明

---

[46] 参见罗某制作、复制、出版、贩卖、传播淫秽物品牟利案，上海市第一中级人民法院（2020）沪 01 刑终 1562 号刑事裁定书。

[47] 参见郑飞：《论中国司法专门性问题解决的“四维模式”》，载《政法论坛》2019 年第 3 期，第 73—74 页。

[48] 参见袁某、赖某提供侵入、非法控制计算机信息系统程序、工具案，苏州市姑苏区人民法院（2020）苏 0508 刑初 713 号刑事判决书；汪某等侵犯著作权案，上海市徐汇区人民法院（2013）徐刑（知）初字第 20 号刑事判决书；詹某、张某扰乱无线电通讯管理秩序案，浙江省温州市中级人民法院（2016）浙 03 刑终 1312 号刑事裁定书。

[49] 参见孙某、成都五二天科技有限公司侵犯著作权案，四川省成都市中级人民法院（2019）川 01 刑终 94 号刑事判决书。

[50] 参见蔡某提供侵入、非法控制计算机信息系统程序、工具案，北京市丰台区人民法院（2019）京 0106 刑初 1813 号刑事判决书；邓某、贾某等破坏计算机信息系统案，重庆市渝中区人民法院（2017）渝 0103 刑初 1683 号刑事判决书。

确的规定，当前我国审判实践中对专家辅助人角色定位的把握，对专家辅助人出庭的程序安排和对专家辅助人意见的审查和采用都缺乏足够的规范性与统一性。[51] 这便使得专家辅助人无法以稳定的诉讼身份参与到案件的审判过程中，不利于专家辅助人通过规范的、可预期的程序和方式与其他诉讼主体开展互动，也使得专家辅助人意见的法律属性更加模糊，不易得到规范的审查和采信。

通常，法官在撰写裁判文书时应对诉讼中的各项证据进行专门的列举和分析，以此来公开自己审查涉案证据并据此认定案件事实的心证过程。[52] 这也是法律对法官通过自由心证和行使自由裁量权来认定事实的一种限制。但由于专家辅助人存在上述角色定位不明的问题，其意见在证据资格方面也饱受争议。受此影响，专家辅助人意见无法受到证据裁判原则的全面保护，如何在裁判中审查和运用专家辅助人意见是法官自由心证的内容，[53] 是否在判决中公布自己审查和采用专家辅助人意见的心证过程也都由法官自行决定。在我国法律上也没有规定对专家意见的科学审查标准。[54] 这实际上为法官规避对科学证据和专家辅助人意见的实质审查提供了空间。而正如前文所述，科学证据是信息网络犯罪案件的核心定案依据，对专门性问题的分析和审查也是案件审理的关键环节，对案件定罪和量刑结果的影响较一般传统案件更大。因此，如果专家辅助人意见无法切实在信息网络犯罪案件中发挥其作用，产生的危害也比在一般传统案件中更加严重。

---

[51] 参见杨涛：《刑事诉讼中专家辅助人出庭制度的实践与完善——以“念斌案”和“复旦投毒案”为样本的分析》，载《法律适用》2015 年第 10 期，第 112—113 页。

[52] 参见刘彦宁、吴国荣、吴昊编著：《刑事裁判文书写作指南》，人民法院出版社 2012 年版，第 81 页。

[53] 参见窦淑霞：《法官对专家辅助人意见的采信与心证形成的路径分析》，载《法学杂志》2018 年第 2 期，第 116—117 页。

[54] 参见艾明、庄嘉伟：《专门性问题报告的证据法问题研究》，载《证据科学》2023 年第 3 期，第 271—272 页。

五、信息网络犯罪中适用专家辅助人制度的完善路径

（一）优化专家辅助人的管理体制和制度启动机制

上文提到，专家辅助人制度当前在信息网络犯罪案件审判中存在明显的应用缺位问题。针对这一问题，一方面要让有需要的刑事诉讼主体能够以规范可靠的渠道聘用到合适的专家辅助人，解决制度选用成本方面的问题；另一方面要保障专家辅助人出庭参与刑事审判的权利，确保专家辅助人制度的规范运行。由此，专家辅助人能够常态化地参与到信息网络犯罪等专门性案件的审理中，久而久之也有利于提高法庭实质化审查科学证据和刑事诉讼相关主体聘请专家辅助人协助的意识。

与信息网络领域相关协会合作，建立该领域的专家名册，推动专家辅助人分类入库管理是规范专家聘请渠道的可行办法。可以效仿我国当前业已成熟的特邀调解员名册制度，[55] 由各级司法行政部门主管，与中国计算机学会、中国互联网协会等在计算机信息网络领域有较大影响力、汇集诸多领域内科研、实务专家的协会展开合作，吸收其中有意愿参与司法辅助工作的专家，形成专家辅助人名册，并通过各种方式公开相关信息，供有需要的公诉人、辩护人、当事人选择。同时，主管部门应通过定期的组织培训和考核评价让这些专家充分了解、熟悉参与司法专家辅助工作的程序、纪律与技能。主管部门还可以根据既有的实践经验拟定聘请专家辅助人的指导价格，甚至尝试构建专家辅助人的法律援助制度。[56] 如此，有需要的刑事诉讼主体便能够以更规范的渠道和更合理的成本找到合适的专家，专家的职业道德和服务质量也有了更充分的保障。

此外，我国还应规范专家辅助人制度的申请启动程序，充分保障专家辅助

---

[55] 参见龙飞：《论国家治理视角下我国多元化纠纷解决机制建设》，载《法律适用》2015 年第 7 期，第 7 页。

[56] 参见宿博佳：《刑事专家辅助人援助制度的构建》，载《证据科学》2022 年第 5 期，第 587—599 页。

人的出庭权利。当前，我国《刑事诉讼法》及其解释将决定专家辅助人出庭的权力交给法庭，却并未规定明确的审查标准，给予了法官过度的裁量权，导致专家辅助人出庭权的保障存在隐患。因此，为提高专家辅助人出庭率，保障专家辅助人制度功能的发挥，法律及司法解释应明确专家辅助人资格的审查程序，并适度放宽形式审查的条件，着重审查专家辅助人的实际能力。[57] 法庭可以要求申请方提交专家辅助人在资格、能力方面的凭证文件和书面专家意见，通过审查这些材料来考察专家辅助人是否具有履行审查科学证据和就专门性问题发表意见职能的实际能力，从而决定是否允许专家辅助人出庭提出意见。同时，还应赋予专家辅助人在不被允许出庭时通过复议等方式进行救济的权利。

(二) 建立电子证据的审前开示制度

在审判前获得的鉴定意见等科学证据以及相应的基础性材料是专家辅助人充分审查涉案科学证据从而提出有效质证意见的重要前提。[58] 如上文所述，由于信息网络犯罪案件中的海量电子证据具有系统化、场域化、信息含量大等特征，传统规则实践下仅仅允许专家辅助人审查由这些电子证据转化形成的文本材料，不足以满足其开展实质审查和有效质证的需要，容易导致专家辅助人制度功能的失灵。

对此，考虑到信息网络犯罪已发展为一类规模庞大、特征鲜明的专门性案件，有必要针对信息网络犯罪案件的证据特征，通过制定司法解释等方式，明确该类案件中专家辅助人在审查起诉环节有权申请访问并获取涉案鉴定意见等科学证据及其产生的基础性材料，建立电子证据开示制度。[59] 不同于具有较强原件属性的传统证据，在信息网络犯罪案件中占据重要地位的电子证据不会因保存或转移而受到实质影响，且其内容可以被精准复制，复制也不会对原件造

---

[57] 参见季美君：《专家证据制度比较研究》，北京大学出版社 2008 年版，第 270—276 页。

[58] 参见吴洪淇：《刑事诉讼中的专家辅助人：制度变革与优化路径》，载《中国刑事法杂志》2018 年第 5 期，第 86 页。

[59] 参见郑曦：《数字时代刑事证据开示制度之重塑》，载《华东政法大学学报》2023 年第 4 期，第 45—46 页。

成损害，这就削弱了最佳证据规则对电子证据的约束。[60] 同时，根据电子证据的系统化、场域化原理和电子痕迹理论，对电子证据的处理或篡改相对易于发现，这也在一定程度上为电子证据在存储、转移中的稳定性和真实性提供了保障。[61] 因此，在专家辅助人能够提供要求证据开示的理由和自己审查检验的方法及目的的情况下，应当允许专家辅助人通过复制等方式获取涉案鉴定意见等科学证据及其赖以形成的基础性材料。而对于内容相对敏感，如涉及国家利益、商业秘密、个人隐私的证据材料，则可以允许专家辅助人在指定的场所，以预先说明的方式对数据进行分析和检验，并要求专家辅助人遵守保密等义务，从而维系专家阅证权和其他关联主体的利益之间的平衡。

（三）构建规范化的专家意见审查与采信规则

明确专家辅助人及其意见在诉讼中的定位和效力是正确设置专家辅助人参诉程序和权利义务、建立稳定的司法实践操作规则的基础，也是确保专家辅助人意见在刑事审判中受到规范化审查和采信的前提。如此，专家辅助人制度才能真正以规范的形态融入现实的刑事司法实践当中，在信息网络犯罪等专门性案件中稳定地发挥应有的作用。

当前，我国专家辅助人的身份定位在实质上正越发靠近专家证人。[62] 专家证人是指一种基于学习或经验所获得的、在程度和范围上超越常识的专门知识而提供证据的特殊证人。在刑事诉讼中，证人均因其所提供的证言能够为案件事实的认定提供帮助和支持而得以参与到诉讼中来，但专家证人与普通证人参加诉讼的基础不同：普通证人参与诉讼的基础在于其亲身感知的具体事实与待证的法律事实间具有逻辑联系，因而能够帮助裁判者认定案件事实；而专家证人对事实的了解并不基于亲身的直观感知，其参与诉讼的基础是诸如信息网络犯罪等专门性犯罪案件中存在无法直接用常识感知或理解的证据或争议事实，

---

[60] 参见龙卫球、裴炜：《电子证据概念与审查认定规则的构建研究》，载《北京航空航天大学学报（社会科学版）》2016年第2期，第46页。

[61] 参见刘品新：《论电子证据的理性真实观》，载《法商研究》2018年第4期，第63—66页。

[62] 参见张保生、董帅：《中国刑事专家辅助人向专家证人的角色转变》，载《法学研究》2020年第3期，第170页。

需要专家证人利用其所具备的科学、技术或其他专门知识辅助裁判者理解证据并认定事实。[63] 在这一视角下，我国《刑事诉讼法》规定中的专家辅助人和鉴定人均属于专家证人。

专家辅助人意见则是专家辅助人作为专家证人，依据其专门知识、通过科学技术、科学原理等手段和方法所提供的专家证言，具有科学证据的特征和充分的证据属性。实践中，专家辅助人意见主要有两种表现形式：其一是对鉴定意见等科学证据进行质证，在这种情形下，专家辅助人意见基于专业视角，通过对这些科学证据的证据能力和证明力进行质疑或巩固，最终影响法官对这些证据的采信与否和后续对案件事实的认定，具有“辅助证据”的性质。[64] 其二是针对案件中的专门性问题提出意见，在这种情形下，专家辅助人根据自身拥有的专业知识、技术经验或是通过科学检验形成意见或报告，属于当前在专门性刑事司法实践中运用日益广泛，能直接用于认定案件事实的“专门性证据”。[65]

基于上述讨论，我国应当认可专家辅助人作为专家证人的独立诉讼地位，明确专家辅助人意见的证据资格，并以此为基础构建专家辅助人参与刑事诉讼的程序和法庭对专家辅助人意见审查与采信的规则。一方面，基于专家辅助人及其意见作为专家证人和专家证言的定位，应当明确专家辅助人在审判中的出庭规则。专家辅助人作为专家证人应单独出庭，就其所作出的专家证言及其想要达成的证明效果进行说明，并按次序接受公诉人和辩护人的直接询问和交叉询问，接着退出法庭，由控辩双方对专家辅助人意见进行质证，最终由法官进行审查和采信。另一方面，明确专家辅助人意见具有证据资格后，法官对专家辅助人意见的审查和采信规则应得到规范化，法官需以审查科学证据的标准就

---

[63] ［美］罗纳德·J. 艾伦等：《证据法的分析进路——文本、问题和案例》（第6版），张保生等译，中国人民大学出版社2023年版，第215—221页、第795—800页。

[64] 参见宋东：《有专门知识的人之意见能作为证据吗？——基于刑事诉讼的思考》，载《证据科学》2021年第4期，第425—427页。

[65] 参见吴洪淇：《刑事诉讼专门性证据的扩张与规制》，载《法学研究》2022年第4期，第177—182页。

专家辅助人意见的可采性及证明力问题进行实质检视，[66] 并应在裁判文书中公开自己审查、分析、采信专家辅助人意见并据此认定案件事实的心证过程。

这样的制度安排能够解决当前司法实践中专家辅助人与公诉人、辩护人在诉讼身份和职能上存在的混淆问题，有利于明确审判中各类诉讼角色的分工，厘清诉讼构造中各角色的分布及诉讼角色间法律关系的基本格局，从而让专家辅助人更好地融入现有的程序逻辑中，确保诉讼程序的规范展开。同时，专家辅助人意见也能就此受到证据裁判原则的保护，有利于保障专家辅助人意见在审判中得到更加规范、公正的审查和采信。由此，专家辅助人制度的功能能够在案件审判中落到实处，对科学证据和专门性问题的实质审查与裁断会越发受到重视，专家辅助人制度的价值也能够在信息网络犯罪案件中得到更好的实现。

关于专家辅助人意见的审查规则，还有一种观点认为应当允许专家辅助人与鉴定人当庭对质。[67] 事实上，刑事庭审对质程序的核心价值在于通过面对面的方式唤醒、检验的方式来矫正对质主体的记忆误差。[68] 对质能够正面暴露普通证人在感知、记忆、诚实、陈述方面的品质，帮助法官直观验证证言的可信性，[69] 通常适用于案件的亲历者之间。但专家辅助人与鉴定人均属专家证人而非普通证人，其提供的证言并非自己亲身感知事实的直观展现，包含了较多的专门知识和技术操作要素，并不如普通证人编织的事实谎言一般易于在对质中被揭露。同时，信息网络犯罪案件中常见的对计算机程序、电子数据等材料的检验和鉴定情况本就不易于在法庭中得到充分的展示，庭审中专家证人间的对质也可能因涉及大量的专业知识而对庭审效率和法官的审理思维产生负面影响。总的来说，采用专家辅助人单独出庭阐述意见并接受质询和审查的模式更有利于规避专家参与诉讼可能导致的弊端，更加适应我国本土的诉讼实践需要。这

---

[66] 参见杨建国：《论科学证据可靠性的审查认定——基于判决书中鉴定结论审查认定的实证研究与似真推理分析》，载《中国刑事法杂志》2012 年第 1 期，第 118—120 页。

[67] 潘广俊、陈喆、胡铭：《专家辅助人制度的现状、困境与改善建议——以浙江省为例的实证分析》，载《证据科学》2014 年第 6 期，第 731—732 页。

[68] 参见龙宗智、关依琴：《刑事庭审对质程序新论》，载《政治与法律》2020 年第 10 期，第 3 页。

[69] 这种对普通证人证言可信性判断的标准被称为证言三角形理论。参见张保生：《事实、证据与事实认定》，载《中国社会科学》2017 年第 8 期，第 115—116 页。

种模式的优势在于，在法官的主导下，公诉人和辩护人可以在专家意见的质证程序中充分发挥自己在司法证明和法庭技巧方面的长处，通过询问来构建专家和法官之间的桥梁，从而将专家意见纳入对案件事实的证明框架中。[70] 由此，专家辅助人意见的质证程序在为审判提供必要科学知识供给的同时，避免了不同专家在法庭上发生直接冲突，规避了直接对质对专家利益和名誉造成损害的风险。这既有利于避免减少信息网络领域中存在的体制外专家参诉意愿低的问题，又有助于缓解专家参诉产生的中立性失调弊端，[71] 还能够让法官依照自己的审理思路把握法庭的主导权，避免专家对质将审判变为专业技术的研讨会，有利于保障审判的法律属性，在一定程度上缓解因专家过度对抗而产生的诉讼迟延问题。[72]

六、结　语

随着科技发展对人们工作、生活影响的日渐加深和社会分工的不断细化，以信息网络犯罪案件为代表的，具有高度技术性和专业性特征的案件在刑事诉讼中日渐增多。在这些案件中，对电子证据、鉴定意见等科学证据的运用正越发成为诉讼证明过程中不可或缺的重要部分，对科学证据和科学事实的实质审查和合理认定也越发受到人们的重视。受此影响，越来越多掌握各领域专业知识和技术能力的专家通过司法鉴定、专家辅助人、专家咨询委员会等制度参与到刑事司法实践中，利用其专业能力为诉讼提供科学层面的支持。这些制度在这一实践过程中与既有的刑事诉讼制度和诉讼结构不断碰撞磨合，形成了诸多值得探讨的问题。正是在这样的背景下，本文以信息网络犯罪案件中专家辅助人制度的适用为研究对象，分析了信息网络犯罪案件及其在证据审查运用方面的特征，阐明了专家辅助人参与信息网络犯罪案件的正当价值，结合实践案例

---

[70] 参见张保生、董帅：《中国刑事专家辅助人向专家证人的角色转变》，载《法学研究》2020 年第 3 期，第 174—175 页。

[71] 参见罗芳芳：《从“科学的代言人”到“当事人的枪手”——专家证人历史沿革与我国现实考察》，载《证据科学》2013 年第 4 期，第 506—510 页。

[72] 参见汪建成：《专家证人模式与司法鉴定模式之比较》，载《证据科学》2010 年第 1 期，第 26—27 页。

和相关研究分析了信息网络犯罪案件中适用专家辅助人制度出现的实践问题，并从优化专家辅助人制度的管理体制和启动机制、建立电子证据开示制度、规范专家意见的审查和采信规则三方面提出了完善性的建议。当然，本文所探讨的内容只是上述话题的冰山一角。未来，如何在司法改革中让刑事诉讼程序进一步适应时代的变革和科学技术的发展，如何让传统诉讼角色在刑事诉讼中充分利用专家的支持开展工作，如何在专家辅助人制度的实践中更好地把握公正与效率、倾向与中立、法律与科学三组平衡，实现专家辅助人制度的精准、合理、有效适用，仍是值得学界和实务界长期探索和研究的内容。

初审编辑：孔令歆
校对编辑：胡志成

评论

"罗马曾三次征服世界"是耶林说的吗？[*]

——法学名言考证之四

Did Jhering say "Rome conquered the world three times"?
——Legal Quotations Examined No. 4

张焕然[**]

摘　要：我国学者普遍认为德国法学家耶林曾说过："罗马帝国曾三次征服世界：第一次以武力，第二次以宗教，第三次以法律。"武力因罗马帝国的灭亡而消灭，宗教随着人民思想觉悟的提高、科学的发展而缩小了影响，唯有以法律征服世界是最为持久的征服。耶林的原文并非如此。这段中文名言的第一句话是周枏借鉴了美国法学家谢尔曼、我国法学家黄右昌和王宠惠的表述而形成的，第二句话则完全是周枏自己的创造。这一做法虽然符合当时的时代背景，但是于学术伦理有不合之处。学术研究不能偏信二手文献，而应以原著为准。

* 本文系教育部人文社会科学研究青年基金项目"《民法典》中'视为'与'推定'法条的规范性质识别研究"（23YJC820049）阶段性成果。本文写作中，李昶博士提供了一部未曾注意到的专著，李鼎博士解答了关于日语文献的一些疑问，林汝培同学拍摄了一篇此前遗漏的文章，魏晓天同学校对出若干笔误，特此感谢！

** 张焕然，中国政法大学民商经济法学院讲师，德国波恩大学法学博士。

关键词：罗马法；耶林；周枏；黄右昌

未经考证的名言是不足为信的。

——作者题记

一、问题的提出

在罗马法领域，凡是提及罗马法对后世的意义，汉语法学界总喜欢引用一段话。这段话就是“罗马帝国曾三次征服世界：第一次以武力，第二次以宗教，第三次以法律。”武力因罗马帝国的灭亡而消灭，宗教随着人民思想觉悟的提高、科学的发展而缩小了影响，唯有以法律征服世界是最为持久的征服。

我国学者一致认为，此名言系出自德国法学家耶林（Rudolf von Jhering，1818—1892）的名著《罗马法的精神》（Geist des römischen Rechts）。[①] 这一观点甚至被高中历史教材采纳，并经常成为考试的题目。[②] 但事实果真如此吗？

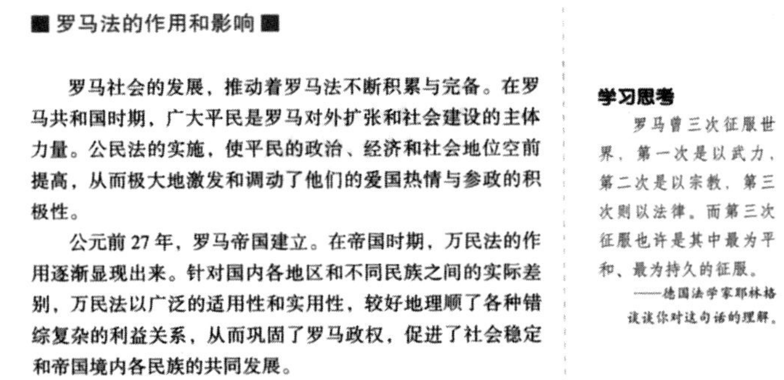

■ 罗马法的作用和影响 ■

罗马社会的发展，推动着罗马法不断积累与完备。在罗马共和国时期，广大平民是罗马对外扩张和社会建设的主体力量。公民法的实施，使平民的政治、经济和社会地位空前提高，从而极大地激发和调动了他们的爱国热情与参政的积极性。

公元前 27 年，罗马帝国建立。在帝国时期，万民法的作用逐渐显现出来。针对国内各地区和不同民族之间的实际差别，万民法以广泛的适用性和实用性，较好地理顺了各种错综复杂的利益关系，从而巩固了罗马政权，促进了社会稳定和帝国境内各民族的共同发展。

学习思考

罗马曾三次征服世界，第一次是以武力，第二次是以宗教，第三次则以法律。而第三次征服也许是其中最为平和、最为持久的征服。

——德国法学家耶林格

谈谈你对这句话的理解。

图 1 朱汉国主编《历史（必修 · 第 1 册）》（人民出版社 2005 年版，第 113 页）

---

① 例如参见张寿民主编：《罗马法论纲》，法律出版社 1999 年版，第 8 页；江平、米健：《罗马法基础》（修订本第 3 版），中国政法大学出版社 2004 年版，第 51 页；蒙振祥、陈涛、律璞主编：《罗马法》（第 2 版），中国政法大学出版社 2011 年版，第 7 页。这种认识还影响到了非罗马法领域的学者，例如参见郑永流：《法学野渡——写给法学院新生》（第 4 版），中国人民大学出版社 2022 年版，第 23 页；雷磊：《法理学》（第 2 版），中国政法大学出版社 2023 年版，第 4 页。

② 参见朱汉国主编：《历史（必修 · 第 1 册）》，人民出版社 2005 年版，第 113 页。关于这段名言的考题，详见本文附录。

二、谁是“始作俑者”?

由于《罗马法的精神》一书尚无完整的中译本，因此这段名言的中文版大概率来自某本中文著作。既然这段话与罗马法有关，那么首先可能想到的就是某本中文的罗马法著作。而在中文的罗马法著作中，影响较大的当数周枏先生（1908—2004）的《罗马法原论》。③ 该书最早于1994年在商务印书馆出版（以下简称94版），且先后有过多个版本，分别为2004年第5次印刷版（以下简称04版）、2009年第7次印刷版（以下简称09版）、2014年“中华现代学术名著丛书”版（以下简称14版）以及2017年“中华现代学术名著丛书（120周年纪念版）”（以下简称17版）。④

果然，查阅《罗马法原论》上册，即可发现周枏的原话为：

> 德国著名法学家耶林（Rudolf von Ihering，1818—1892年）在他所著《罗马法精神》一书中说：“罗马帝国曾三次征服世界，第一次以武力，第二次以宗教（指基督教），第三次以法律。武力因罗马帝国的灭亡而消失，宗教随着人民思想觉悟的提高、科学的发展而缩小了影响，唯有法律征服世界是最为持久的征服。”⑤

显然，开头提到那段名言的最早出处正是周枏1994年出版的《罗马法原

---

③ 参见米健:《读周枏先生〈罗马法原论〉札记》，载《环球法律评论》2005年第6期，第753页；张从容:《评〈罗马法原论〉的学术特色》，载《法制与社会发展》2005年第3期，第155页。

④ 这几个版本的出版信息和内容变化简要介绍如下：（1）周枏:《罗马法原论》（上、下），商务印书馆1994年版；（2）周枏:《罗马法原论》（上、下），商务印书馆2004年第5次印刷版（与94版相比有新增内容，且更换了封面）；（3）周枏:《罗马法原论》（上、下），商务印书馆2009年第7次印刷版（与04版相比修改了若干措辞，且更换了封面）；（4）周枏:《罗马法原论》（上、下），商务印书馆2014年版（与09版相比新增了若干附录，且更换了封面）；（5）周枏:《罗马法原论》（上、下），商务印书馆2017年版（与14版相比更换了封面并改为精装）。

⑤ 参见上注。1994年版（上），第10—11页；2004版与2009版（上），第12—13页；2014版与2017版（上），第18页。

论》，而非在此之前的罗马法著作。因为20世纪80年代的罗马法著作，例如周枏、吴文翰、谢邦宇编写的《罗马法》（群众出版社1983年版），江平、米健合著的《罗马法基础（第1版）》（中国政法大学出版社1987年版）以及曲可伸的《罗马法原理》（南开大学出版社1988年版）等均无此段名言。再往前查民国时期的罗马法教科书，例如丘汉平的《罗马法》（1933年）⑥、金兰荪的《罗马法》（上册1936年、下册1937年）以及陈朝璧的《罗马法原理》（1937年）⑦ 等，同样没有发现此段名言。

从学术伦理的角度看，既然周枏为此段文字加上了双引号，那么他应当给出耶林原著的页码。但遗憾的是，紧随其后的脚注①的内容却仅仅为：

本书是耶林的名著，于1852—1865年间写成，曾译成多种文字。

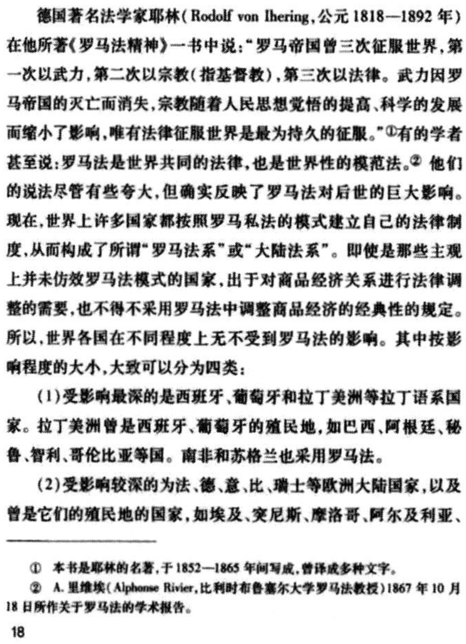
德国著名法学家耶林（Rodolf von Ihering，公元1818—1892年）在他所著《罗马法精神》一书中说："罗马帝国曾三次征服世界，第一次以武力，第二次以宗教（指基督教），第三次以法律。武力因罗马帝国的灭亡而消失，宗教随着人民思想觉悟的提高、科学的发展而缩小了影响，唯有法律征服世界是最为持久的征服。"①有的学者甚至说：罗马法是世界共同的法律，也是世界性的模范法。② 他们的说法尽管有些夸大，但确实反映了罗马法对后世的巨大影响。现在，世界上许多国家都按照罗马私法的模式建立自己的法律制度，从而构成了所谓"罗马法系"或"大陆法系"。即使是那些主观上并未仿效罗马法模式的国家，出于对商品经济关系进行法律调整的需要，也不得不采用罗马法中调整商品经济的经典性的规定。所以，世界各国在不同程度上无不受到罗马法的影响。其中按影响程度的大小，大致可以分为四类：

（1）受影响最深的是西班牙、葡萄牙和拉丁美洲等拉丁语系国家。拉丁美洲曾是西班牙、葡萄牙的殖民地，如巴西、阿根廷、秘鲁、智利、哥伦比亚等国。南非和苏格兰也采用罗马法。

（2）受影响较深的为法、德、意、比、瑞士等欧洲大陆国家，以及曾是它们的殖民地的国家，如埃及、突尼斯、摩洛哥、阿尔及利亚、

① 本书是耶林的名著，于1852—1865年间写成，曾译成多种文字。

② A. 里维埃（Alphonse Rivier，比利时布鲁塞尔大学罗马法教授）1867年10月18日所作关于罗马法的学术报告。

18

图2 《罗马法原论》14版上册第18页局部

⑥ 该书于2004年出版了校勘本，即丘汉平：《罗马法》，朱俊勘校，中国方正出版社2004年版。关于丘汉平的生平与著作，参见程波：《丘汉平和他的〈罗马法〉教科书》，载《苏州大学学报（法学版）》2015年第3期，第93—103页。

⑦ 该书于2006年出版了校勘本，即陈朝璧：《罗马法原理》，法律出版社2006年版。

看来，想要找到这句话的原始出处，还得亲自翻阅一遍《罗马法的精神》才行。

三、耶林在《罗马法的精神》里说过这句话吗？

笔者就曾顺着周枏的指示，找出了耶林写于1852—1865 年的4 卷本《罗马法的精神》第1 版。⑧ 可是，当笔者满怀期待地读完这套1000 多页的巨著时，却失望地发现，全书中并没有这样一段话，甚至连类似的表述都没有。或许是周枏先生搞错了版次？或许第1 版里没有，但之后的版次里会有？毕竟耶林经常修订自己的代表作。

于是，笔者又试着从该书的第2 版开始看，⑨ 这次终于略有所获。在《罗马法的精神·第1 卷》第2 版（1866 年）的开篇，以下这段话与我们要考证的名言颇为相似：

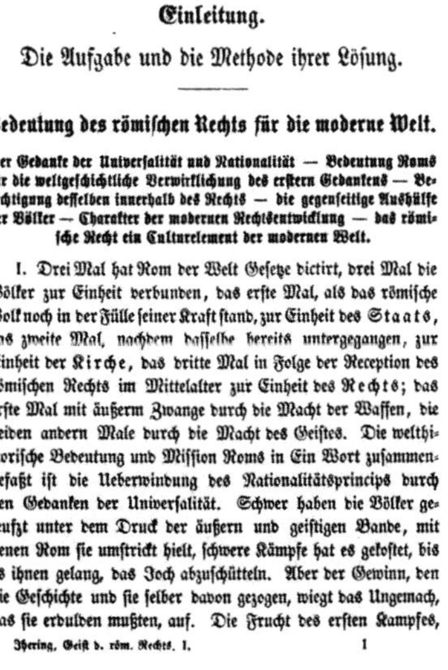

Einleitung.

Die Aufgabe und die Methode ihrer Lösung.

Bedeutung des römischen Rechts für die moderne Welt.

Der Gedanke der Universalität und Nationalität — Bedeutung Roms für die weltgeschichtliche Verwirklichung des erstern Gedankens — Berechtigung desselben innerhalb des Rechts — die gegenseitige Aushülfe der Völker — Charakter der modernen Rechtsentwicklung — das römische Recht ein Culturelement der modernen Welt.

I. Drei Mal hat Rom der Welt Gesetze dictirt, drei Mal die Völker zur Einheit verbunden, das erste Mal, als das römische Volk noch in der Fülle seiner Kraft stand, zur Einheit des Staats, das zweite Mal, nachdem dasselbe bereits untergegangen, zur Einheit der Kirche, das dritte Mal in Folge der Reception des römischen Rechts im Mittelalter zur Einheit des Rechts; das erste Mal mit äußerm Zwange durch die Macht der Waffen, die beiden andern Male durch die Macht des Geistes. Die welthistorische Bedeutung und Mission Roms in Ein Wort zusammengefaßt ist die Ueberwindung des Nationalitätsprincips durch den Gedanken der Universalität. Schwer haben die Völker geseufzt unter dem Druck der äußern und geistigen Bande, mit denen Rom sie umstrickt hielt, schwere Kämpfe hat es gekostet, bis es ihnen gelang, das Joch abzuschütteln. Aber der Gewinn, den die Geschichte und sie selber davon gezogen, wiegt das Ungemach, das sie erdulden mußten, auf. Die Frucht des ersten Kampfes,

Ihering, Geist d. röm. Rechts. I. 1

图3 耶林《罗马法的精神·第1 卷》第2 版（1866 年）第1 页

---

⑧ 《罗马法的精神》第1 版（1. Aufl.）的出版时间分别为：第1 卷（Ⅰ）1852 年，第2 卷（Ⅱ/1）1854 年，第3 卷（Ⅱ/2）1858 年，第4 卷（Ⅲ/1）1865 年。

⑨ 《罗马法的精神》第2 版（2. Aufl.）的出版时间分别为：第1 卷（Ⅰ）1866 年，第2 卷（Ⅱ/1）1866 年，第3 卷（Ⅱ/2）1869 年，第4 卷（Ⅲ/1）1871 年。

> Drei Mal hat Rom der Welt Gesetze dictirt, drei Mal die Völker zur Einheit verbunden, das erste Mal, als das römische Volk noch in der Fülle seiner Kraft stand, zur Einheit des **Staats**, das zweite Mal, nachdem dasselbe bereits untergegangen, zur Einheit der **Kirche**, das dritte Mal in Folge der Reception des römischen Rechts im Mittalalter zur Einheit des **Rechts**; das erste Mal mit äußerm Zwange durch die Macht der Waffen, die beiden andern Male durch die Machte des Geistes. Die welthistorische Bedeutung und Mission Roms in Ein Wort zusammengefaßt ist die Ueberwindung des Nationalitätsprincips durch den Gedanken der Universalität. ⑩

【笔者试译】罗马曾三次对世界发号施令，三次统一各民族。第一次是在罗马民族的力量还很强大的时候，它统一了国家；第二次是在罗马民族消亡之后，它统一了教派；第三次是在中世纪继受罗马法之后，它统一了法律。第一次统一是通过武力的外在强制，另外两次则是通过精神的力量。罗马在世界史上的意义与使命，用一句话概括，就是以普遍性的理念战胜民族性的原则。⑪

实际上，这个第 1 卷第 2 版的开篇部分在稍早的 1865 年时就已经以单行本的形式发行，标题为《罗马法对现代世界的意义》(Bedeutung des römischen Rechts für die moderne Welt)。

1880 年，此单行本被译为英文。英译者将上述这段话译为：

> Rome has dictated laws to the world at three several periods, thrice has she welded the nations of the earth together, blending them into one. When her

---

⑩ Jhering, Geist des römischen Rechts, Bd. 1, 2. Aufl. 1866, S. 1. 需要说明的是，这段话在《罗马法的精神》后续的各个版本里均原封不动地得以保留。

⑪ 田士永教授的译文为：“罗马曾三次支配世界法律，三次将各民族统一起来，第一次是国家统一，当时罗马人正充满着力量，第二次是教会统一，它发生在罗马国家消灭之后，第三次是中世纪法律统一，它因罗马法继受而发生；第一次是凭借武力的外在强制，另两次是凭借精神的力量。一言以蔽之，罗马的世界历史意义和使命正是凭借普世性思想而超越了国家原则。”参见［德］马克斯・卡泽尔、罗尔夫・克努特尔：《罗马私法》，田士永译，法律出版社 2018 年版，第 2 页。

people proudly stood in the maturity of their matchless power, she united them into a single State; again, when this political dominion had ceased to exist, she united them under one church; and finally, in consequence of the adoption of the Roman law in the middle ages, she united them under one law. The first time the result was wrought by the resistless might of her armies; upon the two last occasions it was achieved by the force of her intellect. Her mission, as history teaches, was to supplant the principle of nationality, and to substitute for it the spirit and idea of universality. ⑫

2013 年，姚远教授将该文从英译本转译成中文，以上这段话对应的中译文为：

罗马分别在三个时期向世界发布法律，她三次将世上各民族团结起来、融为一体。当她的人民自豪地拥有他们那臻于成熟的无敌权力时，她把各民族统合为一个国家；当这种政治支配不复存在时，她又把各民族统合在一个教会之下；最后，由于中世纪时罗马法得到采纳，她把各民族统合在一种法律之下。第一次归因于罗马军队的所向披靡；后两次则归因于罗马的理智力量。历史告诉我们，她的使命就是以普遍性的精神和理念取代民族性的原则。⑬

虽然这段话也提到了“三次”“统一”“武力”等关键词，与我们待考证的名言颇为相似，但是仔细对比的话还是可以肯定，二者并不相同。而除了这段话，我们在《罗马法的精神》四卷本里再也找不到其他更为相近的内容了。

---

⑫ Rudolf von Jhering, *The Value of the Roman Law to the Modern World*, trans. by B. T. C., The Virginia Law Journal, Vol. 4, 1880, p. 454.

⑬ ［德］鲁道夫·冯·耶林：《罗马法对现代世界的价值》，姚远译，载周赟主编：《厦门大学法律评论》（2013 年卷·总第 21 辑），厦门大学出版社 2013 年版，第 468 页。该中译文后被收录于姚远编译：《马克思与德国古典法哲学》，法律出版社 2024 年版，第 20—27 页。在后面这个版本中，姚远教授将第一句里的“向世界发布法律”改译成了“向世界发号施令”，其余内容未改。

所以结论就是：这段待考名言不可能出自《罗马法的精神》。

实际上，早在 2009 年，费安玲教授就已经发现了这个问题。在其主编的《罗马私法学》一书中，费安玲教授并未完全援引周枏的原话，而是在张彤和金可可两位教授的帮助下找到了耶林上面的这段话，并在脚注里附上了德语原文（系引自《罗马法的精神》第 1 卷 1891 年的第 5 版，与第 2 版的内容并无差异）。

制度多受罗马法的影响已经成为不争之事实。关于罗马法的重要性及其对后世法律的影响，德国著名法学家耶林（Rudolph von Jhering）在他的《罗马法在其不同发展阶段的精神》一书中有一段广为人知的评价："罗马曾三次征服世界、统一了诸民族：第一次是在罗马民族尚强健有力之时，使诸民族有国家之统一；第二次是在罗马民族业已衰败之后，使诸民族有教会之统一；第三次则是由于中世纪对罗马法的继受，使诸民族有法之统一。武力因罗马帝国的灭亡而消失，宗教随着民众思想觉悟的提高、科学的发展而减少了影响，唯有法律对世界的征服是最为持久的"[1]。在历史上以充满批判精神而著称的伟大学者马克思和恩格斯，对罗马法却称赞有加，他们认为罗马法是"以私有制为基础的法律的最完备形式"的体现，"凡是中世纪后期的市民阶级还在不自觉地追求的东西，都已经有了现成的了"[2]；"是商品生产者社会的第一个世界性法律"，"以至于后来的法律都不能对它做任何实质性的修改"。[3]

第一节 法与罗马法

凡欲了解一个法律制度、法律观念或法律规定，必先要搞清楚它的基本概念，这是法学学习的重要方法。故而，本书在第一章第一节中便开门见山地要与大家共同分析一些基本概念。但是，这不应当被认为是在搞概念游戏，相反，它

〔1〕 Rudolph von Jhering, *Geist des römischen Rechts auf den verschiedenen Stufen seiner Entwicklung*, 1. Teil 5. Aufl. Leipzig, 1891, S. 1. ［德］鲁道夫·冯·耶林：《罗马法在其不同发展阶段的精神》，第一编，莱比锡 1891 年第 5 版，第 1 页。德文原文：Drei Mal hat Rom der Welt Gesetze dictiert, drei Mal die Völker zur Einheit verbunden, das erste Mal, als das römische Volk noch in der Fülle seiner Kraft stand, zur Einheit des *Staats*, das zweite Mal, nachdem dasselbe bereits untergegangen, zur Einheit der *Kirche*, das dritte Mal in Folge der Reception des römischen Rechts im Mittelalter zur Einheit des *Rechts*. 笔者在此对张彤教授和金可可教授的帮助表示真挚的谢意。

图 4 费安玲主编《罗马私法学》第 1 版（2009 年）第 1 页局部

然而吊诡之处在于，虽然脚注里的德语原文仅仅引用到"… zur Einheit des *Rechts*"就结束了，但引号里的中译文却是"罗马曾三次征服世界、统一了诸民族：第一次是在罗马民族尚强健有力之时，使诸民族有国家之统一；第二次是在罗马民族业已衰败之后，使诸民族有教会之统一；第三次则是由于中世纪对罗马法的继受，使诸民族有法之统一。武力因罗马帝国的灭亡而消失，宗教

随着民众思想觉悟的提高、科学的发展而减少了影响，唯有法律对世界的征服是最为持久的”⑭。

很明显，根据其援引的德语原文，中译文的右引号原本应该加在“……法之统一”的后面，因为最后一句“武力因罗马帝国的灭亡而消失，宗教随着民众思想觉悟的提高、科学的发展而减少了影响，唯有法律对世界的征服是最为持久的”在德语原文里是找不到的。但或许还是因为受到了周枏的影响，费安玲教授依然将这句毫无违和感的话放在了引号之中——尽管这不是正确的做法。

不过，在2020年第2版的《罗马私法学》中，费安玲教授自己发现了这个问题并改掉了引用上的错误。这一次，她将“武力因……”这句话放到了引号的外面。⑮ 这无疑是正确的，因为这句话确非耶林所言。

马法的影响已成不争之事实。关于罗马法的重要性及其对后世法律的影响，德国著名法学家耶林(Rodolf von Ihering)在其《罗马法精神》一书中有一段广为人知的评价：“罗马曾三次征服世界、统一了诸民族：第一次是在罗马民族尚强健有力之时，使诸民族有国家之统一；第二次是在罗马民族业已衰败之后，使诸民族有教会之统一；第三次则是由于中世纪对罗马法的继受，使诸民族有法之统一。”武力因罗马帝国的灭亡而消失，宗教随着民众思想觉悟的提高、科学的发展而减少了影响，唯有法律征服世界的是最为持久的征服。①

弗·恩格斯素以充满批判精神而著称，但其对罗马法的评价却很高。他认为，罗马法“是我们所知道的以私有制为基础的法律的最完备形式”，②罗马法是“商品生产者社会的第一个世界性法律”，③“罗马法是简单商品生产即资本主义前的商品生产的完善的法”，④“罗马法是纯粹私有制占统治的社会的生活条件和冲突的十分经典性的法律表现，以致一切后来的法律都不能对它做任何实质性的修改……在罗马法中，凡是中世纪后期的市民阶级还在不自觉地追求的东西，都已经有了现成的了”。⑤

① Rudolph von Jhering, *Geist des römischen Rechts auf den verschiedenen Stufen seiner Entwicklung*, 1. Teil 5. Aufl. Leipzig, 1891, S. 1. ([德]鲁道夫·冯·耶林：《罗马法的精神——在其发展之不同阶段上》，莱比锡1891年第5版，第一编，第1页。)德文原文：Drei Mal hat Rom der Welt Gesetze dictiert, drei Mal die Völker zur Einheit verbunden, das erste Mal, als das römische Volk noch in der Fülle seiner Kraft stand, zur Einheit des *Staats*, das zweite Mal, nachdem dasselbe bereits untergegangen, zur Einheit der *Kirche*, das dritte Mal in Folge der Reception des römischen Rechts im Mittelalter zur Einheit des *Rechts*。

图5　费安玲主编《罗马私法学》第2版（2020年）第1页局部

至此，或许有人会问：既然《罗马法的精神》里找不到这句名言，那么会

⑭ 参见费安玲主编：《罗马私法学》，中国政法大学出版社2009年版，第1页。

⑮ 参见费安玲主编：《罗马私法学》（第2版），法律出版社2020年版，第1页。

不会是出自耶林的其他作品呢？基于笔者通读耶林全部作品的经验，[16] 答案依然是否定的。因此可以肯定地说，待考的这段名言不是来自耶林。我们应当继续寻找其真实出处。

四、到底出自哪本书？

线索似乎全断了！连最有可能的地方都找不到，还能去哪里找呢？不能放弃！笔者首先想到的是——回到原点。既然这句名言的中文版最早出自周枏的《罗马法原论》，那么他一定也是从哪里看到的才对。

因此，我们可以去核查一下周枏先生都参考了哪些文献。令人庆幸的是，虽然由于时代原因，周枏在全书的脚注中很少援引（外文及罗马法原文）文献，但他确实在该书的附录三中列明了“主要参考书目”。由于周枏先生早年留学比利时鲁汶大学，[17] 因此参考文献中的法语文献相对较多，所以最有可能的应该是某本法语著作。但很可惜，笔者翻查了其中较为重要的几本，尤其是周枏翻译《十二表法》时曾参考过的吉拉尔（Paul Frédéric Girard，1852—1926）和奥尔特朗（Joseph Ortolan，1802—1873）的几部著作，[18] 却仍未发现有类似于上述名言的段落。此时，我们当然可以继续核查其他参考书目，但这样的做法显然效率太低。

正当沮丧之际，某次笔者在查阅民国时期的罗马法著作时却有了一个意外发现。在黄右昌（1885—1970）所著《罗马法》的第 2 版里，有这样一句似曾相识的话：

---

[16] 关于耶林的作品目录，参见张焕然编：《耶林作品目录》，载何勤华主编：《法律文明史研究》（第 3 辑），科学出版社 2020 年版，第 156 页以下。

[17] 参见安徽省法学会编：《周枏与罗马法研究》，安徽人民出版社 2010 年版，第 5 页以下。

[18] 例如吉拉尔的《罗马法文集》（Mélanges de Droit Romain）和《罗马法原理手册》（Manuel élémentaire de Droit Romain）以及奥尔特朗的《罗马立法史》（Histoire de la législation romaine）。

德国异夜林格 Ihering 所著《罗马法精神论》首曰："罗马统一世界者凡三度：最初以武力，次以宗教，次以法律。"⑲

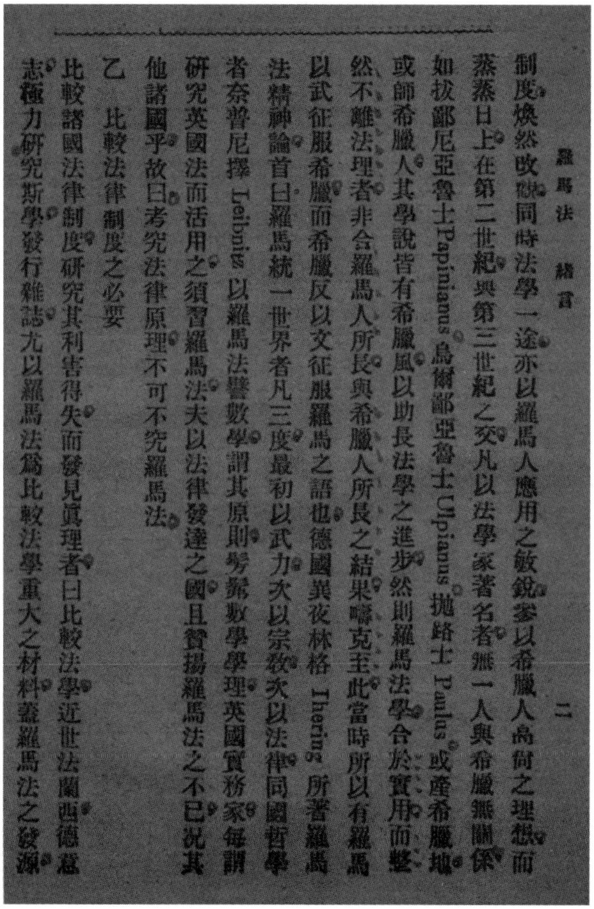

羅馬法　緒言　二

制度煥然改觀同時法學一途亦以羅馬人應用之敏銳參以希臘人高尚之理想而
蒸蒸日上在第二世紀與第三世紀之交凡以法學家著名者無一人與希臘無關係
如拔鄙尼亞魯士 Papinianus 烏爾鄙亞魯士 Ulpianus 抛路士 Paulus 或產希臘地
或師希臘人其學說皆有希臘風以助長法學之進步然則羅馬法學合於實用而整
然不離法理者非合羅馬人所長與希臘人所長之結果疇克臻此當時所以有羅馬
以武征服希臘而希臘反以文征服羅馬之語也德國異夜林格 Ihering 所著羅馬
法精神論首曰羅馬統一世界者凡三度最初以武力次以宗教次以法律同國哲學
者奈普尼擇 Leibniz 以羅馬法譬數學謂其原則劣歸數學學理英國實務家每謂
研究英國法而活用之須習羅馬法夫以法律發達之國且贊揚羅馬法之不已況其
他諸國乎故曰考究法律原理不可不究羅馬法

乙　比較法律制度之必要

比較諸國法律制度研究其利害得失而發見眞理者曰比較法學近世法蘭西德意
志極力研究斯學發行雜誌尤以羅馬法爲比較法學重大之材料蓋羅馬法之發源

图 6　黄右昌《罗马法》第 2 版（1918 年）第 2 页

但黄右昌并未紧接着注明这句话具体出自耶林此书的哪一页，尽管他在凡例中写到自己参考了《罗马法的精神》。⑳ 根据我们上文的考证，显然耶林没有

⑲　黄右昌：《罗马法》（第 2 版），北京大学出版部 1918 年版，第 2 页。标点系笔者所加。

⑳　参见黄右昌：《罗马法》（第 2 版），北京大学出版部 1918 年版，凡例。

说过这样的话，这说明黄右昌实际上是在假参考。

而在王宠惠（1881—1958）为该书第 2 版所写的序言中，这句话则表述为：

> 德儒耶林谓："罗马征服天下凡三次：第一次以兵力；第二次以宗教；第三次以法律"。惟法律征服天下，最和平而长久。[21]

再版原序

罗马法；古法也。世界学者，至今研究不遗余力，非好古也；以其法理之精！德儒耶林谓："罗马征服天下凡三次：第一次以兵力；第二次以宗教；第三次以法律"。惟法律征服天下，最和平而长久。盖罗马法自十二铜表至优士丁尼帝法典，中更千有余年，其间之沿革变迁，由粗简以造乎精详，足以范围后世，故其法系弥漫天下，学者至今研求不尽，殆有由矣！我国旧法，与罗马古代法，类有同者，尤以亲属法为相符契，故近年来，编订法典，多趋罗马法系，则其学之有裨于吾国而供吾法家所采用者，非浅鲜矣！黄君此编，引证中外，简而得要，吾知其为斯学之明星也。

1918 年 9 月 18 日

王宠惠序

图 7 黄右昌《罗马法与现代》（2008 年丁玫点校本）再版原序

由此可见，除了表述上略有不同，王宠惠又对这句话做了进一步的补充，即多出了"惟法律征服天下，最和平而长久"这样一句话。但无论如何，周枏书中那句"武力因……"还是没有出现。那么不妨先来考证一下，黄右昌和王宠惠提到的这句耶林名言到底出自何处。

查《罗马法与现代》的版次，可知该书于 1915 年首版，1918 年时出版第 2 版（前两版的书名均为《罗马法》），1930 年第 3 版时更名为《罗马法与现代》。

---

[21] 黄右昌：《罗马法与现代》，丁玫勘校，北京大学出版社 2008 年版，王宠惠再版原序。该书的另一个点校本为黄右昌：《罗马法与现代》，何佳馨点校，中国方正出版社 2006 年版。

至于更名的原因，据黄右昌自己所言，其实是受了美国罗马法学家谢尔曼（Charles Phineas Sherman，1874—1962）的名著《现代世界中的罗马法》（*Roman Law in the Modern World*）的影响。[22] 再查谢尔曼这套三卷本的《现代世界中的罗马法》，发现其第 1 版的出版时间为 1917 年。[23] 因此完全有理由怀疑，黄右昌和王宠惠在 1918 年写书和作序时是有可能参考这部著作的。与此同时，周枏《罗马法原论》一书的“主要参考书目”里恰好也列有谢尔曼的这本书。[24] 一切的证据都指向了谢尔曼的这本书，因此我们需要找到这本书来查证一下。

可是，面对这 3 卷共 1000 多页的巨著，要从哪里开始查起呢？这时，不妨从该书的副标题入手。第 1 卷是副标题为“罗马法及其演变为英国法、法国法、德国法、意大利法、西班牙法以及其他现代法的历史”（*History of Roman Law and Its Descent into English, French, German, Italian, Spanish, and Other Modern Law*），第 2 卷的副标题为“以英美法和现代法典说明的罗马法手册”（*Manual of Roman Law Illustrated by Anglo-American Law and the Modern Codes*），第 3 卷的副标题则为“罗马法文本、现代法典和法律文献主题指南以及第 1—3 卷的索引”（*Subject-Guides to the Texts of Roman Law, to the Modern Codes and Legal Literature; Index to Vols. Ⅰ-Ⅲ*）。因此，有可能与待考名言有关的内容只可能在第 1 卷。幸运的是，翻开该书第 1 卷没多久，在第 13 页上就出现了这样一句话：

> “Rome”, says Ihering, “conquered the world three times: first by her armies, second by her religion, third by her law. This third conquest, most pacific of all, is perhaps the most surpassing of all.”[25]

---

[22] 参见黄右昌：《罗马法与现代》，丁玫勘校，北京大学出版社 2008 年版，引言，第 1 页。

[23] 该书 3 卷本各版的出版时间分别为：第 1 版 1917 年，第 2 版 1922 年，第 3 版 1937 年。

[24] 参见周枏：《罗马法原论》（下册），商务印书馆 2014 年版，第 1038 页；安徽省法学会编：《周枏与罗马法研究》，安徽人民出版社 2010 年版，第 9 页。

[25] C. P. Sherman, *Roman Law in the Modern World*, Vol. 1, Boston: 1917, p. 13.

VALUE OF LEGAL HISTORY 13

Roman law into all modern systems of law will conclude our (§11) investigation. "Rome," says Ihering, "conquered the world three times: first by her armies, second by her religion, third by her law. This third conquest, most pacific of all, is perhaps the most surpassing of all."[3] A work of judicial conquest has already been completed, the magnitude of which is most amazing. The modern domains of Roman law extend far beyond the vast empire of the Caesars. The entire continent of Europe, the entire New World with its twin Americas, and an ever increasing portion of Asia and Africa constitute the provinces of the vast modern realm of Roman law. In its palmiest days the population of the Roman Empire numbered about 54,000,000[4]; to-day over 870,000,000[5] people, or sixteen times the population of the Roman Empire, are living under law very largely traceable to Roman law. All civilized and even many semi-civilized peoples of modern times bear witness to this universal survival or reception of Roman law. We shall investigate the facts of this survival as found in English, French, German, Spanish, Latin-American, Italian, Russian, Swiss, Scandinavian, Japanese, Roman-Dutch, and other systems of law.

Of the whole earth nothing now remains unconquered by the powers which may be called the offspring of the Roman Empire, but Abyssinia, Japan, Turkey, and China. In Abyssinia much of Christianity and Roman law still remains to-day; Japan has obtained from Western civilization among other things her codes of law largely Roman in essence; and even degenerate Turkey has been indirectly influenced by Roman law both as surviving in Mohammedan law and received in her modern codes modeled on the Codes Napoleon. Consequently these three Oriental countries are after all not wholly without the pale of Roman jurisprudence. All the countries of the world save China, and eventually China will be included,

[3] See Brissaud, *Cours d'hist. gen. du droit français*, vol. i, pp. 192–3.

[4] Brodie's estimate of the Roman Empire A.D. 14. See Harper's *Book of facts*, "population."

[5] *World almanac 1916*, pp. 450, 451. This estimate includes the inhabitants of Europe, both Americas, India, Egypt, Australia, New Zealand, South Africa, Japan.

图 8 谢尔曼《现代世界中的罗马法·第 1 卷》初版（1917 年）第 13 页

【笔者试译】耶林说："罗马曾三次征服世界：第一次是用她的军队，第二次是用她的宗教，第三次是用她的法律。在所有的征服中，这第三次最和平的征服也许是最伟大的。"

我们马上可以发现，王宠惠序言中的"三次征服""最和平"这些内容应当就是来自谢尔曼此书，而"最长久"则属于自我发挥。所以他才把"最和平而长久"放到了引号外面，意在表明这不是耶林的原话（实际上只是在表明这不是谢尔曼的原话）。

证明王宠惠自我发挥的另一个证据是，李宜琛（1910—1976）在 1943 年出版的《日耳曼法概说》一书中同样引用了类似于王序的话，却并没有"最长久"之类的文字：

> 叶宁（Ihering）尝谓："罗马尝三次征服世界。最初以武力，其次则以宗教，第三次则以法律。后者为最平和，故最有力，能远驾前二者之上焉。"[26]

虽然李宜琛在引用这段话时并未注明出自何处，但将其与上文所引的谢尔曼原文相比较，可以确定这就是译自谢尔曼的英文，而非耶林的德文原文（实际上耶林的原文也没有说过这样的话）。

那么，谢尔曼的这句话又是引自哪里呢？查其脚注，发现谢尔曼同样是在转引！被引的是一本法语著作，而这本法语著作并未出现在周枏的"主要参考书目"里，即 Brissaud，*Cours d'hist. gen. du droit français*，Vol. i，pp. 192－3。

令人抓狂的是，谢尔曼居然还对书名进行了缩写，这无疑给我们制造了麻烦。所幸，对于略懂法语并熟悉法学文献的人来说，其全称并不那么难猜。该书的全称应该是 Brissaud，*Cours d'histoire générale du droit français*，Vol. i（布里索：《法国法通史教程·第 1 卷》）。

在谷歌图书（Google Books）的搜索栏里输入该书全称，可以查到更完整的书名，即"J. Brissaud，*Cours d'histoire générale du droit français public et privé*，Tome Premier，Paris：1904"（布里索：《法国公法与私法通史教程·第 1 卷》，巴黎：1904 年）。

根据谢尔曼的脚注，我们需要查阅的是让·布里索（Jean Brissaud，1854—1904）这本书的第 192—193 页。此时可以找到的是这样一句（缺少脚注的）话：

> Rome，dit Ihering，a soumis trois le monde，la première fois par ses armes，la deuxième par sa religion，la troisième par son droit. Cette dernière conquête，de caractère tout pacifique，tout rationnel，due au seul ascendant moral des lois romaines，est peut-être la plus surprenante de toutes.[27]

---

[26] 李宜琛：《日耳曼法概说》，中国政法大学出版社 2003 年版，第 13—14 页。

[27] J. Brissaud，*Cours d'histoire générale du droit français public et privé*，Vol. I，Paris：1904，pp. 192－193.

【笔者试译】耶林说，罗马曾三次征服世界，第一次是用武力，第二次是用宗教，第三次是用法律。最后一次征服完全是和平且理性的，仅仅是因为罗马法在精神上的优势，这也许是所有征服中最令人惊讶的。

CHAPITRE IV.

LE DROIT ROMAIN A L'ÉPOQUE FÉODALE. — PREMIÈRE RENAISSANCE DES ÉTUDES JURIDIQUES (XIIe ET XIIIe SIÈCLES). — L'ÉCOLE DE BOLOGNE OU ÉCOLE DES GLOSSATEURS (1).

1. — La Renaissance juridique (2). — Rome, dit Ihering, a

图 9　布里索《法国公法与私法通史教程 · 第 1 卷》（1904 年）第 192 页局部

LA 1re RENAISSANCE. 193

soumis trois fois le monde, la première fois par ses armes, la deuxième par sa religion, la troisième par son droit. Cette dernière conquête, de caractère tout pacifique, tout rationnel, due au seul ascendant moral des lois romaines, est peut-être la plus surprenante de toutes. C'est de Bologne que le mouvement partit (1). Irnerius en fut le génial promoteur. Les essais de ceux qui le précédèrent ne tardèrent pas à être rejetés dans l'ombre par les travaux de son école. S'il y eut une pré-renaissance, elle se borna à préparer la voie à Irnerius. Celui-ci « créa une grande et vraie science qui, par sa force propre, modifia tout le droit public et privé. » On n'estime point, d'ordinaire, à sa juste valeur l'influence que ses disciples et lui « ont exercée sur le développement du droit et de la société, sur la marche des idées au moyen âge et par le moyen âge sur les temps modernes. » La fondation de l'École de Bologne est une des grandes dates de l'histoire.

图 10　布里索《法国公法与私法通史教程 · 第 1 卷》（1904 年）第 193 页局部

由此可以得出四个结论：第一，布里索的这句话与我们的待考名言仍有出入，二者并不相同；第二，谢尔曼在引用这句法语时进行了相当自由的翻译，因为英语和法语版本并不完全能对得上；第三，谢尔曼引用的时候将“耶林说”的内容都加上了双引号，而法文版里则没有双引号，这说明布里索并没有逐字逐句引用耶林的原话，而是用自己的话进行了概括；第四，正因为布里索是用自己的话来概括耶林的观点，所以他同样没有加脚注说明参见耶林的哪本书。不过经由上文的考证，我们知道布里索原本需要添加的脚注应当是“参见《罗马法的精神》第 1 卷（第 2 版或其后任何一版）的第 1 页”。

图 11　法国法律史学家布里索（1854—1904）肖像

在离开布里索之前，还需要做一点补充说明。实际上，他这套两卷本的《法国公法与私法通史教程》曾先后于 1912 年和 1915 年被译成英文，[28] 分别为美国“大陆法制史系列丛书”（The Continental Legal History Series）[29] 的第 3 部和第 9 部。原著第 1 卷中还有一部分内容被节选放入了“大陆法制史系列丛书”的第 1 部《欧陆法律史概览》（*A General Survey of Events*, *Sources*, *Persons and Movements in Continental Legal History*）之中，其中本应包括上文被谢尔曼引用的段落。然而，该书在编译时却对原书做了一定程度的删减，上述被谢尔曼引用过的法文段落并没有被译成英文。[30] 因此可以比较肯定地说，谢尔曼是

---

[28] Jean Brissaud, *A History of French Private Law*, trans. by Rapelje Howell, Boston: Little, Brown and Company, 1912; Jean Brissaud, *A History of French Public Law*, trans. by James W. Garner, Boston: Little, Brown and Company, 1915.

[29] 该系列共有 11 部著作，目前已有 3 部被译成中文，分别为第 1 部：［英］梅特兰等：《欧陆法律史概览——事件、渊源、人物及运动》，屈文生等译，上海人民出版社 2008 年版；第 2 部：［英］约翰·麦克唐奈、爱德华·曼森编：《世界上伟大的法学家》，何勤华、屈文生、陈融等译，上海人民出版社 2017 年版；第 5 部：［法］阿德玛·艾斯梅因：《欧陆刑事诉讼史》，郭烁等译，法律出版社 2023 年版。

[30] 参见［英］梅特兰等：《欧陆法律史概览——事件、渊源、人物及运动》，屈文生等译，上海人民出版社 2008 年版，第 161 页及第 164 页以下。

自己将布里索的法语译成英文的。[31]

The Continental Legal History Series

Published under the auspices of the

Association of American Law Schools

I. A GENERAL SURVEY OF EVENTS, SOURCES, PERSONS, AND MOVEMENTS IN CONTINENTAL LEGAL HISTORY. By VARIOUS AUTHORS. Translated by RAPELJE HOWELL, F. S. PHILBRICK, JOHN WALGREN, and JOHN H. WIGMORE. $6.00 *net*.

II. GREAT JURISTS OF THE WORLD, FROM PAPINIAN TO VON IHERING. By VARIOUS AUTHORS. Illustrated. (Extra volume. By arrangement with John Murray, London.) $5.00 *net*.

III. HISTORY OF FRENCH PRIVATE LAW. By J. BRISSAUD, late of the University of Toulouse. Translated by RAPELJE HOWELL, of the New York Bar. $5.00 *net*.

IV. HISTORY OF GERMANIC PRIVATE LAW. By RUDOLPH HUEBNER, of the University of Rostock. Translated by DR. FRANCIS S. PHILBRICK, of New York, N.Y. $4.50 *net*.

V. HISTORY OF CONTINENTAL CRIMINAL PROCEDURE. By A. ESMEIN, Professor in the University of Paris, with chapters by FRANÇOIS GARRAUD, of the University of Lyon, and C. J. A. MITTERMAIER, late of the University of Heidelberg. Translated by JOHN SIMPSON, of the New York Bar. $4.50 *net*.

VI. HISTORY OF CONTINENTAL CRIMINAL LAW. By LUDWIG VON BAR, of the University of Göttingen. Translated by THOMAS S. BELL, of the Tacoma Bar. $4.00 *net*.

VII. HISTORY OF CONTINENTAL CIVIL PROCEDURE. By ARTHUR ENGELMANN, Chief Justice of the Court of Appeals at Breslau, with a chapter by E. GLASSON, late of the University of Paris. Translated by ROBERT W. MILLAR, of Northwestern University. $4.00 *net*.

VIII. HISTORY OF ITALIAN LAW. By CARLO CALISSE, of the Italian Council of State. Translated by JOHN LISLE, of the Philadelphia Bar. $5.00 *net*.

IX. HISTORY OF FRENCH PUBLIC LAW. By J. BRISSAUD, late of the University of Toulouse. Translated by JAMES W. GARNER, of the University of Illinois. $4.50 *net*.

X. HISTORY OF CONTINENTAL COMMERCIAL LAW. By PAUL HUVELIN, of the University of Lyon. Translated by ERNEST G. LORENZEN, of the University of Wisconsin. $5.50 *net*.

XI. THE EVOLUTION OF LAW IN EUROPE. By GABRIEL TARDE, RAOUL DE LA GRASSERIE, and others. $5.00 *net*.

图 12 “大陆法制史系列丛书”书目（英文版）

因此结论就是，布里索用自己的话对耶林的原文做了不精确的转述，谢尔曼又对此加以较为自由的翻译，黄右昌和王宠惠援引的是谢尔曼的表述，而且王宠惠做了进一步的自我发挥。

---

[31] 实际上早在 1912 年，谢尔曼就为该书的英译本写过书评。对此参见 C. P. S., *Book Review*: *A History of French Private Law*, *by Jean Brissaud and Rapelje Howell*, The Yale Law Journal, Vol. 22, No. 2 (Dec., 1912), pp. 170 – 172. 该文作者 C. P. S. 的全名即为 Charles Phineas Sherman（查尔斯·菲尼亚斯·谢尔曼）。

五、又回到最初的起点

兜兜转转，我们又回到了最初的起点：开头提到的这整段待考证名言既不是来自耶林的原话，也不完全是来自布里索或谢尔曼的表述。所以，唯一的一种可能性就是：此段名言其实是周枏自己发明的。当然，这个发明并非“空穴来风”，而是周枏在借鉴了黄右昌和王宠惠的表述之后再稍加发挥才得以完成的。请再看一遍周枏的原话：“罗马帝国曾三次征服世界，第一次以武力，第二次以宗教（指基督教），第三次以法律。武力因罗马帝国的灭亡而消失，宗教随着人民思想觉悟的提高、科学的发展而缩小了影响，唯有法律征服世界是最为持久的征服。”

根据上文的考证，此处的第一句话“罗马帝国曾三次征服世界，第一次以武力，第二次以宗教（指基督教），第三次以法律”显然是周枏从谢尔曼的英文或黄右昌和王宠惠的译文那里借来的。为了让读者更好地理解这句话，周枏还特地在“宗教”两字的后面加了括注“（指基督教）”。

第二句话“武力因罗马帝国的灭亡而消失，宗教随着人民思想觉悟的提高、科学的发展而缩小了影响，唯有法律征服世界是最为持久的征服”则极有可能是周枏自我发挥的内容。理由有三：

第一，周枏在早于《罗马法原论》6年出版的《罗马法提要》一书中还没有提到“武力因……”这句话。在论及耶林所谓的名言时，该书仅仅提到了“罗马曾三次征服世界：第一次以武力，第二次以宗教，第三次以法律”。[32] 这说明，他当时还没有想出后面这第二句话。

---

[32] 周枏：《罗马法提要》，法律出版社1988年版，第2页；周枏：《罗马法提要》，北京大学出版社2008年版，第2页。

资产阶级法学家更是把罗马法奉为制定民法的准则，誉之为世界性的“普通法”。比利时罗马法专家里维埃（A·Rivier）于1867年所作的关于罗马法的报告中说：“罗马法是世界性的普通法，不仅是那一个国家的法。”又说：“罗马法是各国的模范法。”德国著名法学家耶林（R·von Jhering 公元1818—1892年）在他的名著《罗马法的精神》中说：“罗马曾三次征服世界：第一次以武力，第二次以宗教，第三次以法律。”说罗马法是世界性的普通法，说罗马法征服了世界，当然并不十分确切，但我们可以从里维埃和耶林对罗马法的评价中，看到罗马法的重要性。

图 13　周枏《罗马法提要》第 2 页局部

能够佐证这一点的是龙斯荣先生出版于 1991 年的《罗马法要论》。作为曾经听过周枏罗马法课的青年教师，[33] 龙斯荣在论及罗马法对后世的意义时也有这样一句话：

> 德国著名法学家耶林（R · von Jhering 公元 1818—1892 年）在其名著《罗马法精神》一书的开头就说，罗马帝国曾三次征服世界，第一次是用武力，第二次是用宗教，第三次是用法律。[34]

[33] 参见安徽省法学会编：《周枏与罗马法研究》，安徽人民出版社 2010 年版，第 12—13 页。

[34] 龙斯荣：《罗马法要论》，吉林大学出版社 1991 年版，第 19—20 页。

不仅马克思主义经典作家对罗马法给予了如此高度的评价；资产阶级法学家、历史学家也同样给予了罗马法高度的评价。德国著名法学家耶林(R·von Jhering公元1818—1892年)在其名著《罗马法精神》一书的开头就说，罗马帝国曾经三次征服世界，

— 19 —

第一次是用武力，第二次是用宗教，第三次是用法律。美国《世界发达史》的作者莫里斯也说：罗马人“用武力征服全世界，并没有象他们那种伟大法学之不朽的力量那样来得大”。比利时布鲁塞尔大学罗马法教授里维埃(A·Rivier)在1867年的一次关于罗马法的报告中说：“罗马法是世界性的普通法，不仅是哪一个国家的法。”又说：“罗马法是世界性的模范法”。这些评价虽然有点儿夸张，不甚确切，但罗马法的历史地位确实是不能低估的，说罗马法是“第一个世界性法律”，是当之无愧的。

图 14 龙斯荣《罗马法要论》第 19—20 页局部

但紧随其后的也并非“武力因罗马帝国的灭亡而消失，宗教随着人民思想觉悟的提高、科学的发展而缩小了影响，唯有法律征服世界是最为持久的征服”。这充分说明，周枏在那时还没有想出后面的这句话，在授课时自然也不会提到——毕竟它要到 1994 年时才会出现。[35]

第二，这句话强调“思想觉悟的提高”和“科学的发展”，且贬低了宗教，这种笔调与 20 世纪八九十年代的政治背景十分契合。在《罗马法原论》的第 1

---

[35] 另一个证据是，费安玲教授在一篇 1994 年初发表的论文中提到了耶林的名言，但也同样只有“罗马帝国三次统一世界：第一次是以武力，第二次是以宗教，第三次则是以法律”这句话，而没有后面的内容。这说明，当时的中国学界还根本不存在后面那句话。对此参见费安玲：《罗马法研究在中国的态势与展望》，载《比较法研究》1994 年第 2 期，第 191 页。

章以及他同时期的一些论文中，就留有不少这样的痕迹。[36]

因此，为了突出法律征服的重要性，进而强调学习罗马法的意义，周枏就想出了“宗教随着人民思想觉悟的提高、科学的发展而缩小了影响”和“武力因罗马帝国的灭亡而消失”这样的表述。尤其是前半句话，非常符合周枏自觉运用马克思主义的观点分析罗马法的态度。[37] 而最后的那句“唯有法律征服世界是最为持久的征服”可能又是受王宠惠序言中“最长久”一词的影响。[38] 不得不承认，这样的“添加”是符合时代的，[39] 甚至比耶林的原文更容易为中文世界的读者所接受。但无论如何，将自己创造的话说成是耶林所言是不符合学术伦理的。

第三，周枏在“主要参考书目”里其实列有耶林《罗马法的精神》一书的法文译本，而龙斯荣在提到这段话时也明确说是“在《罗马法精神》一书的开头”，这说明周枏理应是读过该书第 1 卷的。查周枏列出的这个法译本，可以发现法语译者梅勒奈尔（Octave de Meulenaere，1840—1905）还是比较忠实于德语原文的。[40] 所以，法译本中同样不存在“武力因……”这样的话。这更能从侧面反映，周枏其实是在“无中生有”。

㊱ 例如参见《罗马法原论》94 版上册，第 3、6、9、12、14、16 页；14 版上册，第 7、9、12、16、20—22 页；安徽省法学会编：《周枏与罗马法研究》，安徽人民出版社 2010 年版，第 82、101、106 页。

㊲ 参见陈森：《周著〈罗马法原论〉评介》，载《比较法研究》1994 年第 3、4 期，第 403 页；安徽省法学会编：《周枏与罗马法研究》，安徽人民出版社 2010 年版，第 273 页。

㊳ 一个可能的原因是，周枏与王宠惠亦有一定的私交：周枏在 20 世纪 30 年代曾写过一部 30 万字左右的罗马法讲义（后因抗战原因并未出版），为其写序的正是王宠惠。对此参见李明发：《周枏先生访谈录》，载《环球法律评论》2003 年春季号，第 61 页。

㊴ 实际上，周枏将罗马法完全定性为奴隶制法的做法也是时代观念使然，这一点徐国栋教授早已指出。对此参见徐国栋：《周枏先生的〈罗马法原论〉错误举要——以上册为中心》，载徐国栋主编：《罗马法与现代民法》（第 5 卷），中国人民大学出版社 2006 年版，第 83 页。对此的反驳，参见田田、史际春：《回应《周枏先生的〈罗马法原论〉错误举要》一文——与徐国栋教授商榷》，载《学术界》2007 年第 2 期，第 88—93 页。

㊵ Cf. Jhering, *L'esprit du droit romain*, Tom. I, trad. par O. de Meulenaere, Paris : 1886, p. 1.

IMPORTANCE DU DROIT ROMAIN POUR LE MONDE MODERNE

L'idée d'universalité et de nationalité. — Importance de Rome dans l'histoire universelle. — Universalité du droit romain. — Appui réciproque des peuples. — Caractère du développement moderne du droit. — Le droit romain est un élément de la civilisation du monde moderne.

1. Trois fois Rome a dicté des lois au monde, trois fois elle a servi de trait d'union entre les peuples: par l'unité de l'*État*, d'abord, lorsque le peuple romain était encore dans la plénitude de sa puissance; par l'unité de l'*Église*, ensuite, après la chute de l'empire romain, et la troisième fois enfin, par l'unité du *Droit*, à la suite de la réception du droit romain au moyen-âge. La contrainte extérieure et la force des armes amenèrent une

TOME I　　　　1

图 15　耶林《罗马法的精神 · 第 1 卷》法译本（1886 年）第 1 页局部

六、耶林名言的另一个版本

行文至此，我们不得不产生这样的怀疑，即周枏实际上并没有真正读过《罗马法的精神》——无论是德文原版还是法语译本。假如这是真的，那么他是从哪里得知待考的这段话是来自耶林这本书的呢？上文提到，黄右昌在引用谢尔曼的话时确实提到了耶林的这本书，但除此之外还有没有人这样说过？所谓“三人成虎”，相信周枏是看到不少人这样说，才可能在没有读过原著的情况下如此斩钉截铁地将自己发明的话套到耶林的头上。

据周枏自己所言，《罗马法原论》一书的取材仅限于 20 世纪 40 年代。[41] 因此，可以对当时的罗马法著作继续做考证。[42] 陈允、应时合著的《罗马法》（1931 年）首先进入我们的视野，因为周枏经常提及该书，尽管评价不高。[43] 该书的第 38 页有这样一段话：

---

[41] 参见安徽省法学会编：《周枏与罗马法研究》，安徽人民出版社 2010 年版，第 121 页。

[42] 关于民国时期出版的罗马法著作，参见王健：《罗马法在中国早期的传播》，载强力主编：《罗马法与中国法的传承和发展》，法律出版社 2015 年版，第 47 页以下。

[43] 参见安徽省法学会编：《周枏与罗马法研究》，安徽人民出版社 2010 年版，第 9、23 页。

德人“于延龄 Jhering”所著之《罗马法精神论》一书，其赞扬罗马法之言曰：“罗马统一世界者三：当其盛时，以威武征服万国，统一国土一也；帝国瓦解以后，尚握宗教大权，统一宗教二也；中古以后，使欧洲诸国相率而继受罗马法，统一法律三也。”[44]

羅馬法　三十八

院部份之法典。美國累西那州民法法典。與日本之舊民法。亦皆根據法國民法而編纂者。夫法國民法之採用羅馬法。前言之矣。故此等地方。實間接受羅馬法之影響也。他如一八五六年之意大利民法。一八一一年之奧大利民法。以及荷蘭學者「格羅秋士 Grotius」所著之「戰爭與和平法 De Jure Belli et Pacis」。均以羅馬法爲基礎。又現今瑞士之債務法。實折衷羅馬法與法國民法者。而德國新民法與日本新民法之編纂。皆以此法爲參考之資料。又亞拉伯所施行之「回教法典 Koran（歌蘭經）」。今日雖認爲一種法系。其實不啻羅馬法之末流。至於吾國清季民律草案之編纂。亦採自東西各國之民法。由此觀之。是世界文明國之法律。無不直接間接而受羅馬法之影響者也。夫羅馬滅亡迄今千餘年矣。而其法律之影響於各國者如此。豈偶然哉。德人「于延齡 Jhering」所著之羅馬法精神論一書。其讚揚羅馬法之言曰。羅馬統一世界者三。當其盛時。以威武征服萬國。統一國土一也。帝國瓦解以後。尙握宗教大權。統一宗教二也。中古以後。使歐洲諸國相率而繼受羅馬法。統一法律三也。斯言殆非過奬也。所宜注意者。近世法律乃爲拉丁

图 16　陈允、应时：《罗马法》，上海商务印书馆 1931 年版，第 38 页

对于这段话，陈、应二人并未加注说明其出自耶林此书的哪一版哪一页。但是由上文的考证可知，这段中译文显然不是译自谢尔曼的英文或布里索的法文，反而是和耶林的原文较为贴近。据程波教授考证，陈允（1876—?）早年留学日本，而应时（1886—1941）则有留德经历，1914 年时还出版过一本中德

[44] 陈允、应时：《罗马法》，上海商务印书馆 1931 年版，第 38 页。标点系笔者所加。

对照的《德诗汉译》。[45] 那么，陈、应二人引用的这段话是不是应时在看过耶林的原文之后自己翻译的呢？

笔者认为，答案应当是否定的。因为据徐国栋教授的考证，陈允、应时合著的《罗马法》参考贾文范先生出版于1914年的《罗马法》甚多。[46] 果不其然，贾书第一章的开头就写道：

> 故德国法学家耶陵（Ihering）氏称：罗马帝国号令世界，统一万国者三：当其盛时，以兵力征服列邦，为邦土之统一；继自帝国衰败微以后，尚握教法之大权，为宗教之统一；终自中世以降，欧洲诸国皆在其法律范围之下，为法律之统一。[47]

显而易见，陈、应二人应该是对贾文范的表述做了少许的修改，属于“中译中”。那么现在的问题是，贾文范所引的这段话来自何处？据贾氏自己所言，他的这本《罗马法》主要参考英国罗马法学者汉特（William Alexander Hunter，1844—1898）的著作，并以德国罗马法学家索姆（Rudolph Sohm，1841—1917）的著作作为补充，同时“参以东西各国名著译辑斯编”。[48] 而在汉特和索姆的罗马法作品里，笔者未能找到耶林的这句话。[49] 那么这句话也应该是从某本中文书里抄的。

---

[45] 参见程波：《近代中国罗马法教育的开创：从陈允、应时的〈罗马法〉说起》，载程波主编：《湘江法律评论》（第11卷），湘潭大学出版社2014年版，第227页以下。更详细的介绍，参见孙笑侠：《中国第一代罗马法教员的个体典型和整体概貌》，载《法律科学（西北政法大学学报）》2024年第5期，第19—35页。

[46] 参见贾文范：《罗马法》，朱正远、徐国栋点校，清华大学出版社2019年版，第8页。

[47] 参见贾文范：《罗马法》，朱正远、徐国栋点校，清华大学出版社2019年版，第3页。

[48] 参见贾文范：《罗马法》，朱正远、徐国栋点校，清华大学出版社2019年版，罗马法例言。

[49] 这些著作是：W. A. Hunter, *A Systematic and Historical Exposition of Roman Law in the Order of a Code*, 3rd ed. , 1897; William A. Hunter, *Introduction to Roman Law*, 5. ed. , 1897; Rudolph Sohm, *The Institutes*, trans. by James Crawford Ledlie, 2nd. ed. , 1901。

这本书就是樊树勋出版于 1905 年的《罗马法》。[50] 该书的第 1 页即写道：德国法律学大家伊耶陵（Jhering）氏《罗马法精神论》之首曰：

罗马号令世界者三，统一万国者三：当其隆盛之时，以威力征服万国，为邦国之统一；及其衰败之后，尚握教法之大权，为宗教之统一；中世以降，欧洲诸国相率继受罗马法，为法律之统一。[51]

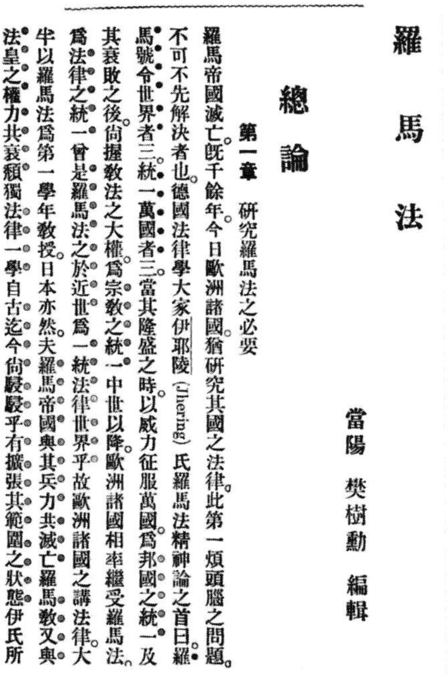
羅馬法

當陽　樊樹勳　編輯

總論

第一章　研究羅馬法之必要

羅馬帝國滅亡。既千餘年。今日歐洲諸國。猶研究其國之法律。此第一煩頭腦之問題。不可不先解決者也。德國法律學大家伊耶陵(Jhering)氏羅馬法精神論之首曰。羅馬號令世界者三。統一萬國者三。當其隆盛之時。以威力征服萬國。爲邦國之統一。及其衰敗之後。尙握教法之大權。爲宗教之統一。中世以降。歐洲諸國相率繼受羅馬法。爲法律之統一。曾是羅馬法之於近世爲一統法律世界乎。故歐洲諸國之講法律。大半以羅馬法爲第一學年教授。日本亦然。夫羅馬帝國與其兵力共滅亡。羅馬教又與法皇之權力共衰頹。獨法律一學。自古迄今。尙駸駸乎有擴張其範圍之狀態。伊氏所

總論　研究羅馬法之必要　一

图 17　樊树勋编辑：《罗马法》，湖北法政编辑社 1905 年版，第 1 页

将上文黄右昌所引的那段话与这段话相比较，可以发现黄右昌可能也参考

---

[50] 樊树勋的生平与著作不详，略微提及他的文献有费安玲：《罗马法研究在中国的态势与展望》，载《比较法研究》1994 年第 2 期，第 193 页（笔误为“樊树熊”）；何勤华等：《法律名词的起源》（上），北京大学出版社 2009 年版，第 180 页（笔误为“梵树勋”）；［意］腊兰：《20 世纪初期中国对罗马法体系的继受：最早用中文写作的罗马法教科书以及中国的法典化过程》，载费安玲等主编：《罗马法、中国法与民法法典化（文选）——二十一世纪民法典的科学体系》，中国政法大学出版社 2020 年版，第 79 页。

[51] 樊树勋编辑：《罗马法》，湖北法政编辑社 1905 年版，第 1 页。标点系笔者所加。

过樊树勋的这本书，因为黄右昌在引用时也提到“《罗马法精神论》首曰”，与樊树勋此书中的“《罗马法精神论》之首曰”如出一辙。那么，樊树勋的《罗马法》又是否为耶林名言另一种版本的最早出处呢？答案仍是否定的。因为在1903年启新书局编译的《罗马法》一书中就已经出现了这段话，即德国硕儒伊林古有言：“罗马号令世界，统一万国者三：其初当罗马盛时，以武力制服万国，统一邦土；继自帝国衰颓以后，尚借宗教之力，征服宇内，以统一宗教社会；终自中世以来，使欧洲诸国皆在其法律范围之下，以统一法律是也。”[52]

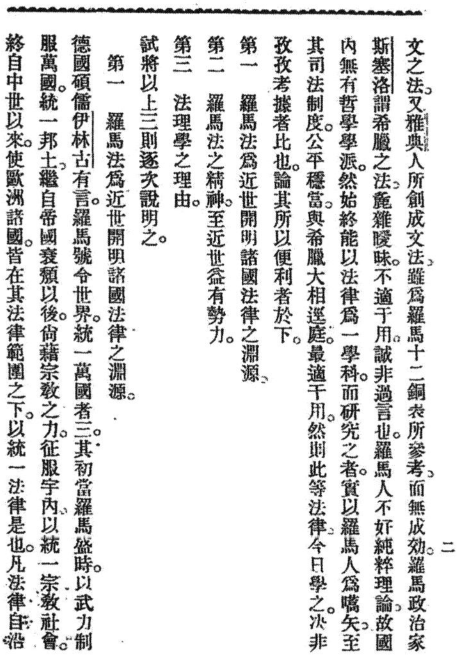
二

文之法。又雅典人所創成文法。雖爲羅馬十二銅表所參考。而無成効。羅馬政治家斯塞洛謂希臘之法。龐雜曖昧。不適于用。誠非過言也。羅馬人不好純粹理論。故國內無有哲學學派。然始終能以法律爲一學科而研究之者。實以羅馬人爲嚆矢。至其司法制度。公平穩當。與希臘大相逕庭。最適于用。然則此等法律。今日學之。決非孜孜考據者比也。論其所以便利者於下。

第一　羅馬法爲近世開明諸國法律之淵源。

第二　羅馬法之精神。至近世益有勢力。

第三　法理學之理由。

試將以上三則逐次說明之。

第一　羅馬法爲近世開明諸國法律之淵源。

德國碩儒伊林古有言。羅馬號令世界。統一萬國者三。其初當羅馬盛時。以武力制服萬國。統一邦土。繼自帝國衰頹以後。尙藉宗教之力。征服宇內。以統一宗教社會。終自中世以來。使歐洲諸國皆在其法律範圍之下。以統一法律是也。凡法律自沿

图18　启新书局编译：《罗马法》，1903年自版发行，第2页

这说明，樊树勋也不过是对这段话进行了一定的改写，而非译自德语原文。那么，启新书局编译的这本仅有46页的《罗马法》，其母本为何？据意大利学

[52] 启新书局编译：《罗马法》，1903年自版发行，第2页。作者和译者不详，标点系笔者所加。

者腊兰的详细考证，该书原本为日本早稻田大学的罗马法史教科书，[53] 但没有进一步的资料能够确定其为哪一本书，作者是谁，他又是否根据耶林的原文翻译。《罗马法的精神》第 1 卷的日语版直到 1950 年才出版，[54] 因此笔者推测，在此之前能够将耶林的原文直接翻译成日语的，应该是某位留德的日本学者，他在 1903 年之前所著的罗马法讲义将是未来考证的重点。目前能够肯定的是，转译自日语的这个中文版本更符合耶林的德语原文。但历史总是充满偶然性，最后流行于中国法学界的却是以讹传讹的版本。

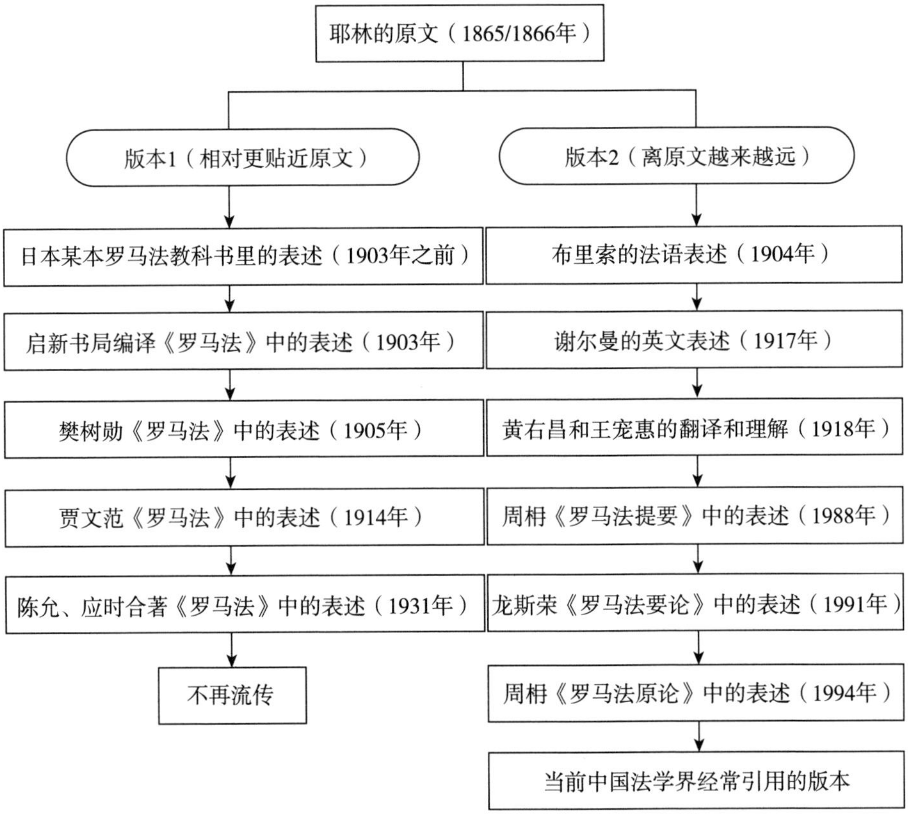

图 19 耶林名言在中文世界的流传史

---

[53] ［意］腊兰：《20 世纪初期中国对罗马法体系的继受：最早用中文写作的罗马法教科书以及中国的法典化过程》，载费安玲等主编：《罗马法、中国法与民法法典化（文选）——二十一世纪民法典的科学体系》，中国政法大学出版社 2020 年版，第 77 页。

[54] 参见李求轶、李硕芬：《罗马法在日本——大学·大家·思考》，载程波主编：《湘江法律评论》（第 12 卷），湘潭大学出版社 2015 年版，第 19 页，脚注②。

七、结　论

综上所述，“罗马帝国曾三次征服世界，第一次以武力，第二次以宗教（指基督教），第三次以法律。武力因罗马帝国的灭亡而消失，宗教随着人民思想觉悟的提高、科学的发展而缩小了影响，唯有法律征服世界是最为持久的征服”这段名言的产生过程如下：

耶林在1865年的小册子《罗马法对现代世界的意义》中首次发表了类似于该名言的一段话，这段话被收入1866年出版的《罗马法的精神》第1卷第2版（以及之后的几个版次）中。法国法律史学家布里索在1904年的《法国公法与私法通史教程》第1卷中凭借自己的理解对这段话加以概括，且未加脚注。美国罗马法学家谢尔曼在1917年出版的《现代世界中的罗马法》第1卷中对布里索的法语版做了较为自由的翻译。1918年，黄右昌和王宠惠都注意到了谢尔曼的这句话，但王宠惠除了将其译成中文并加以引用之外还自我发挥了半句话，且未注明出处。1994年，周枏在整理出版其一生的巨著《罗马法原论》时对谢尔曼、黄右昌和王宠惠的话加以糅合，并做了进一步的自我发挥。周枏将这些话全部放到引号之中，还加注说明其系出自耶林《罗马法的精神》第1版，此种做法属于张冠李戴。对此名言未加考证的诸多学者均认为耶林曾在《罗马法的精神》里说过这段话，这实际上是一种巨人的误解。对于耶林的这段名言，1903年以来还有另一个更贴近德语原文的版本，但基于种种原因，这个版本并未受到关注。费安玲教授曾相当接近真相，但遗憾的是没有继续挖掘。总之，众多因素共同作用下造就了上述名言。

八、附　录

2022—2023学年江苏省常州市金坛区薛埠中学九年级（上）第1次月考历史试卷（附答案详解）[55]

---

[55]《2022—2023学年江苏省常州市金坛区薛埠中学九年级（上）第一次月考历史试卷》，载百度文库。

【第 5 题】

罗马曾经三次征服世界：第一次以武力，第二次以宗教，第三次则以法律。对此解读正确的是（　　）

A. 第一次以武力：亚历山大东征

B. 第二次以宗教：伊斯兰教传播

C. 第三次以法律：颁布《十二铜表法》

D. 三次征服体现了古代世界各地区之间交流的暴力形式

【答案解析】

罗马曾经三次征服世界：第一次以武力，第二次以宗教，第三次则以法律。对此解读正确的是第三次以法律：颁布《十二铜表法》。公元前 450—公元前 449 年，罗马颁布了成文法，因这部法刻在十二块青铜板上，所以被称为“《十二铜表法》”。成文法内容涉及诉讼程序、所有权和债务权、宗教法、刑法、民法等。《十二铜表法》使量刑定罪有了文字依据，在一定程度上遏制了贵族对法律的曲解和滥用。《十二铜表法》是罗马法发展过程中的一个重要里程碑。公元前 27 年以后，罗马帝国在屋大维统治下，发动多次侵略战争，疆域不断扩大，到 2 世纪达到最大规模，成为地跨欧亚非三洲的大帝国，广袤的地中海成为它的内湖。一方面，罗马帝国的征服和统治充满着暴力；另一方面，罗马文化渗入到它统治过的广大地区，客观上促进了文化的交流与传播。第二次以宗教是指基督教的传播，不是伊斯兰教传播。

故选：C。

本题考查了罗马法。公元前 8 世纪，在意大利半岛的台伯河畔，罗马城逐步建立起来。

【笔者点评】

此题的答案是错误的。根据耶林的原文，法律的征服指的是罗马法在中世纪的继受，而非指《十二（铜）表法》的颁布。由此可见，有太多的误解都是不读（或误读）原著所导致的。法学经典的翻译和阅读，任重而道远。

初审编辑：张馨予

校对编辑：王浩然

“家国同构”是儒家理论吗？

A Discussion on the Non- “Family-Country Isomorphism” Side of Confucianism

李彦全*

摘　要：传统观点认为“家国同构”是儒家理论的重要支柱之一。这一观点有四种可能的演绎方式，分别是“齐家—治国”模式、“家父长制”模式、“为家立国”模式、“报应论”模式。这四种演绎方式均存在片面性，无法整体性地构成对儒家理论的阐释。以《孟子》为代表的儒家经典清楚地指出，公、私领域明显适用完全不同的原则，二者并不存在必然的互动关系。“齐家—治国”模式在宋儒前并非主流，“家父长制”模式不符合历史事实，“为家立国”“报应论”模式不能推导出家国“同构”。因此，儒家理论充其量认为治理小家和治理国家需要的素质有共通之处，而并未含混地赞成“家国同构”，更不认为“公”“私”可以无条件地互相转化。与其说传统儒家学说彰显了“家国同构”，毋宁说近代的国家主义思潮更接近于“家国同构”。

关键词：家国同构；公私伦理；《孟子》；儒家学说

* 李彦全，清华大学法学院比较法与法文化专业硕士研究生。

一、问题的提出：从“家国同构”的多种可能解释说起

长期以来，儒家的“家国同构”论一直深入人心。例如朱浒认为：“家国情怀是中华优秀传统文化的重要内容，其价值观基础是家国一体、家国同构。”① 金香花认为：“传统儒家以‘君父—臣子’来表达这种关系。由此在社会意识领域中，孝、忠合一，这成为‘家国同构’的观念形态。”② 上述论断其来有自。金观涛、刘青峰认为：“移孝作忠”是中华民族长期以来实现社会控制的独特手段。除中国以外，民族国家的建立发展往往伴随着宗法制家庭的瓦解，只有中国实现了宗法制和国家的结合。汉儒把“君臣”“父子”“夫妇”作为“王道三纲”，纳入了同一套类型化的框架中去审视。从管制技术的角度，封建国家通过管控族长、家长，间接地实现对家族中卑幼的控制，从而实现低成本的管理；从政治哲学的角度，封建国家有意识地将君臣之“忠”、君道之“仁”、父子之“孝”并列，使得封建道德走向一体化。③

然而，“家国同构”是现代人对儒家观念的后发诠释与总结。古代儒林从未直接主张“家国同构”。因此，要阐明“家国同构”的总结是否妥当，就必须梳理古代典籍对“家国关系”的论述，并逐一检视这些论述能不能被简化为“家国同构”。总的来说，古代典籍对“家国关系”的论述大体可以被总结为以下几点，这些理论往往被学者视为“家国同构”的表现。

第一种理论从“修身”“移孝作忠”的角度出发，探讨了“家国关系”。宋儒通过抬高《大学》的地位，制造出“格物致知—正心诚意—修身齐家—治国平天下”的人生境界链条。“齐家”在其中充当了“修身”和“平天下”的中介，例如《大学》中认为：“一家仁，一国兴仁；一家让，一国兴让；一人

① 朱浒：《家国情怀激发向心力和凝聚力》，载《人民日报》2023 年 7 月 31 日，第 9 版。

② 金香花：《“家国天下”观念的历史形成及其现代意义》，载《光明日报》2019 年 10 月 28 日，第 15 版。

③ 参见金观涛、刘青峰：《兴盛与危机——论中国社会超稳定结构》，法律出版社 2011 年版，第 25 页。

贪戾，一国作乱。”[④] 乍一看，这种论证颇有滑坡谬误的嫌疑：天下贪戾者多矣，然而乱世并非常态。从下句“尧舜率天下以仁，而民从之。桀纣率天下以暴，而民从之。其所令反其所好，而民不从”来看，这一论断是从当权者的个人素质而发，并非为普通人而设。因为统治者处理“家事”所需要的素质，与其处理国事所需要的素质其实是一体两面的，能以仁慈、谦让的态度处理好“家事”，至少能说明这名统治者不失为一个有底线、能容物的人，即所谓的“孝者所以事君也，弟者所以事长也，慈者所以使众也”。[⑤] 诉诸历史事实，这一论断不难理解。古人崇尚大家庭同居，代际间、各房间难免相互倾轧算计。要想弥合分歧、勉力维持，族长非得有手段和度量不可。譬如唐高宗问张公艺为何能维持“九世同居”，张公艺也只能书一百个“忍”字以应了。[⑥] 然而，学者往往把上述“移孝作忠”的观念极端化为“孝就是忠”，并用以证明传统中国是一个“家国同构”的国家。例如俞可平在论中国古代“家国同构”观念时即认为：“集中阐述孝即是忠、孝忠一体的经典文献《孝经》和《忠经》对中国传统文化影响深远，并在很大程度上塑造了中国人的传统行为方式。”[⑦]

第二种理论从“家父长制”的角度出发，探讨了“家国关系”。在这个角度下，“家国同构”意味着国家秩序就是一个大型的家庭秩序，君主身处这一秩序的顶点，全体臣民都是君主的“家奴”。[⑧] 君主对治下的一切人，不分亲疏远近，均得以行使家父权，譬如《白虎通》在“诛伐篇”开头即指出“诛不避亲戚何，所以尊君卑臣，强干弱枝，明善善恶恶之义也”[⑨]。这段话有两层含义，第一层含义是，当事人是君主的尊亲属与君主对其行使家父权并不抵触，

④ （宋）朱熹：《四书章句集注》，中华书局2011年版，第10页。

⑤ （宋）朱熹：《四书章句集注》，中华书局2011年版，第10页。

⑥ 参见聂鑫：《中国法制史讲义》，北京大学出版社2014年版，第140页。

⑦ 俞可平：《孝忠一体与家国同构——从丁忧看传统中国的政治形态》，载《天津社会科学》2021年第5期，第112页。

⑧ 参见刘九勇：《儒家家国观的三个层次》，载《哲学研究》2021年第6期，第67页。

⑨ （汉）班固撰集，（清）陈立疏证：《白虎通疏证》（上），吴则虞点校，中华书局1994年版，第211页。

“春秋之义，诸父昆弟，无所不臣”⑩。第二层含义是，推广“亲亲之义”，划定“国”与“家”之间的边界是君主的专属权力，“家庭伦理”的最终解释权归君主所有。下位者在国家权力面前不得搬出“家庭伦理”作挡箭牌：“以臣事君之义也，惟人君然后得申亲亲之恩。”⑪ 一些学者往往认为这种汉儒推崇的绝对君权理论与“家国同构”存在内在联系。例如徐雪野认为，董仲舒“将儒家思想中原有的‘家国同构’与神权相结合”，从而“进一步巩固君主的绝对权力”。⑫

第三种理论从政治现实即“为家立国”的角度审视“家国关系”。家庭是最小的民生单位，国家要实现治理，必然要安定小家庭，甚至可以说，国家存在的目的就是服务小家。《礼记》中“礼运”一篇指出，“大道之行也”的表现无外乎就是家庭安乐，做到“老有所终，壮有所用，幼有所长”“男有分，女有归”。⑬ 治理的最高境界，就是把天下秩序化约为家庭秩序，即“故圣人耐以天下为一家”⑭。治天下之道具体来说就是“知其情”“辟⑮其义”，此处指圣人的政治任务之一是让天下人都服膺于所谓的“人义”。“人义”的内容自然以家庭伦理为主，即“父慈、子孝、兄良、弟弟、夫义、妇听、长惠、幼顺、君仁、臣忠”⑯。“父子夫妇”之类的纯粹家庭伦理占去了“人义”的6/10。只有理顺了“父子夫妇”的关系，“圣人”才会关心社会性更强的“长幼”关系，最后才及于国家层面的“君臣”关系，可见在儒家看来，国家存在的首要任务，就是为小家庭的完满运行创造条件，最终达到“天下如一家”的境界。在某些文献中，这种“国家服务小家”的传统被认为是“家国同构”的政治传统使然，聂飞认为：“家国同构”的治理传统的表现之一就是“家户治理是国家

⑩ （汉）班固撰集，（清）陈立疏证：《白虎通疏证》（上），吴则虞点校，中华书局1994 年版，第 211 页。

⑪ （汉）班固撰集，（清）陈立疏证：《白虎通疏证》（上），吴则虞点校，中华书局1994 年版，第 212 页。

⑫ 参见徐雪野：《“家国异构”与“家国同构”——中西家国观的追溯与重构》，载《理论月刊》2020 年第 5 期，第 150 页。

⑬ 王文锦译解：《礼记译解》（上），中华书局 2016 年版，第 298 页。

⑭ 王文锦译解：《礼记译解》（上），中华书局 2016 年版，第 310 页。

⑮ “辟”通“譬”。

⑯ 王文锦译解：《礼记译解》（上），中华书局 2016 年版，第 310 页。

治理的基础和前提”。[17]

第四种理论从抽象的报应论的角度审视“家国关系”。祸乱国家、残破天下之人必定会遭到反噬，最终也无法保住自己的“小家”。相反，如果实行仁政，将家族的亲睦之道推广到天下，那么最终也能达到“四海之内皆兄弟也”的境界。从“不保大家无以保小家”的角度来看，孟子曾批判梁惠王（即魏惠王）：“梁惠王以土地之故，糜烂其民而战之，大败，将复之，恐不能胜，故驱其所爱子弟以殉之，是之谓以其所不爱及其所爱也。”[18] 梁惠王一朝四处征讨，但魏国却疆土日削，“东败于齐”“丧地于秦”“南辱于楚”，马陵一败，还送掉了太子的性命，“齐、魏战于马陵，齐大胜魏，杀太子申，覆十万之军”。[19] 从“保小家才能保大家”的角度来看，如果把理想家庭的原则推广到天下治理中，那么社会治理会得到最优解，“老吾老以及人之老，幼吾幼以及人之幼”。反过来说，“杀人之父，人亦杀其父；杀人之兄，人亦杀其兄”，[20] 如果治国者好杀滥杀，那么其个人以及其家庭成员也必然会遭到报应。所谓“推恩足以保四海，不推恩无以保妻子”是也。这种家国命运的勾连与互动往往被放在“家国同构”的语境下来谈。钱念孙在谈“家国同构”时提出：“这种‘小之定也必恃大，大之安也必恃小’的家国同构认识，长期延续、积淀下来，成为我们民族一种稳固的文化理念和心理结构。”[21]

但是，以上的论断是否能证明儒家支持并鼓吹“家国同构”呢？如果我们泛泛而谈，把上述几种涉及家国关系的论调都装进“家国同构”的大筐里，那么儒家赞成“家国同构”自不待言。但是，我们需要注意到，以上几种解释家国关系的理论，要么无法整体性地代表儒家，要么根本不能被说成是“家国同构”。因此，接下来本文将首先以《孟子》为例展开分析，证明传统儒家比起混同“君臣父子”，更倾向于判明公私，把家庭关系作为独立于公共空间的伦理样态予以研究。其次，本文将具体分析这四种关于“家国同构”的论调的缺

---

⑰ 参见聂飞：《家国同构视角下的传统国家治理及影响》，载《党政研究》2021 年第 6 期，第 100 页。

⑱ （宋）朱熹：《四书章句集注》，中华书局 2011 年版，第 341 页。

⑲ 何建章注释：《战国策注释》（下），中华书局 1990 年版，第 870 页。

⑳ （宋）朱熹：《四书章句集注》，中华书局 2011 年版，第 343 页。

㉑ 参见钱念孙：《家国情怀溯源》，载《光明日报》2019 年 10 月 7 日，第 7 版。

陷，它们或不能整体性地代表儒家，或根本不能被总结为“家国同构”。最后，本文将总结儒家非“家国同构”的一面，指明“家国同构”这一概念的缺陷所在，便于今人客观全面地看待中华民族的传统文化。

二、从孟子“父子之间不责善”看“家国异构”的伦理观

纵观史料，先秦的典籍多有“家国”“公私”二分的表述。《礼记》中“丧服四制”一篇认为：“门内之治恩掩义，门外之治义断恩。”[22] 该句下接关于臣为君服丧的礼仪，即“资于事父以事君而敬同，贵贵尊尊，义之大者也。故为君亦斩衰三年，以义制者也”[23]。可见在先秦儒家看来，臣为君服丧，不是因为君对臣有什么主观上的恩，也不是因为臣对君有什么主观上的爱，而是因为要申明“敬”的客观需要。在此，“恩”和属于“敬”的“义”被截然二分，被划入了截然不同的“门内之治”和“门外之治”的领域。类似的论断在《孟子》一书中表现得尤为明显。以下将通过体系性地诠释《孟子》中“父子之间不责善”一语，对比孟子看待“君臣”与看待“父子”截然不同的态度，来说明公私伦理在儒家学说下存在区隔。

回到原典，“父子之间不责善”出自《孟子》中“离娄”篇，原文为：

> 公孙丑曰：“君子之不教子，何也？”孟子曰：“势不行也。教者必以正；以正不行，继之以怒；继之以怒，则反夷矣。‘夫子教我以正，夫子未出于正也。’则是父子相夷也。父子相夷，则恶矣。古者易子而教之。父子之间不责善。责善则离，离则不祥莫大焉。”[24]

“责善”从字面含义来看是“要求他人从善”的意思。此论出自以严正著称的孟子，实在是出乎意料。从《孟子》文本来看，孟子平生颇为自负，“吾

㉒ 王文锦译解：《礼记译解》（下），中华书局 2016 年版，第 981 页。

㉓ 王文锦译解：《礼记译解》（下），中华书局 2016 年版，第 981 页。

㉔ （宋）朱熹：《四书章句集注》，中华书局 2011 年版，第 266 页。

善养吾浩然之气”，面对齐王这种桀骜之主，也能当面抗以“君视臣如草芥，则臣视君如寇仇”，为什么反而在涉及教子的场合，会担心自己“未出于正”，从而导致子女叛逆，父子反目呢？正因如此，对“不责善”如何理解，历代注家颇有歧异。

第一种对“不责善”的理解是“不强制”。陆游认为，“不责善”的含义是“非不示以善也，不责其必从耳”㉕。南宋理学家林希逸认为，“不责善”的意思是父亲不主动强制儿女学习自己的长处，因为儿女不一定具有向上一辈学习的资质，“若其识性未明，未可语此。而强以责之”㉖。

第二种对“不责善”的理解是“自然感化”。胡安国之子、宋儒胡宏在《五峰集》中专开一节论“责善”。胡宏认为，“责善”是朋友相处之道，父子相处应以“慈孝”为要。父亲教子，应当从日常生活的小事入手，如“雨露滋益”，使子弟“爱慕而乐生焉”，而不能犯颜强争。㉗ 吕祖谦指出：“父子之间不责善，非置之不问也，盖在乎滋长涵养其良心。”㉘ 父子相处之道，在于渐进式的感化，而不在于激烈的谏诤。

第三种对“不责善”的理解是“不亲教”，二程的学生、北宋理学家杨时认为，应当结合《论语》来理解“不责善”。《论语》中“季氏”篇记载了一个“君子远其子”的故事。㉙ 这个故事中，孔子并不像对待其他弟子那样教孔鲤一些大道理，而只是让其自行去读《诗》《礼》。杨时认为，这种“教”是柔性的，如果子弟不愿意读书，即便是孔子也不能强迫之，“及其不学，亦无如之

㉕ 钱仲联、马亚中主编：《陆游全集校注》（第18册），浙江古籍出版社2015年版，第332页。

㉖ （宋）林希逸：《鬳斋学记》，载（清）王梓材、冯云濠编撰：《宋元学案补遗》卷四十七，沈芝盈、梁运华点校，中华书局2012年版，第2602页。

㉗ 参见《胡宏集》，吴仁华点校，中华书局1987年版，第321页。

㉘ （宋）吕祖谦：《丽泽讲义》，载（清）黄宗羲：《宋元学案》（4），（清）全祖望补修，陈金生、梁运华点校，中华书局1986年版，第1660页。

㉙ 参见（宋）朱熹：《四书章句集注》，中华书局2011年版，第162页。原文为：陈亢问于伯鱼曰：“子亦有异闻乎？”对曰：“未也。尝独立，鲤趋而过庭，曰：‘学《诗》乎？’对曰：‘未也。’‘不学《诗》，无以言。’鲤退而学《诗》。他日又独立，鲤趋而过庭，曰：‘学《礼》乎？’对曰：‘未也。’‘不学《礼》，无以立。’鲤退而学《礼》。闻斯二者。”陈亢退而喜曰：“问一得三，闻《诗》，闻《礼》，又闻君子之远其子也。”

何”[30]。真德秀之说与杨时之说亦大同小异。真德秀认为，朋友当相责以善，父子行之，则害天性之恩。[31]

第四种理解是，“不责善”仅仅是特殊情况下的变通方案，而不能作为教条去推广。明人金瑶认为，不责善的情形仅限于“子不受责，或反激而与我抗，然后始有离”的情形，指的是子女有叛逆情绪时，不可强为之教，而非一开始就放弃教子。[32] 明人毕木亦持说类此，其认为“不责善”的情形适用于“父之愎谏、子之非类”的情况，即父亲行为不当又自以为是，儿子与父亲志趣相左的情况，属于一时的权变，不能推而广之。[33]

这几种理解大体都有其道理，但无论我们如何理解“不责善”，都必须正面这样的事实：孟子对君主，不可能有这种“不责善”的温情。

第一，“不责善”要求父子之间应当以恩义为先，义理为其次。但君臣之间却应以义理为先，臣下不应曲理邀宠。例如孟子对待君主完全不假颜色，不惮于直接表露出通过强制手段推翻暴君的倾向。在“梁惠王下”一篇中，齐宣王将汤武革命比为“臣弑其君”。对此，孟子当面顶撞了齐王的观点，“贼仁者谓之贼，贼义者谓之残，残贼之人谓之一夫。闻诛一夫纣矣，未闻弑君也”[34]。在“离娄下”一篇中，孟子当面批驳齐宣王提出的臣子应当为君主服丧的论调，并指出：“今也为臣。谏则不行，言则不听；膏泽不下于民；有故而去，则君搏执之，又极之于其所往；去之日，遂收其田里。此之谓寇雠。寇雠何服之有？”[35] 在梁惠王夸耀自己的园林时，孟子直接当面引用“时日害丧？予及女偕亡”[36] 一语影射梁惠王圈地系暴政。在齐宣王询问“贵戚之卿”应何如时，孟子认为“君有大过则谏，反覆之而不听，则易位”，齐宣王闻此语直接“勃

[30] 《杨时集》（2），林海权整理，中华书局 2018 年版，第 369 页。

[31] 参见刘光盛整理：《全宋笔记》（第 79 册），大象出版社 2019 年版，第 319 页。

[32] 参见周春健：《孟子“父子之间不责善”的古典学阐释》，载江畅主编：《文化发展论丛》（2017 年第 1 卷），社会科学文献出版社 2017 年版，第 116 页。

[33] 参见周春健：《孟子“父子之间不责善”的古典学阐释》，载江畅主编：《文化发展论丛》（2017 年第 1 卷），社会科学文献出版社 2017 年版，第 117 页。

[34] （宋）朱熹：《四书章句集注》，中华书局 2011 年版，第 206 页。

[35] （宋）朱熹：《四书章句集注》，中华书局 2011 年版，第 271 页。

[36] （宋）朱熹：《四书章句集注》，中华书局 2011 年版，第 189 页。

然变乎色”。[37] 这说明孟子在面对君主时，不但会“责之以善”，还会“危言耸听”，甚至不惜以触犯君主的方式进谏。在秦制下的儒生看来，此言颇有“大逆不道”的嫌疑，但碍于是“亚圣”孟子所述，只好曲为之说，比如宋人晁说之在《晁氏客语》中认为，孟子“臣视君如寇仇”一语是“为人君者言也，非为臣者所以责其君”，[38] 完全不顾孟子正是以“臣”的身份说这番话的事实了。

第二，“不责善”论的基础是父子关系不能人为解除。但是孟子认为，君臣若有不合，臣下不应该贪恋禄位，应当趁早思退。在“公孙丑”篇中，齐人讽刺孟子言不为用但仍然寄禄齐廷，孟子为自己辩护时认为：“吾闻之也：有官守者，不得其职则去；有言责者，不得其言则去。我无官守，我无言责也，则吾进退，岂不绰绰然有余裕哉？”[39] 孟子之所以仍留齐国，是因为其本人没有被赋予特定职责，因此尚未遇到根本性的“不合”，但如果是有具体职责的官员，则应当在进退上更加果断，如果君主妨碍自己履行职责，于义应当立去。如果国君有更加过分的行为，那臣下更应该及时离开：“君有过则谏，反覆之而不听，则去”“无罪而杀士，则大夫可以去；无罪而戮民，则士可以徙”。事实上，在去就这件事上，孟子并不是一个十分果断之人，在离开齐国前夕，也难免有所迁延，希望齐君能予以挽留。“王如改诸，则必反予”，但迁延的结果也不过是“三宿而后出昼”，孟子在三天后离开了齐国。[40]

第三，“不责善”要求父子间应尽可能避免直接冲突，无论是像杨时、真德秀那样认为父亲要尽可能将亲教儿女的任务“外包”，还是像明人那样认为父子应规避直接冲突，都预设了父子之间要以“恩”为第一位，不能过于计较“理”之是非。但是君臣之义则与之相反，臣下不能一味顺承上意，以“妾妇之道”事君，而应遇义之所在不能退让。举例而言，当听说孟子认为“贵戚之卿”的事君之道是“君有大过则谏，反覆之而不听，则易位”时，齐宣王勃然变色，对此，孟子不为所动：“王勿异也，王问臣，臣不敢不以正对”。[41] 综观

---

[37] 参见（宋）朱熹：《四书章句集注》，中华书局2011年版，第302页。
[38] 汤勤福整理：《全宋笔记》（第102册），大象出版社2019年版，第306页。
[39] （宋）朱熹：《四书章句集注》，中华书局2011年版，第228页。
[40] 参见（宋）朱熹：《四书章句集注》，中华书局2011年版，第232页。
[41] （宋）朱熹：《四书章句集注》，中华书局2011年版，第303页。

孟子和齐宣王的数次问对，孟子虽然常顺着齐王的话头“曲谏”，但更多的时候是直接指斥齐王之非。例如，当齐王问“齐桓、晋文之事可得闻乎”时，孟子直接表示“仲尼之徒无道桓、文之事者，是以后世无传焉。臣未之闻也”。当齐王表示应当撤掉“不能治士之士师”，疏远“冻馁其妻子之友”时，孟子质问齐王“四境之内不治，则如之何”，直接让齐王无言以对，“顾左右而言他”。归根结底，在孟子看来，“义之于君臣也”，就等同于“仁之于父子也”，都是“命也”，即与“性”相对，是应当通过人力努力达到的境界，不能为了让君主脸色好看，就置“义”于不顾，同样，也不应当为了争“义”之是非，而损害父子之间的“仁”。[42]

为什么孟子对“父子”关系的要求，会与“君臣”关系截然相反呢？也即，前者作为“私”领域的一部分，强调恩义，以至于父子间连“责善”都不可以；后者作为“公”领域的核心关系，高唱“义合”，以至于臣下在特殊情况下连君主也能够推翻。综合来看，有以下两个原因：

第一，作为孔子之孙子思的再传弟子，孟子如此强调“父子不责善”，或许有警戒后学勿重蹈孔门覆辙的用意，只不过出于为尊者讳的缘故，没有直接揭出这一层。从现存的史料中可以合理地推断出，孔子祖孙三代的家庭关系恐怕颇成问题。

首先，孔子祖孙数代对夫妻关系的处理近乎失败。《孔子家语》有孔门“三世出妻”一说，该书“后序”称“自叔梁纥始出妻，及伯鱼亦出妻，至子思又出妻，故称孔氏三世出妻”。[43] 如果孔颖达对《礼记》“檀弓”篇中“伯鱼之母死，期而犹哭”的注释“时伯鱼母出，父在”的论断属实，[44] 则孔子自己也曾出妻，那孔门便是“四世出妻”。如果孔门只是一两代人有“出妻”的举动，那可以用个别现象来解释，但如果连续四代都在处理夫妻关系上出问题，那可能便是“家学”使然了。孔子一系，难免以圣贤自居，实践中必然规矩多且自视甚高，恐怕稍有心气的妻子都难以容忍。孟子“父子不责善”一言，虽

---

[42] 参见（宋）朱熹：《四书章句集注》，中华书局 2011 年版，第 346 页。

[43] （清）陈士珂辑：《孔子家语疏证》，崔涛点校，凤凰出版社 2017 年版，第 324 页。

[44] 参见阮元校刻：《十三经注疏》（清嘉庆刊本），中华书局 2009 年版，第 2774 页。

然表面上说的是父子关系，但是也难免有泛指所有家庭成员的成分：难道“祖孙”“夫妻”“母女”间就可以责善不已吗？

其次，孔子与其子孔鲤的关系也较为微妙。陈亢在听说孔子让孔鲤学《诗》《礼》后，“退而喜曰”：“问一得三，闻《诗》，闻《礼》，又闻君子之远其子也。”闻《诗》、闻《礼》而“喜”还可以理解，但是，对强调“亲亲”的儒家来说，“君子之远其子”是什么值得赞赏的美德吗？有趣的是，间接暗示孔子父子间存在隔阂的观点曾两次出现在孔子门生订成的《礼记》中：第一处是“曲礼”篇，该篇认为“君子抱孙不抱子”，这句话的意思是孙子辈可以作为“尸”，将来代替祖父受祭祀，而儿子不可以。[45] 第二处是《礼记》“檀弓”篇，该篇记载：“伯鱼之母死，期而犹哭。夫子闻之，曰：‘谁与哭者？’门人曰：‘鲤也。’夫子曰：‘嘻！其甚也。’伯鱼闻之，遂除之。”[46] 母丧而哭，人之常情，而孔子直接斥之为“其甚也”。孔子如此苛刻，完全一派“责善”面目。如果孔子真的贯彻这种“远其子”的教育方案，那么父子之间可能论“敬”都有余，但论“爱”恐怕难有多少了。

因此，我们完全可以合理推测，孟子既然受业于子思一系，那对孔门故事应该颇有耳闻，“父子不责善”应该有救孔门之弊的意思。相形而下，孟子本人也确实没有“教子”的事迹流传，单从这点来看，孟子确实是“青出于蓝胜于蓝”，完美避开了前辈的覆辙。

第二，孟子对“父子关系”的期许非常高。某种意义上，孟子视域下的“父子之爱”可以完全与社会正常运行所需要的“义”不沾边，而纯粹是一种得自天性的、动物性的情感。这从孟子念念不忘的舜的故事中可见一斑。这个故事可以被分为以下两个层面来解析：

首先，在孟子的笔下，舜对父亲的感情是一种完全无关义理的“慕”：“大孝终身慕父母。五十而慕者，予于大舜见之矣。”[47] 之所以说无关义理，是因为

㊺ 参见王文锦译解：《礼记译解》（上），中华书局2016年版，第27页。

㊻ 王文锦译解：《礼记译解》（上），中华书局2016年版，第77页。

㊼ （宋）朱熹：《四书章句集注》，中华书局1983年版，第302页。

舜的父亲瞽叟不但“顽”，且品德不好，[48] 还策划和舜的弟弟象一起杀害舜，瓜分其家产和妻子。对这么一个恶贯满盈的人，舜不但不怨恨，还仍然“慕”之，而最讲“义”的孟子，居然表达了对这种“慕”的赞许！对此，赵晓力认为，在孟子看来，舜的过人之处在于他“慕”的对象没有随其年龄增大而发生过转变，相形而下，普通人对父母的“慕”只能维持到青春期前后，随着人的成长，这种“恋恋不舍”的情绪会转移到异性或者君主那里去，“人少，则慕父母；知好色，则慕少艾”。[49] 换句话说，舜之所以是“大孝”，是因为舜不但终生渴求父母之爱，还无法决然地将想象中的“父爱”形象和现实存在的无耻父亲割裂，从而陷入了常人所难有的纠结：一方面，舜的“孝”并不是无条件顺应父母心意，相反，他利用智谋与瞽叟周旋，不令其阴谋得逞；另一方面，出于这种难以言喻的“慕”，舜仍然尽全力维持着和父母、弟弟间的体面，试图把父母、弟弟感化成自己的“理想型”，“复事瞽叟爱弟弥谨”[50]。这种无以复加的纠结，孟子只有在形容“孝”的时候才会涉及，根本不可能出现在以“义合”为主的君臣关系中。

其次，在面临“天子”身份和“孝子”身份的冲突时，孟子认为舜应当优先承担“孝子”的责任。为了说明这一点，孟子以舜和瞽叟为背景，编排了一个“窃负而逃”的故事。弟子问孟子，如果瞽叟杀人，皋陶将要抓捕瞽叟，那舜应当怎么办呢？孟子的回答是：“舜视弃天下犹弃敝蹝也。窃负而逃，遵海滨而处，终身欣然，乐而忘天下。”需要注意的是，孟子认为舜应当优先做孝子而非天子，是建立在舜不阻止皋陶执法的基础上的，“夫舜恶得而禁之？夫有所受之也”。也就是说，舜的两层身份间虽然有冲突，但舜有责任把冲突的程度降到最小，否则，舜下一道诏书“大赦天下”就可以了，何必要“窃负而逃”呢？在此处，代表社会共同体的舜已经做到了极致，既维护了执法者的尊严（不阻止皋陶执法），又变相地流放了自己的父亲（“遵海滨而处”）。但是，

---

[48] 参见（汉）司马迁撰：《史记》卷一，（南朝宋）裴骃集解，（唐）司马贞索隐，（唐）张守节正义，中华书局编辑部点校，中华书局 1982 年版，第 32 页。

[49] 参见赵晓力：《“窃负而逃”解》，载陈来主编：《清华国学》第 3 辑，社会科学文献出版社 2023 年版，第 71 页。

[50] （汉）司马迁撰：《史记》卷一，（南朝宋）裴骃集解，（唐）司马贞索隐，（唐）张守节正义，中华书局编辑部点校，中华书局 1982 年版，第 34 页。

维护公共空间所需的“义”是不可以被讨价还价的，如果舜仅仅是跟皋陶谈判，给自己的父亲变相减刑，那等于是开了君臣私相授受篡改国法的头。因此，舜应当承认自己让瞽叟免死的行为已经违背了君臣之“义”，舜应当承担责任，放弃天下，与父亲一同远走。在这个故事里，“天下”之“义”与“父子”之“孝”构成了两层反差。其一，君臣“义”之存否，取决于是否符合外在的“法”，但“孝”之存否，与外在的因素例如瞽叟的品行等无关。其二，“义”和“孝”在自己的领域内都是绝对的，不能被破坏的，但个人可以通过弃官辞位的方式退出“义”的领域，而“孝”的领域与人终生绑定，即便一个人远走海滨，丧失了所有社会性的身份，其也无法从“孝”的领域中退出。

综合以上论述，我们能够进一步地理解孟子为什么认为父子之间不应“责善”。归根结底，君臣之间的交往是社会化的，君臣的关系只有借由“仁”“义”“法”等概念链接，才有维持下去的可能。但是在孟子看来，父子感情不需要靠外在的链接点来证成，“责善”的行为等于是为父子感情的生成创造了前置条件，因此应当被否定。故而，在孟子式的儒家来看，“家”“国”的构造绝不可能是相同的，两种伦理之间是断裂的且没有明显的互动关系。

三、从理论高度看“家国同构”论断的缺陷

从《孟子》的理论可见，“家”“国”奉行的伦理存在着巨大的歧异。细究之，二者之间在本质上是不共通的。在此基础上，回顾第一部分呈现的四种“家国同构”的演绎方式，这些演绎方式存在两个方面的错误：其一，即便部分演绎方式被说成是“家国同构”的表现，这些演绎方式背后的理论也不能整体性地代表儒家；其二，某些演绎方式不能说明“家”“国”的同构性何在，无法推出“家国同构”。以下分三个方面来论证。

（一）“移孝作忠”不但不等于“孝即是忠”，也不能用于概括儒家理论

正如上文所述，儒家的“家国同构”常被解释为“移孝作忠”，甚至被推演为“孝即是忠”。但是考察儒家的典籍，不但“移孝作忠”的观念并不总是

占统治地位，“孝即是忠”更不能成立，“忠”和“孝”虽能互通，但二者间不同之处更多。纵观儒家学说的发展史，儒学经过长期的发展，已经形成了一个巨大的理论聚合体：“纯儒”、“杂儒”[51]、汉儒、宋儒、清儒。在《阅微草堂笔记》中，纪晓岚就屡屡借故事嘲笑后儒站在或汉儒或宋儒的立场上互相攻讦的行为。[52] 自不待言的是，这些“儒”的理论间存在大量抵触之处。如果不加具体分辨，机械地套用同一套叙事来泛泛地描述儒家，则必然会犯一叶障目的错误。回归先秦儒家的语境，后世“移孝作忠”的观念并不具备代表性。一方面，“忠”在先秦不专指“君臣之忠”，很多时候乍一看似乎是在说“移孝作忠”的表述在先秦语境下不能被简单理解为“求忠臣于孝子之门”；另一方面，所谓“移孝作忠”的观念是后出的，由“修身”而“齐家”，最后转接到“治国平天下”的观念在宋代以前并不占统治地位，早期儒家并不认为“忠”“孝”可以是一体。

首先，学者指出，在先秦，“忠”字的本义是“自觉的对他人、对社会的责任心和道德行为”[53]。《说文解字》释“忠”字为“敬也，尽心曰忠”，指的是人应当在其位谋其事，全心全意扮演好属于自己的社会角色，而非狭隘地指人应当“忠君”。以《论语》为例，《论语》全文共出现十余次“忠”，大部分情况下并不特指“忠君”。其中，明显与忠君无关或不限于忠君的描述有“为人谋而不忠乎”“忠矣”“言思忠”“与人忠”，指代不明的地方有“主忠信”“子以四教：文、行、忠、信”“十室之邑，必有忠信如丘者焉，不如丘之好学也”“忠恕而已矣”。论语境并非特指君臣之忠，而是泛泛地指上下之忠的地方有“为政”篇中“临之以庄则敬，孝慈则忠”一处，语境是季康子问孔子“使民敬、忠以劝，如之何”，[54] 即如何驱使民众。明显指君臣之忠的地方只有“八佾”篇中“君使臣以礼，臣事君以忠”一处，语境是鲁定公询问孔子君臣之

[51] 参见王利器：《桑弘羊与〈盐铁论〉》，载《西北大学学报（哲学社会科学版）》1982 年第 1 期，第 41 页。

[52] 参见（清）纪晓岚：《阅微草堂笔记》卷一，清嘉庆五年望益书屋刻本。

[53] 参见王长坤、张波：《从“曲忠维孝”到“移孝作忠”——先秦儒家孝忠观念考》，载《管子学刊》2010 年第 1 期，第 51 页。

[54] （宋）朱熹：《四书章句集注》，中华书局 2011 年版，第 59 页。

义。[55] 需要注意的是，在先秦观念下，君民关系不同于君臣关系，典型例子就是《孟子》中的“古者不为臣不见”一语，朱熹注此句曰：“不为臣，谓未仕于其国者”，可见一般的民众本无爵禄，和季康子之间自然就没有“君臣”关系，因此这里的“孝慈则忠”当然不是一般意义上的“移孝作忠”。[56] 故总的来说，先秦的“忠”并不特指“君臣之忠”，自然也就不能简单地把“孝慈则忠”等语等同于“求忠臣于孝子之门”了。

其次，即便某些典籍确实蕴含了“移孝作忠”的观念，也不能据此简单认为“孝即是忠”，充其量只能理解为“忠”“孝”间可以互通。以《孝经》为例，郑玄在注《孝经》中“士章”一篇中的“资于事父以事君”时认为“事父与君，敬同，爱不同”。事君和事父仅仅是在“敬”上能共通。[57] 宋人邢昺所引“旧说”甚至认为：“以孝事君则忠”的意思是“入仕本欲安亲，非贪荣贵也。若用安亲之心，则为忠也。若用贪荣之心，则非忠也”。[58] 若采纳这一理解，则“以孝事君则忠”应当被理解为“士”应当把“安亲”而非追求富贵作为出仕的动机，这一理解与“移孝作忠”甚至毫无关系。不仅如此，通过考察郑注《孝经》，陈壁生发现在李隆基注《孝经》之前，《孝经》文本中的“忠”“孝”在时人看来显然是有别的，二者间不是简单的“移”与“被移”的关系。[59] 其原因是父子系天授，君臣系义合，“父”终生只有一个，无法人为改换，而“君”可以有多个，若君主无道，臣下可以随时离开，因此事父之道当然不同于事君之道。所谓“以孝事君则忠”，不是说“孝即是忠”，而是说孝子习惯了“敬”，故“到了事君的时候自然能够忠”。此外，陈壁生还指出，从篇章结构来看，“以孝事君则忠”出自“士章”，其讲的是“出仕心法”，规定的是一个人初入官场的时候应当遵守的行为规范，因此其中“移孝作忠”的观念并不具备普适性。

---

[55] 参见（宋）朱熹：《四书章句集注》，中华书局2011年版，第66页。

[56] （宋）朱熹：《四书章句集注》，中华书局2011年版，第251页。

[57] 参见（清）皮锡瑞撰：《孝经郑注疏》，吴仰湘点校，中华书局2016年版，第39页。

[58] （清）皮锡瑞撰：《孝经郑注疏》，吴仰湘点校，中华书局2016年版，第40页。

[59] 参见陈壁生：《古典政教中的“孝”与“忠”——以〈孝经〉为中心》，载《中山大学学报（社会科学版）》2015年第3期，第100页。

因此，综合上述两点，我们并不能笼统地认为儒家赞成“移孝作忠”，更不能认为在儒家语境下，家庭之“孝”能自然变为君臣之“忠”，而是应当注意到儒家观念的层累性，避免武断地概括某个特定时代的观念作为总体的儒家思想。

（二）汉儒鼓吹的绝对君权学说也不能整体性地代表儒家

如第一部分所述，部分学者会把汉儒鼓吹的绝对君权学说当成“家国同构”的体现。但是，汉儒只是儒家的一部分。其他儒者不一定能赞成其理论。认为君主是“天下之大宗”，不等于认为其他人都是君主的“家奴”。试举一例，君上也可能有尊亲属，君主本人同时也会被置于“宗法秩序”下被审视，此时，君主的无限权力和君主应当“亲亲”的规则之间也会产生矛盾。此时，儒家并不会必然地支持君主一方。典型的例子即《左传》中的“蒯聩争国”事件。

从《左传》记载来看，蒯聩事件肇始于鲁定公十四年（公元前 496 年），是年卫国世子蒯聩听闻歌谣讽刺其后母南子淫乱，愤怒不已，打算刺杀南子，但计划在执行过程中失败，蒯聩被迫出奔。[60] 事后，卫灵公打算立公子郢为新世子，但公子郢明确拒绝。鲁哀公二年（公元前 493 年），灵公去世，公子郢拒绝了南子拥立他即位的计划，坚持立蒯聩的儿子辄为新君。[61] 同年，赵简子派兵护送蒯聩回国即位，但仅占据了一座边境城市作为蒯聩的安身之所。[62] 鲁哀公十五年（公元前 480 年），蒯聩带兵入宫驱逐了卫出公辄，蒯聩即位，是为庄公。

这一事件最终演化为儒家的一段公案，其争议焦点是应当如何认识卫出公辄与父亲兵戎相见的行为。在这一问题上，汉儒与宋儒颇有歧异。在排抑诸侯王、鼓吹“大一统”的政治风气下，汉儒总体上赞成卫出公拒父的行为，公羊学派认为卫出公辄之立是“不以家事辞王事，以王事辞家事，是上之行乎下”的表现，即君主不应当拘泥于一般意义上的孝，而应当着眼于“王事”，从国

[60] 参见《左传》（下），郭丹、程小青、李彬源译注，中华书局 2012 年版，第 2205 页。
[61] 参见《左传》（下），郭丹、程小青、李彬源译注，中华书局 2012 年版，第 2227 页。
[62] 参见《左传》（下），郭丹、程小青、李彬源译注，中华书局 2012 年版，第 2229 页。

家的角度思考问题，尤其不应当因为所谓的“孝”，让得罪于先王的政治罪人回国即位。[63] 但自宋儒看来，卫出公辄为了保住君位而与父亲兵戎相见的行为值得批判。在《论语》的“子路”篇中，子路问孔子“卫君待子而为政，子将奚先”，孔子的回答是“必也正名乎”。单纯从文本来看，孔子的态度并不明显倾向于蒯聩或卫出公辄，此语可能只是单纯针对卫国内乱不止、卫君家事不靖的问题。但宋儒在注此语时，却给孔子强加上了反对卫出公辄的意思。朱熹认为：“夫蒯聩欲杀母，得罪于父，而辄据国以拒父，皆无父之人也，其不可有国也明矣”，他认为孔子赞成的正确做法应该是“告诸天王，请于方伯，命公子郢而立之”。[64] 不仅如此，其他宋儒更是针对《春秋》“晋赵鞅帅师纳蒯聩于戚”等细节，大做文章，认为这是蒯聩仍有继位合法性、卫出公辄不得拒父的证明。孙复认为：“灵公既卒，辄又已立，犹称曩日之世子蒯聩当嗣，恶辄贪国叛父，逆乱人理，以灭天性，孔子正其名而书之也。”[65] 胡安国认为：“以子拒父，此其所以称‘世子’也……蒯聩之于天理逆矣，何疑于废黜？然父虽不父，子不可以不子。”[66]

由此可见，理学兴盛后，儒家的主流并不认为君主在“亲亲”和君权冲突的场合可以无条件选择维护君权。以“家父长制”为核心的“家国同构论”试图将君主设置为最大的“父”，由此证成“家国同构”，却无法回避君主虽然在义理上是“天下之大宗”，其本身却未必能把天下人都视为自己家奴的事实。在个别情况下，如果君主本人没有笃行“亲亲”之义，甚至会遭到士大夫阶层的尖锐反对乃至被抛弃。典型的例子就是“绍熙内禅”：宋光宗与养父太上皇孝宗和皇后李氏关系均不佳，患有“心疾”，长期不上朝。但诱发宫廷政变的导火索，并非光宗身体不好的事实，而是光宗称疾不出席孝宗的葬礼，导致流言四起，人心惶恐。重臣赵汝愚、韩侂胄等人最终决定向太皇太后请命，逼迫

---

[63] 参见黎汉基：《父命抑或王父命？——从聩辄争国事件看儒家政治伦理的发展》，载《中山大学学报（社会科学版）》2018 年第 4 期，第 120 页。

[64] （宋）朱熹：《四书章句集注》，中华书局 2011 年版，第 134 页。

[65] （宋）孙复：《春秋尊王发微》，载（清）黄宗羲：《宋元学案》（1），全祖望补修，陈金生、梁运华点校，中华书局 1986 年版，第 98 页。

[66] （宋）胡安国：《春秋传》，王丽梅点校，岳麓书社 2011 年版，第 374 页。

光宗禅位于嘉王（即宋宁宗）。[67]“孝”之不行，可以成为导致光宗丢掉皇位的理由，如此，怎么可以认为“家父长制”能够绝对地对抗“亲亲”呢，从而认为光宗能够一视同仁地把天下人都看成自己的“家奴”呢？

（三）“为家立国”和“报应论”根本不能被总结成“家国同构”

对于什么才是真正的“同构”，学界众说纷纭。但从语义来看，任何有关“同构”的论述至少要建立在这么一种前提上：家与国存在着高度的同质性。如上文所述，一些学者将“家国同构”模式的政治传统总结为“家户治理是国家治理的基础和前提”，国家开展治理是为了服务家庭。但这种片面强调“服务小家”以体现出“家国同构”的论断，无异于是在说世界上大部分国家都奉行“家国同构”。回顾儒家的历史观，“家”“国”间的同质化程度其实是很低的，论证如下。

从儒家视野下“国家的起源”也就是圣王传说来看，国家并不是由若干个小家按照自身的样子创造出来的，二者之间没有什么同质性可言。国家是掌握技术的贵族通过推广自身的技术优势建立起来的，一般的小家庭并不会自动拥有这些技术，从而也就无法“创造”出实体国家。譬如《礼记》中“礼运”篇载：“昔者先王，未有宫室，冬则居营窟，夏则居橧巢……后圣有作，然后修火之利，范金合土，以为台榭、宫室、牖户，以炮以燔，以亨以炙，以为醴酪；治其麻丝，以为布帛，以养生送死，以事鬼神上帝。”从贵族的赐予中得到切实的利益后，民众选择承认这些贵族的权威，“皆从其朔”，才有了早期的国家，其间并不存在谁按自己的样子去“构造”另一方的问题。[68]更深层地说，在孔孟的历史观下，家庭不但无法按自己的样子构造国家，甚至还后于“圣人”，后于国家而形成。在《孟子》“滕文公”一章中，孟子在反驳农家人士许行时，说明了圣人合法性建立的全过程，指出“圣人”并非靠耕种来据有天下：“尧独忧之，举舜而敷治焉。舜使益掌火……禹疏九河……后稷教民稼

---

[67] 参见肖建新：《南宋绍熙内禅钩沉》，载《安徽师范大学学报（人文社会科学版）》2002 年第 6 期，第 715 页。

[68] 参见王文锦译解：《礼记译解》（上），中华书局 2016 年版，第 302 页。

穑……使契为司徒，教以人伦。”[69] 在这个“圣人”推行权威的过程中，处于一个个小家庭中的民众是被动的。民众被“教”的一方，在契成为司徒，教授大家“人伦”前，民众甚至都做不到“夫妇有别”“长幼有序”，不具备组建古典家庭所需的伦理。反过来看，舜也没有按国家的样子去建设小家庭：官僚系统是一个功绩导向、贤能导向的组合体，和家庭强调血缘联结和温情的逻辑有着根本的不同，例如在《尚书》中，舜分官授职后首先做的是“三载考绩，三考，黜陟幽明，庶绩咸熙”[70]，即搞定期考核，考察官员贤明与否以决定升降。总的来说，“圣人”建国，取得神性，是因为他们掌握了技术，通过技术造福于民，从而获得了小家庭的拥戴。家庭在这个过程中只是充当了天命的中介，以“天听自我民听”的方式公示天命的转移，其间并不存在谁按自己的样子去建设另一方的问题。

综上所述，对“家国同构论”的一般性描述要么有其片面之处，不能代表儒家学说，要么根本无法证成“家国同构”。从“移孝作忠”的角度，先秦儒家并不赞成“移孝作忠”成立，也不认为“移孝作忠”是人人都应该遵循的普适性原理；从“家父长制”的角度，儒家并不认为君主本人可以超脱血缘秩序成为全权之“父”；从“为家立国”“报应论”的角度看，“国家服务小家”的政治话语和“家国同构”毫无关系。相反，从儒家的历史观来看，国家之所以要服务家庭，并不是因为若干个小家按自己的样子创造了国家去服务自己，也不是因为国家按自己的样子创造了小家，其中并不涉及“同构”的问题。

四、结论与反思：重新认识“家国同构”

“家国同构”论能不能站得住脚？正如上述内容论证的那样，这一论断不是完全错误的，但本质是在试图用简略的描述概括大量具体的儒家思想成果，其结果必然流于片面。本文的目的，即通过抽绎这些面向，辨析“家国同构”论在何种意义上站得住脚，在何种意义上是荒谬的。刘九勇在这一问题上颇有

---

[69] （宋）朱熹：《四书章句集注》，中华书局 2011 年版，第 242 页。

[70] 顾颉刚、刘起釪：《尚书校释译论》（1），中华书局 2005 年版，第 193 页。

见地，他指出，儒家的家国观有三层意蕴：第一层是对西周时期“家国一体”的政治现实的描述；第二层是将“家”的指代对象从贵族之“家”转为平民化的“小家”，指出要“立君为民”、立国为家；第三层是提出“天下一家”的理想社会，把“家”抽象化，用于象征治理天下需要的和睦、友爱等德行。[71] 这一论证基本可以涵盖儒家关于“家国关系”设想的诸种情形，但是，这些设想并不能被化约为“家国同构”，因为“家国同构”这一说法存在如下两个问题。

第一，由于“公”不等于“私”，所以家、国可以有共通之处，但不可能同构。正如上文论述的那样，儒家认为，君臣间是社会性的关系，需要外在的德行作为链接点；父母子女是“动物性”的关系，是无视外在德行的存在。所以处理家庭关系时，恩主义辅，固然不可以毫无规矩，但必须将规矩的施行控制在不害恩义的限度内，超过这个限度，宁可不讲规矩。而君臣间义主恩辅，臣下直道事君，不合则去。只有在君主恩义已极之时，“谏行言听，膏泽下于民；有故而去，则使人导之出疆，又先于其所往；去三年不反，然后收其田里”[72]，臣下才会像对待尊亲属那样为君主服丧。

第二，由于“私”不会自动转化为“公”，所以家、国间不可能同构。从儒家的历史观来看，“圣王”得国，不是若干家庭共同推举的成果，“圣王”也没有把自己的家庭转换为国家的意思。从儒家的理论体系来看，“孝”“忠”之间也并非“移”和“被移”的关系，之所以孝子更易做忠臣，乃是因为“孝”“忠”在“敬”上有共通之处，如果这就构成“同构”，那么儒家所讲究的“执事敬”，能否说明“忠”和宇宙万事都是同构的呢？此外，从君主是“天下之大宗”推导出中国古代属于“家国同构”的观点也是片面的。出于团结士大夫群体的需要，君主本人不可能无视实存的血缘秩序把自己拟制成一个无所不能的宗主，历史事实也证明封建王朝倾向于区分君主的家事和朝堂的国事，“内务府”“内库”“户部”的区分就能说明这一点。

以上的论述都充分说明，“家国同构”这一论断是片面的，如果不加以抽绎，含混地讨论这一概念，则难免犯一叶障目的错误。那么，既然这个概念是

---

[71] 参见刘九勇：《儒家家国观的三个层次》，载《哲学研究》2021 年第 6 期，第 73 页。

[72] （宋）朱熹：《四书章句集注》，中华书局 1983 年版，第 290 页。

如此含糊，那抛弃“家国同构”的理念，国家能不能得到治理呢？答案是肯定的。在20世纪初，中国社会转型过程中，中国的先哲们就积极探讨过“破家返国”的可能性，无论是梁启超对传统家庭“家私其肥，宗私其族，族私其姓”的批判；[73] 还是康有为对君主为“第一独夫”，家长为“第二独夫”的指斥，[74] 都反映出先哲对传统家庭观念的深刻怀疑。我们可以认为，儒家的家庭观在现代业已趋于破产，近现代历史已经为“家国同构论”赋予了新的含义：一方面，国家按自身秉承的意识形态整顿家庭，要求废除妾制、禁止家暴等，家庭逐渐不再是“法外之地”；另一方面，家庭中的种种关系被社会化地审视，“孝”不再被认为是无条件的，而应当受到社会义理的评判与权衡，具体体现为对“原生家庭”的研究与反思呈现出井喷之势。某种程度上，这恰恰是比传统儒家更为有力的“家国同构”。

初审编辑：梅晓凡

校对编辑：严　于

---

[73] 参见梁启超：《饮冰室合集》（第2册·文集），中华书局2015年版，第4页。

[74] 参见赵妍杰：《家庭革命——清末民初读书人的憧憬》，社会科学文献出版社2020年版，第33页。

用尽东道国救济规则中最惠国待遇条款适用路径的学理和实践

Doctrine and Practice of the Application of the Most Favoured Nation Provision in the Exhaustion of Local Remedies Rule

韩嘉康*

摘　要：近年来国际投资实践中，部分投资者通过扩大适用最惠国待遇范围的手段，以利用第三方条约中争议解决方式，意图架空本条约下的争议解决条款。究其原因，在东道国救济规则的适用逻辑下，仲裁庭虽多会遵从《条约法公约》的解释方法，但过程中其又将辅助解释纳入考虑范围。然而，解释规则应当以条约文本为切入点，仅在文本内容无法支撑含义理解时展开对缔约意图的探究，同时仅纳入必要的考量因素以实现裁决统一性。除此之外，规则层面的空白应当从投资协定的再修订和嗣后实践方面进行补救性努力，于国际投资法体系上亦需系统性改革，对最惠国待遇扩张适用背景下东道国救济规则名存实亡之现状予以体系化规范。

关键词：最惠国待遇；东道国救济；争端解决程序；投资条约仲裁

---

* 韩嘉康，上海段和段（南京）律师事务所律师，南京大学法学硕士。

一、问题的提出

国际投资法领域谈及的用尽东道国救济规则（Exhaustion of Local Remedies，ELR）通常是指，外国投资者在东道国遭受损害之后，仅在用尽东道国一切可能的救济程序和手段后仍无法得到满意结果时，才能提起其他可利用的救济性国际程序。[①] 该制度本意在于促使东道国对受到侵害的他国国民予以优先性补救，以实现对东道国主权的尊重和利益的优先保护。

最惠国待遇（Most Favored Nation Treatment，MFN）是国际贸易领域的一项基本制度。该制度要求一国在贸易关税、投资等领域给予另一国的优惠待遇，不低于它现在或将来给予任何第三国的待遇。作为国际投资实践的普遍性做法和投资自由化理念的体现，现有双边投资协定（Bilateral Investment Treaty，BIT）大多将该条款作为双方合作的一项基础。

原初，国际贸易领域中最惠国待遇条款的适用仅限于实体条款，众多国际贸易实践也表现出这一立场。在国际投资法领域，投资者大多仅就第三方条约中的优惠性实体权利条款主张最惠国待遇的援用，包括公平公正待遇条款、征收条款等，并且这种仅限于实体权利义务条款进行最惠国待遇的主张大多也得到了争端解决机构的支持。例如，在 Robert 诉墨西哥案[②]中，仲裁庭在解读公平公正待遇时采取了更为宽松的立场。而北美自由贸易协议（North American Free Trade Agreement，NAFTA）自由贸易委员会认为该待遇的水平应当仅限于习惯国际法中的最低待遇标准，并支持了被申请人没有违反 NAFTA 第 1105 条关于最低待遇标准的规定。而在 Pope 及 Talbot 公司诉加拿大案[③]中，仲裁庭持反对立场，认为应当包含该词之外的其他权利，不应当受到“依据国际法享有的待遇”一词文义上的限制。总体而言，在实体性条款方面，最惠国待遇的援用大多数情况下在仲裁中并不受到仲裁庭的阻拦和反对。

---

① 参见余劲松：《国际投资法》（第 5 版），法律出版社 2018 年版，第 310 页。

② See Robert Azinian, Kenneth Davitian & Ellen Baca v. The United Mexican States, ICSID Case No. ARB（AF）/97/2.

③ See Pope & Talbot Inc. v. The Government of Canada, UNCITRAL.

鉴于最惠国待遇条款的援用特性，许多投资转而诉诸争端解决机制，东道国救济条件成为其重点之一。然而实践中各仲裁庭对此态度也往往不一。其中的肯定立场在 Maffezini 诉西班牙案中得到显著体现。在该案中，投资者母国阿根廷与东道国西班牙之间的双边投资条约约定，投资者在发生争端时需要先向东道国当地法院提请救济并历经 18 个月后，方可提起仲裁。而西班牙与智利的条约中约定仅有 6 个月磋商期。Maffezini 据以要求享有西班牙与智利协议的上述待遇，而仲裁庭也最终同意此主张。而 Siemens 诉阿根廷案④、Ros Invest 诉俄罗斯案⑤等案均属此类型。然而亦有多数仲裁庭对此持否认之见，围绕该问题至今也存有争议并缺乏统一标准。

于我国而言，尽管对外投资规模日趋扩大，但我国仍然面临以资本输入的净流入结构为主的问题。外国投资者与我国法律主体间发生潜在投资争端可能更为频繁。综观我国于 2010 年后新生效的 9 个双边投资协定的约定模式，东道国当地救济程序仍存在被规避之风险，因此关于这一问题的研究无论是理论上抑或是现实上均具有重要意义。

二、用尽东道国救济规则中最惠国待遇条款的适用争议

（一）国际投资仲裁前置程序规则的规避向发展

在投资东道国和投资者母国之间发生矛盾时，申请人往往致力将案件诉诸国际投资争端解决中心（The International Center for Settlement of Investment Disputes，ICSID），而被申请人通常会否认中心管辖权并主张应首先通过国内救济等手段解决。对用尽当地救济规则的适用偏好实际上也反映了 ICSID 体制与东道国司法主权的倾向性选择。

1. 习惯国际法中用尽东道国救济原则的确认

用尽东道国救济原则最初的适用目标是在一个国家对非本国人造成损害的

④ See Siemens A. G. v. The Argentine Republic, ICSID Case No. ARB/02/8.

⑤ See Ros Invest Co. UK Ltd. v. The Russian Federation, SCC Case No. V079/2005.

情况下，该外国人诉诸争端解决机构时能够寻求救济途径，这意味着此原则并不适用于一个国家对另一个国家造成损害的情形。《奥本海国际法》中就对这一古老的原则有所提及：当一国未能履行对其境内外国人的国际义务，但仍可通过后续行动提供必要的待遇（或平等待遇）时，国际法庭将不受理代表外国人提出的赔偿请求，除非该外国人已经尽力寻求有关国家内可用的所有法律救济途径，这是公认的规定。因此，这意味着，除非受害的外国人已经在侵害国内尽一切可能寻求救济，否则他们无法在国际层面提出救济请求。⑥

在传统国际法中，用尽东道国救济原则的适用无须事先明确约定，未明确规定并不视为不应适用。国际法院曾对“未明确规定不意味着放弃”的这一重要原则作出过解释，例如在1989年的ELSI美国诉意大利案⑦中，国际法院认为，即使条约中未明确规定一项显然且重要的习惯国际法原则，也不能视为被默示放弃（Implied Waiver），并不代表习惯国际法原则就此不能被适用。这一立场也如《奥本海国际法》中所描述的：一个条约的一般解决争端规定当中没有提到这个问题并不等于默示了放弃（用尽当地救济）。⑧ 部分条约的起草历程亦对这一原则有所体现。1996年，联合国国际法委员会（International Law Commission，ILC）通过的《关于国家责任的条文草案》第22条规定，当一国的行为导致不符合其国际义务要求的结果，但该义务允许该国以后的行为达到这种结果或同等结果时，只有在有关外国人用尽了他们可以利用的有效当地救济办法而未获得该义务要求的待遇，或在不可能得到同等待遇的情况下未得到同等待遇时，方构成违反该义务。《国家对国际不法行为的责任条款草案》虽然删除了1996年草案中的上述表述，但2001年草案中第44条仍保留了类似含义的表达，“在援引一国的责任之前，只需用尽‘可利用和有效的’当地补救办法”。

2. 投资自由化背景下用尽东道国救济规则的“沉睡”

作为逆转传统用尽当地救济原则关键条约的《华盛顿公约》于1966年10

---

⑥ 参见［英］詹宁斯、瓦茨修订：《奥本海国际法·第1卷第1分册》（第9版），王铁崖等译，中国大百科全书出版社1995年版，第404页。

⑦ See Elettronica Sicula S. p. A. (ELSI) (United States of America v. Italy).

⑧ ［英］参见詹宁斯、瓦茨修订：《奥本海国际法·第1卷第1分册》（第9版），王铁崖等译，中国大百科全书出版社1995年版，第414页。

月正式生效。依条约设立的 ICSID 一改此前空白局面，接受对东道国和他国投资者间的投资争端的审理。其中，《华盛顿公约》第 26 条关于东道国救济的规则被视为具有颠覆性意义。具体而言，该条作出了与此前逻辑完全相悖的规则设计：若无其他规定，当事人同意采取提交仲裁的行为即视为放弃其他救济路径。对比此先一直采用的“默示不构成放弃”的观念，该条显然在逻辑上被纠为“同意需明示”。

纵观第 26 条的起草历程，最初的草案实际并未提及用尽当地救济原则应当如何适用的问题。起草的部分代表试图在起草过程中维持该规则的一贯立场，其中又以拉美为代表的发展中国家为典型，认为对用尽当地救济程序的放弃和妥协会给外国投资者提供不合理优势，其原因在于国内法院的角色和作用会直接因此被削弱或架空。参与起草的 Krishna Moorthi 就认为，公约和中心不应减损对国家法律和国家法院的尊重。[9] 仲裁不应取代任何其他补救措施。公约应明确规定，只有在某些特殊情况下才可以进行仲裁和调解，并应参照严格界定的管辖权；目的应是为中心规定最低限度的行动，这应是对任何国家的最大期望。[10] 发达国家部分代表则认为，用尽当地救济规则是不是提交中心的前提条件一直未能得到明确规定，起草中添加第 26 条第 2 句只不过是对国家要求用尽当地救济这一种可能性予以澄清。[11] 然而，从结果上看，从起草到形成最终版本所添加的第 2 句彻底改变了传统用尽当地救济规则的“放弃需明示”“默示即适用”的立场，转而成为“适用需约定”“默示即放弃”。

在《华盛顿公约》之后随着东道国救济规则适用逻辑的改变以及投资自由化背景的盛行，一直秉持用尽东道国救济规则的国家立场似乎也在悄然发生改变，实践中对东道国救济的用尽要求日渐式微。

（二）用尽东道国救济规则中最惠国待遇条款适用引发的实践差异

《华盛顿公约》在改变传统的适用逻辑后，用尽东道国救济规则在投资实

---

⑨ See *History of the ICSlD Convention*, Volume Ⅱ, p. 34.

⑩ See *History of the ICSID Convention*, Volume Ⅱ, p. 58, pp. 61 – 62, pp. 88 – 89, p. 96, p. 97, pp. 23 – 526, p. 543, p. 758.

⑪ See *History of the ICSID Convention*, Volume Ⅱ, pp. 792 – 793, p. 936, p. 958, p. 1029.

践中的具体概念较其传统原则发生了差异性变化。例如，印度尼西亚在 Amco 诉印度尼西亚案[12]中主张："仲裁庭认为，若 Amco 可以直接向中心仲裁庭提出因印尼军方行为导致其遭受损害赔偿的主张，而未按照一般国际法中用尽当地救济的规则向印度尼西亚法院寻求补救，这显然已经超出权限。"仲裁庭予以驳回："通过接受中心仲裁庭的管辖，印度尼西亚没有保留《华盛顿公约》第 26 条规定的权利，该权利要求将优先用尽当地救济作为诉诸中心仲裁庭的条件，因此被视为已经放弃了这一权利。"

最惠国待遇条款的模糊设计与各国关于提交仲裁前置条件的当地救济程序的严格度差异，也为投资者孵化了规避的动机和工具。例如 Alex Genin 等人诉爱沙尼亚[13]、Eudoro A. Olguín 诉巴拉圭[14]、Toto Costruzioni Generali S. p. A. 诉黎巴嫩[15]等案件中，申请人在规避东道国救济的手段方面存在共通逻辑，即援用的对象系国家间的双边投资协定而非基于投资者身份所签订的合同。仲裁庭据此认为该事项在国内和国际层面并非属于同一争端，因为二者的诉因有异。从其解释可能导致的适用后果来看，此种解释思路无疑与所约定的岔路口条款背后的目的相悖，以此为由即判定不属于同一争端，则在任意情况下都可实现双重救济的实际后果。国际投资仲裁前置程序或岔路口条款的出现应当系构成对国际仲裁的一定限制，是缔约双方围绕东道国主权和投资者利益进行博弈谈判的后果。而最惠国待遇条款的适用范围在仲裁庭的部分裁决立场中确有扩大适用的迹象，具体表现为从实体性权利向程序性领域的扩展。当前国际投资仲裁体系的发展趋势显示，不仅可以通过争端当事国缔结的双边投资协定，而且还可以通过对协定中最惠国待遇条款的范围、含义以及本质的扩张，推导出东道国同意仲裁的结论。

目前，仲裁实践中对于这一问题在经历了 Maffezini 案、Salini 案等案后，

---

[12] See Amco Asia Corporation and others v. Republic of Indonesia, ICSID Case No. ARB/81/1.

[13] See Alex Genin, Eastern Credit Limited, Inc. and A. S. Baltoil v. The Republic of Estonia, ICSID Case No. ARB/99/2.

[14] See Eudoro Armando Olguín v. Republic of Paraguay, ICSID Case No. ARB/98/5.

[15] See Toto Costruzioni Generali S. p. A. v. The Republic of Lebanon, ICSID Case No. ARB/07/12.

大致分为支持扩大和否定适用的两大阵营，但围绕这一问题的进展并非因条款解读的方法得到明确而呈现线性发展，相反的是，这一问题一直处于悬而未决、缺乏统一标准的境地。而关于从东道国救济规则的“逆转”到不同世代最惠国待遇条款模式的差异，二者发生相交所引发的实践争议则应当从 Maffezini 案提起。

1. 最惠国待遇条款扩大适用的起点

（1）Maffezini 诉西班牙案⑯

案件原告阿根廷投资者 Maffezini 在西班牙开设一家从事化学产品公司，其后与西班牙政府发生争议，故依据《阿根廷—西班牙双边投资条约》对西班牙提出索赔。西班牙政府依据条约中的用尽东道国救济规则提出管辖权异议，要求争端应当先在当地法院进行处理，18 个月仍未作出裁判或裁判后仍未解决，争议方才可提交仲裁。

Maffezini 主张依据协定中最惠国待遇条款，享受东道国与第三国智利签订协定中关于提交仲裁的前置条件，即没有任何要求，发生争议即可提交仲裁。西班牙政府则认为最惠国待遇仅可适用于实体问题，且要求证明第三方条约中关于提交仲裁的前置条件是否更为“优惠”。

最终，仲裁庭支持了 Maffezini 的主张，并提出基础条约（Basic Treaty）第 4 条在措辞上采用“本条约项下的所有事项”这类言语上极为宽泛的表述，即使没有明确规定或列举，也应理所当然予以肯定理解。同时，争端解决相关的安排已经与外国投资者保护间产生至关重要的关联性。尽管争端解决是一项程序性权利，但对于保护投资者权益的实体权利而言，这一程序性权利同样具有重要作用。因此，如果第三方条约中的争端解决条款对于投资者而言明显所需成本更少、负担更轻，则该投资者理应可以通过最惠国待遇条款享受第三方协定的争端解决待遇。

尽管如此，从仲裁庭的裁决中可以看到其对扩大立场结论的担忧。最惠国待遇条款的适用：首先，不能推翻用尽当地救济的要求；其次，不能否定岔路口条款；再次，不能取代具体的仲裁机构选择条款；最后，不能取代当事人选

⑯ See Emilio Agustín Maffezini v. The Kingdom of Spain, ICSID Case No. ARB/97/7.

择的高度组织化的仲裁制度。[17] 但由于仲裁庭提出这些看似限制性的条件后却并未予以解释，这些规则似乎很难成为规范适用的依据。

Maffezini 案的结果引发了大量反思与探讨，但从案件结果来看，仲裁庭在对最惠国待遇条款适用范围的态度上确实存在着将其扩大至争端解决程序领域的倾向，其中又以等待期的弱化为典型表现之一。若投资者能够证明双方争议无法通过和解或磋商这些前置的方式解决，即使通过最惠国待遇条款绕开前置的等待期，直接提请 ICSID 仲裁也不会对仲裁庭管辖权产生影响。

（2）Siemens 诉阿根廷案[18]

德国公司 Siemens 在与阿根廷签订合同后被单方面终止履行，在提出申诉后却被当地行政部门驳回，最终诉诸仲裁。阿根廷政府方面认为，根据投资协定，提交仲裁仍有 18 个月内通过当地法院解决的前置要求。Siemens 则要求依据最惠国待遇，援引《阿根廷—智利协定》中无须在东道国寻求救济即可提交仲裁的程序待遇。阿根廷认为要求在 18 个月内先通过当地法院解决是一项“公共政策”，符合 Maffezini 案中仲裁庭提出 4 个对于限制最惠国待遇条款的例外情形。

仲裁庭认为，投资协定已经明确约定了最惠国待遇条款除外情形，然而其中并未包括争端解决事项，在解释时应该基于协定的名称和序言作为目的性指导。考虑到双边投资协定在性质上鼓励投资者投资，因此其目的应当与保护投资相关，因此协议的条款应当从有利于投资的角度进行解释。而在文本上，案涉协定没有限定只能将其适用在与投资征收和管理相关的商事和经济交易的待遇问题上，因此最终支持了 Siemens 的主张。

2. 最惠国待遇条款限缩适用的转变

（1）Salini 诉约旦案[19]

在 Salini 仲裁案中，仲裁庭对这一问题的立场发生了极大改变。本案中意

---

[17] 参见朱敏：《论最惠国待遇条款与国际投资仲裁前置程序的规避——以 ICSID 仲裁案例为研究对象》，载刘健勤主编：《商事仲裁》（第 11 集），法律出版社 2014 年版，第 28—38 页。

[18] See Siemens A. G. v. The Argentine Republic, ICSID Case No. ARB/02/8.

[19] See Salini Costruttori S. p. A. and Italstrade S. p. A. v. The Hashemite Kingdom of Jordan, ICSID Case No. ARB/02/13.

大利 Salini 公司与约旦政府围绕合同工程款发生争议，故 Salini 提起仲裁。案涉双边投资协定则对提交仲裁的条件明确约定为双方对此均明确同意。Salini 为避开这一要求，援引并主张适用的是《约旦—美国协定》中的争端解决程序，协定规定投资者“有权向 ICSID 提交投资争端，与投资协议中规定的其他争端解决机制无关”。约旦政府则认为最惠国待遇的规定不能适用于程序义务，这种做法实则是在试图推翻双方在双边投资协定签订时的明确意图；即使理论上可以适用于争端解决条款，此种情况也符合 Maffezini 案中仲裁庭提出的公共政策的限制情况。

在本案中，仲裁庭引用了约旦国家法院审理英伊石油公司纠纷的判例，明确“同类规则”的适用意义，即只能将与条款中已列举的同一类别的事项纳入其指向的范畴。仲裁庭认为争端解决机制并不符合同类原则，不得通过最惠国待遇指向。而在文本上，《约旦—意大利协定》中亦没有“所有事项”这样的表述，反而存在否定适用的表述。据此仲裁庭认为双边协定中对于最惠国待遇适用范围的设计仅限于“投资者的投资及收益”，最终未予支持投资者主张。

（2）Plama 公司诉保加利亚案[20]

塞浦路斯公司 Plama 在购并了某保加利亚公司后准备启动重整却被当地政府拒绝，Plama 诉称保加利亚政府的行为构成“间接征收”。两国间双边投资协定规定：“……发生投资争端，首先，投资者须通过保加利亚国内司法程序解决争端，然后方可将其提交至联合国国际贸易法委员会旗下的仲裁庭。该仲裁仅限于因赔偿引起的争端。”然而，在与第三方芬兰的双边协定中则没有此类要求。Plama 公司认为其可依据最惠国待遇条款享受与芬兰所签协定中的争端解决程序，最终遭到仲裁庭的裁决否定。裁决指出，对于《保加利亚—塞浦路斯双边投资协定》中的最惠国待遇条款，“不能假定各缔约方同意通过将争端解决条款嵌入在完全不同环境下谈判形成的其他协定中，来扩大其范围”。换言之，仲裁庭认为，除非基础条约中就双方有此意有明确规定，否则基础条约中的最惠国待遇条款不可当然扩大适用到第三方条约中有关争端解决的程序性事项。

---

[20] See Plama Consortium Limited v. Republic of Bulgaria, ICSID Case No. ARB/03/24.

然而，在此之后，东道国救济规则的适用问题又涉及关于其性质的讨论：东道国救济事项究竟是一项实体性或是程序性问题。实践中有观点认为，当行为违反了当地法而非国际法时，东道国救济规则在实体规则方面发挥其作用；然而，当有关行为违反的是当地法以及国际协议或习惯国际法时，该规则被视为程序性规则。尽管存在这样的理论观点，但实际上关于这个问题的争论仍在持续。在 Loewen 诉美国案㉑中，ICSID 认为东道国放弃了当地程序性救济要求，并不意味着放弃实质性终局性要求。

从 Maffezini 案这一扩大适用的起点后，仲裁实践中曾一度出现对此持相同立场的做法，但从其后续发展来看，仲裁庭对于扩大适用的问题总体上仍持一定审慎态度。

3. 扩大适用裁决理念与思路的再现

就在认为该问题的立场已经逐渐偏向保守和否认后，2017 年裁决的 Teinver 诉阿根廷案㉒对 Maffezini 仲裁逻辑的再现似乎再一次将该问题置于天平之上。仲裁庭认为该条款适用于“受本协议管辖的所有事项”，而争议解决事项也并未规定在条约下明文规定的几项最惠国待遇条款不得扩展的领域。仲裁庭在此回顾了 Maffezini 案、Siemens 案、Plama 案等仲裁庭的观点，认为这些案件中东道国救济规则及最惠国待遇条款在文义表述上均采用了相当宽泛的语言，但在具体表述上仍有相对具体和粗略的差异。在 SICAV 诉俄罗斯案㉓中，西班牙的投资基金 SICAV 购买了俄罗斯公司发行的存托凭证后，因俄罗斯税务审计导致公司破产。SICAV 因此向瑞典斯德哥尔摩商会仲裁院（Arbitratoon Institute of the Stockholm Chamber of Commerce，SCC）诉诸仲裁，认为其措施构成征收，并主张援用最惠国待遇条款牵引俄罗斯与第三方土耳其间协定的仲裁条款，可仲裁事项包括“缔约一方与缔约另一方的投资者之间因投资活动而产生的任何

㉑ See Loewen Group, Inc. and Raymond L. Loewen v. United States of America, ICSID Case No. ARB（AF）/98/3.

㉒ See Teinver S. A. , Transportes de Cercanías S. A. and Autobuses Urbanos del Sur S. A. v. The Argentine Republic, ICSID Case No. ARB/09/1, pp. 137 – 186.

㉓ See Renta 4 S. V. S. A, Ahorro Corporación Emergentes F. I. , Ahorro Corporación Eurofondo F. I. , Rovime Inversiones SICAV S. A. , Quasar de Valors SICAV S. A. , Orgor de Valores SICAV S. A. , GBI 9000 SICAV S. A. v. The Russian Federation, SCC No. 24/2007.

争端”。俄罗斯据以反驳，认为最惠国待遇条款不能扩大条约争端解决条款的适用范围，除非从措辞中能够清楚地看出最惠国待遇也扩大到包括争端解决程序。然而，最终仲裁庭在对这一问题并无过多论述的情形下并未采用俄罗斯的意见。

三、条款规则碎片适用的原因探究

（一）用尽东道国救济规则设计程序之差异——以动机为角度

双边投资协定中对于东道国救济规则的约定，根据国际投资实践环境的阶段差异、欧美与第三世界国家关于投资自由化与国家主权的利益权衡、条款设计理念的进步等因素而有所差异，从而对于规则中的“当地救济”类型、何种程度构成“用尽”等的标准存在宽松与紧缩之区分，其在总体上可划分为以下几种类型。

1. 关于用尽当地救济要求的规则空白

该条款类型常见于国际投资实践的早期阶段，缔约国在投资条约中既不要求也不放弃用尽补救办法。但这一项条款模式在《华盛顿公约》的颁布前后产生了截然不同的效果，曾经的东道国救济规则即使无特别约定也可约束缔约双方，但到《华盛顿公约》颁布后，空白约定的条约反而成为投资者凭借最惠国待遇条款据以援用的来源之一。此外，这种条款模式也常见于第三世界国家出于发展经济的考虑所作妥协的背景，许多第三世界国家也一改此前主权至上的态度，不再强制外国投资者必须用尽当地救济措施。

2. 东道国救济“用尽”的强制性要求

大多数国家尤其是第三世界国家基于维护本国司法主权所签订的双边协定中，倾向于约定用尽当地救济的先决程序要求。在要求用尽东道国救济的争议范围上，部分缔约国基于利益考量会对部分事项作出限定。例如，中国早期大多数签订的双边投资协定中均将友好协商作为发生争端时的首要解决途径，在一定时间内若无法通过协商解决的，可向中国行政机关提起申诉，或者选择于法院寻求诉讼救济；若发生的争端性质上系属征收或因征收补偿相关事项，在寻求上述途径均无法获得有效救济时方可提起国际仲裁。事实上，这也是中国应对国际仲裁开放性态度与主权维护权衡斗争的制度表现。其后中国面临越加开放的投资背景，中国对于当地救济前置程序的“用尽”则被定为3个月的时长，若3个月内仍未得到解决，即可作为“用尽”从而提交仲裁。由于这一规则在用尽的标准上大幅宽松化，因此在争端发生时，用尽当地救济规则的实质意义一定程度上被削弱。

3. 岔路口条款和弃权条款的灵活性选择

“岔路口条款”允许投资者在可以利用的多项争端解决程序中作出一定选择，但其作出选择后便具有不可改变性。以1995年《美国—洪都拉斯双边投资协定》为例，该协定第9条提供了投资仲裁机制、当地救济和其他途径供选择。虽然岔路口条款在多种程序中给予了一定选择的空间，但围绕何为“同一争端”亦存在不同理解。有观点认为仲裁庭在基于是否系同一争端从而判断是否对所涉争议存在管辖权时，会结合该争端是否满足“诉因相同、当事方相同、诉求相同”这三个条件进行决定。[24] 但从实践来看，符合三重条件得到仲裁庭支持的案件明显极少。其原因在于仲裁庭倾向于在审查过程中采取形式主义立场，从而极大扩大了其管辖权。近年来，岔路口条款在部分投资者基于最惠国待遇扩张适用相同的逻辑下被恶意规避，其适用在事实上被架空。

与之相似的“弃权条款”（Waiver Clause）在选择性上有一定差异。弃权条款下，投资者可选择先诉诸东道国国内法院，若法院尚未作出最终判决，投资者可选择放弃国内程序，并重新提交至国际仲裁。但若国内法院作出了最终决定，投资者便不得再另择他路，因其禁止回转的设计，亦被称为“禁止回转条款”（No-U-turn Clause）。如2005年《美国—乌拉圭双边投资协定》[25] 中规定投资者若选择撤回已经提交但尚未结束的东道国程序，则还可以在撤回后将其提交仲裁。

20世纪80年代之后，国际投资仲裁愈加受到投资者青睐。同一背景下，

---

[24] 参见徐崇利：《国际投资条约中的“岔路口条款”：选择“当地救济”与“国际仲裁”权利之限度》，载《国际经济法学刊》2007年第3期，第139—158页。

[25] See *Treaty Between the United States of America and the Oriental Republic of Uruguay Concerning the Encouragement and Reciprocal Protection of Investment*, 2006, Article 26: Conditions and Limitations on Consent of Each Party.

许多发展中国家出于吸引外资等考虑，在要求国内救济程序前置的立场上也出现摇摆，进一步加剧东道国救济规则的式微。

（二）最惠国待遇条款模式设计的模糊性空间——以可行性为角度

最惠国待遇原则的初衷在于尽可能保护同一国范围内的不同国家外国投资者之间的平等性，然而，最惠国待遇内含的外国投资保护义务具有极强的不可预见性。[26] 当前规定了最惠国待遇条款的设计模式大致相同，均为“即从实体问题的角度规定该条款的适用范围及排除适用范围，至于该条款是否适用于程序性事项等则不作规定”[27]。因为投资协定中的最惠国待遇条款可以具体规定其能适用于该协定的哪些部分，所以“最惠国待遇条款可以明确指出其适用范围是否包括争端解决部分”[28]。

1. 概括规定——最惠国待遇滥用的制度根源

大多数最惠国待遇条款在规定的语义上都采用宽泛性表述，对于最惠国待遇能否用于程序领域的问题语焉不详，部分双边投资协定可能会采用例如“在相似情况下”或直接通过列举投资活动具体事项的方式体现一定的限制性，但仍然无法改变其模糊与不确定性特征。例如关于最惠国待遇中的“待遇”，可能仅采用“投资”“投资者”“与投资有关活动”的待遇或类似的形容较为单薄的表述，或者更为广泛并且极易招致滥用的“所有事项”表述。该类笼统规定方法多在早期双边投资协定中出现，如德国《1998 年双边投资条约范本》第 3 条之规定，任何缔约国应对另一方投资者在其国内拥有或控制的投资提供的待遇，不得低于其对本国投资者或任何第三国投资者的待遇水平。

Maffezini 案中，支撑着仲裁庭立场的重要原因之一就在于，案涉投资协定也采取了该种语言设计——“本条约项下的所有事项”存在高度自由裁量的空

---

[26] 参见梁丹妮：《国际投资条约最惠国待遇条款适用问题研究——以“伊佳兰公司诉中国案”为中心的分析》，载《法商研究》2012 年第 2 期，第 7 页。

[27] 朱敏：《论最惠国待遇条款与国际投资仲裁前置程序的规避——以 ICSID 仲裁案例为研究对象》，载刘健勤主编：《商事仲裁》（第 11 集），法律出版社 2014 年版，第 29—30 页。

[28] Rudof Dolzer & Christoph Schreuer, *Principles of International Investment Law* (Second Edition), Oxford University Press, 2012, p. 270.

间。仲裁庭认为，在许多双边投资条约中，最惠国条款所采用的表述均是“本协定所载的一切权利”，或如《阿根廷—西班牙双边投资协定》基本条款采用“受本协定约束的一切事项”的规定。这些条约没有明确规定该条款是否涵盖争端解决本身。这种规则的模糊性所引发的扩大适用可能直接对东道国救济的应有管辖权造成冲击，构成“程序滥用”的规则根因。[29] 实际上与 Ambatielos 仲裁案[30]一样，需要通过进一步的解释确定这种遗漏是不是双方有意为之，或者能否从对待外国投资者和本国投资者的态度是否存在差异中进行合理推断。

2. 对适用范围的限制规定类型

限制规定类型相对增加了适用范围的前置修饰，但仅有的限制依靠词句本身蕴含的解释性空间，仍然难以据此作为表明缔约国态度的依据，此类限制往往源于可从横向或纵向维度予以比对或解读的模糊词句，例如对于待遇施加“相似情况下”的修饰，如《美国—加拿大双边投资协定》就采用了这一表述。但何为“相似情况”，往往没有条文或是规则能够给予明确而统一的解读和规范，仲裁庭在认定时，同样要结合协定体系中存在的其他词句来辅之判断，例如协议中可能列举的具体投资活动。此种通过链接协定体系各处词句、上下文结构或类似情况的判断，在条约解释中被仲裁庭冠以“同类规则”的判断方法。

但考虑到对于最惠国待遇条款适用范围的表述，也仅仅是添加部分可供挖掘的词句，在众多情景下其给予“同类规则”的解释逻辑同样难以给予缔约国意图足够明确和肯定的理由，对于适用范围的决定往往还是取决于仲裁庭基于各项本身就存在不确定因素的自由裁量。

3. 明确规定适用范围的少数派做法

相较于以上两种类型，明确规定适用范围的条款能够赋予仲裁庭适用依据。尽管对于东道国救济规则的性质系属于实体还是程序可能在某些实践中存在一定争议，但在条约的约定模式下，东道国救济规则被纳入最惠国待遇条款可适

㉙ 参见高健军：《国家间争端法律解决中的滥用程序抗辩》，载《环球法律评论》2023 年第 1 期，第 209—224 页。

㉚ See Ambatielos Claim（Greece，United Kingdom），Award of the Commission of Arbitration of 6 March 1956，Reports of International Arbitral Awards，Vol. XII，p. 103.

用范围的可行性自不必说。例如 1994 年《英国—阿尔巴尼亚双边投资协定》明确约定，“为免生疑问，兹确认上文（1）和（2）项规定的待遇（最惠国待遇）适用于本《协定》第Ⅰ至Ⅱ条的规定”。但该类型协议的实践仍然较少。明确限制型的投资协定多会明确列举最惠国待遇条款的除外情形。例如，2003 年美洲自由贸易区（Free Trade Area of Americas，FTAA）在第八次部长级会议以及达成的《美洲自由贸易区协定（草案）》（*Free Trade of the Americas Draft Agreement*）中明确提出，最惠国条款不适用于争端解决事项，并规定如果争端不能在合理时间内通过外交渠道解决，则应将争端提交至在美洲自由贸易区框架内设立的一般争端解决机制；《跨太平洋伙伴关系协定》（*Trans-Pacific Partnership Agreement*，TPP）亦明确规定了最惠国待遇不适用于国际争端解决程序等。

除了第三类明确规定适用范围的条款类型之外，前两种条款类型无法从根本上给予足够明确的判断理由，而这也正是绝大多数关于东道国救济与最惠国条款发生适用碰撞的“重灾区”，目前多数双边投资协定其实都属于该类情况，规则上的模糊为后续仲裁导致的差异提供了制度空间。

（三）最惠国待遇条款碎片适用的解释性因素

在造成最惠国待遇条款滥用的多重因素中，对于最惠国待遇条款的差异性解读是其根因之一，其基本思路通常都是从《维也纳条约法公约》第 31 条出发，或部分考虑第 32 条的解释辅助规则作为说理之论证，然而看似标准化的解释方法最终导致的结果却频繁存在重大差异。如欲解决这一问题，则需对仲裁庭解释逻辑以及现象根因进行梳理，以便更好地应对最惠国待遇条款与用尽东道国救济规则体系性适用的未来挑战。

1. 条约的文义解释

从关联性仲裁来看，仲裁庭无论结论如何，围绕这一问题均选择从文本措辞入手。然而，仅仅是依赖于文义解释明显不足以应对其文本存在的普遍模糊性问题，从而频繁可见利用相同的文义解释方法却引向完全相反结论的现象。总体而言，仲裁庭对文义解释方法的运用在这个问题上的影响分为支持适用和否定适用的两种观点。

支持适用的观点认为，应当从例如 Maffezini 案中所争议的《阿根廷—西班牙双边协定》的表述特征出发，该双边协定中对于最惠国待遇条款在范围问题上采用的表述是“本条约项下的所有事项”。支持派观点据此则认为，这一表述的宽泛性特征已经非常明显，特别是显然已经超出了西班牙签订的其他协定中关于同一问题采用的表述界限。凭借一般人观念，也可明白争端解决机制上的差异在现今对于保护投资者权利的重要意义，其程序甚至已经足够密不可分。因此即使规则层面未予明确，“所有事项”的表述也应当考虑到这一点，从而应当解释为包含其中的结论。

在2004年的Siemens案中，仲裁庭指出，基础条约中的最惠国条款使用了“待遇”和“活动”这两个泛泛的词汇来表述适用范围。同时，案涉协定中规定了最惠国待遇的除外情形，比如税收协定、自由贸易区等词句，与其争端解决机制的性质都不相关，反而证明了这两个词汇应当作宽泛理解。再根据协定的上下文和体系，“待遇”应当指向除了已经明文规定的除外情形之外的所有领域，其中就应当包括争端解决。这种对于结合除外情形的反向理解在Gas Natural诉阿根廷案[31]、Suez诉阿根廷案[32]和National Grid诉阿根廷案[33]等案件中都有所体现。Vivendi等诉阿根廷案[34]中仲裁庭亦表达了相似的观点。案中英国投资者主张援用东道国阿根廷与第三国法国间协定，即在提起仲裁的程序上无须用尽东道国救济。仲裁庭认为，首先，《英国—阿根廷双边投资协定》中明确规定的最惠国待遇条款除外事项中并未包括争端解决程序；其次，基础条约中规定了最惠国待遇适用于“……维护（maintenance）……投资”的行为。对于“维护”（maintenance）一词的理解，应当解读为包含对投资的“保护”（protection）。基于该理解，对投资者而言，主张援用阿根廷—法国间协定的争

㉛ See Gas Natural SDG, S. A. v. The Argentine Republic, ICSID Case No. ARB/03/10.

㉜ See Suez, Sociedad General de Aguas de Barcelona S. A. , and InterAguas Servicios Integrales del Agua S. A. v. The Argentine Republic, ICSID Case No. ARB/03/17.

㉝ See National Grid plc v. The Argentine Republic, UNCITRAL.

㉞ See Compañiá de Aguas del Aconquija S. A. and Vivendi Universal S. A. v. Argentine Republic, ICSID Case No. ARB/97/3 (formerly Compañía de Aguas del Aconquija, S. A. and Compagnie Générale des Eaux v. Argentine Republic).

端解决条款明显更有利于保护投资者投资。EDF International S. A 诉阿根廷案[35]中仲裁庭也从文义出发给出相同立场的解释，认为最惠国待遇条款中所指向的待遇应当同时包括实体与程序领域。

相反观点则认为虽然例如在 Salini 案中提到的“投资者的投资以及收益”以及 Plama 案、Telenor 诉匈牙利案[36]、Wintershall 诉阿根廷案[37]等案中关于“待遇”等表达在文义上无法做出精准判断，但若反向理解，鉴于被纳入最惠国待遇除外条款的那些事项在性质上都偏近于“特权”（privileges），因此也可以推断认为最惠国待遇条款的适用范围应当仅限于“实体保护”（substantive protection）。而在最新的 Teinver 诉阿根廷案中，仲裁庭在回顾先前众案仲裁庭解释思路的基础上，认为即使是关于同一双边投资协定，关于最惠国待遇条款普通意义的投资仲裁法理也不完全一致。例如仲裁庭在审查《比利时—苏联双边投资协定》时发现，该双边投资协定包含了与《阿根廷—西班牙双边投资协定》类似的“所有事项”的表述。尽管如此，仲裁庭却驳回了索赔人使用最惠国待遇条款的企图。

2. 缔约者意图探究

在无法根据其文本直接得出最终结论时，仲裁庭通常选择从缔约国意图出发进行“善意的解释”，借助对缔约方真实意图的探寻确定其文义背后的真意，可见缔约国意图才是解决这一问题的核心环节。然而，对缔约者意图探究本质上系属对主观层面之猜测，由于缺少统一标准和明确证据，其主观性特征往往取决于仲裁庭探究缔约者意图的方式和依据的因素，这也正是实践差异的重点所在。根据实践结果，同样产生了肯定与否定的两种立场。

肯定派在探寻缔约者意图时常常尝试结合条约之宗旨。Maffezini 案的仲裁庭在论述支持最惠国待遇适用于投资仲裁的程序性问题时，认为扩大适用取向可能会更符合条约的目的和宗旨，“最惠国条款只能吸引与条款本身有关的事项属于同一类别的事项”。然而，该规则的范围被界定为广义的：孤立地看，

---

[35] See EDF International S. A. , SAUR International S. A. and León Participaciones Argentinas S. A. v. Argentine Republic, ICSID Case No. ARB/03/23.

[36] See Telenor Mobile Communications A. S. v. The Republic of Hungary, ICSID Case No. ARB/04/15.

[37] See Wintershall Aktiengesellschaft v. Argentine Republic, ICSID Case No. ARB/04/14.

“司法”的确是“商业和航运”以外的主题事项，但如果将其与保护贸易商的权利联系起来看，则未必如此。保护贸易商的权利自然是商业和航海条约处理的事项之一。因此，当最惠国条款包括“与通商和航海有关的一切事项”时，只要与保护这些权利有关，不能说司法行政就必然被排除在最惠国条款的适用范围之外。这个问题只能根据对条约的合理解释所推断出的缔约国意图来确定。[38] 仲裁庭接受将该条款扩大到有关争端解决程序的问题，并认为它符合同类规则。其结论是，通过解决争端的规定保护从事商业和航行的人的权利包括该条款所涵盖的贸易商总体待遇。

Siemens 案中仲裁庭认为，对这一问题的理解应当按照案涉协定本身就提到的目的和宗旨，即“保护”“促进”投资。案涉协定的最初目的就是为了创造优惠的投资环境，这已反映缔约双方足够明确的缔约意图。

否定派则会进一步结合嗣后实践的种种特征。如 Salini 案中，Salini 与约旦政府已然就争端解决的方法作出明确规定，二者在合同中另行约定的行为方才能成为缔约时意图的解释依据，不能被规避；Wintershall 案中，第三方协定中的争端解决机制包括向 ICSID 或联合国国际贸易法委员会（United Nations Commission on International Trade Law，UNCITRAL）寻求救济，而案涉协定中规定的是诉诸东道国阿根廷法院或国际仲裁的岔路口条款。而根据岔路口条款，若选择当地法院解决，则不能再诉诸仲裁；若选择的是另一条路即不诉诸当地法院，提交仲裁时也未必定是 ICSID，尚有 UNCITRAL 的可能选择。因而，案涉协定和第三方协定中的争端解决机制实则不同，缔约者的意图已经由条约中特定的争端解决条款反映，如果通过援引最惠国待遇而适用第三方条约中完全不同的争端解决机制，将会明显违背缔约方的意图。

而在限定了特定范围例如征收补偿事由的争端方能提交仲裁的部分案件中，这些仲裁庭的普遍立场结合争议范围受到限制的状况足以表明缔约国的意图，因此拒绝援引最惠国待遇条款，如 Plama 案、Telenor 诉匈牙利案[39]和 Tza Yap

---

[38] 参见王毅：《论最惠国条款适用中的同类规则（下）》，载《国际贸易问题》1988 年第 7 期，第 27—33 页。

[39] See Telenor Mobile Communications A. S. v. The Republic of Hungary, Award.

Shum 诉秘鲁案[40]。如在 Plama 案中，仲裁庭考虑到保加利亚和塞浦路斯曾经考虑过修订案涉双边投资协定中的争端解决条款，但是最终并未作出改变，这实际上就反映了缔约方在最初就并未包含扩大的意图。国际投资协议中若规定了某些提交仲裁的前置程序，这一特定目的规定实际上就足够反映缔约方对于这一问题的态度，最惠国待遇条款的扩张无法延伸到这一领域。

3. 辅助解释规则之应用

《华盛顿公约》第 32 条明文规定了条约解释的辅助规则，主要包括准备资料和缔约背景。值得强调的是，该条列举具体辅助方法时使用了“包括”一词，因此辅助规则并非仅有上述两项。就目前已有仲裁实践来看，司法决议、学者学说以及其他国际条约是仲裁庭相对倾向于利用的辅助手段，而对于第三方条约以及此前他案仲裁庭的裁决思路及理由的援用亦并不罕见。

在 Impregilo 诉阿根廷案[41]中，仲裁庭亦一定程度上参考了 Brigitte Stern 教授的某些观点意见，教授认为基于与国际法本身性质密切相关的一项核心理念，最惠国条款不能当然适用于争端解决，即权利和保护权利的手段是两种不同的“法律动物”。例如虽然不可能对各国在灭绝种族罪公约中接受的实质性义务提出保留，但可以对《华盛顿公约》第 9 条规定的国际法院就国家违反实质性规则的责任作出裁决的管辖权提出保留，这表明实质性规则和管辖权规则之间有明显的区别。对于这一观点，部分学者对仲裁庭中提及的学者学说存有不同程度上的批评，认为该观点中实质性条款与争端解决之间应明确区分，但缺少有说服力的理由和方法；对最惠国条款的解释是一个管辖权问题，必须清楚、明确地表明纳入争端解决条款的意图。

在《国际法委员会第六十届会议工作报告》附件的最后，研究组的一些成员认为，针对 Impregilo 诉阿根廷案的支持和反对意见为处理类似问题提供了一个可能的框架。该框架首要考虑了确定是否符合享有双边投资条约所赋权利的基本前提条件，即属人、属物和属时条件。在这方面，讨论者回溯到 1978 年有关最惠国条款草案的第 14 条规定。该规定强调，是否可以行使针对受惠国或与

---

[40] See Señor Tza Yap Shum v. The Republic of Peru, ICSID Case No. ARB/07/6.

[41] See Impregilo S. p. A. v. Argentine Republic, ICSID Case No. ARB/07/17. para 31 – 45.

之有确定关系的个人或事物的最惠国条款所带来的权利，取决于是否符合包含在该条款规定的条约中或由施惠国与受惠国以其他方式商定的相关条款和条件。

4. 条款应有之义之探寻

仲裁庭对不同立场的解释中，似乎隐含着对最惠国条款原则上是否涵盖争端解决条款问题所持的哲学立场。一方立场以最惠国条款可以将程序性权利囊括其中为出发点，另一方立场则假设最惠国条款不得以程序性权利为出发点。究其所以，其根本原因在于解释方法层面并没有形成一项统一适用且系统的标准，明文的解释方法在实际操作过程中不同程度地受到其他要素影响。

这些难以统计与预料的因素所影响的重点领域之一，即在于部分仲裁庭对于投资保护“目的及宗旨”的深度甚至是综合多项因素后的过度探寻，对于投资公约的用语及上下文表述反而在一定程度上有所忽视。欲从根本上解决由于各项因素引发的差异化结果，在回归《维也纳条约法公约》的同时，应当重新思考各项解释方法原有之义。

（1）文义解释

《维也纳条约法公约》第 31 条明确规定首选应当“依其用语按其上下文”。而从文义解释之角度，应当首先从条约文本切入，细致判别文本上隐藏的含义及差别，如 Teinver 诉阿根廷案[42]中仲裁庭所认定的，即使多方间的投资协定关于相同的事项可能采取了类似的描述，但在表述上仍有粗略和具体的不一致。因此，应当对于措辞上的差异保持敏感及首位认定。首先，对于那些在模糊性层次上属于最高级别的措辞，应当结合协定上下文及缔约国意图探究是否存在限缩的可能性，例如“所有事项”“待遇”“活动”。其次，若根据上下文也无法明确时，应当观察协定是否存在除外适用的相关规定，这些除外规定均有可能为其文义参考提供依据。最后，若仍未得到充分的解释依据，也未必就能得到肯定扩大适用的结论，由于《维也纳条约法公约》第 31 条在文义解释后还作出了“参照条约之目的及宗旨”“善意解释”的规定，此时在穷尽文义解释

---

[42] See Teinver S. A. , Transportes de Cercanías S. A. and Autobuses Urbanos del Sur S. A. v. The Argentine Republic, ICSID Case No. ARB/09/1.

阶段的各个特征后方才进入下一阶段考虑最惠国待遇扩大适用的可能性。这一逻辑实际上也反映在 Tza Yap Shum 诉秘鲁案中，该案仲裁庭认为案涉协定的除外情形中未包括投资争端解决，因此应当理解为，在协定对于特定的例外作出明确指示后，这一行为应当表明并没有特别排除其他事项，随后再通过缔约意图层面导向结论。

（2）缔约者意图

在文义解释方法难以就该问题澄清结论时，如何无偏差地挖掘出缔约双方的真实意图就显得至关重要。若一味从条约宗旨出发，实际上很难偏离“投资者保护”这一最重要目的的指向。投资协定和最惠国待遇的宗旨都在于尽可能地维护投资者利益，但这并不意味着对于投资协定宗旨和目的的解读最终仅限于“投资者保护”这一目的，这实际上是对于投资者的过度偏袒，可能反而违背了缔约初衷。因此，在对缔约者意图进行探究的过程中，应当注意双方利益衡平的前提。过于强调条约“目的与宗旨”引发的“投资者保护”偏向极易忽略细节条款的原意。

部分仲裁庭会利用“同类原则”作为一项判断的延伸标准，但其关于何为“同类”的判断大多仍停留于任意性主观层面，对于具体投资活动难以判断争端解决机制是否属于“同类”事项。更有甚者，部分最惠国待遇条款甚至未能采用列举方式给出用于比较“同类”的事项。在这种情况下，仅因结合条约宗旨所解读出的具有偏向性的“争端解决安排与对外国投资者的保护密不可分”，据此援用“同类原则”作出肯定结论，仍然缺乏说服力。而关于“不相同”情形下的判断和“更有利”应当如何衡量的问题则没有提及，例如在要求用尽当地救济方面，“国际仲裁”是否就一定属于“更有利”仍存在争议，若更有利，那应当根据哪些因素据以断定。Wintershall 案中仲裁庭就依此最终不予支持最惠国待遇条款的扩大适用。

相较之下，更适宜通过比较基础条约与第三方条约中争端解决机制的差异、嗣后实践等表现形式来对东道国救济条款与最惠国待遇条款的真实意图进行挖掘。若无法得到足以表明缔约目的的充分理由和依据，则还是应当照顾到条约的文本本身并无规定、参考适用后果等因素作出谨慎性裁决。

四、各国关于条款滥用引致后果的应对策略

（一）卡尔沃主义背景下东道国救济规则的“苏醒”——单边退出方案

卡尔沃作为19世纪60年代著名的国际法学家曾提出一项学说，强调给予外国投资者的待遇不能超过其本国人享有的平等待遇（Calvo Doctrine）。[43] 卡尔沃主义主张在主权平等原则下国家不应受到任何形式的干涉，同时相对于本国国民，认为外国投资者不应该享有更多的保护。[44] 对于国际投资领域中发生的争端应当适用国家属地管辖原则，意味着反对通过仲裁等国际司法途径解决，外国人只能寻求当地救济成为该理念的重要程序表达。卡尔沃主义的产生与彼时拉美国家与欧洲国家之间的频发性争端不无关联，致使该学说一经形成即在拉美国家中产生广泛共鸣和运用。然而，随着全球经济一体化进程的加快，原先坚持践行卡尔沃主义的拉美国家迫于经济上构建投资环境与吸引外资的需要，立场也开始出现调整和松动。

卡尔沃主义的封存带来资本输入的短时成效虽然极为明显，但国际投资仲裁机制形式上独立的正当性危机却也使东道国的司法主权或公共利益规制权时常遭受架空，在“全球治理”概念体系与大国中心主义的强势影响下，许多国家面对投资争端解决机制的选择问题上日渐谨慎，众多拉美国家日渐不满于国际投资仲裁中结果不确定性以及偏向性对本国利益造成的损害。[45] 在20世纪后半叶的民族解放运动浪潮中，部分拉美国家开始重新审视蕴含于用尽东道国救济规则的时代意义，并于制度层面作出鲜明有力的反抗。其中一些国家单方面退出双边投资协定，企图隔绝最惠国待遇条款招致滥用的可能。例如，委内瑞

---

[43] See Santiago Montt, *What International Investment Law and Latin America Can and Should Demand from Each Other*, *Updating the Bello/Calvo Doctrine in the BIT Generation*, Res Rublica Argentina, 2007，（3）：300 – 301.

[44] Wenhua Shan, *Is Calvo Dead?*, The American Journal of Comparative Law Vol. 55, No. 1（Winter, 2007）, pp. 123 – 163.

[45] 参见殷之光：《“全球六十年代”与“全球治理”话语的局限——以阿拉伯世界和第三世界为视角》，载《阿拉伯世界研究》2019年第3期，第18页。

拉曾因签订的双边投资协定与国家发展规划存在冲突，基于此理由废除了其与荷兰签订的双边投资协定。

（二）对最惠国待遇条款侵蚀的抵御性应对——以欧美方案为例

1. USMCA 中的美国路径

从《北美自由贸易协定》（NAFTA）到《美墨加协定》（USMCA），美国对国际投资仲裁争端解决机制的态度发生了一定程度的变化，USMCA 中有关要求用尽东道国当地救济的规定主要体现在第十四章附件 14 – D 第 14. D. 5 条第 1 款的（a）、（b）项。其中对于国际投资仲裁条件的限缩主要在于前置程序的强制设定。

在 NAFTA 中，投资者在投资争端解决程序上以“岔路口条款”的形式享有充分选择权，投资者无须强制性用尽当地救济即可直接将投资争端诉诸国际仲裁或第三方机构裁判。而到 USMCA 其要求明显呈严格化。USMCA 第 14 章附件 14 – D 第 14. D. 5 条明确了仲裁提起程序上设置的两层门槛。首先，东道国救济成为必经程序。根据 USMCA 规定，投资者在向中心提起仲裁之前，必须先在东道国国内法院或行政救济中寻求诉讼救济。其次，USMCA 进一步明确，启动东道国救济后若始终未得到终裁机构决定，只有在超过 30 个月后方可提起国际仲裁。

总的来看，USMCA 关于提交国际投资仲裁的前置程序较 NAFTA 更为严格，但从本质上仍未脱离“同类规则”模式，仍然存在被架空的风险。

2. 欧盟一体化的制度选择

在这一时期，欧洲同样强化区域争端解决机制中心化的迹象，一定程度上亦反映卡尔沃主义的某些精神内核对制度改革的影响。其关键变革节点之一在于 2009 年生效的《里斯本条约》，其要求欧盟成员国对国家主权作出部分让步，欧盟成员国不再拥有基于双边投资协定进行争议解决机制改革之权力，并由欧盟在投资争端解决机制的改革层面获有统一代表权，由常设投资法院机制（Investment Court System，ICS）作为统一争端解决的平台。欧盟与美国间《跨大西洋贸易与投资伙伴协定》（TTIP）中亦详细规定了统一争端解决机制后的常设投资法院的组织形式和庭审方式。此外，欧盟于贸易协定谈判中计划将 ICS 机制扩展到与加拿大、越南、新加坡等国的双边投资协定中，从而企图间接利用新的 ICS 标准来替代现有的投资争议解决途径。

2018年3月6日，欧盟法院作出Achmea与斯洛伐克一案[46]裁决，认为欧盟成员国之间的国际协定中的投资争端解决机制可能对欧盟法律秩序的自主性产生不利影响。投资法庭在不受法院控制的情况下，对涉及欧盟法律解释或适用争端作出裁决可能影响欧盟法律的充分有效性。具体而言，法院认为，要求仲裁庭解决可能牵涉欧盟法律解释或适用争端时，其裁决必须服从确保欧盟法律充分有效的机制。这要么意味着仲裁庭必须是欧盟司法系统内的法院或法庭，要么其仲裁裁决必须接受这些法院或法庭的司法审查。在这两种情况下，仲裁庭可能必须通过提交初步裁决的方式将欧盟法律问题提交给法院。鉴于有争议的投资者—国家争端解决（Investor-State Dispute Settlement，ISDS）条款不符合这两个条件，且其他欧盟内部双边投资条约通常也不具备这两个条件，法院裁定ISDS条款不符合欧盟法律。欧洲委员会对Achmea案表示，这意味着欧盟内部成员国签署的双边投资协定中的仲裁条款不再适用，根据这些仲裁条款提交的裁决也失去了管辖权。因此，国家法院有义务撤销基于这些仲裁条款的任何裁决，并拒绝执行该裁决。至2019年1月15日，欧盟成员国宣布终止彼此之间已存在的双边投资协定。通过此举，减少了原先欧盟成员国间互相签订的双边投资协定规则差异所引发的最惠国待遇条款的"挑选"问题，通过欧盟层面统一对外的投资争端解决机制在一定程度上缓释了碎片化的格局。

五、用尽东道国救济规则中最惠国待遇条款扩大适用背景下的中国方案

随着涉及我国的投资仲裁案件数量逐步增加，我国现行双边投资协定中关于东道国当地救济的规定存在较大的完善空间，因此，有必要针对未来我国可能面临的国际投资利益需求，提前建构应对方案。

（一）国内层面：东道国监管体系改革路径

基于对国家主权的保护目的，坚持投资争端先提交至我国当地行政或司法

---

[46] See Slovak Republic v. Achmea B. V. (Case C-284/16).

救济的立场不应发生改变。但从投资者选择规避的动机来看，根本原因在于对东道国国内救济的疑虑和不信任。结合立法现状而言，外资领域的法律法规仍然存在部分不协调、体系混乱的情况，反映在实际运行层面即体现为管理的统一性与协调性问题。因此对于国内法律体系的完善，其重点在于向外国投资者提供有效且充分的救济体系。从这一角度而言，用尽当地救济规则对该国的投资救济和司法水平提高亦有需求，以期更为妥善地解决外国投资者与东道国之间的争端。

1. 投资争端解决的柔性途径

磋商作为大多双边投资协定规定的首选且柔性的争端解决方案，似乎在实践中最易流于形式，但相较而言通常也具有较低的成本。而我国存有调解这一项独具特色的非诉讼纠纷解决机制，有助于最大限度满足争端双方的利益需求，并能实现关系修复与持续发展。而对于涉及东道国公共利益的投资争端，谈判协商方式也更加有助于投资者更多地了解东道国在公共利益方面的诉求，有利于防止争端的扩大化。[47] 近年来，由于对国际投资仲裁的质疑逐渐增多，协商的作用开始得到重视。例如欧盟在近年来已经开始寻求国际仲裁的替代途径，更加重视通过投资协定寻求双方的协商一致。[48] 因此，我国也应当更加重视协商机制的作用，作出更有利于双方达成一致的程序构建。

2. 行政复议救济制度的完善

当前我国所缔结的最新一代双边投资协定中，对于提交国际仲裁前置条件规定的是需要外国投资者先历经东道国的行政复议程序。然而，我国的行政救济程序无论是在体系上或是在审查标准上，仍然存在可供完善的空间。标准的不清晰、体系的混乱、审查制度的不完善，在外国投资者诉诸国内程序时都可能成为“劝退”的障碍。对于《行政复议法》《行政诉讼法》的完善和行政实施是我国在完善《外商投资法》的同时应当同步改进的领域。

---

[47] 参见何艳：《投资协定视阈下知识产权与公共健康的冲突与协调——由两起“菲利普·莫里斯案”引发的思考》，载《法商研究》2013 年第 6 期，第 49 页。

[48] 参见张庆麟：《欧盟投资者——国家争端解决机制改革实践评析》，载《法商研究》2016 年第 3 期，第 151 页。

（二）国际层面：投资协定规则的外延及内涵

1. 国际投资协定外延的进一步明确

早期，我国的双边投资协定基本要求遵循用尽当地救济规则；1990 年后开始允许将争端直接提交国际仲裁，但也仅限于国有化和征用补偿金争端；1997 年以来我国法律虽取消了提交仲裁事项范围的限制，但同时也规定针对司法和行政救济两条路径的不同用尽当地救济的前置要求。该条款设计的迭代在并无溯及限制的情况下亦为最惠国待遇条款的“挑选”提供空间，我国应当对用尽东道国规则、最惠国待遇条款的适用等章节作出针对性规定。

（1）关于用尽当地救济条款

拉美国家的单边性做法虽具有强烈的维护主权色彩，然而不符合我国国情，但其中限制管辖权条款的模式可参照更新。例如，岔路口条款、弃权条款的灵活性对于我国而言均有合理借鉴价值。但考虑到实践中岔路口条款面临的“三重标准”审查往往局限于形式，致使部分同一争端以另一种形式被诉诸双重救济，导致条款实质上被架空。因此，我国在对两种条款模式进行设计时，应当考虑到其实际运作效果，附加对于同一事项应当作如何认定的标准，应对仲裁庭的形式审查风险。

（2）关于最惠国待遇条款

首先，我国在订立投资协定时需明确其含义、日的以及适用范围，而其中最有效的做法就是明确规定最惠国待遇原则不适用于投资争端的解决，通过例外或排除条款的形式予以明确，例如，2003 年订立的《北美自由贸易协定（草案)》明确规定，最惠国待遇条款不适用于本协定下所包括的争议解决方式；而对于那些已经签订双边投资条约的国家，由于单方声明仍然不足以产生修改条约之效力，可以尝试通过沟通进行修订或达成含有双方意图的补充声明。此种嗣后努力即使不能立即产生条约修改上的实效，在发生争端时也可成为缔约意图探寻的部分参考。例如在 Société Générale de Surveillance 诉巴基斯坦案[49]

---

[49] See SGS Société Générale de Surveillance S. A. v. Islamic Republic of Pakistan, ICSID Case No. ARB/01/13.

中，瑞士向 ICSID 秘书处投诉称，法庭认为没有必要询问其对于某具体条款含义的看法，其对于法庭关于条款的狭义解释感到非常震惊，这与瑞士缔结条约时的意图背道而驰。

其次，我国在未来的新协定中可设置效力不溯及既往条款。碍于众多最惠国条款的模糊性设计，未来仍有可能出现投资者主张回溯适用以规避东道国救济程序。该条款有助于在未来基于新国际投资条约所发生争端时，留有堵住扩大适用缺口的自主权。例如，加拿大投资保护与促进协定的修订就反映了类似的思路。加拿大的《外国投资保护与促进协定》经历了三个范本修订的阶段，其中第三个范本附录中就提及效力不溯及既往原则的理念，规定最惠国待遇不适用于协定生效日之前生效或缔结的所有双边或多边国际协定所赋予的待遇。这一思路同样反映在 NAFTA 当中。

基于上述，对于我国所签订协议的改革，可从用尽东道国救济及最惠国待遇的适用两部分进行针对性修改或创造嗣后实践，从而影响仲裁庭认定。

2. 国际投资协定内涵的解读之策

导致仲裁庭裁决差异的原因之一系未严格遵守《维也纳条约法公约》第 31、32 条的解释规则限度。因此，关键之一应集中在加强解释规则的一致性适用。这需要仲裁员在解释最惠国待遇条款时首先需要做到严格依据条约解释规则的现有规定；但这不意味着在规则基础上对解释方法的机械适用，即仲裁庭应当格外注意具体案例中的某些特定问题，而非直接依赖对过往案例的倾向性寻找和参考。相比寻找判例，应更深度地挖掘基础协定项下最惠国待遇条款文本、谈判背景，以及东道国签约当时的投资协定实践情况。将条约文本的重点解读与探究缔约国的真实意图作为《维也纳条约法公约》重要的一般性解释规则进行统一适用，仅有在仲裁员适用一般解释规则仍然无法解决争端时，再适用辅助解释规则。

3. 国际投资法结构性改革路径

投资者与东道国权利与义务不平衡、碎片化、不一致的问题目前仍然极为常见，为了全面解决此类双边条约主导和最惠国待遇适用于用尽东道国救济规则的结构性问题，对于国际投资法的改革需是全面以及结构性的。目前，UNCITRAL 正在积极推动 ISDS 改革，包括代表性的多边常设投资法院和多边常设上诉机构，其可能有助于提高投资争端解决的透明度、一致性和可预测性。我国在关注规则解释路径和投资协定再修订的同时，积极参与全球性或区域性国际投资法体系的机构性改革与建设显得极为重要，不仅有助于我国在全球治理中发挥更为积极的作用，也有助于构建一个更加公正、平衡和可持续的国际投资环境。

六、结　　论

自 Maffezini 案后，仲裁庭围绕东道国救济和最惠国待遇条款适用开始“抗争”，实践的天平一度在准允扩大与拒绝适用“用尽东道国救济”规则间摇摆。不同国家间用尽东道国救济规则设计的差异及最惠国待遇条款适用范围的“摇摆式”立场更增加这一问题的模糊性。因而可考虑采取不同的针对性措施及手段予以解决。关于滞后性传统条约无法应对新兴实践状况的问题，应当通过条约迭代予以应对。并且需回答最惠国待遇条款能否适用于包括东道国救济规则在内的争议解决条款，国内法作出适应本国利益需求的更改或增设限制性规定。针对仲裁裁决的碎片化，仲裁庭应主动在梳理既往实践的基础上，统一解释性规则，避免“条约挑选”的进一步发生。而针对国际投资法的碎片化现状，可积极参与推动建立统一的国际投资体系，真正落实东道国救济规则对东道国司法主权的切实保护与投资者利益的平衡，实现最惠国待遇最初所设想的非歧视政策目标。

初审编辑：马程钟

校对编辑：季澄珏

涉外定牌加工侵权构成标准探究

——以间接侵权为视角

Exploration of the Standards for Infringement in Foreign-Related Contract Manufacturing

——From the Perspective of Indirect Infringement

高卓锐*

摘　要： 围绕涉外定牌加工案件，学界的争论已由行为的合法性转移到了侵权构成标准的具体要素选择。然而，目前所采取的直接侵权判定路径与商标使用的构成要件深度关联，无法形成科学的侵权构成标准以评价不同加工行为，也不符合商标使用要件的功能定位。在确认加工行为不属于商标使用后，从主体区分的视角转向间接侵权路径，在利益衡量上更具优势。商标间接侵权概念源于民法上的多数人侵权规则，其规范目的在于商标识别功能的事前保护，由于该定位与商标使用的前置筛查功能相契合，应将商标使用作为适用直接或间接侵权路径的界分标准，并在间接侵权框架下评价加工行为。在具体标准的构筑上，明确我国商标法作为涉外定牌加工案件的准据法，将涉案商标权的效力范围通过效果主义予以有限扩大，若涉案商品存在回流境内市场的事实，且加工方因未履行审查义务而被认定主观上存在过错，最终可将其认定为商标侵权

---

* 高卓锐，湘潭大学知识产权学院硕士研究生。

的帮助者。

关键词：涉外定牌加工；商标使用；间接侵权；审查义务

一、问题的提出

2019年9月，最高人民法院就本田技研工业株式会社与重庆恒胜鑫泰公司等涉“HONDA”商标案作出再审判决，① 推翻了二审法院认为恒胜鑫泰公司不构成商标侵权的两项理由②：涉外定牌加工行为不属于商标使用行为、摩托散件全部出口不会导致域内公众产生混淆可能性。同时，该再审判决入选2019年中国法院十大知识产权案件，似乎标志着最高人民法院推翻了原本“PRETUL”再审案与“东风”商标再审案③中定牌加工行为不构成商标使用的观点，也不再将涉外定牌加工定性为商标侵权中的例外情形。实际上，部分涉外定牌加工商标侵权裁判中确实存有一定误区，即首先认定案件中行为人的行为是否属于涉外定牌加工，然后以此判断是否构成商标侵权。④ 于是在“HONDA”商标案的再审判决作出后，司法实践开始反思该误区，总体上不再将构成涉外定牌加工单独作为构成商标侵权的论证理由，承认该类案件同时存在侵权或非侵权的可能，各地法院既出现将涉外定牌加工行为认定为侵权的裁判，也出现否认其构成侵权的裁判。⑤

随着各地法院回归到在具体个案中判定涉外定牌加工行为合法性的模式，究竟具体个案中的哪些要素才应当影响行为是否构成侵权，成为处理涉外定牌加工案件亟须回应的关键问题。最高人民法院在“HONDA”商标案中指明部

---

① 参见最高人民法院（2019）最高法民再138号民事判决书。

② 参见云南省高级人民法院（2017）云民终800号民事判决书。

③ 参见最高人民法院（2014）民提字第38号民事判决书；最高人民法院（2016）最高法民再339号民事判决书。

④ 近年仍有法院在裁判中以构成涉外定牌加工行为作为论证不侵权的理由，参见上海市浦东新区人民法院（2020）沪0115民初34561号民事判决书。

⑤ 近年来否认定牌加工行为构成侵权的裁判包括：浙江省高级人民法院（2021）浙民申4890号民事裁定书；广东省中山市中级人民法院（2023）粤20民终1257号民事判决书。认定相应行为构成侵权的裁判包括：浙江省义乌市人民法院（2023）浙0782民初2345号民事判决书；广东省高级人民法院（2021）粤民再125号民事判决书。

分侵权判断要素，即商品回流国内市场以及消费者出境购买的可能性，应作为判断行为是否构成侵权的要素之一，且境外商标授权不能作为侵权抗辩事由。然而，最高人民法院裁判所确立的这两项侵权判断要素仍然未能定分止争，广东省高级人民法院在裁判中指出“商品回流的可能性”不能作为判定商标侵权的理由。[⑥] 孔祥俊也指出最高人民法院的裁判未能构建涉外定牌加工行为评价的特定化构成要素，并在裁判中存在以政策考量遮蔽法律论证的情况。[⑦] 有学者全面梳理了裁判标准，指出商标使用、混淆、主观过错、境外商标效力等侵权判定标准存在适用错位，根源在于法院对定作方、加工方两方主体行为进行了混同判定。[⑧] 对于涉外定牌加工案件的侵权判断要素的具体设置思路，目前尚未形成共识。

从法律适用的角度出发，对侵权判断要素的构筑大致可以分为两派路径，一派是延续定牌加工判例一直以来的争议焦点，即加工行为是否构成商标使用行为，将“商标使用”要件的解释作为涉外定牌加工案件侵权判断的核心，通过不断扩充商标使用要件的考量因素，使得适用《商标法》第 57 条第 1 项对直接侵权情形的规定时，能够适应现实中复杂的利益衡量需要。另一派则从《商标法》第 57 条第 6 项出发，试图将定牌加工方解释为间接侵权人，判断其加工行为在主客观方面是否构成对直接侵权的帮助。本文将论证以商标使用要件容纳更多侵权判断要素的局限性，并论证适用间接侵权路径的正当性及优势，最终在这一基础上确立具体的法律适用思路及侵权构成标准。

二、涉外定牌加工案件转向间接侵权路径的正当性

依据间接侵权路径处理涉外定牌加工案件之前，应先明确原有的裁判思路的症结所在，以及引入间接侵权路径的必要性。因此，本节将就涉外定牌加工

⑥ 参见广东省高级人民法院（2021）粤民再 125 号民事判决书。

⑦ 参见孔祥俊：《商标使用行为法律构造的实质主义 基于涉外贴牌加工商标侵权案的展开》，载《中外法学》2020 年第 5 期，第 1305 页。

⑧ 参见杨鸿：《主体区分视角下定牌加工侵权判定的合理路径》，载《法学》2021 年第 9 期，第 119 页。

案件的裁判思路与学术成果进行梳理，揭示构建侵权判断标准所遭遇的障碍，以及间接侵权路径的引入为何能适应涉外定牌加工案件的裁判需要。

（一）商标使用要件的解释选择左右直接侵权判断结果

典型的涉外定牌加工案件发生在以下场景中：国内的生产加工厂接受境外定作方的委托，生产产品并贴附与国内注册商标权人相同或近似的商标，随后将产品通过运输出口的方式交付给定作方，定作方在境外再进行后续销售。传统侵权判定路径从现行《商标法》第 57 条出发，认为涉案定牌加工行为可能涉及第 1 项[9]所规定的行为。由于典型涉外定牌加工已被限定为在同类商品上贴附相同或近似商标，因此在适用该款规定时，加工人的加工贴附行为是否构成商标法上的“使用”成为争议的重点。

对于涉案行为是否构成商标使用，已有较多裁判和学术研究在商标直接侵权路径下围绕《商标法》第 48 条展开体系解释，从地域性、相关公众、内部环节与外部环节的界分上展开讨论，最终认为“是否构成商标使用”的结论直接决定加工人行为是否构成商标侵权。该路径并不考虑加工方是否获得境外商标权人授权、是否具备主观过错等问题，而是重点考虑商标直接侵权要件的构成与否，即行为是否构成“商标使用”。例如，部分法院认为涉案商标被贴附后直到境外才发挥出识别商品来源的功能，由于其不在我国相关市场发挥识别作用，根据商标权的地域性，该行为不属于商标使用，并得出涉外定牌加工不侵害国内商标权的结论。[10] 此种思路聚焦于加工贴附行为的即时效果，分离商标出境后的流转问题。既然加工方的行为并不会向境内消费者传递商标信息，则其当然不构成商标使用，也不应认定为侵权。若采取该种解释，只要定牌加工产品全部销往境外，加工即不属于商标使用行为，无法适用《商标法》第 57

---

⑨ 《商标法》第 57 条第 1 项：“未经商标注册人的许可，在同一种商品上使用与其注册商标相同的商标的”。

⑩ 最高人民法院在“PRETUL”案与“SOYODA”案中均支持这一观点，同样的观点还可见于多地高级人民法院。参见最高人民法院（2014）民申字第 669 号民事裁定书；最高人民法院（2014）民提字第 38 号民事判决书；山东省高级人民法院（2012）鲁民三终字第 81 号民事判决书；福建省高级人民法院（2013）闽民终字第 669 号民事判决书；广东省高级人民法院（2011）粤高法民三终字第 468 号民事判决书。

条第 1 项，不构成商标侵权。

另一种解释则将视角扩大到商品流转的全过程，将商标出境后的流转可能产生的效果也作为商标使用的判定依据。例如在“HONDA”案中，最高人民法院认为只要商标最终具备识别来源的可能性，相应行为就应当属于商标使用行为，即便定牌加工产品在未接触境内市场的情况下出口，但由于中国消费者可能在域外购入相关产品并回国转售，因此出口前的加工行为也构成商标使用。该思路虽然扩充了商标使用要件对案件要素的容纳范围，但由于商品回流及消费者出国购买的可能性几乎无从杜绝，绝大多数涉外定牌加工行为都将被定性为侵权。此外，由于从事加工方无法控制商品后续流转，即便确立后续的效果类要素作为裁判标准，也难以为加工方提供“合法加工”的法律指引。其原因在于直接侵权路径留下的抗辩空间过小，且诸多效果因素难以被加工方在前置环节预期。

因此，无论采取哪一路径解释商标使用，从整体或局部的视角单独审视加工方的行为，都会导致侵权构成标准难以指引定牌加工业务的有序开展，涉外定牌加工案件被固化为侵权或不侵权情形。也正因如此，最高人民法院的“HONDA”案判决被指出，未能将政策上的利益考量构筑成类型化的法律适用示例。总之，由于加工方在不同案件中的加工与贴附行为大致相同，在直接侵权路径下扩大解释商标使用概念的裁判思路，仍然无法在适用第 57 条第 1 项对定牌加工行为进行判定时，作出侵权判定的类型化处理。

（二）商标使用要件的规范功能在于前置筛除而非综合判断

既然继续一味聚焦于商标使用要件的解释，无法为涉外定牌加工案件确立侵权与非侵权的恰当边界。那么应当如何看待商标使用在侵权判断中的功能，并在此基础上继续研究涉外定牌加工的侵权构成标准？

商标使用这一概念被规定于我国现行《商标法》第 48 条[11]，虽然该条款置于商标效力维持的章节内，但由于该条文采用“本法所称”的表述，一般认为

---

[11] 《商标法》第 48 条：“本法所称商标的使用，是指将商标用于商品、商品包装或者容器以及商品交易文书上，或者将商标用于广告宣传、展览以及其他商业活动中，用于识别商品来源的行为。”

也可解释侵权条款下的商标使用。其包含两个部分，即列举形式上“用于商品、服务”“用于广告、宣传”等商业性活动的前半部分，和要求实质“用于识别来源”的后半部分。其中前半部分类似于美国法的“商业性使用”要件，[12]将公众在生活中的讽刺、戏仿行为置于商标权人的控制范围之外，限制侵权条款在非商业性使用活动上的适用，[13] 避免商标权滥用损害言论自由。后半部分则是基于保护商标识别功能的立法目的，排除那些虽然发生在商业活动中，但实际上并没有发挥“识别来源”这一商标功能的使用行为。

“商标使用”要件关注行为本体，若该行为发生在商业流通环节、与商品或服务相关，且承载了识别商品来源的信息，即足以认定其构成商标使用，无须像混淆要件那样对涉案行为效果进行综合评估，因此其具有侵权判断上的前置性。[14] 这种前置性，决定了“商标使用”要件并非商标侵权判断的终点，仅起到侵权判断的分流筛除功能。在涉外定牌加工案件中，将侵权判断标准局限于商标使用要件，实际上是忽略了我国《商标法》第 57 条各项的内在体系。第 57 条仅有第 1 项与第 2 项对“商标使用”要件予以明确规定，即便涉案行为不构成商标使用，仍有可能落入包含帮助侵权条款在内的其他款项规制范围。因此，不应扭曲商标使用要件用于筛除的应然定位，将商标使用的判定视角扩展至商品流动的全流程，在该环节越俎代庖地进行综合利益衡量，否则可能造成混淆要件的虚置。应聚焦于定牌加工的即时效果，将商标使用构成作为侵权判断的阶段而非终局性结论，并在这一结论上继续判断加工行为是否可能落入其他侵权条款的规制范围。

（三）定牌加工行为本身不应解释为商标使用

既然商标使用要件在侵权判定中具有阶段性作用，因此对其进行规范适用时，应聚焦于定牌加工行为本身效果是否满足商业性和识别性的要求，无须考察将商品出口交付给定作方之后的阶段。由于加工行为可被归于商业性活动的范畴内，因此商标使用要件适用的争议在于其识别性的满足。

---

[12] 15 U. S. C. § 1114 (2024).

[13] See Radiance Foundation, Inc. v. Naacp, 25 F. Supp. 3d 865 (Dist. Court 2014).

[14] 参见刘维：《论商标使用行为的独立性》，载《现代法学》2021 年第 6 期，第 70 页。

一般认为，“用于识别商品来源”指的是“具有用于识别商品来源的实质意义”。[15] 依照商标法的基本原理，不论是来源识别效果还是混淆可能性的判断，都应当以消费者的感知作为衡量的尺度。[16] 也就是说，“用于识别商品来源”这一要件的判断应秉承商标法在侵权判定上一贯的思路，基于相关公众的视角，而非考量行为人主观上的意图。有观点指出，评估行为人是否使用商标时不得不依赖相关公众的视角，这样一来又会与备受诟病的混淆可能性分析发生重叠，导致商标使用无法实现其作为门槛要件的功能。[17] 但本文认为，应当借鉴美国学者对“消费者理解”（Consumer understanding）和“消费者感知”（Consumer perception）的区分，[18] 将识别可能建立在相关公众可能“感知”的前提之上。此处的感知是指物理意义上的感知，是消费者内心对商标信息进行“理解”的前提条件。商标使用判定所考量的识别来源可能性仅与“感知”的客观可能性相关，而不涉及对具体信息的理解。如此可与混淆可能性判定实现区分，识别来源可能性判断的是相关公众感知到商标标志客观存在的可能性，而非理解商标标志作为符号所内含信息的可能性。[19]

以相关公众这一拟制的客观标准判断“用于识别商品来源”的思路，也更契合知识产权侵权一般原则。通常认为，一旦实施落入知识产权专有权利控制范围内的行为，无须讨论过错即可认定为知识产权侵权，过错仅在讨论是否承担赔偿责任时予以考量。TRIPs 也仅在第 45 条讨论利润的返还与赔偿金的支付中，对行为人的主观状态进行了要求。[20] 若将行为人的主观意图作为判断要件，

---

[15] 孔祥俊：《我国知识产权保护的反思与展望——基于制度和理念的若干思考》，载《知识产权》2018 年第 9 期，第 45 页。

[16] See Mark P. McKenna, *Trademark Use and the Problem of Source*, U. Ill. L. Rev. 814 (2009).

[17] 参见董朝燕：《商标侵权判定中“商标性使用”的地位与认定》，载《电子知识产权》2023 年第 11 期，第 36 页。

[18] Margreth Barrett, *Finding Trademark Use: The Historical Foundation for Limiting Infringement Liability to Uses in the Manner of a Mark Article and Essay*, 43 Wake Forest Law Review 917 (2008).

[19] 关于商标符号本身与其内含信息的区别，参见王太平：《商标概念的符号学分析——兼论商标权和商标侵权的实质》，载《湘潭大学学报（哲学社会科学版）》2007 年第 3 期，第 24 页。

[20] See *Agreement on Trade-Related Aspects of Intellectual Property Rights*, Article 45.

认定相关行为是否构成商标使用，实质上是将主观意图引入一般的商标侵权认定，与知识产权直接侵权的一般原则相悖。

具体到加工行为中，由于加工方独立实施的行为尚没有涉及定作方以外的境外商家与消费者，因此暂时不需要论证境外公众在行为判定中的地位。需要补充的是，相关公众这一概念的设置虽然意在实现商标向消费者传递信息这一核心功能，但并非只有消费者才属于相关公众范畴。我国现行司法解释所秉承的正是这一立场，《商标法》所称的相关公众还包括与商标所标识的商品和服务有密切关系的其他经营者。[21] 那么在定牌加工方生产产品并贴附商标，随后通过运输将商品交付定作方的过程中，是否存在相关公众识别商品来源的可能呢？答案是否定的，其原因在于所有直接接触涉案定牌加工商品的人员，均非通常意义上的消费者，且作为包括运输公司、定作方在内的其他经营者，其实施经营活动的决策也不取决于商标与商品之间的识别关系。相关公众范围虽然不仅限于消费者，但也不能过度扩张至流通中可能涉及的所有人员。包括运输方在内的其他经营者，并不是信任商标所具有的识别功能而实施运输行为，而是基于合同的对价履行合同义务，不应被解释为有密切关系的经营者。就此，加工方所独立实施的行为因无法实现“识别来源可能性”，无法被解释为商标使用行为，因此也不能适用《商标法》第 57 条第 1 项、第 2 项的规定。但是否定加工方行为构成商标使用，排除第 57 条前两项的适用并不意味着加工方的行为就此可以被认定为非侵权行为，其仍然有可能被解释为《商标法》第 57 条第 6 项的“故意为侵犯他人商标专用权行为提供便利条件”。

（四）转入间接侵权路径可恰当协调利益

“HONDA”案判决中指出，“商标的使用应当依据商标法作出整体一致解释，不应该割裂一个行为而只看某个环节”[22]。综观整个定牌加工出口贸易，确实有必要进行整体性的利益衡量，但这一任务不应交由商标使用要件，将阶段

---

[21] 《最高人民法院关于审理商标民事纠纷案件适用法律若干问题的解释》第 8 条：“商标法所称相关公众，是指与商标所标识的某类商品或者服务有关的消费者和与前述商品或者服务的营销有密切关系的其他经营者。”

[22] 最高人民法院（2019）最高法民再 138 号民事判决书。

性结论作为最终依据。由于商品产生的识别效果最终来自域外定作方与域内加工方的合力，即便加工方行为本身不构成商标使用，仍然有可能因域外定作方后续行为侵权而承担间接侵权责任。因此转向适用《商标法》第 57 条第 6 项，在主体区分的视角下分别论证直接侵权与间接侵权行为的成立，具有解释论上的可能性。在涉外定牌加工案件中采用间接侵权路径并对主体进行区分，并非学界新近的理论首创，实务界已有尝试。广东省高级人民法院曾在“CROCODILE”案二审判决中通过审查加工方是否履行了必要的注意义务，对行为是否构成商标侵权进行裁判。[23] 知识产权直接侵权的认定通常不包含对注意义务的审查，对该要素的审查是典型的间接侵权裁判思路，法院虽未在涉外定牌加工行为的判断中使用间接侵权这一术语，但事实上早已在不自觉运用间接侵权路径。[24]

反对观点认为，涉外定牌加工案件的特殊性在于商品的境外销售，而非加工方与定作方的承揽与分工。即便将涉外定牌加工案件简化，去除境外定作方的存在，仅考察制造境内商标商品出口并在境外销售的行为，仍然需要按照相同裁判思路判断出口行为是否侵权。[25] 但实际上，若定牌加工方与境外销售方统摄为同一主体，则可基于效果原则将定牌加工和境外销售过程在知识产权的积极域外效力[26]下进行统一，整体判断境内商标权人在相关市场的利益是否受到损害，无须判断作为前置环节的定牌加工行为是否侵害商标权利益。

商标使用要件难以恰当平衡涉外定牌加工案件利益，是因为该要件在根本上基于商标帮助消费者识别商品来源的功能，为横向的企业竞争设置秩序。但在商品运输和制造方与商标权人的纵向竞争关系中，行为并不直接利用商标识别功能，也不接触商品的消费者，加工方仅通过合同关系间接获取商品销售的利益。此时本可基于合同法下的意思自治，由市场主体自由选择商业经营的合作方；直到商品销售终端的商标侵权确实发生时，通过追究终端的侵权责任，

㉓ 参见广东省高级人民法院（2011）粤高法民三终字第 467 号民事判决书。

㉔ 参见杨鸿：《主体区分视角下定牌加工侵权判定的合理路径》，载《法学》2021 年第 9 期，第 131 页。

㉕ 参见姬瑜：《地域性原则的理解纠偏及涉外审判中外国法适用的重申——涉外定牌加工案件的启示》，载《电子知识产权》2023 年第 10 期，第 67 页。

㉖ 关于知识产权的积极域外效力，参见阮开欣：《论知识产权的地域性和域外效力》，载《河北法学》2018 年第 3 期，第 85 页。

以影响相关合作方的决策。若某一商家专门生产侵权商品且被多次追究侵权，赔偿责任所带来的经营成本自然会影响其在产业分工中的竞争力，无须越俎代庖地认定加工或运输行为属于“商标使用”，追究加工方或运输方的商标侵权责任。本文认为，正是加工行为的前置性，造就了涉外定牌加工案件在利益衡量视角上的独特性：是否要基于境内商标权人的利益，将承担侵权责任的成本从境外从事侵权销售的定作方前移至从事前置加工任务的加工方。境内商标权人本可以就境外销售方的销售行为起诉，主张其销售行为侵害其商标权，但基于诉讼成本的考量，境内商标权人往往选择仅加工方提起诉讼。

从利益衡量的角度出发，采用间接侵权路径的优势在于，尽管定作方与加工方的行为结合后会利用到商标的识别来源功能，但是二者具体分工与利益来源并不一致，区分其责任有利于更好地实现利益平衡。定作方将涉案商品在境外销售并利用商标的识别功能，其组织加工生产、境外销售的主观意图与商标发挥的客观效果相统一，而加工方在行为结合中所从事的则是技术行为，即受托完成特定任务发挥辅助效果，利益来源于从事劳务的对价，而非商标识别效果所带来的经营利益。法院在裁判中，也常将这一特征作为利益平衡重点，比如地方法院在判决书论证中指出，“被告作为境内加工方在产品上贴附商标的行为形式上虽由加工方实施，但实质上商标真正的使用者为境外委托方，该柴油机进入流通领域后，消费者通过被诉侵权商标不可能获悉商品的生产销售者是被告，被告获得的仅是向委托方提供加工服务的相关报酬”[27]。因此，转向商标间接侵权路径，并区分加工方与定作方的行为与责任，既具有解释论上的正当性，也具有利益衡量层面的必要性。

三、商标间接侵权的功能剖析与适用边界探明

从主体区分的视角出发主动适用间接侵权路径，更有利于加工方与定作方间的利益平衡，同时也不与“加工行为不构成商标使用”这一结论相冲突。为支撑后文具体的涉外定牌加工裁判标准构建，本部分将立足商标间接侵权的体

---

[27] 上海市浦东新区人民法院（2014）浦民三（知）初字第92号民事判决书。

系定位，梳理其规范目的与适用前提。

（一）间接侵权概念源于民法多数人侵权

知识产权间接侵权在我国法律实践中的发展历程，与知识产权保护的国情演变相适应。在知识产权制度建立初期，少有规范规制间接侵权行为。原因在于当时的知识产权保护力度有限，且直接侵权者往往具备一定经济实力，以直接侵犯具体专有权的行为作为打击对象已经足够。但随着商业和科技的发展，实施直接侵权的门槛逐渐降低，追究间接侵权责任也随之具备了必要性。“间接侵权”一词几乎只会在知识产权学者的研究中出现，民法研究极少提及，其中较为相似的概念为“间接侵害”㉘，但间接侵害通常将侵权行为的判定聚焦于单个行为主体上，第三人或其他因素的介入只是影响了损害结果的发生形态，与知识产权领域讨论的间接侵权路径存在差异。有观点指出，实际上绝大部分知识产权间接侵权行为，都不是间接侵权行为而是共同侵权行为，可以被帮助侵权和教唆侵权两项概念涵摄。㉙ 民法上常用的“共同侵权”概念更为接近知识产权间接侵权的本质，即对于复数行为主体，基于主观意思联络或客观行为关联造成损害后果，应当如何进行责任分配。

但是，仅使用民法上的共同侵权概念处理知识产权侵权行为，尚不能满足实践的需要。其原因包含三个方面：一是实践中的知识产权侵权行为往往伴随多方参与，且各参与方未像传统民事侵权一般进行充分意思联络，而是各自提供中立的营业服务，仅使用民法上的共同侵权概念处理相应情况难以完成利益平衡任务。例如，围绕网络服务提供商应如何承担著作权侵权责任的问题，大量观点指出必须基于著作权法规范目的考量其中注意义务设置。二是无形性这一特征，使得知识产权侵权判定与传统物权不同，知识产权的保护范围由法律通过专有权利的法定列举予以确认，为了恰当认定知识产权侵权中的“侵害行为”和“损害后果”，需要从侵权法规则转向知识产权法寻求规范供给，此时

㉘ 间接侵害指经由第三人或其他事由间接致加损害于他人，例如对母亲进行输血，其受感染后，影响受孕的胎儿；将有缺陷的商品流入市场等。参见王泽鉴：《侵权行为》（第 3 版），北京大学出版社 2016 年版，第 236 页。

㉙ 参见杨立新：《论竞合侵权行为》，载《清华法学》2013 年第 1 期，第 124 页。

由于不同知识产权对积极和消极专有权的规定方式存在较大差异，必须在各自的利益平衡框架下开展分析。三是随着知识产权间接侵权责任形态不断发展，在帮助侵权和教唆侵权之外，又发展出了引诱侵权概念以及相应体系，意味着间接侵权的研究无法简单套用民法上的共同侵权体系，需要对其自身脉络进行研究。[30] 面对间接侵权案件的现实需求，我国已在知识产权规范体系内部不断探索可能的制度供给，例如《信息网络传播权保护条例》第 14 条与《最高人民法院关于审理侵犯专利权纠纷案件应用法律若干问题的解释（二）》第 21 条通过对知识产权间接侵权判定的具体化，从一定程度上改变司法实践过度依赖共同侵权一般条款解决知识产权间接侵权案件的局面。综上，间接侵权概念虽然起源于传统民法，但并非对一般侵权法规则的同义转述，在知识产权案件裁判中具有独立的功能定位。

（二）商标间接侵权规范目的在于识别功能的事前保护

专利间接侵权规则将部分难以在全面覆盖原则下认定为专利侵权的情形，认定为侵权行为，实现适度扩大专利保护范围的目的。[31] 而著作权间接侵权规则围绕着未直接传播作品的行为，例如提供信息网络服务，将帮助作品传播的行为纳入著作权人控制。然而，与专利权和著作权领域的间接侵权规则构建相比，我国商标规范并没有系统构筑商标间接侵权的功能与范围，未对侵害商标权行为进行类型化的排列，而是为追求立竿见影的实践效果，将性质不一的商标侵权行为一并列于《商标法》第 57 条之下，导致商标间接侵权路径适用的混乱。[32] 因此，在适用商标间接侵权路径裁判涉外定牌加工案件之前，还需要先厘清商标侵权规范之间的逻辑层次。

我国《商标法》第 57 条在表述侵权行为时，使用“均属”这一用语。在该用语下，所列举的 7 项行为不作区分，均作一般商标侵权行为的理解。而与

---

[30] 参见夏朝羡：《知识产权引诱侵权制度研究》，华东政法大学 2022 年博士学位论文，第 1 页。

[31] 参见刘友华、魏远山：《欧洲系统专利间接侵权认定及其借鉴》，载《知识产权》2018 年第 11 期，第 87 页。

[32] 参见蔡元臻：《商标间接侵权制度论要》，载《环球法律评论》2023 年第 5 期，第 89 页。

我国《商标法》第57条较为相似的日本《商标法》第37条所使用的则是“视为”一词，意味着其中也包含法律拟制的商标侵权行为，且该条除第1项和第8项的规定之外，第2—7项均使用了“以……为目的”和“为使”这两项主观要件。[33] 日本《商标法》第37条的设计实质上是意识到了商标直接与间接侵权的区分，通过拟制的方式将不同的商标侵权行为予以体系化安排，同时也确保了主观要件对商标间接侵权认定的限制。[34] 模仿该思路对我国《商标法》第57条进行梳理，大致可以分为4类条项，以“商标使用”作为行为构成要件的前2项，包含列举销售、伪造商标、反向换标等侵权行为的第3—5项，规制帮助侵权行为的第6项，以及最后的兜底条项。[35] 其中第3项所规定的销售商品行为一般被认为也可解释成第57条前两项所规定的情形，单列销售行为更多是出于加强商标保护的实用主义考量，减少法官论证商标使用的步骤，对大量的销售侵权商品案件实现快速定性。

第57条第4项所规定的伪造商标行为则发生在商标向消费者发挥识别功能之前，此时伪造者有较大可能会以独立或借助他人的方式，继续实施第57条前3项规定的商标侵权行为，于是这种尚未利用商标识别功能的行为被拟制成了商标侵权行为。第6项规定的帮助行为也是本身没有利用商标识别功能，但与其他主体行为相结合后，将呈现利用商标识别功能的样态。这两项条款应当被视作实质上的商标间接侵权条款，所规定的行为需通过与其他行为相结合，方能产生商标识别的效果。

---

[33] 参见中国人民大学知识产权教学与研究中心、中国人民大学知识产权学院、《十二国商标法》翻译组译：《十二国商标法》，清华大学出版社2013年版，第254页。

[34] 参见王太平：《商标法上商标使用概念的统一及其制度完善》，载《中外法学》2021年第4期，第1038页。

[35] 《商标法》第57条：“有下列行为之一的，均属侵犯注册商标专用权：（一）未经商标注册人的许可，在同一种商品上使用与其注册商标相同的商标的；（二）未经商标注册人的许可，在同一种商品上使用与其注册商标近似的商标，或者在类似商品上使用与其注册商标相同或者近似的商标，容易导致混淆的；（三）销售侵犯注册商标专用权的商品的；（四）伪造、擅自制造他人注册商标标识或者销售伪造、擅自制造的注册商标标识的；（五）未经商标注册人同意，更换其注册商标并将该更换商标的商品又投入市场的；（六）故意为侵犯他人商标专用权行为提供便利条件，帮助他人实施侵犯商标专用权行为的；（七）给他人的注册商标专用权造成其他损害的。”

第57条第4项与第6项所规定的是尚未利用商标识别功能的行为，即预备行为和帮助行为，并将商标权的控制范围扩展至对商标识别功能的间接利用。商标识别功能在商标间接侵权制度中所具有的地位，类似于专利间接侵权中"专利的实施"，著作权间接侵权中"作品的使用"，使权利规制范围得以扩展至尚未利用商标识别功能的事前阶段。这种向事前的扩展恰好可契合涉外定牌加工案件中加工行为的前置性，更具针对性地调整相关利益。

（三）商标使用作为直接与间接侵权路径的实质界分标准

上一节对《商标法》第57条的分析还留有一个问题，即第57条第5项所规定的商标反向假冒行为，无须与后续行为相结合便能产生损害后果，是否意味着反向假冒属于直接侵权行为。由于反向假冒一般被认为不属于商标使用行为，若将其认定为直接侵权行为，似乎意味着"商标使用"并不是商标直接侵权与间接侵权的界分标准；而若将其认定为间接侵权行为，则意味着商标间接侵权体系的构筑进一步脱离多数人侵权，呈现出特殊侵权的样态。本节将对商标直接与间接侵权的界分标准展开论证，使该标准与反向假冒条款在商标法体系上的定位保持自洽，并以该标准回应涉外定牌加工案件适用间接侵权路径的前提性问题——正是定牌加工行为不构成商标使用这一事实，将其导向间接侵权路径的适用。

一般认为，间接侵权行为是指那些不受知识产权专有权利控制的行为，其中商标间接侵权不同于其他知识产权之处在于：商标权人享有的各项专有权利无法与直接侵害行为形成逐一对应的逻辑关系。[36] 由于知识产权具有无形性，无法像传统有体物一样直观判断其是否遭受侵害，因此需要借助法定的专有权控制范围，才能判断一项知识产权是否受到侵害。例如《著作权法》第10条规定了发表权、出租权等专用权，若其他人未经许可实施专用权所规定的行为，即属于直接侵犯著作权的情形；若行为人未实施相应行为，而是间接地引诱、教唆、帮助其他主体实施相应行为，则属于间接侵犯著作权的情形。《专利法》

---

[36] 参见王迁、王凌红：《知识产权间接侵权研究》，中国人民大学出版社2008年版，第3、99页。

第 11 条也是如此，制造、销售等专用权所规定的行为仅能由专利权人实施，间接侵权的判定同理。质言之，当知识产权法正面规定哪些行为被权利人垄断时，未经允许实施该行为便构成了对知识产权这种对世权的直接侵害。但《商标法》并没有在开篇从正面规定商标专用权的“专用”究竟包括哪些范围，而是直到商标权的保护章节的第 57 条才反向列举其他行为人不得实施的行为。

对商标直接与间接侵权适用边界的标准大致可以分为两派，一派以行为的市场性后果为界分标准，即是否导致消费者混淆或竞争机制混乱；[37] 另一派将行为是否属于商标使用行为作为界分标准。[38] 本文认为，以商标使用行为作为商标直接与间接侵权的界分标准更为恰当，具体原因如下：

首先，混淆可能性与竞争机制损害这两种后果依赖于开放式多要素判断，个案中的必备要素和参考因素都会影响混淆可能性的判断结果，这种综合考量的判断模式并不适合用于界分某一独立行为的性质，更适于在给出最终裁判结果时进行总体利益权衡。若在作出是否适用商标间接侵权路径的判断之前，便先作出混淆可能性问题的综合判断，则商标间接侵权路径扩展商标识别功能保护范围的目的已被完成，该路径只能再重复一遍混淆可能性的论证。相比之下，商标使用则更适合判断某一独立行为的性质，依据商业性和识别性两项要件即可认定是否属于商标使用，随后转入间接侵权路径并引入其他主体和要素。这样既有利于商标间接侵权路径独立价值的实现，也与商标使用用于侵权初筛的规范功能相契合。

其次，追溯商标间接侵权的制度起源，即美国法院在商标商品分销案件的裁判中对《兰哈姆法》第 32 条的解释，[39] 该案的论证表明商标侵权责任可以超出“实际上错误使用商品的人”，此处所强调的重点在于“实际上使用”，而非

---

[37] 参见蔡元臻：《商标间接侵权制度论要》，载《环球法律评论》2023 年第 5 期，第 92 页；李士林：《商标使用：商标侵权先决条件的检视与设定》，载《法律科学（西北政法大学学报）》2016 年第 5 期，第 147 页。

[38] 参见朱冬：《商标侵权中销售商品行为的定性》，载《法律科学（西北政法大学学报）》2013 年第 4 期，第 174 页；刘维：《论商标使用行为的独立性》，载《现代法学》2021 年第 6 期，第 62 页。

[39] See Inwood Laboratories, Inc. v. Ives Laboratories, Inc., 456 US 844 (Supreme Court 1982).

市场最后是否产生混淆效果。这种间接侵权判断标准，保留了《兰哈姆法》第32条（a）（1）中商标使用作为侵权要件的地位，通过对未实际进行商标使用行为的主体追究侵权责任，实现了商标功能保护扩展。这一标准后续也在旧货市场、特许经营服务商等其他商标间接侵权案件中[40]得以适用，通过转向“帮助侵权”“代位侵权”等判定路径，将商标使用者之外的主体作为间接侵权责任的承担者。让“商标使用”要件像“实施侵害专用权行为”一般，对商标直接侵权与间接侵权进行分流。此种思路在我国2002年《商标法实施条例》中也有体现，第50条[41]对原《商标法》侵权条款中兜底条款的解释，便影射着以商标使用界分直接侵权与间接侵权的思路。该条解释分两项，第1项以商标使用行为和误导公众的后果作为要件，遵循直接侵权路径，而第2项将提供便利条件与主观故意作为要件，遵循间接侵权路径。

最后，虽然《商标法》第57条第5项规定的反向假冒行为既不属于商标使用行为，也无须与其他行为相结合即可实现侵害效果，但该项的设置并不能影响商标间接侵权的内在体系。本文认为，反向假冒条款在《商标法》中的地位类似于《著作权法》中的禁止规避技术措施条款，其本身并非对知识产权专用权的侵害，而是立法者基于该行为不正当获取竞争优势的可责性，将其单独拟定成侵权行为。虽然反向假冒行为被规定在《商标法》第57条中，但在实质上与将商标作为字号使用一样，高度契合反不正当竞争法的“行为谴责判断范式”，属于不正当竞争而非商标侵权行为。[42] 若对《商标法》第57条下的各项进行类型化处理，反向假冒行为应当与其他商标侵权行为作出区分，像规避技术措施行为在《著作权法》中的安排一样，与使用注册商标作为企业字号等行

---

[40] See Hard Rock Cafe Licensing v. Concession Services, 955 F. 2d 1143 (Court of Appeals, 7th Circuit 1991); Fonovisa, Inc. v. Cherry Auction, Inc., 76 F. 3d 259 (Court of Appeals, 9th Circuit 1995); Coach, Inc. v. Goodfellow, 717 F. 3d 498 (Court of Appeals, 6th Circuit 2013).

[41] 2002年《商标法实施条例》第50条：“有下列行为之一的，属于商标法第五十二条第（五）项所称侵犯注册商标专用权的行为：（一）在同一种或者类似商品上，将与他人注册商标相同或者近似的标志作为商品名称或者商品装潢使用，误导公众的；（二）故意为侵犯他人注册商标专用权行为提供仓储、运输、邮寄、隐匿等便利条件的。”

[42] 参见任浏玉：《商标反向假冒行为的属性重释与规制路径》，载《科技与法律（中英文）》2023年第1期，第90页。

为规定在同一部分。该种行为在实质上不应被置于商标侵权条款之下，遑论对商标侵权的体系构建产生影响。

综上，由于定牌加工行为不属于商标使用，可以转入商标间接侵权路径，考量各主体的客观行为与主观心态，将商标的识别功能保护扩展至事前阶段。

四、涉外定牌加工案件司法适用的间接侵权路径构建

对商标间接侵权进行概念探明之后，为了探明定牌加工案件中究竟涉及何种形式的侵权，厘清其中可能存在的侵权法律关系，首先应当区分加工方和定作方的主体和行为，随后对涉外定牌加工案件中的各项事实要素施加恰当的法律评价。具体而言，既然定牌加工方的行为并不属于商标使用，应如何在间接侵权框架下看待其与定作方行为的关联性；如何在主体区分的视角下处理商标权的地域性问题；最终应选择哪些要件界分涉外定牌加工行为是否侵权？

（一）在间接侵权路径下分解定牌加工的整体行为

对定作方的后续行为进行考察，其行为在法律上的地位较为清晰。其将加工方交付的商标商品向市场进行销售的行为可以认定为商标使用，若销售的行为或者效果发生于涉案商标专用权所属的市场范围内，则该销售行为可以独立构成商标侵权行为。因此，在间接侵权的分析路径下，若加工方的加工行为可以构成对定作方后续销售行为的“教唆”“帮助”“引诱”，则可以依据侵权法规则或《商标法》第 57 条第 6 项的规定，对定牌加工方追究商标侵权责任。

教唆与帮助行为均在我国《民法典》中有直接规定，二者之间的区别在于，教唆行为表现为作为的方式，通过唆使为他人创造犯意，但帮助行为则可通过不作为的方式体现。而引诱侵权则是在间接侵权不断发展的过程中，由帮助侵权演化而来，其特征在于故意地鼓励、诱导不特定的他人，实施侵犯受知

识产权专有权利直接控制的侵权行为。[43]

在定牌加工案件中，定作方才是委托加工方制造相关商品并贴附商标的一方，加工方并未唆使或引诱定作方产生犯意，因此其行为不涉及教唆或引诱侵权。若加工方与定作方之间存在行为的意思联络，最终的商标侵权行为系二者所共同实施，该情形可解释为双方共同直接实施侵权行为，无须借助间接侵权路径予以认定。由于加工方提供承揽服务并交付定作商品的行为，既可以被解释为帮助侵权中的“提供侵权专用品”，又可以解释成为侵权行为提供帮助，因此加工行为更趋近于间接侵权中的帮助侵权行为。而帮助侵权不同于引诱侵权，其成立有赖于其所帮助的直接侵权行为之成立，[44] 所以对加工方帮助行为的判定，需要再回到定作方销售商品行为的性质认定之上。

（二）以效果主义视角考察商品跨境流动的客观效果

定作方后续销售行为的性质认定，正是涉外定牌加工案件与普通定牌加工案件差异的核心所在：涉外定牌加工案件中的定作方往往身处境外、在境外对涉案标识享有权利、在境外开展后续的销售活动，于是裁判者必须考量知识产权的地域性在案件中产生哪些影响。

首先，对于我国《商标法》是否可以规制域外的销售行为，应当从知识产权侵权行为的准据法适用问题出发。我国《涉外民事关系法律适用法》第 50 条规定，知识产权的侵权责任适用被请求保护地法律。被请求保护地法律的确认不同于侵权行为地的确认，侵权行为地的确认需要从侵权行为的有关事实出发，判断侵权行为与侵权结果的发生地归属于何处；而被请求保护地法律的确定，则是由原告方通过自己的诉讼请求予以塑造和选择，如原告的诉求是依据中国商标权主张发生在美国销售行为的侵权责任，实际上此时的被请求保护地法律是中国法而非美国法。[45]

---

[43] 参见夏朝美：《知识产权引诱侵权制度研究》，华东政法大学 2022 年博士学位论文，第 13、39 页。

[44] 关于这一观点，参见夏朝美：《知识产权引诱侵权规则的中国法构造》，载《电子知识产权》2023 年第 4 期，第 92 页。

[45] 参见宋晓：《重思知识产权的地域性》，载《武大国际法评论》2022 年第 3 期，第 100 页。

确认适用商标侵权案件的准据法后，需要讨论我国商标法的域外效力究竟如何。传统观点认为，知识产权具有严格的领土性，其效力仅限于本国境内，除非国际条约的特别约定，否则按照某国法律予以承认和保护的知识产权只能在该国发生法律效力。[46] 严格依照这一观点，则国内商标权人的权利无法及于定作方在域外的销售行为，域外定作方的销售行为从独立角度来看并不属于商标侵权行为。在“HONDA”案之前的多数裁判，均以知识产权的地域性作为考量，否认涉外定牌加工案件构成侵权。如上海浦东新区人民法院以商标权的地域性特征为由，指出涉案商品是否会在我国境外造成消费者的混淆这一问题，并不属于我国《商标法》的规制范围。[47] 然而最高人民法院在“HONDA”案中提出另一观点，即随着电子商务和国内经济的不断发展，域外销售的商品存在回流境内，或被境内消费者在旅游时在境外购入的可能性，因此不能简单地将其排除出我国《商标法》效力范围之外。[48] 虽然该裁判将出境旅游和电子商务回流作为扩张商标法域外效力依据的做法，遭遇了一定批评，但从域外效力的角度出发讨论涉外定牌加工仍有必要性。

需要在一定程度上承认知识产权法域外效力的原因在于，尽管侵权行为的实施地发生在境外，但行为所导致的损害后果可能发生在境内。若不基于效果原则对跨境侵犯知识产权的行为予以规制，可能会发生侵权人转移至知识产权保护程度较低的国家，实施行为侵害保护程度较高国家的知识产权的情况。[49] 因此将商标法的效力范围基于效果原则予以有限扩大，规制在域内产生侵权后果的域外侵权行为有其必要性。例如美国法院曾在 McBee v. Delica Co 一案的论证中，指出商标法能否适用于境外所实施行为的关键，在于该行为是否对美国境内的商业利益造成了实质性影响，若产生实质性影响，则商标法可适用于境外实施行为。[50] 而在涉外定牌加工案件中，若定作方的后续销售行为确实导致了涉案商品有规模回流境内市场，那么此时可以基于我国《商标法》将域外

---

[46] 参见吴汉东主编：《知识产权法学》（第 6 版），北京大学出版社 2014 年版，第 7 页。

[47] 参见上海市浦东新区人民法院（2014）浦民三（知）初字第 92 号民事判决书。

[48] 参见最高人民法院（2019）最高法民再 138 号民事判决书。

[49] 参见阮开欣：《论知识产权的地域性和域外效力》，载《河北法学》2018 年第 3 期，第 94 页。

[50] McBee v. Delica Co.，Ltd.，417 F. 3d 107（Court of Appeals，1st Circuit 2005）.

定作方的销售行为认定为侵权，并在此基础上判断加工方是否需要承担帮助侵权的责任。回流的事实应当由商标权人通过提供证据予以证明，而不应以回流的“可能性”作为商标侵权构成要件，任何境外销售的商品都存在后续售往我国境内市场的可能，但不能以此为由将所有境外商品纳入我国《商标法》的调整范围之内。对于我国消费者前往境外旅游时购买相关商品的事实或可能，也不应作为域外销售行为对我国市场的商业利益造成实质性影响的证据。原因在于我国的公民若前往域外进行消费，在其接触涉案商标以及相关商品时不应被认定为国内的消费者，而应当认定为域外的消费者，即便其产生混淆，也不属于对境内商业利益产生实质影响。

综上，对于定作方等域外主体的后续行为是否侵权的判定，其前提在于涉案商品通过二次销售或者电子商务发生重新流入境内的事实，且该事实需要得到证据支持而非模糊的可能性推测，才具备认定加工方间接侵权责任的基础。

（三）以审查义务之履行作为判断加工方侵权的主观标准

若定作方的后续域外销售行为属于侵犯我国商标权的行为，那么由于加工行为在客观的因果关系上，可被解释为对商标直接侵权的帮助，最后的判定标准落到了行为人主观心态上，并通过行为的客观化标准予以认定。

若加工方与定作方在整个过程中互相通谋，主观上存在意思联络，则二者共同构成直接侵权，对各自实施的所有行为共同承担连带的外部责任。但在更多情况下，证据只能证明加工方与定作方签订了定牌加工合同，无法证明加工方与定作方在后续的销售行为中存在意思联络，此时加工方在商标间接侵权中的地位，类似于避风港场景下的网络服务提供商，即向不特定的相对方提供特定类型的中立服务，两种业务都不属于专为侵权做准备的行为，不能仅凭合同的存在认定其与侵权方存在共谋，否则会导致该行业面临普遍承担侵权责任的过重成本。

在不存在共谋的前提下，对加工方的间接侵权责任认定取决于其是否具有过错。对知识产权间接侵权过错要件认定的路径一般包含两种，即事前审查义务或事中注意义务的履行。[51] 例如网络服务平台便不负有主动的事前审查义务，平台是否承担间接侵权责任取决于事中注意义务履行，即是否在明知或应知侵权事实存在的情况下，采取了必要措施阻止损害后果的进一步扩大。[52] 不过本文认为，定牌加工方在注意义务之外，也应当承担事前的审查义务。不同于网络服务提供商所面对的海量用户生成内容，加工方在开展业务的过程中有能力对具体承揽业务的内容进行必要审查，向其施加事前的审查义务不会像网络服务业务一样，产生过量经济成本。同时事前审查义务相对于事中注意义务而言，更符合加工方业务模式，不同于网络平台下架特定侵权内容的低廉成本，加工方撤去某一产线的生产所带来的成本要高得多。若加工方能在签订定牌加工合同的过程中，通过对定作方的资质进行审查知晓侵权风险，则此时停止加工服务相比事后停止生产反而效率更优。部分裁判对加工方主观过错的论证也体现了这一观点，法院往往将加工方是否获得域外商标权人授权委托书，是否审查吊牌、标签样式的合法性作为判定主观过错的依据。[53] 综上，若加工方对定作方所提供的域外权利证明完成了形式上的检索和审查，并按照权利证明上的商标形态与样式开展定牌加工业务，则应当认定加工方完成了事前审查义务的履行，否则可认定其主观上存在过错。

有学者提出，若定牌加工涉及境内知名商标，由于此时境外商标很可能存在抢注、攀附等违反诚实信用原则的情形，则加工方作为境内从事相关行业的企业，不仅具备对域外权利进行形式审查的义务，还应履行注意避让义务。[54] 江苏省高级人民法院也曾在裁判中以原告商标被认定为驰名商标，被告应承担避让义务为由，判令被告承担侵权责任。[55] 然而避让义务的设置应当以原告具

---

[51] 参见王迁、王凌红：《知识产权间接侵权研究》，中国人民大学出版社 2008 年版，第 134 页。

[52] 参见刘友华、李扬帆：《短视频平台强制性版权过滤义务的质疑与责任规则的优化》，载《法学杂志》2023 年第 3 期，第 138 页。

[53] 参见广东省中山市中级人民法院（2023）粤 20 民终 1257 号民事判决书；上海市浦东新区人民法院（2014）浦民三（知）初字第 92 号民事判决书；广东省高级人民法院（2011）粤高法民三终字第 467 号民事判决书。

[54] 参见杨鸿：《主体区分视角下定牌加工侵权判定的合理路径》，载《法学》2021 年第 9 期，第 135 页。

[55] 参见江苏省高级人民法院（2015）苏知民终字第 00036 号民事判决书。

有特定支配权作为前提,[56] 而本文先前的论证已指出，加工人的加工行为并不直接落入商标权人的权利支配范围内，原告商标的较高知名度并不应当作为加工人负有避让义务的依据。对于原告商标在境内知名度较高这一事实，本文认为可以作为判断加工方是否明知涉案商标侵权事实存在的考量要素之一，通过与境内外商标注册时间先后、加工商品通过电商回流境内市场等事实相结合后，认定加工方尽管事前履行了审查义务，但在侵权事实发生后处于应当知道的主观状态，进而追究加工方的间接侵权责任。

综上，涉外定牌加工案件中侵权构成标准得以明晰。在涉外定牌加工案件中，若域外定作方的后续销售行为产生了商品回流我国市场的事实，则可依据效果原则适用我国商标法对相关行为进行规制。而域内的加工方若未在事前审查域外定作方的资质凭证，或基于商标知名度、商品回流规模等事实可以认定加工方明知或者应知商标侵权行为的存在，则可以基于《商标法》第 57 条第 6 项，追究域内加工方作为帮助者的商标间接侵权责任；若证据证明加工方与定作方在整个过程中存在意思联络，则可将二者视为同一主体，依照《民法典》第 1116 条承担共同侵权责任；若最终认定加工方已履行审查义务，且无其他证据证明其明知或应知侵权事实的存在，则加工方的加工行为不构成商标侵权。

五、结　　语

最早的涉外定牌加工案件至今已有 20 多年的历史，从最初聚焦于商标法的地域性问题，再到后来围绕商标使用要件的行为合法性争论反复，直至如今探究涉外定牌加工行为的合法边界，这类案件似乎从未淡出过学界的视野。随着我国经济发展的转变和知识产权保护司法政策的不断调整，涉外定牌加工贸易中的商标侵权认定也许还会不断调整。关于本文所提出的涉外定牌加工行为的裁判思路，也仍然留有不少细节等待进一步论证，例如共同诉讼中的当事人排列和惩罚性赔偿适用问题等，这些问题的进一步明确有利于涉外定牌加工案件

---

[56] 参见刘维：《中国知识产权裁判中过度财产化现象批判》，载《知识产权》2018 年第 7 期，第 80 页。

裁判更好地契合我国的政策，促进经济的高质量发展。但无论是什么样的政策考量，都应当以法律规范或裁判惯例的方式，将行为侵权与否的边界向行业予以明确，如此才能实现法律规范基本的指引效果。

初审编辑：吴　笛
校对编辑：钱　进

窃“标”不为偷：论文学角色的标识性使用*

To Steal Character Marks is an Elegant Offense：An Analysis of the Identifying Use of Literary Characters

黄　鑫**

摘　要：作为一种同人创作中的典型现象，文学角色的标识性使用，指使用足以唤起读者联想的角色名称进行文学创作的行为。囿于思想表达二分原则内在的不确定性，当前的角色可版权性的判断标准既与“审美不歧视”原则发生冲突，又错误地将角色的具体化作为著作权保护的前提。著作权法律制度应当承认“约定俗成的公共领域”，情景原则是其最佳例证。与文学角色有关的约定俗成的表达惯例可以锚定公众对角色的期待，限缩角色来源标记符码的表达空间，从而对专有性权利及其限制间的平衡产生实质影响。知名作品的角色经过频繁地社会性使用后成为典型的文化标识和后续创作的基础性要素。基于保护公众信赖利益和创作自由的需要，应当认定此类角色的名称落入约定俗成的公共领域范围内，对角色的标识性使用不侵犯著作权。

---

* 本文系国家社会科学基金青年项目“商标权益平衡保护问题研究”（20CFX053）阶段性成果。

** 黄鑫，深圳大学法学院硕士生。

关键词：同人作品；文学角色可版权性；约定俗成的公共领域

一、问题的提出

文学角色满足何种条件，才能被赋予著作权？“金庸诉江南”案一审二审迥异的判决将此问题推向我国著作权法研究的热点论域。① 该案仅涉及角色借用的特定行为，即江南将金庸作品中的角色置于北宋汴京大学这一新背景中，基本没有使用在先作品的情节，对角色的使用仅涉及角色名称、简单的角色性格和基础的角色关系。一审法院认为，上述与角色有关的创作元素属于小说类文字作品的惯常表达，不受著作权法保护，与之相反，二审法院则主张，这些要素体现原作者的选择与安排，已经充分描述、足够具体，属于著作权法保护的“表达”。角色赋权与否，不仅关涉原作者的自用权，而且划定了公众的禁用范围。

事实上，许多关于角色可版权性的讨论以此案为基础，表面探讨的是文学角色的可版权性问题，实际上更倾向于分析此案中角色借用的特定行为——文学角色的标识性使用，或称为文学角色的最低程度借用、空壳式借用。② 具有代表性的观点大致可分为两类，一类认为文学角色的标识性使用不是对表达的使用，不侵犯著作权。具体理由或是角色借用符合我国文学传统与创作规律，具有文化价值和美学依据，应为其保留合法空间；③ 或是角色在抽离具体情节后不构成表达，标识性使用仅起到识别角色来源的作用，未代入较多在先作品

---

① 参见林某某等与联某公司等著作权侵权及不正当竞争纠纷案，广州知识产权法院（2018）粤 73 民终 3169 号民事判决书。

② 关于“角色的标识性使用”，参见王迁：《同人作品著作权侵权问题初探》，载《中国版权》2017 年第 3 期，第 12—13 页；关于“文学角色的最低程度借用”，参见李琛：《文学角色借用的文化价值与法律评价——兼评“金庸诉江南案”判决》，载《中国版权》2024 年第 2 期，第 91 页；关于“空壳式借用”，参见宋慧献：《同人小说借用人物形象的著作权问题刍议——由金庸诉江南案谈虚拟角色借用的合法性》，载《电子知识产权》2016 年第 12 期，第 21 页。

③ 参见李琛：《文学角色借用的文化价值与法律评价——兼评“金庸诉江南案”判决》，载《中国版权》2024 年第 2 期，第 95 页。

情节。[4] 另一类观点试图通过明确角色赋权标准解决文学角色的标识性使用问题，大多倾向于认定此类行为侵权。具体方法或是引入“本作品一般读者”辅助判断是否满足“充分描述标准”和“被叙述的故事”标准；[5] 或是综合运用“整体观察法 + 抽象分离法”；[6] 抑或是借用美国司法实践中的角色赋权标准并落脚于思想表达二分法等。[7]

总的来说，学界研究大多是在思想表达二分法的基础上，对“充分描述标准”“被叙述的故事”等域外尚不成熟的角色赋权标准进行调整和补充。然而，二分法在突破字面表达后就伴生了界限模糊的固有缺陷。目前，这些标准在类似案例群中尚未形成统一的赋权共识，适用此标准可以赋权、适用彼标准不可赋权的情况屡见不鲜。具言之，“充分描绘标准”重在评判角色是否得到充分的描述，以至成为“独特的角色”。[8]“被叙述的故事”标准则强调角色不能只是讲述故事的棋子，而应构成被讲述的故事。[9] 依前者标准，《哈利·波特》中能获得著作权保护的角色并不限于哈利·波特，但仍难以确定充分描述到何种程度方可成为“独特的角色”；若依后者标准，仅哈利·波特这一角色能获得著作权保护，赫敏等角色不具有可版权性，这一标准的主要问题在于将人物角色不当地拔高至故事本身的地位。目前学界对标识性使用行为的探讨多囿于对文学角色可版权性标准的认知，在赋权标准尚不成熟但现实需求已逐渐显现的情况下，作为同人创作的典型现象——文学角色的标识性使用值得进

---

④ 参见王迁：《同人作品著作权侵权问题初探》，载《中国版权》2017 年第 3 期，第 12—13 页。

⑤ 参见刘银良：《文学角色的版权保护：以“金庸诉江南案”为例》，载《中国版权》2024 年第 1 期，第 36 页。

⑥ 参见孔文豪：《我国文学作品虚拟角色的版权保护：动因、检视与修正》，载《出版发行研究》2024 年第 2 期，第 58—59 页。

⑦ 参见杨吉：《同人作品何以侵权？——以人物角色可否版权性为重点》，载《中国版权》2023 年第 4 期，第 48 页。

⑧ See Nichols v. Universal Pictures Corporation, 45 F. 2d 119, 121 – 122 (2d Cir. 1930).

⑨ See Warner Brothers Pictures v. Columbia Broadcasting System, 216 F. 2d 945, 950 (9th Cir. 1954).

一步的探讨。[10]

具言之，文学角色的标识性使用具有以下特征：其一，使用在先作品的角色名称，这里的角色名称本质上是一种角色来源标记，文学作品中的角色来源标记主要是角色名称；其二，对角色名称的使用足以唤起读者对在先作品同一角色的联想；其三，角色名称未与在先作品背景或情节大量耦合，角色名称若与在先作品的背景和情节高度耦合，角色名称就超出了单纯的标识功能；其四，在先作品往往是知名作品。[11] 同人作品建立在大规模粉丝团体的基础之上，唯有知名作品能满足这一条件。[12]

有学者认为，将同人作品视为粉丝文化的产物会遮蔽角色借用现象所承载的历史性。[13] 本文持不同见解，知识产权制度是知识成为市场要素的产物，角色借用行为所遇困境根源于数字技术的迅猛发展，而非知识产权架构与互文传统的不可调和。[14] 角色借用与文本互文作为文学创作中的普遍现象并非现代独有，但是数字技术的发展使得个人得以成为实施分散化大量复制行为的主体，同人作品创作和传播的难度系数也随之降低，“权利人尚能有效管控私人复制

⑩ 文学角色的标识性使用是同人创作的典型现象，除《此间的少年》外，还可参见《SCI谜案集》等，《SCI谜案集》系列将《三侠五义》中的展昭与白玉堂置于现代社会，猫鼠搭档携手破案，情节与原作存在显著区别，是典型的文学角色的标识性使用行为。参见耳雅：《SCI谜案集》，载晋江文学城网。

⑪ 李琛教授提出为达到互文效果所必需的最低借用程度包括3个要件，分别是“需要借用在先作品的角色名称”“对名称的借用足以唤起对在先作品的联想”“在先作品通常是经典作品”，本文在此基础上加以改进提出标识性使用的特征，并就是否在同人创作语境下探讨这一特定的角色借用行为与李琛教授商榷。参见李琛：《文学角色借用的文化价值与法律评价——兼评“金庸诉江南案”判决》，载《中国版权》2024年第2期，第91页。

⑫ 参见［美］亨利·詹金斯：《文本盗猎者——电视粉丝与参与式文化》，郑熙青译，北京大学出版社2016年版，第149页。

⑬ 参见李琛：《文学角色借用的文化价值与法律评价——兼评“金庸诉江南案”判决》，载《中国版权》2024年第2期，第84页。

⑭ 参见李琛：《著作权基本理论批判》，知识产权出版社2013年版，第25页。See Tianxiang He, *Copyright and Fan Productivity in China: A Cross-jurisdictional Perspective*, Springer Nature, 2017, pp. 31–45.

行为，角色借用行为难以构成对权利人利益的实质性威胁”[15] 的原初著作权生态不复存在，利益格局的失衡使得矛盾凸显。综上，本文将在同人创作背景下，以文学角色的标识性使用行为为讨论对象，揭示角色赋权标准的局限，继而诉诸公共领域理论探讨该行为的合法空间。

二、文学角色可版权性标准的不足

诚如李琛教授所言，“个案中提出的非普适性具体规则”[16] 可能并非一个好的样板。现有研究大多关注角色可版权性标准的实效，缺乏对标准自身的检视。以“充分描述标准”“被叙述的故事”“三部分测试法”等角色可版权性标准为检视对象，可以发现以下问题：一是思想表达二分法难以在界限模糊地带提供充分的说理依据；二是对视觉艺术角色的赋权偏好与“审美不歧视”原则相冲突；三是错误地将角色的具体化作为著作权保护的前提。

（一）底层逻辑之困

角色赋权标准重在判断角色何时成为表达，思想表达二分法是众多赋权标准的底层逻辑，然而，作为著作权法的基本原则——思想表达二分法在这一问题上发挥的作用有限。这种局限性源于“思想”与“表达”概念的宽泛性及其之间广泛存在的模糊区域，正如美国汉德法官所言：“无人能清晰地划定思想和表达的边界”[17]。尽管如此，仍有学者坚持思想与表达之间的分界是客观存在的，强调这种界分属于事实问题。[18] “二分法”这一概念实际上是源于古希腊的一种较为理想化的非此即彼式的逻辑思维工具，古希腊人需要通过非此即彼的极端设例进行逻辑演绎以追求科学理论，故而“二分法”并不关心现实世界中

---

[15] Tianxiang He, *Copyright and Fan Productivity in China: A Cross-jurisdictional Perspective*, Springer Nature, 2017, p. 35.

[16] 李琛：《文学角色借用的文化价值与法律评价——兼评“金庸诉江南案”判决》，载《中国版权》2024 年第 2 期，第 94 页。

[17] Nichols v. Universal Pictures Corporation, 45 F. 2d 119, 121 (2d Cir. 1930).

[18] 参见卢海君：《论思想表达两分法的法律地位》，载《知识产权》2017 年第 9 期，第 22 页。

进行的二分是否真的精确和具有指导意义。[19] 本文涉及的文学作品作为蕴含着符号与意义的多层结构，可被分为特殊世界层、隐喻层、意义层、语音层多个层次，这些层次无法被精确地二分为著作权法意义上的“思想”与“表达”。[20]

“抽象检验法”是界定思想表达的常用方法，它试图建构思想与表达的金字塔模型，其中，越靠近塔尖越为思想，越触及塔底越为表达，最核心最抽象的思想被更下位思想和表达层层包裹，但是最下位的思想和最上位的表达的界限仍旧不清，脱离具体情节的角色要素正位于这一模糊地带。亚里士多德指出情节对于角色的重要作用，即“人物不是为了表现性格才行动，而是为了行动才需要性格的配合”[21]。这也正如“鬼吹灯”同人作品案判决书所述，作品中的角色更多只是情节展开的工具。[22] 角色性格的变化与矛盾是在具体的故事情节中得以搭建与展现的，角色与在先作品的故事情节大量耦合当然可以构成著作权法意义上的表达，问题在于，单纯的文学角色要素本身是否属于表达？有学者指出，思想表达的界限是隐喻性的，二分法不是判断作品赋权与否的原理，而是一种事后的描述。[23] 换句话说，当各种要素都可以借“表达”之名成为著作权法的保护对象时，赋权与否的分野势必模糊不清。这一点在使用角色名称作为角色来源标记进行文学创作时尤为突出，广州知识产权法院[24]与上海浦东新区人民法院[25]对人物名称、性格特征等要素是否构成表达的不同选择，也进

---

[19] 参见谢晴川：《论实用艺术作品的“美”和“艺术性”要件——以适用路径的反思与重构为中心》，载《法律科学（西北政法大学学报）》2018 年第 3 期，第 144 页。

[20] 参见［美］勒内·韦勒克、奥斯汀·沃伦：《文学理论》（新修订版），刘象愚等译，浙江人民出版社 2017 年版，第 145 页。

[21] ［古希腊］亚里士多德：《诗学》，陈中梅译注，商务印书馆 1996 年版，第 64 页。

[22] 参见上海某娱乐信息科技有限公司与北京某文化传媒有限公司、北京某出版科技有限公司、某出版社、上海某传媒连锁有限公司著作权侵权及不正当竞争纠纷案，上海市浦东新区人民法院（2015）浦民三（知）初字第 838 号民事判决书。

[23] 参见李雨峰：《思想/表达二分法的检讨》，载《北大法律评论》编辑委员会编：《北大法律评论》（第 8 卷·第 2 辑），北京大学出版社 2007 年版，第 433 页。

[24] 林某某等与联某公司等著作权侵权及不正当竞争纠纷案，广州知识产权法院（2018）粤 73 民终 3169 号民事判决书。

[25] 上海某娱乐信息科技有限公司与北京某文化传媒有限公司、北京某出版科技有限公司、某出版社、上海某传媒连锁有限公司著作权侵权及不正当竞争纠纷案，上海市浦东新区人民法院（2015）浦民三（知）初字第 838 号民事判决书。

一步佐证二分法实为角色赋权的事后描述工具。学者已经意识到二分法在处理文学角色赋权问题上的固有局限，甚至着手改良二分法以应对这一挑战。譬如激进的二分法主张版权赋权范围应仅限于作品的字面表达，这意味着文学角色将作为超出版权赋权范围的思想落入公共领域。[26] 综上，当下的二分法在文学角色是否应受著作权保护这一问题上难以提供有效的指引。

（二）“审美不歧视”之悖

“审美不歧视”原则要求法官避免对作品进行审美判断。[27] 原因有二：一是避免法官的审美偏好写入著作权法；二是司法机关通常不具备评估作品艺术价值的能力。该原则起源于 Bleistein v. Donaldson Lithographing Co. 案，霍姆斯法官在此案中指出，由仅受过法律训练的法官来判断作品的审美价值是一件危险的事，著作权法也以激励创作、审美不歧视等为内在价值追求。[28] 然而，在角色可版权性问题上，司法实践违背了“审美不歧视”的承诺，与文学角色相比，漫画角色、电影角色等视觉艺术角色更容易获得著作权保护。

在 DC Comics v. Towle 案中，伊库塔法官统合联邦第二巡回法院和第九巡回法院各自奉行的“充分描述标准”与“被叙述的故事”标准，提出“三部分测试法”。在该方法指引下，赋予角色版权需满足以下三个条件：（1）角色具有物理或概念的特征；（2）角色被清晰地叙述，具有可识别性；（3）角色足够独特，具有独特的表达要素。[29] 此标准强调角色的客观有形性，视觉艺术角色更容易满足要求，伊库塔法官也指出，“三部分测试法”更适用于视觉艺术角

---

[26] See TzePing Lim, *Beyond Copyright: Applying a Radical Idea-Expression Dichotomy to the Ownership of Fictional Characters*, 21 Vanderbilt Journal of Entertainment & Technology Law 95, 123 (2018).

[27] See Robert Kirk Walker & Ben Depoorter, *Unavoidable Aesthetic Judgments in Copyright Law: A Community of Practice Standard*, 109 Northwestern University Law Review 343, 345 (2015).

[28] Bleistein v. Donaldson Lithographing Co., 23 S. Ct. 298, 300 (1903).

[29] DC Comics v. Towle, 802 F. 3d 1012, 1021 (9th Cir. 2015).

色。事实上，偏好视觉艺术角色的情况在相关讨论中较为常见。[30] 论者大多采用这样的论证逻辑：由于文学角色缺乏视觉角色的某些特征，所以文学角色的著作权保护更加困难、赋权问题更为复杂、所需标准也更为独特。问题在于：文学角色是否应具备视觉艺术角色的某些特征才能获得著作权保护？视觉艺术角色是否具有天然的赋权优位？

答案是否定的，视觉艺术作品善于描绘“完成了的事物”，这与法律所追求的确定性存在契合的假象。以绘画为代表的视觉艺术擅长描绘并列于空间中的物体及其属性，与之相较，文学作品擅长描绘持续于时间中的事物的运动。因此，前者特有的效果在于描绘完成了的人物性格及其特征，后者特有的效果在于展示角色性格的变化与矛盾及动作的过程。[31]

正是这一“诗与画之别”的客观存在，使得论者在角色赋权问题上常常将美学层面的形式特点误读为规范层面的差别依据。换言之，在空间与时间、完成时与进行时的选择中，著作权法律制度偏向了前者。例如，波斯纳认为，法官在考虑文学角色和视觉角色的差别时，很大程度上是在犹疑前者不是稳定的符号，因为文学作品中的角色，无论描写得多么细致，都会给读者留下很多的想象空间。[32] 视觉艺术角色与文学角色具有差异性这一事实命题，仅足以支撑起作品资格在不同领域内的区分（例如，文学领域内作品与非作品的界限划分、艺术领域内作品与非作品的界定等），不能成为文学角色与视觉艺术角色跨类比较及著作权赋权与否的事实依据。对视觉艺术角色和文学角色的差异化

---

[30] 例如，Mollie E. Nolan 认为没有以视听形式等视觉形式表现出来的纯文学角色，很难被认定为侵犯原作的著作权。See Mollie E. Nolan, *Search for Original Expression: Fan Fiction and the Fair Use Defense*, 30 Southern Illinois University Law Journal 533, 543 (2006). 孔文豪认为有形角色能够通过线条、色彩等要素形成固定的独特表达……文学作品中的虚拟角色很难通过语言文字的概括和总结，从而清晰明确地从原作品中剥离出来。参见孔文豪：《我国文学作品虚拟角色的版权保护：动因、检视与修正》，载《出版发行研究》2024 年第 2 期，第 56 页。王迁认为：与使用他人作品中角色造型的同人作品（漫画作品）相比，使用他人作品中以文字描述的角色名称、特征及相互关系的同人作品（小说等文学作品）引发的侵权认定问题则复杂得多。王迁：《同人作品著作权侵权问题初探》，载《中国版权》2017 年第 3 期，第 9—10 页。

[31] 参见［德］莱辛：《拉奥孔》，朱光潜译，商务印书馆 2016 年版，第 69—90 页。

[32] Gaiman v. McFarlane, 360 F. 3d 644, 660 (7th Cir. 2004).

赋权倾向折射出司法实践中对绘画等视觉艺术和文学创作的认知局限，绘画和文字对于角色的描绘各有所长，不应影响法律的平等对待。“山路元无雨，空翠湿人衣。”㉝ “无”与“空”难以入画，却可入诗，文字能产生绘画无法产生的美学效果，反之亦然，二者并非想象空间大小与符号稳固与否之别。

若法律轻易地认定视觉艺术角色受著作权保护，而文学角色需要更为复杂的标准加以认定，可能会产生不当的激励效果，激励公众创作更多的可视角色从而压制文学角色的发展。并且，在涉及视觉艺术作品时，论者也会以其不具备文字作品特点为理由，试图解释著作权法以文字作品为中心，通常的论证思路不适用于视觉艺术作品。㉞ 例如，有学者认为：“图形或三维作品应被视为一个整体……人们不能像对待文本一样将视觉作品划分为整齐的层次”㉟。换言之，这种比较式论证思路于著作权法而言并非个例，法律人共同体正在隐秘地达成关于视觉艺术角色和文学角色的差异性共识，该共识存在违背“审美不歧视”原则的风险。

（三）具化保护之诟

根据美国联邦第二巡回法院的“充分描绘标准”，角色受著作权保护的关键在于其是否被充分描绘为“独特的角色”。㊱ 与之相对，我国学者提出“角色名称替换法”，主张将同人作品中案涉侵权人物的角色名称替换为通用指代名称，以在先作品的读者能否识别来源角色作为判断标准。㊲ 无论是“充分描绘标准”还是“角色名称替换法”，它们的关键均在于判断对角色的描述是否足够具体，如果同人作品中利用的元素足以将角色特定化，那么该角色应受著作

㉝ ［唐］王维：《山中》，载陈洪、乔以钢主编：《中华好诗词900句》，南开大学出版社2018年版，第54页。

㉞ See Benjamin Sobel, *Elements of Style*: *Copyright*, *Similarity*, *and Generative AI*, 38 Harvard Journal of Law & Technology, Forthcoming 49, 74 (2024).

㉟ Jon O. Newman, *New Lyrics for an Old Melody*: *The Idea/Expression Dichotomy in the Computer Age*, 17 Cardozo Arts & Entertainment Law Journal 691, 698 (1999).

㊱ See Nichols v. Universal Pictures Corporation, 45 F. 2d 119, 121 – 122 (2d Cir. 1930).

㊲ 参见孔文豪：《我国文学作品虚拟角色的版权保护：动因、检视与修正》，载《出版发行研究》2024年第2期，第59页。

权保护；如果这些元素不足以使角色特定化，存有无限具化的可能，则该角色不受著作权保护。[38] 简言之，只有具化的角色才能获得著作权法保护。然而，“充分描绘标准”在美国司法实践中屡次得出不一致的结果。[39] 具化保护的思路不仅难以阐明具化到何种程度才能被认定是“独特的角色”，而且其在著作权法意义上的正当性仍存疑虑。具言之，这一思路存在以下问题：

其一，角色具化的程度难以确定。在 Burroughs v. MGM，Inc. 案中，法官认为，通过充分的描绘可知：“人猿泰山是一个与丛林环境协调共生的个体，他可以同动物交流，也拥有人类的情感体验。同时他身手矫健、天真无邪、青春洋溢、温柔强壮。他就是泰山。”[40] 然而，上述特征不仅适用于泰山，毛克利与泰山类似，二者均由森林中的动物抚养长大，法官对泰山的所有描述同样适用于毛克利，换言之，仅凭这些描述难以确认泰山是“独特的角色”。[41] 成为独特的角色所需的表达高度以及充分描述的程度具有较大的不确定性，正如学者所言，人们难以解释什么让泰山成为泰山，但一见便知他是泰山。[42] 实际上，“充分描绘标准”没有提供角色赋权的客观检验标准，某个角色是否属于独特的角色，很大程度上还是依赖于解释者的主观认知。与其说该标准为角色提供了赋权依据，不如说它制造了一种包装话语，这种话语无法精细化地解决角色赋权问题，却可以用来填补行文的语感、制造有所凭靠的假象。

其二，角色的具体化并非角色成为表达的必要充分条件，因此不能仅凭角色的具体化便推导出角色受著作权保护的结论。“充分描绘标准”建立在二分法的基础之上，但“思想表达二分法”并非“抽象具体二分法”，“思想”包

---

[38] 参见李琛：《文学角色借用的文化价值与法律评价——兼评“金庸诉江南案”判决》，载《中国版权》2024 年第 2 期，第 94 页。

[39] See Zahr K. Said, *Fixing Copyright in Characters*: *Literary Perspectives on a Legal Problem*, 35 Cardozo Law Review 769, 772 (2013).

[40] Burroughs v. Metro-Goldwyn-Mayer, Inc., 519 F. Supp. 388, 391 (S. D. N. Y. 1981).

[41] See Rudyard Kipling, *The Adventures of Mowgli*, Penguin Books India PVT Limited, 2009, p. 4.

[42] See Aaron Schwabach, *Fan Fiction and Copyright*: *Outsider Works and Intelllectual Property Protection*, Ashgate Publishing Limited, 2011, p. 28.

括但不限于抽象的或具有高度概括性的内容，具体的思想也被囊括其中。[43] 与此同时，事实层面上表达都较为具体，但具体的并不一定是表达，将“表达”等同于“具体”只是归纳逻辑下的推论。例如，数学公式是具体的非表达，同样地，无论“程序、处理过程、系统、操作方法”[44] 本身的具体化程度如何，它们依然属于思想的范畴。因而，角色得以具化实为角色成为表达的必要不充分条件。

其三，具化保护的思维定式与意义生成的内在规律存在相悖之处。“重复是意义世界得以建立的基石”[45]，对世界的认识需要借助符号在历史、文化和社会语境中的痕迹重叠与再现。然而，角色赋权的标准倾向于对具体化的角色赋予著作权，鼓励后来者使用未被特定化的原始材料和仅存少量符号痕迹重叠的创作元素。这种倾向不仅与同人创作中追求的互文效果相抵触，也违背正向重复的意义累积规律。唯有当创作者使用那些具有来源识别特征的角色，才能够在文本之间建立起文学创作追求的互文效果；角色需要被充分地描绘和表达，才能在文本间产生呼应与建立关联。后来者进行评论和再创作，不是因为这些文本是原始的、待加工的原材料，而是因为这些材料已经具有意义从而为更广阔的文化对话提供机会，法院不应根据材料可感知程度的高低（即材料的原始与否）来判断是侵权使用还是自由使用。[46]

三、约定俗成的公共领域理论之提倡

诚如上述，角色赋权标准没有成功消解二分法边界的模糊性，并且将模糊

---

[43] 参见王迁：《电子游戏规则著作权保护之否定》，载《法学》2024 年第 3 期，第 126 页。

[44] See 17 U. S. C. A § 102（b），“In no case does copyright protection for an original work of authorship extend to any idea，procedure，process，system，method of operation，concept，principle，or discovery，regardless of the form in which it is described，explained，illustrated，or embodied in such work”.

[45] 赵毅衡：《论重复：意义世界的符号构成方式》，载《河南师范大学学报（哲学社会科学版）》2015 年第 1 期，第 120 页。

[46] See Andrew Gilden，*Raw Materials and the Creative Process*，104 Georgetown Law Journal 355，358（2016）.

性移转至自身，这种“头痛医头、脚痛医脚”般救火式地提出标准无助于解决问题，反而会加剧知识产权的碎片化。既有标准均在关注“应当”赋予何种角色以著作权，与之相较，本文诉诸公共领域以关注“不应当”赋权的例外。与作者私域相对，公共领域指不受著作权法保护、社会公众可以自由取用的空间，它不只是知产巨兽席卷全境后的残留剩余，还是人类进行创造活动的庇护所。[47]著作权法律制度存在着约定俗成的公共领域，其意义在于留存受著作权保护作品范围内的喘息空间、缓和赋权范围的不精确性、与创作的互依性特质相协调并维持作者独立创作的想象性建构。

（一）约定俗成公共领域的提出

18 世纪以来，著作权保护呈现出显著的扩张趋势，与此同时，公共领域的空间逐渐受到挤压从而日益缩减。就角色可版权性问题而言，角色的保护已从原先作为作品组成部分的有限保护演变为独立保护，并进一步向作品其他元素渗透。以 Halicki Films v. Sanderson Sales & Marketing 一案为例，其诉争对象是一辆名为埃莉诺（Eleanor）的普通福特汽车。与甲壳虫汽车的赫比（Herbie）截然不同，埃莉诺并未被赋予生动的拟人化特征，亦未在叙事中担任角色或承载特定的情节推动功能，但是联邦第九巡回法院判定其受版权法保护。[48] 如此过于宽泛的保护可能导致公共领域变成杂草丛生的荒芜之地，著作权保护范围的每一次扩张都不可避免地伴随着公共领域相应范围的缩减。

世界知识产权组织将“进入公有领域”解释为“作品主要由于保护期届满而不再受著作权保护”[49]，对于著作权法实施前及已逾保护期的作品，判断其归属于公共领域并非难事，但是，作为“最为激烈的权利的限制与例外等‘前线’”[50] ——受著作权保护作品中不受著作权保护的部分也应引起重视，约定俗

[47] See David Lange, *Reimagining the Public Domain*, 66 Law and Contemporary Problems 463，466（2003）.

[48] Halicki Films v. Sanderson Sales and Marketing，547 F. 3d 1213，1217（9th Cir. 2008）.

[49] 世界知识产权组织编：《著作权与邻接权法律术语汇编》（中英法对照），刘波林译，北京大学出版社 2007 年版，第 113 页。

[50] 薛虹：《十字路口的国际知识产权法》，法律出版社 2012 年版，第 249 页。

成的公共领域正位于此。黎特曼讲过这样一个故事：两个人在幼时共同朗诵济慈的《希腊古瓮颂》，一者完全遗忘而一者于潜意识中留存，二人后来都成为诗人且都没有再接触这部作品，他们后来各自独立创作与济慈作品相似的《希腊古瓮颂》，那么他们拥有著作权吗？前者与济慈作品相似实为巧合，他拥有该作品的著作权；后者无意识地依赖自身潜意识，复制了济慈的诗歌因而侵权。[51] 问题在于，个人创作的灵感来源往往难以确定，法院也难以追溯作者的创作谱系，潜意识侵权的思想实验在现实中通常会得出相同的结论，作品只能锚定在作者“独立创作”的想象之上。并且理论上，只有作品中的独创性表达才能受到著作权保护，但著作权法选择对作品整体进行赋权。因此，在受著作权保护的作品中，那些不受著作权保护的部分尤为重要，这凸显出公共领域在容忍智力成果界权不精确性方面起到的作用。

约定俗成会在受著作权保护作品范围内创造不受著作权保护的部分。有学者使用陈词滥调（triteness）一词解释常见情景不能获得著作权保护的原因。[52] 在中文语境中，约定俗成比陈词滥调更为合适，“陈”有老旧之意，“滥”易联想到“泛滥”“滥用”，这与本文强调作品元素由于社会化使用形成表达惯例的侧重点有所不同。荀子曾言：“名无固宜，约之以命。约定俗成谓之宜，异于约则谓之不宜”[53]，事物名称是由公众通过长期实践形成的，名称与事物没有必然联系，但当公众普遍接受该名称后，用他者指称同一事物会“异于约”。换言之，能指与所指之间具有任意性，语言符号在建立起任意性联系后再进入交际流通就具有了强制性。[54]

（二）约定俗成的公共领域的例证

约定俗成创造公共领域在法律领域反映为情景原则。创作活动中必要情景的表达不受著作权保护，这是因为当描述特定情景必须用到特定表达时，该表

---

[51] See Jessica Litman, *The Public Domain*, 39 Emory Law Journal 965, 1000 (1990).

[52] See Jessica Litman, *The Public Domain*, 39 Emory Law Journal 965, 999 (1990).

[53] 《荀子》，叶绍钧选注，宛志文校订，长江出版传媒、崇文书局 2014 年版，第 122 页。

[54] 参见［瑞士］费尔迪南·德·索绪尔：《普通语言学教程》，高名凯译，岑麟祥、叶蜚声校注，商务印书馆 2017 年版，第 93—100 页。

达对特定情景的描述具有决定作用，不使用该表达无法进行创作，所以该必要情景应当处于公共领域，否则会极大阻碍创作自由，甚至造成必要情景的圈地现象。情景原则与合并原则共同构成了思想表达二分法的例外，通说认为情景原则是合并原则的特殊情形。[55] 情景原则通常与“不可避免”“必要”等词相伴出现，如何理解必要情景的“必要性”?[56] 19 世纪法国戏剧评论家萨赛率先提出必要情景指观众从剧情的情节和角色的行动中期待发生的戏剧事件。[57] 这与戏剧原则“契诃夫之枪”不谋而合，舞台上不应出现任何一把上了膛却未被射出的枪，除非它最终会被使用，这是因为观众基于先前作品的创作惯习已经对这把枪产生开枪的稳定预期，不开枪意味着背离观众的期待和违背先前的承诺。[58]

在情景原则源起的 Cain v. Universal Pictures Co. 案中，原告声称，两位主角在教堂中躲避暴风雨的情节系源自其创作的《小夜曲》，扬克维奇法官却认为，对教堂躲雨这一情节的叙述，诸如食物匮乏、弹奏钢琴、虔诚祈祷都是情节本身所固有的，一旦将二人置于雨夜的教堂，这样的情景就是不可避免的。[59] 问题在于，上述表达真的无法避免吗？在教堂躲雨者未必不能自带丰盛的食物，角色也未必不能是无神论者，前述标准要素实际上均可避免。因此，必要情景的“必要”不能等同于没有诉诸其他表达的可能性，情节所固有的要素实质上是基于先前的创作实践已经获得一定文化熟悉度的要素，在先前的创作实践中，这些要素约定俗成从而形成稳定预期，而创作正是建立在观众预期之上，作者不可避免地需要应对这些期望。并且，这些期望绝大多数并非源于现实世界，而是源于在先的创作实践，芬伯格法官在 Walker v. Time Life Films Inc. 案中指

---

[55] 参见卢海君：《版权客体论》，知识产权出版社 2011 年版，第 54 页；胡开忠、张妍：《论情景原则在著作权司法保护中的合理适用》，载《江汉学术》2023 年第 4 期，第 86 页。

[56] 参见李明德、许超：《著作权法》（第 3 版），法律出版社 2023 年版，第 29 页。

[57] See William Archer, *Play-Making*, Wildside Press, 2007, pp. 225 – 227.

[58] 参见［俄］谢·尼·戈鲁勃夫等编：《同时代人回忆契诃夫》，倪亮等译，耿海英校，广西师范大学出版社 2016 年版，第 614 页。

[59] Cain v. Universal Pictures Co., 47 F. Supp. 1013, 1017 (S. D. C. 1942).

出，这些被视为必要情景的事件是大多数“警察故事”的固有材料。[60] 也就是说，无论这是不是现实中警察惯常会采取的行动，这是之前相同主题的虚构作品中警察惯常会采取的行动。约定俗成的固定要素需要锚定在同主题的虚构作品之上，判断必要情景的前置步骤和潜在逻辑是先判断作品的类型与主题，只有判断出作品属于警察故事，才能知道以往警察故事的书架上有哪些常见的要素，基于此，学者提出了判断必要情景的书架规则。[61]

固定角色不具有著作权正是情景原则应用于角色赋权问题所得结论。通说认为：经常或必须在某些场景、情景使用的固定角色，由于其缺乏显著性不够独特，通常被视为思想可以自由使用。[62] 固定角色缘何不够独特？所谓的缺乏个性的固定角色，诸如愚蠢但成功的美国商人、颓废的外国贵族、富有的俄罗斯公主本质上是约定俗成的产物，是因为创作中对同类角色及其相同特质的频繁使用形成了表达惯例，致使其沦为不够独特的固定角色。[63] 因此，“作者在处理同一主题时不可避免地会使用到类似的要素”[64] 的实质在于，这些要素的使用是可以避免的，只是由于在先的创作实践已经形成表达惯例，后来者难以承受突破惯例的高昂成本和不利后果，不可避免实为避免成本过高，约定俗成是必要情景不能获得著作权保护的真正原因。简言之，约定俗成形成表达惯例从而锚定公众期待、限缩符码的表意空间，在此情况下，不能奢求后来者违背公共意愿和创作惯习，对社会文化蓄水池视而不见，自行增加创作难度。

（三）约定俗成公共领域理论的正当性

1. 信赖利益理论

洛克的劳动所有权自然正当是学者们论证智力成果赋权正当性时经常诉诸的理论，赋权的限制条件之一是创作者需要将足够多且同样好的东西存留于公

---

[60] Walker v. Time Life Films Inc.，784 F. 2d 44，50（2d Cir. 1986）.

[61] See Robert Kirk Walker，*Breaking with Convention*：*The Conceptual Failings of Scenes a Faire*，38 Cardozo Arts & Entertainment Law Journal 435，466（2020）.

[62] 参见杨吉：《同人作品何以侵权？——以人物角色可否版权性为重点》，载《中国版权》2023 年第 4 期，第 47 页。

[63] Lewys v. O'Neill，49 F. 2d 603，612（S. D. N. Y. 1931）.

[64] 李明德、许超：《著作权法》（第 3 版），法律出版社 2023 年版，第 29 页。

共领域供公众自由取用。[65] 温迪·戈登基于洛克的充足性限制提出应用于知识产权领域的信赖利益理论，其主张：当原创知识改变公众所处文化环境，使得公众对嗣后环境产生信赖利益时，就对独创性贡献所赋权利产生束缚，创作者不能禁止人们为了适应新环境而使用该原创性成果。[66] 例如，哈利·波特系列等具有社会文化标志性地位的作品提升文化蓄水池的水平面，从中生发的作品元素已成为文化对话的基点与通用货币，允许权利人进行垄断无疑会使公共领域的蓄水池干涸，这与著作权法通过激励和包容来扩充新表达可用范围的目标相悖离。

约定俗成的公共领域满足洛克范式下的充足性限制以及戈登的信赖利益理论。约定俗成所涉内容已经深刻地改变了社会文化环境，公众需要在对嗣后环境的信赖基础上参与文化意义的生成与建构，因而，约定俗成的内容不可成为私人垄断的文化符码。正如黎特曼所言，它们是共同的财产。[67] 回归论题，本文赞同刘银良教授的观点，知名作品的角色名称绝非作者私人的财产。但他说的“后来者当然可以通过独立创作的方式创作或使用‘萧峰’等角色的名字”[68] 有待商榷。这一论证忽略了角色名称作为公共文化系统的组成部分对社会文化环境造成的潜在影响。知名作品的角色名称在嗣后的社会实践中已建立角色符号与角色本身的任意性联系，强行使用知名作品的角色名称指代不同角色会增加后来者的表意成本，并且容易造成传播噪声和表意不能，因此，需要在约定俗成的公共领域保证版权范围内的喘息空间。例如，后来者确实可以使用“孙悟空”三个字作为角色的名称创作作品，但难以避免“孙悟空”与《西游记》的文化影响，比如社会大众难以想象孙悟空是一位安静的少女，符码与意义在频繁使用下形成的组合限制了符码的表达空间。

---

[65] 参见［澳］彼得·德霍斯：《知识财产法哲学》，周林译，商务印书馆 2008 年版，第 54 页。

[66] See Wendy J. Gordon, *A Property Right in Self-Expression*: *Equality and Individualism in the Natural Law of Intellectual Property*, 102 Yale Law Journal 1533, 1568 (1993).

[67] See Jessica Litman, *The Public Domain*, 39 Emory Law Journal 965, 1021 – 1022 (1990).

[68] 刘银良：《文学角色的版权保护：以“金庸诉江南案”为例》，载《中国版权》2024 年第 1 期，第 44 页。

2. 利益补偿论

利益补偿论的核心要旨在于阐述：作品的创作者作为初始投资的主体，需担负伴随创作过程而产生的经济风险，鉴于此，赋予其在特定期限内的独占权，使之能够回收初始投资成本并获取相应的经济回报。[69] 然而，权利人能否获得作品的全部收益？莱姆利认为，权利人无权获得智力成果的全部社会价值，著作权法应允许搭便车行为的存在，没有必要将全部收益内部化。[70] 利益补偿论的正当性只能支持到弥补成本的限度，在弥补成本的基础上，公众也可以从作品中获利。在经济学领域，“消费者剩余”这一概念可以揭示产品市场中不可补偿的正外部性。具体而言，消费者对某一商品的支付意愿和实际支付金额之间会因为生产者之间的竞争存在差额。如图 1 所示，读者本来愿意用 80 元购买，但是生产者之间的竞争让读者仅需支付 50 元，图中三角形 PP_1O 的面积就是生产者带来的社会效益（正外部性）。与之相较，知名作品的社会需求增加，读者的支付意愿较高，市场均衡点由 O 移动至 O′。此时，生产者带来的社会效益随之增加，正外部性（三角形 $P'P_2O'$的面积）显著扩大，即作品越知名，作品的社会价值越大，其正外部性就越大，权利人无权控制的范围也越大。

著作权范围内存在权利人无法控制的公地，作品所生利益无须全部置于作者的控制之下，这在知名作品中表现更为显著，同人作品的生产机制决定其所使用的在先作品必须为知名作品，这正可以解释“作品对社会的价值越大，它受到的版权保护就越小”[71] 的著作权悖论。保护期制度旨在通过赋予作者限时独占权以建构利益回馈机制进行有限垄断，但事实上，创作者的投资回报周期因作品类型、作品知名度等因素有所差别。现行著作权法将版权保护期统一设置为作者生前加死后的固定期限，这种“一刀切”的著作权保护时间会导致公共领域的限缩和公共福利的减损。并且，保护期存在着长短保护之别，外部力量博弈下不断延长的保护期可能已经偏离初始设权目的。固定一致的保护期对

---

[69] 参见曹新明：《知识产权法哲学理论反思——以重构知识产权制度为视角》，载《法制与社会发展》2004 年第 6 期，第 68 页。

[70] 参见［美］Mark A. Lemley：《财产权、知识产权和搭便车》，杜颖、兰振国译，载《私法》2012 年第 1 期，第 137—138 页。

[71] Lyman Ray Patterson & Stanley W. Lindberg, *The Nature of Copyright: A Law of Users' Rights*, The University of Georgia Press, 1991, p. 210.

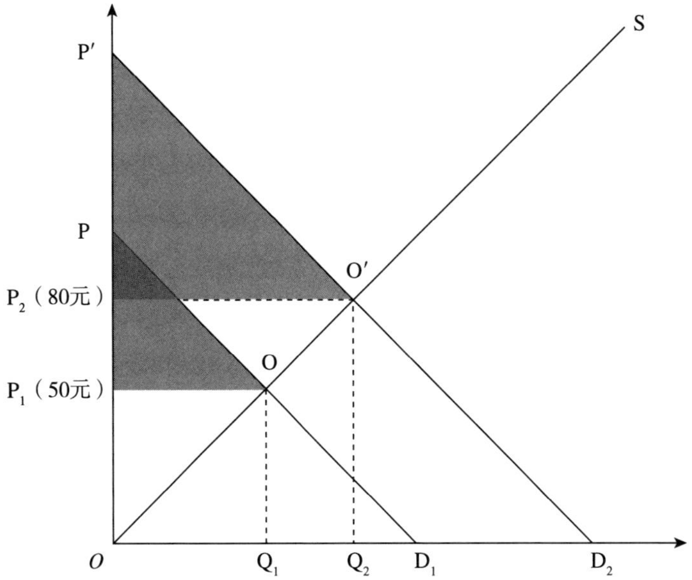

图 1　正外部性示意图

公共领域造成了压制，需要建构著作权范围内的喘息空间以保证公共领域的开放与动态交互。[72] 约定俗成的公共领域能够与“一刀切”的保护期相协调，在著作权范围内保证后来者参与文化建构，它使得惯常表达作为后来者的创作源泉可以被自由取用。

四、公共领域视野中标识性使用的解释进路

（一）角色名称的语言学分析

《美国版权局规定》详细列举了不受著作权保护的材料，其中明确“word”即单词不受著作权法保护。[73] 在萨缪尔森绘制的数字公共领域地图中，“word”

---

[72] 参见黄汇：《版权法上的公共领域研究》，法律出版社 2014 年版，第 175—176 页。

[73] See 37 C. F. R. § 202. 1（a），“The following are examples of works not subject to copyright and applications for registration of such works cannot be entertained：（a）Words and short phrases such as names，titles，and slogans；familiar symbols or designs；mere variations of typographic ornamentation，lettering or coloring；mere listing of ingredientsor contents”.

也位于公共领域中。[74] 其原因在于，“word”已经是构成英语语言的最小单位，赋予其著作权将极大限制后来者的创作自由。回归汉语语境，“word”在跨过语际界限后指向何者？现代汉语的语法单位从小到大依次为语素、词、词组、句子、句群。语素是最小的音义结合体，不能独立使用；词是有意义、有固定语音、能够独立运用的最小单位，是“本族语者凭直觉普遍承认的一个表达单位”[75]。尽管字母语言和汉语存在多维度区别，但鉴于本文的论域为法学，大致可以将“word”等同于汉语语境下的“词”。[76]

语言是约定俗成的产物，能指与所指之间的任意性关系由社会约定，认知语言学主张语言不仅是符号系统，而且是人类经验和认知的体现，人类的概念系统是通过社会实践所形成的隐喻来构成和界定的。[77] 我国司法实践中，词汇、语句等较短表达，通常会被我国法院直接归入公有领域。[78] 司法机关也意识到社会性使用在确定公共领域中所发挥的作用，会以“经常使用的词汇”为由认定诉争表达处于公共领域。[79] 这主要考虑到诉争表达若为词等较小单位，可能影响信息流通自由和创作自由。我国台湾地区“著作权法”也规定：“标语及通用之符号、名词”不能作为著作权标的。[80] 综上，词不具有可版权性的原因有二：一是词作为现在汉语语法中能够独立运用的最小单位，对语言至关重要，

---

[74] See Pamela Samuelson, *Mapping the Digital Public Domain: Threats and Opportunities*, 66 Law and Contemporary Problems 147, 151 (2003).

[75] ［英］戴维·克里斯特尔编：《现代语言学词典》，沈家煊译，商务印书馆2000年版，第387页。

[76] ［英］戴维·克里斯特尔编：《现代语言学词典》，沈家煊译，商务印书馆2000年版，第387页。

[77] 参见［美］乔治·莱考夫、马克·约翰逊：《我们赖以生存的隐喻》，何文忠译，浙江大学出版社2015年版，第162、172页。

[78] 参见袁帅：《著作权法中表达公有领域的司法认定》，载《科技与法律（中英文）》2023年第5期，第119页。

[79] 参见孙某某与上海某规划设计研究院有限公司著作权权属纠纷案，上海市杨浦区人民法院（2020）沪0110民初23932号民事判决书。

[80] 我国台湾地区“著作权法”第9条第1款规定：“下列各款不得为著作权之标的……三、标语及通用之符号、名词、公式、数表、表格、簿册或时历”。

创作自由需要保障对语言最小单位的无限制使用；[81] 二是词本身是约定俗成的产物，其不具有可版权性正是约定俗成创造公共领域的集中体现。

知名作品的角色名称通常是词，理由如下：其一，《现代汉语词典》已收录部分知名角色的角色名称，例如阿 Q、白骨精、包公、陈世美、东郭先生、诸葛亮等。[82] 其二，此类角色名称满足确定词的一般方法，扩展法指在两个以上的语言成分组成的语言单位中插入别的语言成分，如果得到的新的语言单位不可以接受，或者意义有很大变动，那么原来的语言单位是词。例如“海带”不能扩展为“海的带”，“黄蓉”也不能扩展为“黄的蓉”，但“白纸”可以扩展为“白的纸”，所以海带、黄蓉是词，白纸不是词。[83] 其三，语言学家邢公畹在《现代汉语教程》中指出，具有一定知名度的名称可以成为专有名词，进入共同语词汇。[84] 综上，知名作品的角色名称可能构成现代汉语中能够独立运用的最小单位——词，从而落入公共领域不受著作权法保护。

（二）标识性使用的合法性分析

在以角色版权为争议焦点的案件中，美国法院观察到一个常见现象，即“虽然这可能不是一个明确的要求，但角色版权争议案件中似乎隐含地要求诉争角色在书籍、电影或其他类型的作品中多次出现”[85]。在 Klinger v. Conan Doyle Estate 案中，波斯纳法官追溯至 1887 年，考察诉争角色在多部作品中的使用情况，以此认定福尔摩斯和华生是独特描绘的角色并赋予著作权。[86] 我国司法实践中同样存在着此类现象。例如，在“金庸诉江南”案中，虽然争议作品为《射雕英雄传》《笑傲江湖》《天龙八部》《神雕侠侣》四部，但法院已从多次改编为影视作品、列入高考参考书籍等事实中确认金庸系列作品在华语世

---

[81] See Jessica Litman, *The Public Domain*, 39 Emory Law Journal 965, 1013 - 1014 (1990).

[82] 参见中国社会科学院语言研究所词典编辑室编：《现代汉语词典》（第 7 版），商务印书馆 2016 年版，第 1、24、42、161、310、1708 页。

[83] 参见符淮青：《现代汉语词汇》（增订本），北京大学出版社 2004 年版，第 5 页。

[84] 参见邢公畹主编：《现代汉语教程》，南开大学出版社 1994 年版，第 184 页。

[85] Rice v. Fox Broadcasting Co., 148 F. Supp. 2d 1029, 1056 (C. D. C. 2001).

[86] Klinger v. Conan Doyle Estate, Ltd., 755 F. 3d 496, 497 (7th Cir. 2014).

界的流行程度。[87] 无独有偶，“鬼吹灯”案中的《鬼吹灯》系列也具有较高的市场知名度。[88] 由此可见，中外此类案件遵循一个共同规律：即诉争角色在不同作品中频繁再现且具备显著的文化影响力。这一规律在著作权法语境下有何意义？

本文认为，该规律表明此类案件中的在先作品已经深刻地影响社会文化环境，文化蓄水池因其而涨，如前所述，此时，这些作品中的某些元素会成为文化对话的基点，基于保护公众信赖利益的需要，应落入公共领域供公众自由取用，否则，若将其视为作者私域的组成部分，会使公众因权利人的著作权藩篱落入更差的境地，没有为公众“留下足够多且同样好”的东西。

换句话说，社会性地一再重复使用角色及其名称，当社会性使用达到一定累积程度时，会造成角色来源标记的象征化。[89] 符号和意义的高度绑定会限缩符号的表意空间，譬如提到“黄蓉”就会联想到金庸笔下其娇俏机敏的特质，此现象可归因于“黄蓉”这一角色在多部作品中被频繁使用与反复提及。又如“匆匆那年”案，方茴、陈寻、乔燃、赵烨和林嘉茉这五个角色名称对其作品的一般读者而言，首要语义就是《匆匆那年》小说中的主角群像。[90] 合并原则作为情景原则的上位原则，其确立的依据在于特定情境下意义符号的有限性和表达空间的不足，故而权利人的垄断行为应受到制约，角色名称经过频繁的社会化使用之后也具有上述特质。[91] 此时，角色名称及其基本的角色关系在社会文化语境和意义世界中已经占据一席之地，形成约定俗成的公共领域，权利人意图控制角色来源标记的行为实际上侵入了知识产权客体与社会公众缔结的关

---

[87] 参见林某某等与联某公司等著作权侵权及不正当竞争纠纷案，广州知识产权法院（2018）粤 73 民终 3169 号民事判决书。

[88] 参见上海某娱乐信息科技有限公司与北京某文化传媒有限公司、北京某出版科技有限公司、某出版社、上海某传媒连锁有限公司著作权侵权及不正当竞争纠纷案，上海市浦东新区人民法院（2015）浦民三（知）初字第 838 号民事判决书。

[89] 参见赵毅衡：《论重复：意义世界的符号构成方式》，载《河南师范大学学报（哲学社会科学版）》2015 年第 1 期，第 123 页。

[90] 参见王某某等与某影视文化有限公司侵害著作权及不正当竞争纠纷上诉案，北京知识产权法院（2017）京 73 民终 2113 号民事判决书。

[91] 参见卢海君：《著作权法中合并原则及其适用》，载《中国出版》2015 年第 21 期，第 20—21 页。

系、超出了著作权法赋予的权利范围，“版权法只保护对表达的复制，不保护对表达的提起”[92]。

“社会性使用的累积程度”是判断角色来源标记是否落入约定俗成公共领域的重要标准，其重在判断角色名称所用语词的语义是否指向在先作品的角色本身，此处可参考商标法获得显著性制度中第二含义的判断方法，考虑判断主体、符号的独占程度、角色的知名度等要素。首先，判断主体应为“本作品的一般读者”[93]。对角色的标识性使用要求足以唤起读者对在先作品同一角色的联想，此处仅要求唤起读者的联想，原因在于作者选用的语言本身已经微妙地框定了特定知识背景与文化认知的读者范畴，包含着对“隐含读者”的期待。[94]其次，符号的独占程度要求在先作品的角色含义独占角色名称所用语词，具有唯一的所指，换言之，角色名称所用语词与在先作品的角色之间形成唯一的对应关系，具备角色来源标记的识别特性。最后，角色的知名度与角色的社会性使用互为因果、相互促进，因此需要对角色的知名度予以考量。如前所述，同人作品往往建立在大规模粉丝团体的基础之上，故同人创作背景下的角色往往具有较高知名度。以上参考因素只是较为粗疏的考量，具体做法和考量因素需要依据个案事实进行修正，究其本质是在判断角色名称所用语词是否留存充足的表达空间。

值得注意的是，独创表达和惯常表达在理论上泾渭分明，但在事实层面，尤其是涉及“超级明星作品”的创作元素时界限难以区分。保护期内的作者创作的智力成果也可能是惯常表达。公共领域的轮廓是渐进累积的，动态性是公共领域的固有属性。[95] 与之相对，作品自其诞生之日起便开始对社会文化环境

---

[92] See Benjamin Sobel，*Elements of Style*：*Copyright*，*Similarity*，*and Generative AI*，38 Harvard Journal of Law & Technology，Forthcoming 49，100（2024）.

[93] 参见刘银良：《文学角色的版权保护：以“金庸诉江南案”为例》，载《中国版权》2024 年第 1 期，第 41 页。

[94] 例如，一部小说以“Jack staggered red-nosed out of the pub”为叙述起点，则预设了具备英语能力的潜在读者群，他们熟悉“pub”这一符号，知晓饮酒会引起皮肤变红。参见［英］特里·伊格尔顿：《二十世纪西方文学理论》（纪念版），伍晓明译，北京大学出版社 2018 年版，第 88 页。

[95] 参见杨利华：《公共领域视野下著作权法价值构造研究》，载《法学评论》2021 年第 4 期，第 119 页。

施加影响，并非满足保护期限之后才与环境产生交互。由于“社会对诉争表达的依赖程度决定了其是否应当属于公有领域”[96]，只要社会性使用的累积程度已经深刻地影响了社会文化环境，就会落入约定俗成的公共领域范围内从而存在赋权例外，这不受到保护期制度的限制。也就是说，单纯强调时间维度的保护期制度需要重视社会性使用累积程度的约定俗成公共领域加以补足。具体到本文，角色名称及其所指的角色设定，尤其是某些“超级明星角色”的角色名称确实是作者独立创作的行为结果，但由于这些角色名称的社会性使用已经达到一定的累积程度从而深刻地改变社会文化环境，所以也是惯常表达。大卫·兰吉的研究表明知识产权保护应秉持的基本原则之一就是“有疑点的侵权案件应总是以有利于被告的方式解决”[97]，因而对于虽在保护期时间内，但是已经落入约定俗成公共领域范围内的角色名称等基础性文化要素不应赋予著作权。

这一解释路径聚焦类型化使用行为自身，避免角色赋权标准模糊性的固有弊端，并且与中山信弘等学者主张的“表达空间”理论存在契合之处。遵从作者权法体系的日本著作权法历来强调作品是作者个性的体现，但是这无法解决独创性判断标准日益空洞化的问题，并且“独创性不应孤立地基于作品本身进行判断，还应与他人创作行为的可能性相关联”[98]，基于此，“表达空间”理论主张依据为他人保留的创作余地来判断作品的独创性，“若作品已获版权保护，但仍为其他创作者留有充分的创作空间，则该作品应被认定为具备独创性”[99]。也就是说，独创性可通过作品的表达空间进行界定，而表达空间则可依据社会习惯、作品类型及私人垄断的适宜性等多重维度进行综合评判。[100] 角色符号累积使用至特定高度会导致表达空间的限缩，将角色名称等符号赋予著作权没有

---

[96] 袁帅：《著作权法中表达公有领域的司法认定》，载《科技与法律（中英文）》2023 年第 5 期，第 120 页。

[97] David Lange, *Recognizing the Public Domain*, 44 Law and Contemporary Problems 147, 150 (1981).

[98] 参见［日］中山信弘：《著作权法》，有斐阁 2014 年版，第 72 页。

[99] 参见［日］中山信弘：《著作权法》，有斐阁 2014 年版，第 72 页。

[100] 参见谢晴川：《论独创性判断标准“空洞化”问题的破解——以科技类图形作品为切入点》，载《学术论坛》2019 年第 5 期，第 55 页。

为后来者使用该符号保留必要的表达空间，偏重保护作者权利从而忽视和限制了他人对角色符号的使用。

同人作品研究中存在着公共领域与弃权空间的混同。技术的进步加大了作者对作品的控制难度从而造就广泛的弃权空间，有论者提出采用“No Action Policy”建构开放式创新机制加以治理，简言之，在先作品的作者在一定的作品范围和时间限度内作出不采取法律行动的承诺，以此豁免后来者的侵权风险，构筑同人活动的安全区。[101] 表面上后来者可以自由使用弃权空间与公共领域范围内的创作元素，实际上后来者享有创作自由的正当性基础截然不同，前者是在先作品的作者主动放弃著作权，后者是创作元素自身不具有可版权性。上述策略的实质在于由作者明示弃权空间以激励创作，但是不控制也是控制的一种方式，后来者的创作自由很大程度上依赖于在先作品作者的主观意愿。

综上，对社会性使用达到一定累积程度的角色来源标记不应赋予著作权，在此情况下，主要是使用在先作品的角色名称作为角色来源标记进行文学创作的标识性使用行为不侵犯著作权。并且，知名作品的人物角色已成为典型的文化标识，基于保护公众信赖利益和共享正外部性的需要，对作品角色的标识性使用这种最低限度的借用应保留合法空间，允许公众使用角色名称及其所指的简单人物设定作为共享收益路径亦与“公共领域义务论”相契合。[102]

五、结　　语

伴随后现代文艺理论从作者中心向文本中心和读者中心的转向，著作权法奉行的作者中心主义与作者的合理垄断边界屡遭质疑，李琛教授阐明的互文理论及龙文懋教授强调的文化层累功能实为就上述理论争议在同人作品特定问题

---

[101] See Tianxiang He, *Copyright and Fan Productivity in China: A Cross-jurisdictional Perspective*, Springer Nature, 2017, pp. 205 – 211.

[102] 参见黄汇：《版权法上的公共领域研究》，法律出版社 2014 年版，第 142 页。

上所给予的回应，本文提倡约定俗成的公共领域也意在于此。[103] 我国著作权法实际上遵循先公后私的逻辑顺序，即先判断“公的”还是“私的”，再判断“你的”还是“我的”。[104] 对文学角色的标识性使用行为的判断也应遵循先公后私的逻辑顺序，本文在剖析角色可版权性标准的基础上，提出约定俗成的公共领域，试图提示保护期内私人创作的智力成果存在落入公共领域的可能性。

初审编辑：吴　笛

校对编辑：钱　进

---

[103] 参见肖尤丹：《历史视野中的著作权模式确立——权利文化与作者主体》，华中科技大学出版社 2011 年版，第 12 页；李琛：《版权闲话之四：续写的美学根由与法学评判》，载《中国版权》2018 年第 5 期，第 21 页；龙文懋：《同人作品的文化层累功能及其与在先作品竞争法上的法益关系——以〈此间的少年〉为例》，载《电子知识产权》2016 年第 12 期，第 10 页。

[104] 参见付继存：《著作权法上独创性概念的澄清与重释》，载《湖南大学学报（社会科学版）》2024 年第 2 期，第 137 页。

译文

ESG 的终结*

The End of ESG

［英］亚历克斯·埃德曼　著**

薛前强　吴俊南　译***

摘　要：ESG 固然非常重要，但也并无非比寻常之处。ESG 的重要性在于，其对长期价值至为关键。不仅是对 ESG 研究兴趣或头衔中带有“ESG”的人，任何学者或从业者都应该认真对待 ESG。故 ESG 实际上并不需要专业术语去彰显其小众性，长期因素本身就是任何投资行为中应该考虑的要素，并不仅限于 ESG 投资。ESG 并无非比寻常之处，与其他能够创造长期财务和社会回报的无形资产（如管理质量、企业文化和创新能力）相比，它并没有表现得更优或者更劣。公司不应因为自身 ESG 表现的改善而受到相较无形资产的改善更多的赞扬。投资者对 ESG 因素的参与不应被置于比其他价值驱动因素更高的地

* 本文系 2024 年度中国青少年研究会研究课题立项课题“算法时代青少年数字权益的保障与发展研究”（2024A03）；中央民族大学 2024 年度“学术团队引领计划”项目“数智时代企业合规智能化法律规制研究”（2024XSYL23）；中央民族大学 2024“道中华研究生课程建设专项”项目“‘道中华’内容融入研究生经济法课程建设研究”（GRSCP202418）。

** 亚历克斯·埃德曼，伦敦商学院经济政策研究中心教授，知名 ESG 学者。

*** 薛前强，中央民族大学法学院讲师。吴俊南，中央民族大学法学院民商法学硕士研究生。

位。我们需要的是优秀的公司，而不仅是擅长 ESG 的公司。

关键词：CSR；ESG；责任企业；SRI；可持续投资

一、引　　言

现在是 ESG 的高峰期，它处于高管、投资者、监管机构、商学院学生甚至公众心中的前沿和中心。大公司正在任命首席可持续发展官担任公司高管，根据 ESG 影响来证明战略决策的合理性，并将高管薪酬与 ESG 指标挂钩。截至 2021 年底，管理着 121 万亿美元的 4375 名投资者签署了《负责任的投资原则》（PRI），人数远超 2006 年帮助创建 PRI 并管理着 6.5 万亿美元的 63 名投资者；监管机构正在建立可被标记为“可持续”企业活动的分类，并根据企业 ESG 情况对基金进行分级；商学院纷纷推出 ESG 课程，建立 ESG 研究中心，将教师重塑为 ESG 专家；报纸发布专门的 ESG 新闻；消费者也越来越多地根据公司在 ESG 方面的影响来作出购买决定。

在此种背景下，将一篇文章命名为《ESG 的终结》似乎略有些疯狂。但该标题并不意味着 ESG 的死亡，而是标志着 ESG 从一个小众领域演变为主流实践。这一升级的最大驱动力源于公众认识到 ESG 因素对公司的长期（财务）价值至关重要。并且，不仅是头衔中带有“可持续性”的专家，所有的高管和投资者都应认真对待 ESG 因素。在评估一家公司时考虑长期因素，并非 ESG 投资，而是投资的本义。事实上，并不存在真正的 ESG 投资，有的仅仅是 ESG 分析。

笔者最初关注这个主题的原因是 ESG 的价值相关性。笔者读博期间，ESG 仍然非常小众。笔者关于就业市场的论文涉及控股股东（大股东）如何提高公司长期价值的理论（Edmans，2009）。该模型表明，股东并非仅根据季度收益来评估一家公司；相反，他们还会深入了解公司的无形资产，如企业文化、客户忠诚度和创新能力。尽管此举费时费力，但由于他们持有大量的股份，潜在的回报使得这样的投入对他们来说是值得的。反过来，如果一家公司知道其关键股东会根据长期价值而不是短期收益来评估公司，那么公司就可以把注意力集中在长期价值上，而不必太担心短期收益。

重要的是，股东仅仅是股东，他们不是ESG投资者，并非迫于监管或客户的压力而去分析公司的长期价值。股东只想战胜市场，而实现这一目标只能利用价格之外的信息。公司的季度收益是公开的，但长期因素才是隐藏的宝藏。当研讨会上的听众问笔者此类投资者的例子时，我举出Warren E. Buffett、Bill Miller和Peter Lynch的事例。这些人都不是ESG投资者，他们只是长期投资者。

但有一个问题笔者还不能很好解答：为什么公司需要关键股东这样的投资者？换言之，为什么公司不能仅披露无形资产的价值？可能的回答是——无形资产难以被可靠地报告——对于企业文化等因素，缺少可验证的衡量标准。即使有，小股东可能也不理解它们的价值相关性，或者在得知公司鼓励异议观点后，也不知道如何在他们的模型中反映出来。

由于当时两种角度都缺乏论证，笔者仍然只能用常识来支撑自己的回答。所以在攻读博士学位的最后几个月里，笔者开始撰写一篇新论文。以“美国最佳工作公司100强”为研究样本，笔者发现这些公司在超过28年的时间里为股东带来了高于他们同行的收益。“最佳工作公司”名单能够很明显地被看到。如果市场是有效的，这些公司的股票就会在名单一出来的时候跳涨，而未来的股票收益就不会那么显著。股票的短时超额收益实际意味着，市场在过去未能充分考虑员工满意度对公司业绩的影响。

笔者最初在一本金融期刊上发表了这篇论文（Edmans，2011），后受一家管理期刊邀请撰写另一管理学版本（Edmans，2012），两篇文章其实都未涉及ESG。笔者之所以研究员工满意度，并非因其是ESG因素，仅因其是一个与价值相关的因素。笔者的那篇金融论文命名为《股票市场完全重视无形资产吗？员工满意度与股权价格》（*Does the Stock Market Fully Value Intangibles? Employee Satisfaction and Equity Prices*），试图论证市场忽视员工满意度这一重要的价值驱动因素。巧合的是，“莫斯科维茨社会责任投资奖”（SRI）主席Lloyd Kurtz邀请笔者提交这篇论文参加评选。笔者此前从未将该研究与社会责任投资相联系，但阅读Lloyd的邮件后，通过对论文的深入挖掘发现许多进行社会责任投资的投资者确实会仔细审查公司员工福利情况。因此，笔者在论文中增添了SRI的相关内容，但此做法犹如打开迷你的“潘多拉魔盒”。如果这篇论文有关社会责任投资，为什么把员工满意度而非其他社会责任投资筛选因素（如天主教价值观和动物权利）作为研究对象在此需强调，人力资本理论已经有力论证了员工满意度可能与公司价值相关，但其他因素并无明确的理论支持，故任何相关性仍然有赖于数据挖掘。

如果 ESG 是一组与价值相关的因素，那么它既非常重要，又并无非比寻常之处。重要性在于其是所有学者或从业者都应该关心的长期价值的驱动因素，尤其是（对投资者而言）那些市场不能正确定价的驱动因素。事实上，本文标题受到 Thaler 在 1999 年发表的《行为金融学的终结》（*The End of Behavioral Finance*）一文启发，其预测行为金融学将成为主流。为了理解资产价值，不仅需要研究现金流和贴现率，还需要研究投资者行为的观点，这一点已被大众广泛接受。ESG 也是如此。资本主义的批评者认为，金融教科书关注的是短期利润，需要被彻底修订从而将 ESG 纳入其中。作为将 ESG 纳入一本历史悠久的教科书的新合著者（Brealey et al.，2022），笔者很乐于宣称自己正在彻底改革商科教育。但是金融学的历史教科书（*Finance* 101）一直强调，一家公司的价值是所有现金流的现值，包括未来现金流。公司与员工、客户、社区、供应商和环境的关系具有高度价值相关性。在考虑这些关系时，并无特别狂热的、自由派的，请容我这么说，“觉醒主义”（woke）的观念在内。

本文目的不仅是将 Thaler 的类比应用于 ESG，更是意欲证成 ESG“并无非比寻常之处”。这并不是贬低 ESG，而是强调 ESG 与其他推动长期价值的因素相比，它并没有表现得更优或者更劣。之所以如此论述主要有以下几个原因：

首先，与其他价值驱动因素相比，ESG 不应被放在神坛上。公司和投资者都在努力展示他们对 ESG 的投入，公司在 ESG 指标上的表现被赋予了特殊光环，投资者对公司参与 ESG 评级的肯定甚至超过对公司在生产力、资本配置和战略表现上的肯定。在某些情况下，例如达能和许多表现不佳的 ESG 基金可能会以牺牲长期价值为代价优先考虑 ESG。

其次，从业者不应急于为 ESG 因素做一些他们不会为其他无形资产实施的特别操作，比如要求每家公司都将高管薪酬与 ESG 因素挂钩，或将 ESG 因素简化为浅显的量化指标。

最后，如果将 ESG 视为一组长期价值因素，围绕 ESG 的许多争议都将毫无意义。这种认为ESG评级与公司长期成功不完全相关的观点不足为奇，因为人们对一家公司无形资产的质量有差异化看法合情合理。正是因为理性投资者可能在某一因素与公司的长期成功有多少相关性上存在分歧，所以对ESG的讨论不需要卷入支持者和反对者之间的激烈争论。同时，如果ESG"并无非比寻常之处"，那么为实现ESG而采取的一些做法可以推广到其他金融领域。监管机构打击"漂绿/洗绿"的ESG基金，也同样应该严格审查言行不一的投资者，比如表面上声称是主动管理型基金，但实际上却采用类似于指数基金策略的基金的投资者。

本文试图讨论从长期价值视角（即长期价值的驱动因素），而不是ESG视角（即公司、投资者乃至教授们需要证明其承诺的一套特别因素）来看待当下ESG问题时，相关问题的看法将发生何种变化。

二、ESG指标

投资者、监管机构和其他利益相关者越来越多地要求企业根据各种ESG指标报告业绩。许多人呼吁制定一套通用的、所有公司都必须遵守的披露标准，以及确保所有公司都以相同方式被衡量的标准。在ESG的视角下，公司需要报告他们的ESG表现，以证明他们确有行动，而不仅是说说而已，是不言而喻的。类似财务报表，ESG同样应该具有可比性，以便股东能够看到公司与同行的差距。反过来，如果投资者的投资组合比竞争对手的投资组合能符合更多的ESG调查表中的标准，他们就可以向客户证明他们的投资更绿色环保。

从长期价值的角度来看，对ESG指标的需求似乎也不言而喻。如果ESG能够提高公司长期价值，那么投资者就需要通过ESG指标来估算公司能产生多少长期价值。事实上，这就是笔者向就业市场受众提出的解决方案。如果公司披露了衡量长期价值的指标，那么市场将会把关注从短期收益转移到这些指标之上。

但是，如果ESG能够提高长期价值，那么它与其他任何具有长期价值的无形资产相比并无特殊之处。人们至少30年前就清楚一家公司的价值不仅取决于财务因素。Kaplan和Norton在1992年引入了"平衡计分卡"，用"客户满意度、内部流程、组织创新力以及改进活动这些运营指标补充财务指标，这些运营指标对未来财务绩效具有驱动作用”。两位作者将文章命名为《平衡计分卡——驱动业绩的衡量指标》，强调公司报告指标的重要性不在于这些指标是一种形式要求，而是因为它们“是未来财务业绩的驱动因素”。

从 Kaplan 和 Norton 那时起，ESG 就在推动平衡计分卡的发展。它强调一家公司的价值不仅取决于其财务和运营表现，还取决于它与其股东的关系。但是，如果从长期价值视角而不是 ESG 视角来看待这些指标，人们看待问题的思维将会发生两个改变。首先，它拓宽了人们的视野，因为许多价值驱动因素不属于 ESG 的狭窄范围。公司应该跳脱出 ESG 报告的框架范围，避免受到利益相关者的要求所产生的干扰，而是要思考：哪些因素是公司真正想要监测或追踪的作为“驱动绩效的衡量指标”？换言之，什么是帮助公司判断自己是否在正轨上的关键绩效指标（KPIs）或领先指标？这些 KPIs 当然包括 ESG 指标，如能源公司的碳排放指标，但它们也会包括其他维度，如客户净推荐值指标或新专利产生指标。这一观点将 ESG 从合规实践（作为一种形式要求）转变为价值创造工具。

ESG 对这些指标最重要的拓展是，大多数 ESG 指标都反映的是“不伤害”这一考量要素，即一家公司对社会造成的损害程度，如耗水量、颗粒物制造和工伤情况。这当然重要，但长期价值更取决于一家公司是否“积极做好事”。后者可称为做大蛋糕，而前者则是公平地分割蛋糕（Edmans，2020）。这种衡量价值创造的指标体系将因企业战略而异。联合利华公司报告了受到卫生宣传活动影响的公民数量，奥兰集团报告了参与可持续农业项目的小农数量，网商银行报告了它向从未获得过银行贷款的初创企业提供贷款的数量。

一套通用的 ESG 指标并不会阻止公司进一步汇报额外预定的报告因素，但通用的指标因为被每家公司汇报，最易得到大众关注。这就是为什么即使公司几十年来一直在披露非财务方面的数据，但一些投资者仍关注季度收益。反过来，如果投资者优先考虑这些常见的衡量标准，这将鼓励高管们也根据这些常见的衡量标准进行评估，而牺牲了真正创造价值的维度（Edmans et al.，2016）。通用的指标也更容易被公众进行比较，因为公众理解它们不需要专业知识。即使没有篮球知识，仍然可以看到哪个 NBA 球员得分最高，纵然得分只是衡量球员高素质的一个维度。同样，一个对一家公司的商业模式知之甚少的投资者仍然可以注意到 8 吨的排放量高于 5 吨。事实上，对通用指标的最大呼声来自 ESG 潮流的后来者，因为将一门艺术简化为数字来进行比较，可以让每个人都加入进来。另外，用长期价值视角取代 ESG 视角能聚焦人们的关注，因为它表明只有当 ESG 指标“驱动业绩”（领先指标是指向未来结果的指标）时，公司才应该报告这些指标。[①] 思维的第一个转变强调驱动业绩是报告 KPI 的充分条件，它是否属于“ESG”指标并不重要；第二个转变强调了这也是一个必要条件。这种聚焦很重要，因为企业可以报告的 ESG 指标多达数百种，这不仅会将公司的注意力从实际创造价值转移到报告价值上，更讽刺的是，它还会降低对投资者和股东的透明度，因为他们不知道从何看起。

（一）ESG 挂钩薪酬

许多公司不再只是简单地报告 ESG 指标，而是将薪酬与这些指标挂钩。普华永道 2022 年的一项研究发现，92% 的美国大公司和 72% 的英国大公司在激励计划中使用 ESG 指标。大西洋两岸的一些投资者认为，所有公司都应该至少部分地将高管薪酬与 ESG 挂钩，监管机构正在考虑要求公司建立这种联系。在 ESG 的视角下，这种联系具有合理性，将薪酬与 ESG 挂钩可以提升企业的公共关系形象，因为这表明企业非常关注 ESG 并愿意为此买单。那些大声呼吁所有公司在红利中纳入 ESG 指标的投资者被视为 ESG 先驱。但从长期价值的角度来看，两者之间的联系还远远不够明确。平衡计分卡强调了密切关注非财务指标的重要性，但 Kaplan 和 Norton 从未主张将其纳入薪酬合同。这种做法并无必要——如果 ESG 指标确实与长期价值相关，那么正如 Flammer 和 Bansal 在 2017 年的一项研究发现，将薪酬与长期价值挂钩便足以鼓励高管支持 ESG 指标。更糟糕的是，正如 Holmstrom 和 Milgrom 在 1991 年的多任务模型所预测的，此举可能会适得其反，促使首席执行官只关注合同中的 ESG 因素，而不是无数个其他的价值驱动因素。例如，根据种族多元化来支付薪酬，可能会阻碍 CEO 雇佣能够带来社会经济效益或认知多样性的白人男性，或者导致 CEO 只关注多样性而不是包容性。由于只有定量指标可以放入合同之中，与 ESG 挂钩

---

① 这些不一定是财务成果，而是对长期业绩至关重要的其他成果（如专利）。

的薪酬可能会导致 CEO 们以牺牲定性指标为代价来关注这些定量指标。他们击中了目标，但没有击中要害。对于大多数长期价值的驱动指标而言，如专利数量、净推荐值和客户流失率，公司会报告并非常仔细地审查它们，不仅会观察它们的升降，还会探究发生变化的原因。然而，他们不会将薪酬与这些驱动指标挂钩，与薪酬挂钩通常是 ESG 指标才会采用的方法。②

（二）ESG 的其他动机

但还有一个显而易见却被忽视的问题。前文已经论述了 ESG 崛起的主要原因是它与长期价值的相关性，然而这远不是唯一的原因，公众关心 ESG 还因为它强加给社会的外部经济效果。2013 年 Trucost 的一份报告估算，企业每年造成的环境成本为 4.7 万亿美元，并且这个数字随着时间推移可能还在飙升。除了环境影响，工作场所的实践活动可能会导致职工倦怠、工伤甚至死亡，公司雇佣和提拔活动也会影响社会的不平等和包容性。从理论上讲，即使从长期来看，外部经济效果也不会影响公司利润。因此，ESG 倡导者认为，公众应该要求企业披露外部经济效果，这样就可以对公司产生的外部经济效果进行监督，并要求公司采取措施减少这些负面影响。将 CEO 薪酬与外部经济效果挂钩，将进一步激励这种削减。

但无形资产也具有巨大的外部经济效果：Haskel 和 Westlake 于 2017 年在关于无形资产的书中强调“溢出效应”和“协同效应”是无形资产的两个特征。一种创新的新产品会创造出超出消费者支付价格的消费者剩余，供应商通过以高于成本的价格出售新产品获得生产者剩余，而竞争对手则在创新的基础上推出自己的产品。培训员工导致公司的人力成本增加，而且许多效益不会被提供培训的公司获得：被培训的员工可能会因为家庭原因搬迁而跳槽到竞争对手的公司；或者当前就职公司倒闭时，他们更有可能找到另一份工作，从而减少当地提供主要就职岗位的公司倒闭时所产生的巨大社会成本（Goldstein，2017）。说到负面外部经济效果，一个落后于时代的管理团队可能会给社会带来巨大成

② Bebchuk 和 Tallarita（2022）对 ESG 挂钩薪酬的潜在问题进行了广泛分析。如果有一个 ESG 指标胜过所有其他指标，比如能源公司的碳排放指标，并且在如何衡量它的方面几乎没有分歧，那么这种做法可能是合理的。

本——柯达在错过数字革命后破产：它的股票在巅峰时期的价值为310亿美元，员工人数一度达到15万人。

就像财务回报的驱动因素一样，ESG和其他社会回报的驱动因素不应被区别对待。人们有理由认为一些ESG问题（如气候变化）所产生的外部经济效果至关重要，但这改变的是影响的程度，而不是类型。所有外部经济效果都是市场失灵，因此最好通过政府干预来纠正这种失灵。政府可以自己提供公共产品，也可以补贴、征税或监管公司产生外部经济效果的活动，如对碳排放征税、规定最低工资标准和引入多样性配额制。政府是最适合解决这些外部经济效果的主体，因为它是由一个国家的公民民主选举产生的，而投资者更大比例地代表精英阶层，因此可能会低估脱碳对蓝领工人赖以生存的石油和天然气工作的影响。但现实生活中的政府并没有解决所有外部经济效果。

首先，即使公司运转良好，政府也无法对企业文化或管理主动性等定性因素进行监管，因为这些因素难以衡量。投资者在监督这些问题方面发挥着特殊作用，但只有在他们不把这些问题简化为浅显数字的情况下，才能有效地做到这一点。政府应该规范所有对ESG进行定量的问题，投资者唯一需要解决的是ESG定性问题，这凸显了指标驱动方法的差异性。

其次，政府可能运转不良。由于游说或行动滞后，它可能无法监管民众关心的外部经济效果。因此，即使ESG不会提高长期价值，由于其外部经济效果，公司可以合理地主张追求ESG。下面是本文论点排除适用的一种情形——ESG投资不同于商业投资，ESG也不同于其他价值驱动，因为它追求实现社会目标，甚至不惜以牺牲股东回报为代价，因此其影响将截然不同。公司应该预先意识到，他们追求的是通过牺牲股东回报来获得ESG表现，因此需要获得股东的明确授权。投资者可能乐于给予此种授权——养老基金可能理性地牺牲几个基点的财务回报来减少一家公司的碳排放，因为领取养老金的人不仅关心自己的退休收入，还关心地球状况。这是一种权衡，但股东们认为此权衡是值得的。反过来，那些打算牺牲财务回报来追求社会目标的基金应该向客户公开这一点。③

---

③ 例如Barber，Morse，Yasuda（2021）发现：同时具有社会和金融目标的风险投资基金的回报率比传统基金低4.7%。

本文已经论述 ESG 的决定性特征不是它与长期价值的联系，也不是它的正外部经济效果，其他无形资产也有这两个特征。相反，如果 ESG 的决定性特征是它有时以牺牲长期价值为代价，那么它可能就不会被放在这样一个“神坛”上。

三、ESG 基金

资本正在涌入 ESG 基金。2020 年，美国有 17.1 万亿美元（占被专业管理的资金的 1/3）投资于 ESG 战略，比 2018 年高出 42%，是 1995 年的 25 倍，全球增长与之类似。Hartzmark 和 Sussman（2019）发现了增长背后的因果证据，表明投资者涌入了获得较高晨星环球评级的 ESG 基金。

ESG 基金受欢迎的一个原因是人们相信其投资的系统性表现优于其他投资。英国最大的零售经纪商在给所有客户的邮件中声称，“一系列研究表明，具有积极 ESG 特征的企业表现优于排名较低的同行”。现实的证据远比声称得更为模糊（Matos，2020），但即使确有其事，学术研究也已记录了大量其他表现更好的投资策略（McLean，Pontiff，2016）。如果储蓄者对 alpha（译者注：指特定股票的表现优于市场一般水准的能力）感兴趣，那么他们就不应该把 ESG 看得比其他能创造 alpha 的特征更重要。

当然，长期财务回报并不是投资 ESG 基金的唯一动机。另一个动机是促使公司行为的改变——使公司有更好的 ESG 表现，从而创造更多的正外部经济效果。此种影响可以通过两个渠道实现：退出机制和发声机制（Edmans，2014；Edmans，Holderness，2017）。“退出”涉及从 ESG 落后的企业撤资，从而压低其股价。事后，撤资增加了公司的资金成本，阻碍了其扩张；事前，该公司则可能会提高其 ESG 表现水平，以避免股票被出售（Edmans，Levit，Schneemeier，2022）。然而，这一渠道适用于所有绩效指标，而不仅是 ESG 指标。投资拥有优秀管理团队和强大文化的创新型企业，有助于它们创造更多的正外部经济效果，并鼓励企业从一开始就加强这些方面的建设。“发声”指的是通过投票、非公开会议以及公共行动主义（如有必要）等方式与公司进行接触，以减少碳足迹或提高员工多样性。这样的行动确实可以为股东和社会创造价值

（Dimson，karaka，Li，2015；Hoepner et al. ，2022），但其他行动的参与也能达到相同效果（Brav，Jiang，Kim，2015；Brav，Jiang，Ma，Tian，2018），削减不必要的成本可以提高投资者的回报，减少资源的使用，并提高公司的恢复能力，但股东从中获得的赞誉远不及参与和 ESG 相关的活动所获得的赞誉。

监管机构、媒体和投资者都在打击不够 ESG 的 ESG 基金，比如（有的）持有棕色产业（译者注：指传统高碳排放行业）公司的股票、（有的）有时投票反对 ESG 方面的提案。但是，全面撤资通常不是改善企业 ESG 行为的最有效方式（Edmans，Levit，Schneemeier，2022），以及许多 ESG 提案并不能创造长期价值（Gantchev，Giannetti，2021）。即使抛开这些担忧不谈，基金公司也绝对应该为自己的言行负责。然而，令人不解的是为何非 ESG 基金的投资者就该得到更少的保护？任何主题基金都声称遵循某种投资策略，但 Jupiter 全球金融创新基金只持有真正具有金融创新能力公司的股票吗？资本集团的新世界基金只投资于最前沿的经济体吗？价值型基金是否应该因为购买了实际上价值不高的股票而受到惩罚？如果一个增长基金投资的公司最终没有增长怎么办？Cooper，Gulen，Rau（2005）发现，改变名字以符合当前“热门”主题的基金（例如在经济低迷时增加“谨慎”，在经济上升时增加“增长”）在接下来的 1 年里实现了 28% 的异常资金流入量，即使他们的实际持股没有变化。

不仅是主题基金作出了承诺，任何积极管理的基金都声称自己能跑赢市场。但一支连续 5 年表现逊于市场、让投资者损失数以千计美元的退休储蓄的基金，不太可能会像一位反对备受瞩目的 ESG 提案的可持续基金经理那样受到公开指责。持续表现不佳的基金、不公开指数的积极管理基金，以及持续偏离主题的主题基金，都应该像 ESG 基金一样受到审查。

四、ESG 争议

（一）ESG 评级

将 ESG 视为一组长期价值驱动因素也有助于化解围绕它的许多争议。一个是 ESG 评级机构之间的重大分歧（Berg，Kölbel，Rigobon，2022）。批评者将此视为评级机构失职的证据——为何它们无法像标普、穆迪和惠誉在信用评级上达成一致那样，对企业的 ESG 表现形成统一评估？但理性的人可能会对一家公司 ESG 的长期价值潜力持有不同意见——哪些因素是相关的（公司会因为产生电磁辐射而遭受财务损失吗），如何评估这些因素（公司的企业文化有多包容）以及每个因素的相对权重。ESG 评级的结果不是事实，而是人们的看法。

信用评级并不是一个很好的类比，因为其试图衡量的东西——一家公司是否会偿还债务——并不模糊。所评估的对象明确，但人们对如何去评估可能存在不同观点。对于 ESG，甚至难以选择应从哪些因素开始衡量。更好的类比是股票研究报告，后者也试图衡量长期价值。[④] 没有人会因为高盛建议“买入”而摩根士丹利建议“卖出”，从而认为股票分析师无法做好本职工作。事实上，分歧的另一种说法是“多样性”。讽刺的是，ESG 倡导者应拥抱这种“多样性”，而不是哀叹这一点。不同的观点比众口一词包含更多的信息量，“多样性”所导致的主要抱怨来自用数字评估 ESG 的投资者，他们想要一个明确的 ESG 评级，可以用来选择投资组合；但主流投资者绝不会仅仅因为高盛的建议就自动买入股票，投资者会阅读不同经纪人的报告，用专业知识来评估谁的论点最有说服力，并以自己的分析作为补充。

（二）ESG 分类

在俄乌冲突之前，许多投资者将国防公司视为“非 ESG”，随着乌克兰局势的恶化，许多公司的态度发生了 180 度的转变，他们重写投资政策，并将国防重新定义为符合 ESG 标准的要素。《金融时报》的一篇文章《国防股现在是 ESG 股吗?》（*Are Defence Stocks Now ESG*?）描述了这种二元思维。人们对 ESG 分类的绝对性要求越低，它们就越具有灵活性，随着世界的变化，人们需要调整的次数也会减少。

从长期价值的角度看待股票时，将股票分为 ESG 或非 ESG 将更无意义。有些公司可能比其他公司更有创造价值的潜力，但这是一个连续渐变的差异，而不是二元分类。此外，将 ESG 视为无形资产，可以减少以这种二元方式看待

---

④ 两者的主要区别是，股票研究从所有来源研究公司的长期价值，而不仅是 ESG 来源，并将估计价值与当前价格进行比较，从而提出投资建议。

它的倾向。任何资产的价值都必须与其价格相比较。然而，许多 ESG 的倡导者会为那些不考虑价格、向慈善机构慷慨捐款的环保多元化公司欢呼，这可能会导致 ESG 泡沫。

笔者看来，与被视为资产相比，一些 ESG 因素更适合被视为风险。然而，风险也必须与价格进行比较，一个常见的说法是“气候风险就是投资风险”，用来暗示投资者如果不让自己的投资组合完全脱碳，那就是不谨慎的（从纯粹的金融角度来看）。但是，如果依据 Bolton 和 Kacperczyk（2021）的研究发现，气候风险已被反映在价格中，投资者能从承担风险中获得回报。持有年轻公司、科技公司和新兴市场的股份会带来投资风险，但这种风险会通过回报得到补偿。讽刺的是，如果一家资产管理公司想要规避投资风险，它就会避开清洁能源和碳捕获。即使 ESG 风险没有完全反映在价格中，也不应导致投资者自动排除 ESG 落后者；如果该公司有其他有价值的、未定价的无形资产，那么可能仍然是一个不错的投资项目。

2021 年，纳斯达克试图禁止缺乏董事会多元化的公司上市，声称此举将保护投资者。董事会多元化对公司价值的影响有利有弊（Fried，2021），但即使是明确的积极因素，也不需要用证券监管来保护投资者，因为非多元化的公司会折价交易。即使公司不推动董事会多元化建设，与其他不完全定价的价值驱动因素相比，董事会多元化这一问题并没有更多的受监管理由。目前尚未查明为何一家董事会多元化但资本配置、战略和创新能力差的公司应该被视为可以投资的项目，而一家具有相反特征的公司却被视为不可投资的项目，这是令人不解的。⑤

同样，对 ESG 和非 ESG 因素的界定，通常是基于当前状态而未参考未来潜力。这突出了度量驱动方法的另一弊端：度量驱动方法只考虑/抓住过去发生的事情。任何对长期价值的分析都将且应该关注公司未来的潜力。无可非议，历史数据具有价值，但仅限于它能帮助预测未来的现金流。如果从长期价值的

---

⑤ 特别是，对多样性进行管理的论点之一可能是，多样性易于测量，从而易于管理。然而，人口多样性并不能很好地代表认知多样性，许多人认为认知多样性与公司价值更相关。此外，还有许多可测量的非 ESG 因素与公司价值正相关或负相关，如多元化（Lang，Stulz，1994；Berger，Ofek，1995）。

视角来看待 ESG，评估就不会如此滞后。当然，不同的投资者（或评估机构）可能会对未来的表现有不同的看法，但这种看法的多样性应被公众接受，而不是被抨击为前后矛盾。

（三）ESG 政治化

当我们认识到 ESG 只是一组长期价值驱动因素后，就有望消除对 ESG 政治化的担忧。ESG 的批评者将其支持者称为“觉醒的左派”，而支持者指责所有质疑 ESG 价值相关性的人都是被游说者腐化的保守派。理性的人可能不认可某个因素与财务回报和社会回报的相关性。但人们对 ESG 的看法往往超越观点而转向了意识形态，并指责任何持有不同观点的人怀有邪恶的动机。

一位在顶尖大学任教的 ESG 资深从业者给笔者发信息称：“你好，Alex，你想参与战斗吗？我和 Aswath Damodaran 要开始一场关于他拆解 ESG 的拳击比赛。能否考虑和我一起撰写一篇专栏文章？”但笔者最初的反应并不是去应战。如果有人被称为“估值主任”，对 ESG 与估值的相关性有不同的看法，那么笔者愿意向他学习。一家大型投资银行的董事总经理写信给笔者：“请看《经济学人》（*Economist*）关于 ESG 的特别报道——你为什么认为这些文章滋养了反 ESG 言论……他们为批评者煽风点火。”然而，那些对 ESG 褒贬不一的人并不一定是被言论驱使；相反，他们能够看到问题的两面性。大多数人不是“信仰者”或“批评者”，这种说法过于强调意识形态，而是学者或实践者，他们通过证据和经验的结合，形成了自己的观点。

ESG 的批评者不应给 ESG 的支持者贴上“觉醒”的标签，或者把他们描绘成对商业一无所知的嬉皮士，这些做法都是不专业的。相反，理解 ESG 对于理解一家企业的价值来说至关重要。一些对 ESG 持怀疑态度的人为自己击败了“觉醒”派而沾沾自喜，其实他们应该把自己的贡献视为为创造长期价值提供了不同的视角。即使面对不公平或不专业的批评，支持者也应该保持专业和理性，不必采取同样的负面手段进行反击。一位从业者（笔者将其命名为雨果）称批评者的担忧“毫无根据”，是在传播“关于 ESG 的废话”。笔者非常尊敬的一位教授在其作品中的表述令笔者受益颇深，他把怀疑论者称为“地球扁平论者”。其另一篇文章题为《为 Pence 先生及其朋友准备的油气行业 ESG 投资的指南》（*A Tutorial on ESG Ihvesting In the Oil and Gas Industry for Mr. Pence and His Friends*）。该教授除了轻视目标受众，暗示他们需要认真学习外，还将问题政治化，暗示真正的保守派应该是反对 ESG 的。耶鲁文化认知项目（Kahan，2015）的研究发现，一个问题与身份联系得越多（比如气候变化与政治派别），那么所得出的论点就越没有说服力，因为人们的观点是基于他们的政治身份，而不是实在的问题本身。

另一位从业者写道："感谢上帝给了雨果这么一篇精彩的文章，他在作品中实话实说：'我不知道你怎么想，但当我看到 Ted Cruz，Marco Rubio，Greg Abbott，Mike Pence 和 Elon Musk 这样的人抨击 ESG 时，我知道 ESG 一定在做一些正确的事情'"。但是"实话实说"本应指的是使用基于事实、数据和证据的论据，而不是通过责备别人建立自己的观点。ESG 成功的标准是它是否为股东和社会创造了长期价值，而不是它是否激怒了保守派。雨果的那篇文章名为《为什么右派讨厌 ESG》（*Why the Right Hates ESG*），副标题是"这都是因为他们想保护化石燃料行业"。相反，怀疑论者可能只是有合理的怀疑，不怀有对支持者的仇恨，并且在考虑了问题的两面之后才达成立场，而不是在做石油和天然气的说客。

不幸的是，许多 ESG 支持者把那些表现最极端愤怒，而不是使用最令人信服的证据的人奉为英雄。如果将 ESG 视为推动长期价值的因素来解读，那么就应赞扬那些帮助人们看到问题两面性、对理解作出最大贡献的人。但如果将 ESG 视为一场政治斗争，人们就会为那些斗争最激烈的人喝彩。另一位学者写了一篇文章，结尾是："气候风险就是投资风险，没有可信的另一方，只有一个意识形态的反对派，愤世嫉俗地为即将到来的政治竞选寻找分歧……你站在哪一边?"但 ESG 不是一场你必须选边站队的辩论，它是一个论题，就像商业是一个论题一样。人们在一个论题上的立场应随证据的发展而变化，而不是固定在某一方。轻视他人的质疑就无法更全面地研究问题，而认为提出问题的人是在"愤世嫉俗地寻求分歧"的想法本身就是愤世嫉俗的。令人惊讶的是，本应领悟到科学探索的价值和倾听不同观点重要性的学者们却助长了这种两极分化。事实上，还有另一个完全可信的方面：许多人认为，核心问题是气候风险而不是投资风险，因为没有全球碳税就意味着企业可以污染环境而不承担任何后果。

在 ESG 话题上实施这种街头斗殴式的路径的一个理由是，ESG 问题对社会至关重要，需要得到正确对待。但失业、自由贸易和政府支出等论题也对人类和地球产生巨大影响。学者们抨击得很猛烈，但并没有使用不道德或不公平的手段。同样至关重要的环境经济学、健康经济学和儿童经济学等领域已存在几十年，其发展的动力是理性的辩论而不是夸大问题和强调政治斗争。正是因为 ESG 至关重要，所以需要用最好的证据来引导人们对它的理解，其中包括倾听其他观点。此举的目的是理解，而不是回应，这样做并不背叛自己的立场。亚里士多德曾说过："思想受过教育的标志就是即使你不接受某个观点时也能够容纳它。"即使在支持者看来，怀疑论者说的 90% 都是错的，在支持者看来，那也有 10% 是对的，这 10% 意味着得到了比之前更多的信息。但如果 ESG 是一个政治问题，人们会把任何反对意见都视为对自己身份的威胁，就像民众对堕胎或枪支管制等论题有不同观点一样。如果放弃把 ESG 视为政治斗争，批评者和支持者都将对 ESG 有更深的理解。

五、研究启示

从长期价值的角度来看待 ESG 会对学术研究产生以下几个方面的影响：

一是研究范围将更广泛。长期价值视角强调研究问题应以它们能否创造价值为标准，而不论它们是否符合 ESG 的范畴。事实上，笔者是通过探索投资者是否能支持公司追求长期利益，以及无形资产是否由市场定价等问题，才偶然进入 ESG 领域。有时，ESG 以外的无形资产可能对回答某个特定问题更有意义。例如，一家公司对不断变化的经济环境的反应能力可能更多地取决于其人力、组织或创新资本，而不是 ESG。同样，更广阔的视角可能会警示人们，过于陷入某个问题的研究不太会有前途，因其已经在一般背景下被解决。我们在 ESG 的具体情况已经反复耗费了大量的笔墨。例如，众所周知，丑闻会损害首席执行官的声誉，所以不足为奇的是 ESG 丑闻也会如此。如果没有明确的原因说明一个结果为何不能自动扩展到 ESG，那么明确专门将之扩展的作用就相对较小。

正如前文所述，ESG 兴起的一个主要原因是它对外部经济效果的影响，然而外部经济效果并不是 ESG 独有的。未来可以同时研究公司和投资者造成的外部经济效果，即使他们的行为不属于 ESG 范畴。这可能涉及研究公司决策对其他利益相关者的影响（Bernile，Lyandres，2019；Cunningham，Ederer，Ma，2021；Testoni，2022）或非 ESG 投资者参与的溢出效应（Agrawal，Tambe，2016；Bernstein，Sheen，2016；Cohn，Nestoriak，Wardlaw，2021；Fracassi，Previtero，Sheen，2022）。

二是研究将更加具体化。诸如“ESG 有用吗”不是一个成果丰硕的题目，正如没有学者会写一篇题为《投资有回报吗?》的文章，因为这取决于投资的对象是什么。同样，ESG 价值相关性取决于 ESG 的类型。ESG 是一个包罗万象的术语，包含了许多潜在的相互矛盾的因素。E 和 S 主要是关于利益相关者的，而 G 通常确保管理层的行为符合股东的利益（而不是他们自己的利益）。关闭污染工厂对环境有利（符合 E 因素），但对员工不利（不符合 S 因素）。在 2011 年和 2012 年的两篇研究中，笔者不得不解释研究员工满意度，而不是其他 ESG 因素背后的原因——因为它与长期回报之间有很强的理论联系。同样，未来的研究可以集中在与所研究的问题最相关的 ESG 维度上。然而，经验主义者往往整合 ESG 得分，即使问题或识别策略侧重于特定问题。例如，一篇文章可能会根据 ESG 评级研究一家公司对气候变化新闻的反应。然而，这篇文章可能只有与 E 维度相关，而且在 E 得分中，最相关的成分是气候变化而不是噪声污染等其他环境因素。很少有研究人员会使用 ESG 总分来衡量治理，但很多人会使用 ESG 总分来衡量环境绩效。⑥

具体化不仅适用于所研究的变量，也适用于所声称的结论。除非一篇论文涉及 ESG 的全部三个维度，否则它的标题或摘要中不应包含 ESG。例如，一个理论模型中，投资者对非财务因素有偏好，并在这些因素与财务回报之间进行权衡，这可以适用于环境和社会偏好。然而，这不太可能适用于治理（G），因为投资者通常追求治理的唯一目的是提高回报。因此，这实际上是一个环境和社会投资（ES 投资）或 SRI 模型，而不是 ESG 投资模型。

---

⑥ “更细化”的建议如何与“更广泛”的建议相一致？后者更多考虑了 ESG 范畴之外的因素的价值；前者强调考虑一组焦点因素的重要性——要么是聚焦的 ESG 因素，要么是非 ESG 因素。

三是研究更加情境化。具体化是关注特定的 ESG 维度，而情境化则是研究一段关系维持的背景，以及关系会在什么情况下消亡。Khan，Serafeim，Yoon（2016）在一个早期的尝试中声称，ESG 因素只有在对公司行业至关重要时才与长期回报相关。虽然 Berchicci 和 King（2022）后来表明，在不同的建模选择下会得出不同的结论，但 Khan 等人关于 ESG 的价值与具体情况有关的假设是值得验证的。Edmans，Pu，Zhang（2022）指出，在劳动力市场灵活的国家，员工满意度与长期股票回报呈正相关，而在劳动力市场僵化的国家则不然，这可能是因为法规已经确保了工人福利的最低标准。

此外，如果 ESG 像任何其他资产一样，那么公司可能会对其过度投资——Servaes 和 Tamayo（2017）使用“社会资本”来描述 ESG 的某些维度，任何形式的资本回报都可能低于其成本。因此，E 和 S 所创造的价值可能取决于 G。Krüger（2015）发现，市场对可能由代理问题导致的积极 ES 事件的反应是消极的。同样，研究可以将 G 与 ES 实践联系起来，而不用确定它们对公司价值所产生的作用是积极的还是消极的。例如，Cronqvist 等人（2009）发现一个地位稳固的公司 CEO 总会支付给员工更高的工资。

四是减少单调性。许多论文使用 ESG 变量的假设总是越多越好（即使在相同的背景下），例如更高的 ESG 分数、更频繁的 ESG 提案投票，或将薪酬与更多的 ESG 指标挂钩。但是，正如所讨论的，公司可能会过度投资 ESG（Masulis，Reza，2015），投资者可能会过度对公司的 ESG 活动或指标进行详细和频繁的干预和控制（Gantchev，Giannetti，2021）。此外，除了 U 形或驼峰形的结果外，微不足道的结果也能显著地促进知识的发展。就像常被认为是托马斯・爱迪生所言：“我没有失败，我只是发现了一万种行不通的方法。”为了帮助企业和投资者关注长期价值的驱动因素，重要的是要找出与长期价值无关的因素。然而，在 ESG 的视角下，人们会曲解数据，勉强得出明确的积极或消极结果，以吸引 ESG 支持者或反对者的注意。

五是减少量化。反过来，这可以导致两个方向的研究。一种是收集定性的 ESG 评估，如“最适合工作的公司”调查，就像定性分析被用于长期价值的其他指标一样（参见 Loughran 和 McDonald 在 2016 年关于文本分析研究的调查）。鉴于一些投资者正在采用 ESG 的机械算数方法，定性因素特别有可能被市场错误定价，从而与长期回报相关。另一种是仍然使用数字数据，但要注意质量而不仅是数量。Cohen 等（2013）以无形资产而非 ESG 为例，根据过去研发支出的回报来衡量创新质量。这种基于质量的衡量方法可以显著预测未来的股票回报，而仅仅依靠研发支出的数量却不能达到这种效果。

最后一个潜在的方向是考虑 ESG 和其他长期价值驱动因素之间的相互作用。如果把 ESG 放在一个高位会导致公司对其他因素的关注减少（类似于 Scholar 在 2002 年的一篇文章中指出当公司从其核心业务转向多元化时的“新玩具”效应），那么 ESG 可能成为其他无形资产（如创新）的替代品。相比之下，如果对 ESG 的关注能鼓励管理层更广泛地关注长期价值而非短期利益，那么它可能会补充其他无形资产。

六、教学启示

一些商学院的排名现在会考察 ESG 课程的内容，例如要求核心教授报告他们在 ESG 课程上所投入的时长。这种做法所产生的问题与商业上的问题类似。

第一个问题是它强化了 ESG 是小众领域的印象。因为核心材料与 ESG 并不相关，所以课程需要为 ESG 量身定制单独的教学时间。此举不利于 ESG 教学。正如前文所述，金融学的历史教科书的一个基本原则是：一家公司的价值等于其所有现金流的现值。因此，碳捕获项目或风力发电场可以通过现有的财务技术进行分析。事实上，其可以被现有财务技术证明这具有合理性。金融学的历史教科书强调，用净现值评估项目时，应考虑所有未来的现金流，而不是关注短期的投资回收期或会计回报率。

另一个基本的金融原则是，一个项目的相关风险不是其特殊风险，即孤立的风险，而是与经济的其他部分相关的系统风险。气候解决方案承担着重大的技术风险，但这项技术成功与否不太可能取决于经济状况。此外，由于这些解决方案对人类至关重要，因此对清洁能源的需求不应对经济是处于繁荣期还是衰退期而敏感。比起讲授专门的 ESG 内容，讲授这些核心金融原则更会鼓励这个世界未来的领导者更多地投资于 ESG。

当然，有大量 ESG 特有的材料不会被纳入标准核心，比如 ESG 法规和数据来源，但这些材料可能更适合通过选修课予以教授。特别是在核心课程中，将特定的ESG内容单独列出可能会适得其反。它给人的印象是，已经研究和讲授了几十年的核心商业原则并不适用于ESG，因此高管或投资者如果想优先考虑ESG，就必须在风中摇摆。它还表明，ESG与创造长期价值是两个独立的话题，因此它只与希望从事ESG工作的学生相关。

第二个问题是，评定因素完全是由教授报告，因此很容易“漂绿”。一位金融学教授在讲授如何计算一家汽车厂的净现值时，只需加上一个词，一家汽车厂的净现值就能在不改变任何现金流的情况下，变成一家电动汽车工厂的净现值，从而可以宣称自己在讲授ESG。或者他可以将案例研究中的主角的名字改为少数族裔，并将其视为多样性，因此是S内容。这种肤浅的评估课程的方式将使学校通过装点门面来提高排名，而不是真正改善它们的课程内容。

第三个问题是，通过排名来审视商学院的教学质量是完全正确的。但套用之前的一句话，社会需要优秀的ESG教学，而不仅仅是讲授ESG的教授。改善教学有比增加ESG内容更重要的方法（Edmans，2022）。大多数商学院在终身教职评估中对教学的重视程度很低；有些人甚至认为获得教学奖项和认真从事研究无法兼得，至少是含蓄地给了一个负面的权重。教学评分主要考察课程的趣味性和受欢迎程度，而不是考察课程是否有挑战性和拓展学生的能力。这些评分也会在课程结束后而不是在学位结束后立即提供，让学生评估核心课程是否为选修课、工作面试和实习提供了良好的基础。事实上，ESG的核心原则之一就是长期成果的重要性。对于你的教学是否基于严谨的学术研究；它是否使用了当前的、现实生活中的例子；它是实践的还是理论的，都没有评分。如果你讲授资本资产定价模型（CAPM），最好在学生对家庭作业提出问题前，通过很好地讲授CAPM来创造社会价值，很好地解释如何将这些理论知识应用于现实实践；讨论当CAPM假设不适用时如何应对，比如投资者不分散投资；并解释如何在CAPM预测不成立的情况下作出决策，比如市场被高估或低估。

最后一个问题是，奖励讲授ESG课程的核心教授是对这一主题的不尊重，因为这意味着任何人都可以讲授ESG课程，无论其专业水平如何。一所商学院在排名中增加了这样一个问题：“你们有多少核心教学时长包含组织实现净零排放的气候解决方案?”净零排放确实很重要，但正因为其太重要，才不应该由一个花一个小时阅读维基百科来制作几张新幻灯片的教授来讲授。如何达到净零排放是极其复杂的，许多解决方案都是技术性的，应该由气候科学家或工程师讲授。其中当然有与金融相关的因素，但也存在一些挑战，比如甚至难以衡量“净”或“零”；净零与资产管理人受托责任之间的潜在冲突（Gosling，MacNeil，2022）；净零和其他 ESG 问题之间的权衡，比如能源行业工人的大规模失业，其中许多人无法轻易接受再培训，这些就需要专业知识来解决。Schumacher（2020）创造了“能力漂绿”一词，用来描述那些自称是 ESG 权威的非专家；这既适用于讲授 ESG 教材但对 ESG 研究和实践知识有限的教授，也适用于突出其 ESG 证书的从业者（有时是由此类教授主讲的课程颁发的）。人工智能、机器学习和金融科技也是未来非常重要的主题，因此可以被视为核心，但并不是所有的核心教授都应该讲授这些内容。

此外，对于与金融相关的 ESG 问题，需要金融专业知识来正确讲授。声称“气候风险就是投资风险，另一种说法没有可信度”的这位教授是其他商业领域的领先专家，但他在金融领域没有发表过任何论文。正如前文所述，金融学的历史教科书门课提出风险是有回报的，所以从财务上讲，没有理由避开排放气体的公司。极端主义和对考虑其他观点的拒绝有时被用来弥补专业知识的缺乏。

七、总　　结

ESG 固然非常重要。其重要性在于它影响公司的长期股东价值，除那些对 ESG 研究感兴趣的人外，任何学者或从业者都应该认真对待它。ESG 还关系到公司对社会的广泛影响。这不仅对于关注财务回报的人尤为重要，同时也有助于维护公众对企业的信任。

但 ESG 也并无非比寻常之处。与其他影响财务和社会价值的无形资产（如管理质量、企业文化和创新能力）相比，它不应该被放在神坛上。与其他无形资产一样，ESG 不应被简化为一组数字，企业也不应被迫报告与价值无关的事项。使用 ESG 因素来指导选股和投资的基金不应该比研究其他价值驱动因素的基金受到更多称赞，后者的投资者应该得到同样的保护。人们可以像对待公司的管理质量、战略方向或人力资本管理一样，接受对公司 ESG 表现的不同意见。或许最重要的是，ESG 不需要被政治化。咄咄逼人和夸张是软弱的表现，而不是强大的表现；正如 Karl Popper 所指出的：“每当一个理论在你看来是唯一可能的理论时，可以认为这个迹象表明你既没有理解这个理论，也没有理解它要解决的问题。”相反，理性的人可以对为股东和利益相关者创造价值的因素持不同意见。不仅如此，他们还可以相互学习，从而丰富人们对当今商业和社会面临的一些最大挑战的认识。

参考文献

［1］ Agrawal，Ashwini and Prasanna Tambe（2016），*Private Equity and Workers' Career Paths：The Role of Technological Change*，Review of Financial Studies，29，2455 – 2489.

［2］ Barber，Brad M.，Adair Morse，and Ayako Yasuda（2021），*Impact Investing*，Journal of Financial Economics 139，162 – 185.

［3］ Bebchuk，Lucian and Roberto Tallarita（2022），*The Perils and Questionable Promise of ESG-based Compensation*，Journal of Corporation Law，48，37 – 75.

［4］ Berchicci，Luca and Andrew King（2022），*Corporate sustainability：A Model Uncertainty Analysis of Materiality*，Journal of Financial Reporting，7，43 – 74.

［5］ Berg，Florian，Julian F. Kölbel，and Roberto Rigobon（2022），*Aggregate Confusion：The Divergence of ESG ratings*，Review Finance，26，1315 – 1344.

［6］ Berger，Philip G. and Eli Ofek（1995），*Diversification's Effect on Firm Value*，Journal of Financial Economics，37，39 – 65.

［7］ Bernile，Gennaro and Evgeny Lyandres（2019），*The Effects of Horizontal Merger Operating Efficiencies on Rivals，Customers，and Suppliers*，Review of Finance，23，117 – 160.

［8］ Bernstein，Shai and Albert Sheen（2016），*The Operational Consequences of Private Equity Buyouts：Evidence From the Restaurant Industry*，Review of

Financial Studies, 29, 2387 – 2418.

[9] Bolton, Patrick and Marcin Kacperczyk (2021), *Do Investors Care About Carbon Risk?*, Journal of Financial Economics, 142, 517 – 549.

[10] Brav, Alon, Wei Jiang and Hyunseob Kim (2015), *The Real Effects of Hedge Fund Activism: Productivity, Asset Allocation, and Labor Outcomes*, Review of Financial Studies, 28, 2723 – 2769.

[11] Brav, Alon, Wei Jiang, Song Ma and Xuan Tian (2018), *How Does Hedge Fund Activism Reshape Corporate Innovation?*, Journal of Financial Economics, 130, 237 – 264.

[12] Brealey, Richard A., Stewart C. Myers, Franklin Allen and Alex Edmans (2022), *Principles of Corporate Finance* (14th edition), McGraw-Hill.

[13] Cohen, Lauren, Karl Diether, and Christopher Malloy (2013), *Misvaluing Innovation*, Review of Financial Studies, 26, 635 – 666.

[14] Cohn, Jonathan, Nicole Nestoriak, and Malcolm Wardlaw (2021), *Private Equity Buyouts and Workplace Safety*, Review of Financial Studies, 34, 4832 – 4875.

[15] Cooper, Michael J., Huseyin Gulen, and P. Raghavendra Rau (2005), *Changing Names with Style: Mutual Fund Name Changes and Their Effects on Fund Flows*, Journal of Finance, 60, 2825 – 2858.

[16] Cronqvist, Henrik, Fredrik Heyman, Mattias Nilsson, Helena Svaleryd, and Jonas Vlachos (2009), *Do Entrenched Managers Pay Their Workers More?*, Journal of Finance, 64, 309 – 339.

[17] Cunningham, Colleen, Florian Ederer, and Song Ma (2021), *Killer Acquisitions*, Journal of Political Economy, 129, 649 – 702.

[18] Dimson, Elroy, Oğuzhan Karaka , and Xi Li (2015), *Active Ownership*, Review of Financial Studies 28, 3225 – 3268.

[19] Edmans, Alex (2009), *Blockholder Trading, Market Efficiency, and Managerial Myopia*, Journal of Finance, 64, 2481 – 2513.

[20] Edmans, Alex (2011), *Does the Stock Market Fully Value*

Intangibles? Employee Satisfaction and Equity Prices, Journal of Financial Economics, 101, 621 - 640.

[21] Edmans, Alex (2012), *The Link between Job Satisfaction and Firm Value, with Implications for Corporate Social Responsibility*, Academy of Management Perspectives, 26, 1 - 19.

[22] Edmans, Alex (2014), *Blockholders and Corporate Governance*, Annual Review of Financial Economics 6, 23 - 50.

[23] Edmans, Alex and Clifford G. Holderness (2017), *Blockholders: A Survey of Theory and Evidence*, Chapter 8 in Benjamin E. Hermalin and Michael S. Weisbach (eds.), *Handbook of the economics of corporate governance*, Elsevier: Amsterdam, 541 - 636.

[24] Edmans, Alex (2020), *Grow the Pie: How Great Companies Deliver Both Purpose and Profit*, Cambridge University Press.

[25] Edmans, Alex (2021), *Why Companies shouldn't Tie CEO Pay to ESG Metrics*, Wall Street Journal. June 27, 2021.

[26] Edmans, Alex (2022), *The Purpose of a Finance Professor*, Financial Management 51, 3 - 26.

[27] Edmans, Alex, Mirko S. Heinle, and Chong Huang (2016), *The Real Costs of Financial Efficiency when Some Information is Soft*, Review of Finance, 20, 2151 - 2182.

[28] Edmans, Alex, Doron Levit, and Jan Schneemeier (2022), *Socially Responsible Divestment*, Working paper, London Business School.

[29] Edmans, Alex, Darcy Pu, and Chendi Zhang (2022), *Employee Satisfaction, Labor Market Flexibility, and Stock Returns Around the World*, Working paper, London Business School.

[30] Flammer, Caroline and Pratima Bansal (2017), *Does a Long-term Orientation Create Value? Evidence From a Regression Discontinuity*, Strategic Management Journal, 38, 1827 - 1847.

[31] Fracassi, Cesare, Alessandro Previtero and Albert Sheen (2022),

Barbarians at the Store? Private Equity, Products, and Consumers, Journal of Finance, 77, 1439 – 1488.

[32] Fried, Jesse M. (2021), *Will Nasdaq's Diversity Rule Harm Investors?*, Working paper, Harvard University.

[33] Gantchev, Nickolay and Mariassunta Giannetti (2021), *The Costs and Benefits of Shareholder Democracy: Gadflies and Low-cost Activism*, Review of Financial Studies, 34, 5629 – 5675.

[34] Goldstein, Amy (2017), *Janesville: An American Story*, Simon & Schuster 2017.

[35] Gosling, Tom and Iain MacNeil (2022), *Can Investors Save the Planet? – NZAMI and Fiduciary Duty*, Capital Markets Law Journal, Forthcoming.

[36] Hartzmark, Samuel M. and Abigail B. Sussman (2019), *Do Investors Value Sustainability? A Natural Experiment Examining Ranking and Fund Flows*, Journal of Finance, 2789 – 2837.

[37] Haskell, Jonathan and Stian Westlake (2017), *Capitalism Without Capital: The Rise of the Intangible Economy*, Princeton University Press.

[38] Hoepner, Andreas G. F., Ioannis Oikonomou, Zacharias Sautner, Laura T. Starks, and Xiaoyan Zhou (2022), *ESG Shareholder Engagement and Downside Risk*, Working paper, University College Dublin.

[39] Holmstrom, Bengt and Paul Milgrom (1991), *Multitask Principal-agent Analyses: Incentive Contracts, Asset Ownership, and Job Design*, Journal of Law, Economics & Organization, 7, 24 – 52.

[40] Kahan, Dan M. (2015), *Climate-science Communication and the Measurement Problem*, Advances in Political Psychology, 36, 1 – 43.

[41] Kaplan, Robert S., and David Norton (1992), *The Balanced Scorecard: Measures that Drive Performance*, Harvard Business Review, 70, 71 – 79.

[42] Khan, M., Serafeim, G., & Yoon, A., (2006), *Corporate Sustainability: First Evidence on Materiality*, The Accounting Review, 91, 1697 – 1724.

[43] Krüger, Philipp (2015), *Corporate Goodness and Shareholder Wealth*,

Journal of Financial Economics 115, 304 –329.

［44］ Lang, Larry H. P. and René M. Stulz （1994）, *Tobin's Q, Corporate Diversification, and Firm Performance*, Journal of Political Economy 102, 1248 – 1280.

［45］ Loughran, Tim and Bill McDonald （2016）, *Textual Analysis in Accounting and Finance: A Survey*, Journal of Accounting Research 54, 1187 –1230.

［46］ Masulis, Ronald W. and Syed Walid Reza （2015）, *Agency Problems of Corporate Philanthropy*, Review of Financial Studies 28, 592 –636.

［47］ Matos, Pedro （2020）, *ESG and Responsible Institutional Investing Around the World: A Critical Review*, CFA Institute Research Foundation.

［48］ R. David McLean and Jeffrey Pontiff （2016）, *Does Academic Research Destroy Stock Return Predictability?*, Journal of Finance, 71, 5 –32.

［49］ PwC （2022）, *Paying for Good for All*, Author.

［50］ Scholar, Antoinette （2002）, *Effects of Corporate Diversification on Productivity*, Journal of Finance, 57, 2379 –2403.

［51］ Schumacher, Kim （2020）, "*Competence greenwashing*" *Could Be the Next Risk for the ESG Industry*, Responsible Investor. February, 5, 2020.

［52］ Servaes, Henri and Ane Tamayo （2017）, *The Role of Social Capital in Corporations: a Review*, Oxford Review of Economic Policy, 33, 201 –220.

［53］ Testoni, Marco （2022）, *The Market Value Spillovers of Technological Acquisitions: Evidence from Patent-text Analysis*, Strategic Management Journal, 43, 964 –985.

［54］ Thaler, Richard H. （1999）, *The End of Behavioral Finance*, Financial Analysts Journal, 55, 12 –17.

［55］ Trucost （2013）, *Natural Capital at Risk: The Top* 100 *Externalities of Business*, Author.

初审编辑：邱韵添

校对编辑：张雅晴

『金陵杯』赛题解析

论“以房抵债”中房屋受让人与在先抵押权人的法律地位

——第四届“金陵杯”高校模拟法庭竞赛赛题评析

邱道鸣*

【**编者按**】“金陵杯”是南京大学法学院主办的模拟法庭竞赛，旨在为各高校法学院搭建学术切磋、交流共进的平台，全面提升高校法科学生的实践业务能力和法律职业素养。竞赛已成功举办五届，影响范围由华东地区逐步向外扩展，已经成为全国性的模拟法庭赛会。

模拟法庭是法律研习的重要形式。比较真实案例而言，模拟法庭案例通过剪裁事实设定简化了法律适用推理中的事实形成环节，同时保留了事实的相对开放性，从而锻炼参与者罗织作为涵摄“小前提”的事实命题的能力。更重要的是，通过事实的简化，参与者可聚焦于作为“大前提”的法律命题的建构与论证。因此，赛题之精要往往体现在法律命题的分析与论证当中。

为此，编辑部特设赛题评析栏目，以期进一步深化对赛题所涉核心法律问题的思考，也作为对赛会的纪念。

本文以第四届“金陵杯”高校模拟法庭竞赛赛题为分析对象，试对赛题涉及的核心法律问题——通过“以房抵债协议”受让商品房的受让人，是否、何以得于抵押权实现程序中对抗抵押权人进行评析。

---

* 邱道鸣，《南雍法律评论》编辑，南京大学法学院硕士研究生。

一、命题背景与核心问题

本届赛题以南筑公司在住宅建造中因资金周转需求产生的一系列法律关系为中心。在工程建设过程中，南筑公司的法定代表人张某先向金陵银行借款并为该银行在该批在建住宅上设立抵押权，嗣后又向自然人赵某借款。商品房建成后，该公司对赵某的债务届期但未能偿还，双方协商以该批建成住宅中的商品房 A 抵偿对赵某的债务，同时也签订了书面的“以物抵债协议”（以下称“以房抵债协议”）。[①] 协议约定，“南筑公司以其所开发的 A 栋住宅，抵偿对赵某先生的借款本金及其利息”。竣工之后，商品房 A 等住宅才办理了不动产抵押登记。此后，南筑公司对金陵银行的借款债务届期后也未能清偿，金陵银行遂申请强制执行商品房 A。赵某向法院提起书面执行异议，被驳回后提起案外人执行异议之诉，请求停止对商品房 A 的强制执行。各赛队需分别以案外人执行异议之诉原告赵某的诉讼代理人、被告金陵银行的诉讼代理人的身份撰写诉状、代理意见。

赛题的灵感来自司法实践中的以房抵债案型，特别是此类争议中通过以房抵债协议受让商品房的受让人是否应受保护的问题。命题人认为赛题中焦点包括：

第一，通过“以房抵债协议”受让不动产之人能否认定为不动产买受人或商品房消费者。《最高人民法院关于人民法院办理执行异议和复议案件若干问题的规定》[②] 第 28、29 条作为可能适用的请求停止执行的程序法依据，分别将异议主体限定为“不动产买受人”与“商品房消费者”。因此须考察案涉以商品房为标的物的“以物抵债协议”的法律构造，进而判断本案中的商品房受让人赵某能否主张适用《异议复议规定》第 28、29 条之规定。

第二，商品房买受人的法律地位是否、何以优越于抵押权人。在《异议复

---

① 应当注意的是，赛题中用于抵债的住宅的市场价格虽高于乙的金钱债权数额，但经计算，债权数额与抵债住宅地产价格比例约为 66.67%，未超出合理价格比例区间，且赵某不存在利用张某危困的情形下，故无《民法典》第 151 条显失公平的适用。

② 为便行文，以下简称《异议复议规定》。

议规定》第29条的情形下，商品房消费者相对于抵押权人的优先性已经为司法解释所确立，但不乏学者质疑其妥当性；[③] 在《异议复议规定》第28条的情形，买受人排除执行的实体法权源也不无疑问。因此，学理上可以探讨的是，不动产买受人、商品房消费者得以排除执行的正当性权源为何。

二、"以房抵债协议"的法律构造

根据赛题的设定，债务人南筑公司与债权人赵某达成"南筑公司以其所开发的A栋住宅，抵偿对赵某先生的借款本金及其利息"的协议，协议成立的时点被设定在履行期限届满之后。

在本案中，澄清"以房抵债协议"之法律构造的意义可能有二：第一，确定协议当事人之权利义务内容。第二，通过前者确定受让人是否为《异议复议规定》中的"买受人"或"商品房消费者"而具备请求停止执行之主体地位。因此，相当一部分赛队将案涉"以房抵债协议"的法律性质作为分析起点，且大多试图将当事人达成的期后以物抵债协议涵摄于"代物清偿"或"新债清偿"概念从而确定当事人的法律地位。然而有疑问的是，无论是《民法典》还是配套司法解释都未明文规定前述概念的构成要件、法律效果，代物清偿、新债清偿概念是否适宜作为判断以物抵债协议法律构造的前提性概念？

赛题制定之时，《合同编通则解释》[④] 尚未出台，"以物抵债协议"相关规范主要存在于《九民纪要》[⑤] 当中。不过，《合同编通则解释》第27条与第28条承袭了《九民纪要》中确立的以履行期限为基准时将以物抵债协议区分为"期前以物抵债协议"与"期后以物抵债协议"的方案，认为期前以物抵债协议之当事人通常希望通过以物抵债协议扩大债务人责任财产范围或使责任财产特定化，故担保目的使得这类以物抵债协议构造与效力更为复杂，难以抽象出

---

③ 此种观点可参见庄加园：《不动产买受人的实体法地位辨析——兼谈〈异议复议规定〉第28条》，载《法治研究》2018年第5期，第127—137页。

④ 即《最高人民法院关于适用〈中华人民共和国民法典〉合同编通则若干问题的解释》，为便行文，以下简称《合同编通则解释》。

⑤ 即2019年11月8日印发的《全国法院民商事审判工作会议纪要》，为便行文，以下简称《九民纪要》。

具体的法律适用规则。[⑥] 期后以物抵债协议之当事人则通常希望通过以物抵债协议清算原债之关系。基于此，又形成了“清偿型以物抵债协议”和“担保型以物抵债协议”的区分。然而，此种类型区分仅为根据相应案型中通常事实构成所作的概括，本质上属于描述性概念。个案中仍需要具体审查当事人合意的内容，包括协议签订时间、原给付清偿期、新给付的履行日期、当事人意思表示等因素，来确定协议的法律效果，而不应单纯依据原债务履行期限是否届满而拟制当事人真实意思，以免过度限制意思自治。[⑦] 由此，即便设定为期后以物抵债协议，赛题同样保持了足够的开放性——题目有意对“以房抵债协议”的相关条款作出模糊化处理，并未提供具体条款，赛队在辩论时可就“以房抵债协议”的法律评价问题进行一定展开。

我国学界与司法实践均认识到，“以物抵债”是实务中对“债权人债务人约定以特定物的给付替代原金钱债务”现象的指称，并非一个外延明确的概念。[⑧]“以物抵债”指称的多种事实类型在“约定以异种物替代原负担之给付义务”方面具有共同性，在本案中，当事人达成的以商品房抵偿原金钱给付义务的“以房抵债”的合意亦具有此种特征。然而，根据当事人的合意内容的区别，“以物抵债”存在不同法律构造，其本质是契约解释的问题。[⑨] 我国学理、司法实践曾以代物清偿（合意）、新债清偿（合意）等理论解释期后以物抵债协议的法律性质。然而，此种解释路径背离了作为舶来概念的代物清偿、为清偿之给付的本旨。[⑩] 新债清偿的概念甚至来源于对于德国法上为清偿之给付概

---

⑥ 参见陆青：《以房抵债协议的法理分析——〈最高人民法院公报〉载“朱俊芳案”评释》，载《法学研究》2015 年第 3 期，第 62—81 页。

⑦ 参见董泽瑞：《以物抵债协议的类型化建构》，载《上海政法学院学报（法治论丛）》2023 年第 6 期，第 1—19 页。

⑧ 参见《最高人民法院关于当前商事审判工作中的若干具体问题》；王利明：《论清偿型以物抵债协议产生的选择权——以〈合同编通则解释〉第 27 条为中心》，载《东方法学》2024 年第 2 期，第 151 页。

⑨ 关于契约解释的具体路径，参见叶金强：《合同解释理论的一元模式》，载《法制与社会发展》2013 年第 2 期。

⑩ 参见李祥伟：《论代物清偿合意、新债清偿合意与担保合同的区分——以物抵债裁判规则的统一》，载祖昊主编：《法大研究生》（2023 年第 1 辑），中国政法大学出版社 2023 年版，第 216—239 页。

念的误解。

德国法上代物清偿、为清偿之给付的类型区分处理的核心问题是价值风险的分配问题，并不处理债权人是否负有提供他种给付的义务、新债与旧债的关系等两个问题。而我国司法实践采用的“期前—期后”之区分考虑的是交易中当事人的典型目的以及标的物价值变化问题，意在防止当事人规避流担保条款以及抵债物价值变化导致当事人利益失衡。[11]

考察代物清偿、为清偿之给付的概念渊源，在德国法上，代物清偿、为清偿之给付均是履行替代（Erfüllungssurrogat）的子类型，二者的核心区别在于当事人是否有变价义务、标的物的价值风险由何人承担。“代物清偿”（Leistung an Erfüllungs statt）是对《德国民法典》第 364 条第 1 款规定的概括，对应“债权人受领与原债务人所负担给付义务内容相异的他种给付时，原给付义务消灭”的情形，其可能对应“在给付提供之时的债之更改（Änderung）”或者“提供异种给付时的清偿合意”。[12] 而所谓为清偿之给付（Leistung Erfüllungshalber），[13] 系债权人受领一不合原定债之本旨之给付，经给付者与债权人之合意，借由债权人取得就该给付之变价而生之利益，进而发生债务清偿之效力。[14] 在具体构造上，为清偿之给付情形中债权人负担变价义务，债务人承担价值风险，与此相反，代物清偿情形中，债权人不负有变价义务，一旦接受代替履行的给付就将消灭原给付义务，债权人承担价值风险，变价义务本质上是为债权人利益所设。[15]

---

⑪ 参见最高人民法院民事审判第二庭编著：《〈全国法院民商事审判工作会议纪要〉理解与适用》，人民法院出版社 2019 年版，第 301 页。

⑫ Frank Weiler, Schuldrecht Allgemeiner Teil, 6. Aufl. 2022, S. 149.

⑬ “为清偿之给付”的概念舶来自德国民法。考察“为清偿的给付”的德文原文 Leistung Erfüllungshalber，Leistung 为“给付”之意应无疑义。其中 Erfüllungshalber 为 Leistung 的定语，而 halber 在作副词后缀时应译为“对某事有益、符合某事的，为了某事”之义。因此 Erfüllungshalber 译为“为了清偿”更符合其本来面貌。依此也可以与我国司法实践使用的意义不同的“新债清偿”作出区分。

⑭ 参见王千维：《论为清偿之给付》，载《政大法学评论》2011 年总第 121 期，第 3 页；Joachim Gernhuber, Die Erfüllung und ihre Surrogate, 2. Aufl. 1994, S. 160；Vgl. auch Frank Weiler, Schuldrecht Allgemeiner Teil, 6. Aufl. 2022, S. 151.

⑮ Vgl. Frank Weiler, Schuldrecht Allgemeiner Teil 6. Aufl. 2022, S. 149ff.

然而，我国台湾地区传统观点对《德国民法典》第364 条第2 款存在误解，误以为“为清偿之给付”场合当然通过合意产生新的债权债务关系，因此才对这种合意类型冠以新债清偿之名。然则“为清偿之给付”实际上指涉的合意内容为“变价＋清偿合意”，显然不包含创设原债权债务之外的新的债权债务关系的内容。[16] 当事人通过合意创设新债权债务关系以满足债权人的原债权属于更新（Novation）的范畴。[17] 我国以“新债清偿”解释期后以物抵债协议，是为了化解“以物抵债协议”的要物性问题。[18] 同时我国司法实践倾向于认为，期后以物抵债协议的当事人通常具有清算原债之关系的目的，期后以物抵债协议中债权人不负有变价义务，因为债务人已免于暴利盘剥之危险，不应增加债权人之负担。[19] 既然期后以物抵债协议中债权人并无变价义务，就不符合“为清偿之给付”的核心构造。因此，我国语境下的新债清偿已经背离了其母本“为清偿之给付”的本旨。此外，我国学理通说、司法裁判均肯定代物清偿为诺成合同，[20] 保留基于诺成化改造的需要而引入的新债清偿概念的必要性、正当性存在疑问。

即便保留新债清偿概念，“期前—期后”以物抵债协议的区分，两种协议也不必然属于代物清偿或新债清偿的合意类型。《合同编通则解释》第27 条第2 款属于补充当事人合意的任意性规范，以物抵债协议的具体构造应结合当事人之具体合意确定。在当事人期后达成以物抵债协议的情形，不应按照概念对应的思维

---

[16] Vgl. Joachim Gernhuber, Die Erfüllung und ihre Surrogate, 2. Aufl. 1994, S. 160ff.

[17] Vgl. Joachim Gernhuber, Die Erfüllung und ihre Surrogate, 2. Aufl. 1994, S. 193f. , S. 402ff.

[18] 参见李祥伟：《论代物清偿合意、新债清偿合意与担保合同的区分——以物抵债裁判规则的统一》，载祖昊主编：《法大研究生》（2023 年第1 辑），中国政法大学出版社2023 年版，第226—227 页。

[19] 参见肖俊：《以物抵债裁判规则的发展趋势与建构方向——2011—2019 年最高人民法院审判经验的考察与分析》，载《南大法学》2020 年第1 期，第111—112 页。

[20] 参见王利明：《论清偿型以物抵债协议产生的选择权——以〈合同编通则解释〉第27 条为中心》，载《东方法学》2024 年第2 期，第152—154 页；钟嘉儿：《以房抵债下受让人的物权期待权》，载《时代法学》2021 年第3 期，第68—87 页；通州建总集团有限公司与内蒙古兴华房地产有限责任公司建设工程施工合同纠纷案，（2016）最高法民终字第484 号民事判决书，载《中华人民共和国最高人民法院公报案例》2017 年第9 期。

进行判断，[21] 而应基于当事人意思表示及其解释，结合是否产生新的债权债务关系，原债之关系是否、何时消灭等要素进行类型区分。[22] 比如，当事人达成效果为债务人有替代权的任意之债的合意，这一合意类型就无须归入“代物清偿合意”之类型。[23] 如当事人期后以合意约定债权人变价义务，形成清偿之给付的构造，在不违背强制性规范的前提下，应肯定当事人自治之安排。要言之，代物清偿、新债清偿仅为根据特定场景下当事人之典型合意内容而提炼的描述性概念，并未出现于我国任何民法规定当中，不具有法适用的意义，二者究竟采取何种定义，对于合同是否成立或生效并无影响，[24] 关键在于通过观察当事人合意的意义内容，确定已成立法律行为的内容，进而判断其是否生效、效果为何。[25]

因此，对本案中当事人期后达成的以房抵债协议的具体法律构造进行分析，不必强行攀附“代物清偿”或“新债清偿”的范畴，直接探究协议当事人之间有无以新债变更旧债（债之更新）的意思表示、是否约定变价义务即可。

进而有疑问的是，本案当事人未作特别约定，此时如何确定新旧债务间的关系？通说认为，在无特别约定时应当推定新债与旧债并存。首先，如果推定当事人具有以新债替代旧债的合意，担保原给付的措施也将一并消灭，而意思表示效力越强，对当事人间的权利安排影响越大，意思表示的内容越应明确；当事人真实意思在解释上有疑问时，应将较弱的法律效果作为推定的合意内容。其次，在债务届期后达成的以物抵债协议情形下，债务人陷于履行障碍，与债

---

[21] 相近观点参见李祥伟：《论代物清偿合意、新债清偿合意与担保合同的区分——以物抵债裁判规则的统一》，载祖昊主编：《法大研究生》（2023 年第 1 辑），中国政法大学出版社 2023 年版，第 224—230 页。

[22] 参见王利明：《论清偿型以物抵债协议产生的选择权——以〈合同编通则解释〉第 27 条为中心》，载《东方法学》2024 年第 2 期，第 151—162 页；钟嘉儿：《以房抵债下受让人的物权期待权》，载《时代法学》2021 年第 3 期，第 79—86 页。

[23] 参见李祥伟：《论代物清偿合意、新债清偿合意与担保合同的区分——以物抵债裁判规则的统一》，载祖昊主编：《法大研究生》（2023 年第 1 辑），中国政法大学出版社 2023 年版，第 220 页。

[24] 参见孙维飞：《定义、定性与法律适用——买卖型担保案型的法律适用问题研究》，载《华东政法大学学报》2021 年第 6 期，第 168—169 页。

[25] 学理上，针对以房抵债协议法律构造的讨论已逐渐脱离概念归属之争，而是聚焦于当事人合意的解释和基于解释的合意内容。钟嘉儿：《以房抵债下受让人的物权期待权》，载《时代法学》2021 年第 3 期，第 69—87 页。

权人合意达成替代履行方式，同时保留旧给付的清偿效果，既提高了债权人实现债权的机会，又预留了债务人恢复对原债务的履行能力后双方实现原定交易安排的空间，更符合当事人通常的缔约目的。[26] 至于债权人是否负担变价义务与债权人是否具有选择权，则应根据《合同编通则解释》第 27 条第 2 款的任意性规范补充当事人合意，第 2 款前段“同时消灭”表明无须变价及清算程序且原则上债务人仍有选择权，但如债务人经催告仍不履行新债时，选择权移转至债权人。[27]

据此，本案商品房受让人赵某不负有变价义务，而债务人张某同时负担原借款本息的给付义务和一项移转商品房 A 所有权的给付义务。对于模拟法庭辩论而言，参赛者当然还可以结合案件其他事实主张当事人之间还可能存在他种合意，比如赛题中当事人约定以住宅“抵偿对赵某先生的借款本金及其利息”即为对变价义务的约定，不过须对额外的合意内容之存在承担主张责任。

三、未完成变更登记时不动产买受人优越地位之辨

对于作为未完成变更登记的不动产受让人的赵某能否请求停止抵押权实现程序的问题，各赛队普遍依托《异议复议规定》第 28、29 条展开论辩。在各赛队提交的书状中，对于银行是否享有抵押权、其效力如何等也有述及，但这并非命题人赛题时的重点——基于“审执分离”的要求和效率考量，执行异议机关判断执行标的是否属于责任财产时遵循外观主义，由于权利外观并不必然反映真实权利状况，第三人享有所有权或其他实体权利的财产亦可能被确定为执行对象，执行异议之诉是为保护第三人之权利而设，其审查对象为是否存在足以排除执行理由，而非原执行名义[28]——故本文以抵押权已有效设立且效力

---

[26] 参见王利明、朱虎主编：《民法典合同编通则司法解释释评》，中国人民大学出版社 2024 年版，第 313 页；王利明主编：《中国民法典释评·合同编通则》，中国人民大学出版社 2020 年版，第 414 页。

[27] 参见王利明：《论清偿型以物抵债协议产生的选择权——以〈合同编通则解释〉第 27 条为中心》，载《东方法学》2024 年第 2 期，第 156—158 页。

[28] 参见谭秋桂：《民事执行法学》（第 3 版），北京大学出版社 2015 年版，第 308 页。

及于案涉房屋为预设，聚焦房屋受让人是否具有足以排除执行理由的分析。

《异议复议规定》第 28、29 条分别以“不动产买受人”与“商品房消费者”为异议主体，选择第 28 条抑或第 29 条作为对抗执行程序之规范基础的核心区别即在于此。[29] 在适用第 29 条的情形下，《最高人民法院关于商品房消费者权利保护问题的批复》第 2 条明确规定了“房屋交付请求权优先于建设工程价款优先受偿权、抵押权以及其他债权”的价值判断，为商品房消费者的权利优先提供了实体法依据。[30]《九民纪要》第 126 条亦有相应规定；反之，在第 28 条的情形下，实证法并未赋予一般的不动产受让人一项实体权利，也没有为此种价值判断提供依据，欲证立其“具备排除强制执行的权利”相对而言需要克服更重的论证负担。故逻辑上应当首先分析，本案中通过“以房抵债协议”受让商品房的赵某是否属于“不动产买受人”或“商品房消费者”。

根据《民法典》第 467 条，无名合同可参照适用与其“最相类似合同”的规定，对于双务合同的性质判断而言，最重要的显然是对待（主）给付义务。[31] 因本案中的“以房抵债协议”使得出让人负担一项移转所有权的义务，与第 598 条规定的买卖合同主给付义务一致，因而可类推适用买卖合同的相关规范。既然《异议复议规定》第 28 条中的“不动产受让人”，第 29 条中的“商品房消费者”，均是基于“买卖合同”而受让不动产、商品房之人，且本案中的“以房抵债协议”与买卖合同具有规则适用上的类似性，将本案中的受让人纳入不动产受让人或商品房消费者的外延中就具备了可能性。

各赛队争议较大的是，赵某是否属于商品房消费者。在商品房消费者的认定上，最高人民法院认为应当结合主体属性、房屋性质（是否为居住用房）来

---

[29] 就模拟法庭辩论的角度出发，第 28、29 条在原告的主张中可以互为备位论据。二者在关于当事人身份（买受人是否为商品房消费者，出让人是否为房地产开发企业）、登记（是否非因买受人自身原因未办理过户登记）等方面有区别，在本案中也存在充足的讨论空间。但本文认为，二者在排除执行的实体法基础上的区别更为显著。

[30] 该批复性质上属于司法解释，而最高人民法院制定的司法解释具有实质意义上的制定法地位。参见苗炎：《论司法解释的性质和效力位阶》，载《中外法学》2023 年第 2 期，第 425—444 页。

[31] 参见王雷：《非典型合同和典型合同中的参照适用》，载《财经法学》2023 年第 3 期，第 93—109 页。

判断。[32] 实践中的判断要素则更为丰富，有法院认为应当结合案涉房屋产权类型、购房的初衷目的、出资的情况以及房屋受让人家庭的居住现状等要素来判断受让人是否属于商品房消费者。[33] 在赛题中，一方面，作为商品房受让人的赵某名下无其他房产，且已经为个人生活居住而使用该商品房；另一方面，案涉协议中却有“抵偿借款本金及其利息”的文本，且如前文之分析，赵某仍可以请求南筑公司履行原借款本息的给付义务，据此又似可解释出赵某通过协议清算债权的目的。这进一步表现出赛题的设计为书状争议、言辞辩论预留了充分空间。

除异议主体的适格性外，学理上更有疑问的是不动产受让人得以对抗执行程序的正当权源为何。依民事执行法法理，当事人、利害关系人得以提起执行异议之诉的实体法依据在于，存在消灭或者妨碍执行人请求的抗辩事由。[34] 虽然有学者认为，出于民事执行法最大化程序效率之考量，民事执行法中对抗执行不必以实体权利为依据，[35] 但这与现有《异议复议规定》的规定不符。根据《异议复议规定》第 24 条第 1 款第 3 项，对于案外人提出的排除执行异议，人民法院应当审查案外人的权利能否排除执行，且《异议复议规定》第 28、29 条均明确“符合下列情形且其权利能够排除执行的”是异议得到支持的前提，据其文义，具备实体法权利与第 28、29 条各项所列举条件的集合并列，同为排除执行的充分条件。此外，如果将各项列举的条件理解为“具备实体法权利”的条件，将有以民事诉讼法规范、司法解释创设新的民法权利、限制抵押物权之虞——根据《立法法》第 11 条第 1 款第 8 项，民事基本制度只能通过制定法

[32] 参见江必新、刘贵祥主编：《最高人民法院关于人民法院办理执行异议和复议案件若干问题规定理解与适用》，人民法院出版社 2015 年版，第 432—433 页。

[33] 参见广州珠江发展集团股份有限公司（原广州珠江实业开发股份有限公司）诉交通银行股份有限公司广州五羊支行等商品房预售合同纠纷案，广东省广州市中级人民法院（2021）粤 01 民终 26620 号民事判决书；章某杰、刘某婷诉东湛公司商品房预约合同纠纷案，广东省广州市中级人民法院（2021）粤 01 民终 24149 号民事判决书。

[34] 比如 2022 年《民事强制执行法（草案）》中规定，“执行依据生效后，发生消灭或者妨碍申请执行人请求的抗辩事由的，被执行人可以……向执行法院提起诉讼，请求不予执行”；相近观点另参见［德］奥拉夫·穆托斯特：《德国强制执行法》（第 2 版），马强伟译，中国法制出版社 2019 年版，第 246—253 页。

[35] 参见罗亚文：《不动产物权期待权实体法外溢的反思与厘正——基于 31 份二手房“先卖后抵”判决书之整理》，载《法治研究》2023 年第 3 期，第 156 页。

律进行调整,《异议复议规定》属于民事诉讼法领域的司法解释,最高人民法院制定的司法解释虽具有实质意义上的制定法地位,但其效力位阶仅等同于行政法规。[36] 即便为执行程序效率之考量可以考虑适当降低执行异议之诉中“具备实体权利”的证明标准,仍需为能够排除执行的实体权利寻求在既有民法体系中的归属。《异议复议规定》的起草者认为,能够产生排除执行效力的实体权利主要包括所有权、物权期待权、特殊担保物权以及租赁权和用益物权。[37] 本案中,赵某由于未完成房屋过户登记而并未取得案涉房屋的所有权,即便南筑公司未经抵押权人同意而处分抵押住宅的行为构成无权处分,赵某由于未经登记也无法善意取得房屋所有权,其不是所有权人,而是未完成变更登记的不动产买受人。各赛队对此基本存在共识,普遍围绕《异议复议规定》第28、29条,以物权期待权作为支撑赵某对抗抵押权实现程序的理论依据。《异议复议规定》的起草者认为,未完成变更登记的不动产受让人、商品房消费者“虽然仅享有标的物的登记请求权或交付请求权”,但法律基于特殊的价值取向赋予其具有排除一般债权乃至抵押权执行的效力,学理上通称为“物权期待权”,[38] 引入了德国法上的期待权理论作为不动产受让人、商品房消费者对抗执行的权利基础,《异议复议规定》及其物权期待权理论甚至外溢至实体法中,被援引为房屋买卖合同争议诉讼的裁判依据。[39] 然而,以物权期待权作为对抗执行的实体权利基础的妥当性存在商榷空间——移植的期待权制度是否符合德国法上期待权理论的本旨?物权期待权理论能否证立不动产买受人优先于抵押权人的法律地位?

首先,德国法仅承认如下两种情形中不动产受让人的期待权:受让人已经

---

[36] 参见苗炎:《论司法解释的性质和效力位阶》,载《中外法学》2023年第2期,第425—444页。

[37] 参见江必新、刘贵祥主编:《最高人民法院关于人民法院办理执行异议和复议案件若干问题规定理解与适用》,人民法院出版社2015年版,第340—341页。

[38] 参见江必新、刘贵祥主编:《最高人民法院关于人民法院办理执行异议和复议案件若干问题规定理解与适用》,人民法院出版社2015年版,第421—432页;刘贵祥、范向阳:《〈关于人民法院办理执行异议和复议案件若干问题的规定〉理解与适用》,载《人民司法》2015年第11期,第23—34页。

[39] 参见罗亚文:《不动产物权期待权实体法外溢的反思与厘正——基于31份二手房“先卖后抵”判决书之整理》,载《法治研究》2023年第3期,第150—152页。

根据《土地登记条例》第 13 条第 1 款第 1 句自己向登记机关提出登记申请、在土地让与合意达成后已经根据《德国民法典》第 883 条第 2 款进行预告登记。[40]如果第一不动产受让人既没有进行预告登记，也没有向登记机关提出登记申请，则其不具有期待权。[41] 拟取得不动产物权之人的期待权以预告登记、提出登记申请为先决条件的原理在于，在预告登记、受让人提出登记申请后，取得人无法通过其单方行为（比如撤回登记申请、再次处分）阻止受让人取得权利，此时便满足了期待权“权利构成要件虽然未全部实现，但必要条件已经具备，从而具备了出让人无法单方改变稳定的法律地位”的条件。诚然，由于我国不动产物权变动的要件和登记程序与德国法存在较大差别，不宜照搬德国不动产期待权在登记程序上的要求，但由于尚未进行变更登记，即便买受人已经完成了自己所应为的全部手续，出卖人依然能够对不动产进行有效的处分，难谓买受人取得了稳定的法律地位。此外，《异议复议规定》所谓的不动产物权期待权也并不具有可让与性，仅具备消极防御的权能，[42] 德国法上的不动产物权期待权则具有可转让性与可扣押性。[43] 由此可见，《异议复议规定》移植的“物权期待权”的构成要件、效力并不符合其比较法渊源的本旨，称其为“物权期待权”有名不副实之嫌。

其次，期待权本就是通过法律续造突破物权法定原则的产物，[44] 肯定未完成变更登记的不动产买受人享有期待权则进一步违背了物权变动的公示原则，创设了一种隐秘的排他权利——第 28、29 条规定的各项条件实际上将期待权的成立取决于买卖合同的履行进程与不动产买受人的个人状况（是否因自身过错未登记、名下是否有其他房产），这些信息对于潜在交易中的第三人而言无从得知，即便可以探知也需要付出高昂的信息成本。因此，不动产买受人的物权期待权理论蕴藏了“不动产买受人的利益较不动产出卖人之债权人的利益更值

---

[40] Vgl. Marina Wellenhofer, Sachenrecht, 36. Aufl. S. 258f. , S. 278f.

[41] Vgl. Marina Wellenhofer, Sachenrecht, 36. Aufl. S. 258, Rn. 47.

[42] 参见庄加园：《不动产买受人的实体法地位辨析——兼谈〈异议复议规定〉第 28 条》，载《法治研究》2018 年第 5 期，第 132 页。

[43] 参见［德］鲍尔、施蒂尔纳：《德国物权法》（上），张双根译，法律出版社 2004 年版，第 391—392 页。

[44] Vgl. Johannes Thesen, Die Rechtsfigur „ Anwartschaftsrecht “ des Eigentumsvorbehaltskäufers, 2013, S. 14.

得保护"的价值判断，第28条的现实基础在于保护登记制度不完善情形下的不动产物权人，第29条的现实基础则在于商品房消费者以商品房为生存资料，因而需保护商品房消费者的生存权利。[45] 然而，一方面，随着预告登记制度的建立，继续以《异议复议规定》为不动产受让人提供保护将破坏交易安全；另一方面，第三人对出卖人的债权也可能涉及生存利益，司法实践和学界均认识到偏颇保护买受人的价值判断存在疑问。[46] 且民事权利的优先顺位在《立法法》上应属于法律的调整范畴，以司法解释确立民事权利的顺位违背了立法权限的分配。

最后，期待权理论本身也存在证立上的缺陷。我国学理通说对期待权的概念界定尽管有一定差异，但其对期待权的本质认识相同，认为期待权为法律保护的特定主体所处的法律地位，该法律地位具备特定权利的部分要件，但未完全成就该特定权利，仅具备获得该特定权利的可能性，[47] 而只有此种可能性具备了法律上应受保障的确定性时，才能获得保护。[48] 因此，期待权理论必须为此种确定性提供标准。观察《异议复议规定》设定的判断标准，第28、29条将具体的法定价款比率作为期待权的构成要件，然而《九民纪要》第125条又将此种法定比率的要求进行了软化，可见客观比例之划定依然是司法解释制定者主观法政策考量的产物，仅进行比率的划定无法为应受保护的"确定性"提供规范性理由。学理采取的标准则是法律效果的配置，重要的是取得权利的可能性是否不再能被挫败，因此期待权的识别和证立依赖于其是否具备以处分保护为代表的先期效力。但是，先期效力既然已经是期待权的法律效果，以此种法律效果作为其识别、证立要件将使得期待权理论陷入循环论证中，因为判断个案中是否存在期待权首先要确定当事人法律地位是否具有确定性，而确定性

---

[45] 参见江必新、刘贵祥主编：《最高人民法院关于人民法院办理执行异议和复议案件若干问题规定理解与适用》，人民法院出版社2015年版，第421、432页。

[46] 参见庄加园：《不动产买受人的实体法地位辨析——兼谈〈异议复议规定〉第28条》，载《法治研究》2018年第5期，第134页；张守国、明晨燕：《民事执行程序中权利冲突特殊规则的构建——以未过户登记房屋继受人利益保护规则之完善为视角》，载《法律适用（司法案例）》2018年第18期，第57—65页。

[47] 参见李锡鹤：《民法学质疑集——民法基本理论若干问题》（第2册），第561—562页。

[48] 参见朱庆育：《民法总论》（第2版），北京大学出版社2016年版，第520页；Vgl. auch Jörg Neuner, Allgemeiner Teil des Bürgerlichen Rechts, 13. Aufl. 2023, S. 243.

之所以得到肯定又是因为期待权的法律效果已经具备。[49]

由此观之，移植自德国法的物权期待权理论并不能证成未完成变更登记的不动产买受人应受保护的法律地位，期待权概念属于描述性概念，是法政策考量的产物，本身并不具备证立法律命题的功能，[50]《异议复议规定》第 28、29 条的法理基础如何厘定仍是具有开放性的问题。

四、小　结

以物抵债协议的法律构造、物权期待权等问题均是民法领域内的经典论题，但其理论内容很大程度上舶来于比较法学说，“以房抵债协议”的法律评价、商品房买卖中未进行登记的买受人的保护问题则根植于我国法治实践。赛题巧妙地将二者结合，围绕《异议复议规定》的适用引导参赛者结合中国语境对以物抵债、物权期待权的成立进行论辩，并作出充分的法律论证。

“法律问题可能不存在唯一正解”是法律共同体内长期存在的共识，在知识论上，法律命题主要不是由先验正确的认识构成，而是以论者给出的理由来决定其品质与可接受性。故裁判、学说的正确性均取决于所提出的法律命题能否被充分证立。法学研究更应关注法的证立层面，即法律的判断如何得到合理证成，[51] 法律论证诚应为法律人的核心素养。

高水平的模拟法庭竞赛是法科学子锤炼法律论证能力的难得机会，谨祝愿“金陵杯”高校模拟法庭竞赛蒸蒸日上，继续为全国法科学子提供砥砺琢磨、交流共进的平台。

初审编辑：钱　进

校对编辑：蒋子翘

---

[49] 参见袁野：《期待权之检讨》，载《法学研究》2024 年第 3 期，第 80 页。

[50] 参见袁野：《期待权之检讨》，载《法学研究》2024 年第 3 期，第 92—95 页。

[51] 参见舒国滢、王夏昊、雷磊：《法学方法论前沿问题研究》，中国政法大学出版社 2020 年版，第 189—190 页。Vgl. auch Ulfrid Neumann, Juristische Argumentationstheorie, 1. Aufl. 2023, S. 20f.

编后小记

用行动做宣言

我年少时爱说宣言，站在主席台上作“国旗下讲话”时，非得讲出一些与众不同的话来。现在也算不上“年长”，但我话已经少了很多。有些话固然说了也无用，但这是很表层的原因。更重要的是，我发现真正的道理过分简单，难的是将“宣言”付诸行动。

我们《南雍法律评论》（以下简称《评论》）的志向是远大的，也拥有漂亮、动人的宣言。但一年多来，真正激励我们日日前行的是宣言之下的一些东西。我们这个群体，几乎沉默但却默契十足地在践行一些价值观，这或许是南京大学与南京大学法学人特有的一种风格。

第一，坚持“以质取文”而不问作者出身。既然强调文章质量，就必须忽略作者的身份、背景以及既往的发表情况。《评论》初创，基本是自由来稿，作者的身份较为多元，但在审稿中我们坚持以平常心视之，既没有为专家们直接开启“绿色通道”，也绝不对本科生的来稿“亮红灯”。一些本科生来稿虽在形式上有很多不规范的地方，论证也不深入，但未必没有很好的问题意识，也不乏观点上的“亮点”。对于这部分文章，我们虽然综合考虑后予以退稿，但仍然向作者提供了比较翔实的审稿意见。意见未必准确，但基本是真诚、坦率的。

第二，坚持多元审美而不妄追热点。《评论》对来稿的选题大多无禁忌。对于选题的研究价值，我们更多尊重作者的阐发，尽量不代入个人偏见；对于文章的形式，我们把“论证为论点服务”作为基本要求，我们希望作者能自成一家之言，但不强求作者采用特定形式的写作方法，更多关注论证的有效与否。坦白说，编辑也是作者，在不同的选题、领域、立场与写作风格中会有自己的审美偏好，但我们在审稿过程中不断告诫自己尽量地摒除前见，尽量地兼容并包。当然，从结果来看，《评论》刊发的稿件在形式和内容上与主流期刊仍有一定的“趋同”，这是因为主流问题确实聚集了大量青年学者的关注，也是因为作者不可能为《评论》量体裁衣式地定制文章。但是，我们这两卷确实也刊发了一些“非主流”作品，读者诸君想必已然明察。

第三，在审稿中尽量“以己度人”。投稿过程中的酸甜苦辣，只有身临其境才能深有体会。《评论》收到的青年学生的稿件很多，投稿的目的自然各有不同。但我在审稿时，总是把他们当作数年前的自己，或者现在的自己来看。我经历过的“好”，愿意继续将它延续和传播，经历过的“不好”，也愿意尽量从我克服。我曾收到过很认真、深入的审稿意见，因此我在审稿时即使面对完全不熟悉、不感兴趣的领域，也要求自己认真阅读、给出意见，至少要做一个够格的读者。我也有过精心之作被弃置在系统中不闻不问的经历，因此在审稿中我要求自己尽快审结，及时给予作者反馈。

这是份纯粹公益的事业，做多做少、做好做坏全凭良心。但将真心交付出去后，获得的真心也就显得纯粹与无价。在与几个作者的沟通过程中，彼此明显能感受到“聊到点子上”的兴奋感；收到作者对拒稿意见真心实意的感谢，也油然觉得努力不曾付诸东流。这虽然不构成我做这件事的理由，但确实也坚定了我的一些信念感。

站在一些转折点上，我总是想，如果要穷极一生从事一个“性价比”很低的事业，是不是太过于笨拙？或许，就像身边一些不乏善意的朋友所提醒的，过于不值当？我不敢说自己已经想得清楚，但至少在《评论》工作的这几年时间里，坚守某些价值观，做一些问心无愧、不求回报的事情，应该并不是那么艰难。我劝告自己，如果不去想过于遥远的未来，就把人生区划成一个又一个的两年，或许就能这么笨拙地、不算坚定地坚持下去了呢？

韩非说“不可以罚禁也，不可以赏使也”是真正的“无益之臣”。我恐怕就是这样的“无益之臣”，做编辑也全凭一些信念感和责任心。如果有罚禁，我恐怕扭头就走；有赏使，我也愿让那些更进取、更在意的同学来赚取。所以我非常感谢学院和缪老师给予与创造的这个非常宽容、非常纯净的空间。同是元人，张可久写“功名半纸，风雪千山”，周浩则说“纸上清名，万古难磨”。

两者不矛盾。这是个信息爆炸的时代，也其实是个不太容易留下痕迹的时代。“功名半纸”倒是成真，但所谓“纸上清名”，也只有由自己去评判，所以坚守起来既容易，也困难。不过我想，人生总会有一个机会让我们自己来检视和评判自己。真到了那时，我想真正会打动自己的，一定不是说了什么，而是做了什么；不是什么为人所知、为人称道，而是什么真正被坚守与践行。此时的辛苦与甘甜，得与失，都会在未来的某个日子里，留由我们自己检视、自己品尝。

如果真有人读到这里，一定会嗤之以鼻：这难道还不算“宣言”吗？朋友，确实如此！我也意识到了。所以，就此结尾吧，让我们行动起来！

严　于

2024 年 12 月 14 日于南大鼓楼校区图书馆

我们的英雄主义

面向真实的他者对话，在任何时代都是难能可贵的事情，在今天尤甚。

我们看似无时无刻不在与他人交流和沟通，尤其是在学术的场域里。阅读他人的作品，提出修改的建议，他人对此回复，接着再进行如此新一轮的沟通，这样的情形处处上演，寻常可见。《南雍法律评论》（以下简称《评论》）也无可避免地进行着这般循环往复。

这是学术共同体运行的机制，是学术得以生生不息的方式。

然而，交流和沟通看似时刻发生，但真正的理解与对话却未见得总是与此相伴相随。

我们如何以文本作品去理解他人的观点，从而真正地同他人进行对话，达成最低的共识，形成共同对话的平台；理解是读者对作者单向的理解，抑或是双方的游戏；是还原作者写作时的意图，抑或当彼此视域交叠时，同作者一起创造出新的解释；如果理解和解释是同作者共舞的创新，那么这一结果的达成是一次性的过程，抑或如螺旋一般蜿蜒上升，每一个回合都是向着那个“最终理解之达成”的微小攀缘。

这些是诠释学的经典问题。如何理解法律文本，永远是法学学术领域里无法绕过的议题。其实何止是理解法律文本，对任何文本的理解，乃至对任何个体的理解，都共享着诠释学中诸多要义。我无意在此班门弄斧，大谈法律诠释学的精深理论，只想表达理解与对话纵然艰难，但始终值得坚持。

我们都是具有各自前见的个体。不同的书、不同的生活方式乃至阅历，形塑了我们不同的前见。当审稿人与作品相遇时，也是审稿人与作者两个个体带着各自前见的会面，理解与对话也就在这一刻孕育。任何的理解都决不是也不可能重构他人的原始观念，而是与作品的作者在某个观念上取得一致的意见。理解总是指向双方的互动的，理解总是相互理解，这就是彼此观念的融合，说得书面一点，这就是视域的融合。

审稿流程的外观是审稿人提出建议，作者对此修改或回应，但这些均指涉着理解和解释。审稿人提出建议的前提，是理解和解释作品文本的含义，作者接收到审稿意见后，在修改或回应前，也绕不开理解和解释审稿意见这一文本的含义。当双方这样做时，就是在将自己的视域代入文本作者的视域中，于是最终达成的结果不是哪一方的原始观念，而是双方共同的新的创造。我们未必能与文本的作者达到施莱尔马赫所说的同时性，但我们可以走向伽达默尔笔下的共时性，在陌生与熟悉、过去与现在、他者与自我的综合中，我们不必再纠结于我们对作者的理解是客观的还是主观的，相反，这是始终超越文本原始观念的新的创造。这种新的创造不是一次性完成的，它在审稿人和作者之间不断重复。该重复或者说循环不断呈现出面向未来的开放结构，作品的意义也正存在于它被不断解释和再现中。

这是一种非常振奋人心且洋溢着乐观精神的观点。它种下了一颗"理解不只是一种复制行为，而始终是一种创造性行为"的种子。作为审稿人，我们每一次的阅读，每一次写下对作品的审稿意见，每一次收到作者的回音，都是一次生生不息的创造。于是，虽为学生出版物，但我们总可以为学术共同体献出一些新的创造，它不在于我们作出了怎样了不起的成就，每一次审阅，就已然是我们微小又可贵的贡献。

为学也本该是这样的，但行己事，莫问前路，自有欢欣。

写下这则卷后语时，我在哥廷根大学作交换生。12月的哥廷根昼短夜长。当我穿行于寒风中的哥廷根校园，走入法学院的图书馆，和那些出现在我们论文脚注里的名字撞个满怀时，我总想到，远隔重洋的金陵是否是温和润泽的江南暖冬之貌。所以，被应允为《评论》的第二卷留下些文字，对我是一份格外美好的礼物。回顾所有稿件，那些熟悉的文句、可亲的名姓、精彩的观点在这一刻，都同聚在这个异国的冬日的夜晚了。也正是在这样寂静的时刻，才更体悟到一份学生出版物所凝结的各种意义。我难以论清学生出版物的意义究竟在于什么，它承载起了太多的功能、价值乃至情怀。无论如何，感谢《评论》第二卷的每一位作者，以及向《评论》赐稿过的每一位投稿人，我们有幸将彼此的视域相融合，从此我们为学为人的观念里，得以带上你们的印记。

学术场域的生命力在于这样的互动。相比起对于曲解、误会的瞻前顾后，我们更可以相信的是，即使前见如此迥异，一次次视域交叠的发生，终会不断演绎出新的认识，理解总会落地生根。容许我冒昧地占用这珍贵的卷后语的部分，讲一段个人经历。在哥廷根，除法学课程外，我选修了一门人类学的课程。这门课有一项课堂练习，它要求选课的学生们扮演采访者、受访者与观察者三种角色，各自记录下记忆中采访者的述说，之后综合另两种角色的记录，进行比较，最后完成一份新的采访者的述说记录。这个对采访者述说的生成过程，恰好令人惊讶地呼应了一次理解的循环。它无比直观地呈现了作为一种“新的创造”的理解是如何发生的。微观如审稿人对作品的理解，宏观如法系的交流，都可以分解为一个个这样的单元，我们只需躬耕于每一回合的互动，星星之火，自然可以燎原。

文本背后，伫立的是真实的个体。与其说我们在理解作品，不如说我们在对话作者。就像当我们解释法律文本时，无论我们如何看待和界定立法意图这个概念，我们都无可避免地在隔空对话着文本背后的人们。作为审稿人，当我们理解着我们面前的作品时，我们也在理解着作品背后的作者，在让自我与他者对话。因此，这不是主体与客体的互动（一般解释学关注主体如何认识客体），而是主体与主体的互动，是“一个主体怎样完全与正是作为另一个主体的另一个主体相接触”的问题。这便是主体间性，主体间性断裂处，解释学现身弥补。

正因每一次审稿活动都是我们与作者的互动，因此每一卷《评论》所收录的不仅是作品，作者们的身影亦留其间。何其有幸，在作者们不断走向更加卓越的研究者的路途上，《评论》得以见证这吉光片羽的精彩。同样，由于每一次理解都是相互的，《评论》亦留下了审稿人们走向臻于成熟的学术旅程上的点滴思索。我们和你们的互动，这些真实个体的剪影，以文本为载体，都被保存其间。

许许多多的议题注定是一个谜团，正如《评论》本卷收录作品所讨论的主题之宏大和复杂，又何止是一篇文章所能完全囊括的。但这并不意味着我们不应当言说、讨论和沟通。其实，如果将目光放得更远一些，理解文本背后的个体，与作为真实个体的他者互动，这不仅涉及审稿活动。事实上，如何看见和理解真实的个体，如何对待自我与他者，始终是一个时代的关切。对真实个体的理解与互动，既需要智识，又需要勇气。勇气是如金子般闪耀的东西，以勇敢去直面真实和探索真相，便是这个时代每一个普通人可以做到的英雄主义式的“壮举”。尽心对待每一份投稿的作品，理解文本和作者，与之互动，就是作为《评论》的审稿人的我们，在可以发声的领域里，能够作出的微小的英雄主义式的举动。

感谢南京大学法学院、《评论》指导老师缪因知老师、赐稿《评论》的每一位作者以及所有关注和支持《评论》成长的仁人志士，感谢你们的参与，成全了我们的英雄主义。

张馨予

2024 年 12 月 16 日于德国哥廷根

《南雍法律评论》第三卷征稿启事

《南雍法律评论》（以下简称《评论》）是由南京大学法学院新创、全部由在校学生担任编辑的公开学术出版物。南雍者，往昔国家最高学府之一的南京国子监，亦为今日南京大学之别称。《评论》志在成长为同类学术出版物的先进者，故踵武《南大法学》，“立志为中国法学贡献新理念、新气象，必心怀敬畏与虔诚，苦心经营”，为中国学术界特别是青年学者提供一个包容性、成长性的新增发表平台。《评论》聚焦于中国法治进程中所面临的理论与实践问题，提倡问题意识明确的精细化研究。

《评论》自征稿以来，受学界业界厚爱，收到佳作不断，第一卷已于2024年9月成功刊出，第二卷已经与出版社完成签约并交稿，计划于2025年春出版。第三卷已经开始收稿编辑，拟于2025年9月出版。刊载文章将陆续上线知网、北大法宝等学术平台，感谢各位作者、读者、审者和专家学者对本出版物的支持与帮助。

在学术探索的道路上，《评论》始终秉持开放、严谨、创新的理念，致力搭建高质量的法律学术交流平台，为了更好地服务于法学研究与实践，推动法律思想的交流与碰撞，现面向国内外学术界和实务界公开征稿。

一、投稿要求

文稿限于法学学术性作品，或法学与其他学科交叉作品。除传统论文形式外，亦欢迎各类形式灵活但具有学术贡献的评论、译文、书评、案例分析、综述、评注等。论文、译文、评注字数一般不少于1.3万字，无上限要求。

所投文稿的全部或主体内容可以曾经在学术会议上提交过，或曾经收入非公开发行的论文集，但须未曾公开发表在其他期刊、集刊、书籍、公开网络中。

作者应确保文稿的原创性、不侵犯他人的著作权、符合学术规范。刊稿仅反映作者个人的观点，不代表本出版物主办单位的立场，文责由作者自负。请译者先行解决作者授权问题。

二、投稿方式及审期

本出版物长年收稿，来稿请以 Word 或 WPS 文档通过附件发至投稿邮箱：njulawrev@ 163. com。

文档名与投稿邮件主题按“姓名—二级学科（可加注三级学科）—文稿标题”注明。

《评论》坚持每稿必复，初审期限一般不超过 1 个月。针对具备基本学术价值的投稿，无论是否录用，编辑组均会回复书面审查意见（包括修改建议），以最大的诚意与作者共同探讨文章提升之道，以促进作者和编辑的学术互动与共进。限于人力有限，恕 3 个月内只接受同一位作者的一次投稿。

三、格式说明

（一）文稿体例

文稿由标题、目次、摘要、关键词、正文和注释构成。摘要以 300 字左右为宜，标题须附英文翻译，摘要及关键词无须英文翻译。

文稿标题应层次分明，文章一级标题序号用“一、二”；二级标题序号用“（一）（二）……”；三级标题序号用“1. 2. ……”。

文稿主标题采宋体 3 号字，英文主标题采 11 号字，“摘要”与“关键词”采黑体五号字并加粗，摘要与关键词内容采楷体五号字，正文采宋体五号字，注释采楷体小五号字，全文英文字母和数字字体为“Times New Roman”。

一律使用页下脚注模式，全文连续编号，序号在标点符号之后以“上标”格式列于文章相应位置。同一文献再次引用时，应完整标注。

（二）基金项目

如果文稿得到基金项目的资助，可在首页下脚注释中标明资助背景，包括基金项目的类别、名称、批准号。推荐格式为："【基金项目】项目名称（批准号）"。

（三）作者简介

文稿应在文章首页下标明下列信息：作者姓名、单位、身份。

本出版物鼓励独立署名，作者一般不超过 2 人。合作者请在脚注中说明分工。

（四）引注体例

1. 引注符号的位置。

对全句的引用，引注符号置于句号、问号等标点之后。对句子部分内容的引用，引注符号置于该部分之后；对句中字词的直接引用，引注符号应当紧接引号，置于其他标点之前。

2. 引领词。

区分直接引用与间接引用，非原文直引加"参见"，直接引用不加"参见"及任何引领词。作者没有找到原始文献进行核实，仅转引他人陈述的，应标注"转引自"。

3. 同一注释包含多条文献。

同一注释里包含多条同类文献的，用分号隔开。同一注释里中外文文献混合排列的，结尾句号使用最后文献的语种。

4. 以下例示本刊注释体例，未尽之要求参见《法学引注手册（2020年版）》。

（1）中文图书

【示例】瞿同祖：《中国法律与中国社会》，商务印书馆 2010 年版，第 1 页；应松年、马怀德主编：《当代中国行政法的源流：王名扬教授九十华诞贺寿文集》，中国法制出版社 2006 年版，第 31 页。

（2）中文学术期刊文献

【示例】崔国斌：《知识产权法官造法批判》，载《中国法学》2006 年第 1 期，第 163 页。

（3）英文图书

【基本格式】作者 + 书名（斜体） + 出版社 + 出版年份 + p. 页码 .

【示例】William P. Alford, *To Steal a Book is an Elegant Offense*: *Intellectual Property Law in Chinese Civilization*, Stanford University Press, 1995, p. 98.

（4）英文学术期刊文献

【基本格式】作者 + 文章名（斜体） + 期刊卷数 + 杂志名 + 文章首页码，引用页码 + （年份）.

【示例】Stephen J. Choi & Adam C. Pritchard, *Behavioral Economics and the SEC*, 56 Stanford Law Review 1, 1 – 73 (2003).

（5）德文图书

【基本格式】作者（合作作者以“/” 隔开），书名，版次 + 出版年份，引用位置（小节以 § 表示，边码以 Rn. 表示，页数以 S. 表示）.

【示例】Wolfgang Brehm/Christian Berger, Sachenrecht, 4. Aufl. 2022, § 12 Rn. 3.

（6）德文学术期刊文献

【基本格式】作者，论文题目，期刊名称，卷册号，出版年份，所引页码 .

【示例】Michael Martinek, Traditionsprinzip und Geheißerweb, Archiv für civilistische Praxis, 188 (1988), S. 576.

（7）德文法律评注

【示例】Jürgen Oechsler, in: Münchener Kommentar BGB, Band 8, 9. Aufl. 2023, § 929 Rn. 80.

四、版权说明

为扩大本出版物及作者知识信息交流渠道，除非作者在来稿时声明保留，否则视为同意《评论》拥有以非专有方式向第三人授予已刊作品电子出版权、信息网络传播权和数字化汇编权、复制权，和向《中国社会科学文摘》《高等学校文科学术文摘》及中国人民大学书报复印资料等文摘类刊物推荐转载已刊作品的权利。

南京大学法学院《南雍法律评论》编辑部

2025 年 3 月 5 日